La Vendée

POÉTIQUE ET PITTORESQUE.

LA VENDÉE

POÉTIQUE ET PITTORESQUE

OU LETTRES DESCRIPTIVES ET HISTORIQUES SUR LE BOCAGE DE LA VENDÉE, DEPUIS JULES CÉSAR, JUSQU'A L'ANNÉE 1791, EXCLUSIVEMENT.

PAR CH.^{es} MASSÉ-ISIDORE,

Avocat à Nantes.

Orné de paysages dessinés d'après nature.

Torfou, 19 Septembre 1793.

LA VENDÉE

POÉTIQUE ET PITTORESQUE

ou

Lettres Descriptives et Historiques

SUR LE BOCAGE DE LA VENDÉE,

DEPUIS JULES-CÉSAR JUSQU'A L'ANNÉE 1791 EXCLUSIVEMENT,

PAR

CH. MASSÉ-ISIDORE,

AVOCAT A NANTES.

Orné de Paysages dessinés d'après nature.

> Salve magna parens frugum, saturnia tellus !
> Magna virûm ! tibi res antiquæ laudis et artis
> Ingredior.................... ....
> (VIRGILE, GEORGICON, LIB. II.)

Tome Premier.

A NANTES,

DE L'IMPRIMERIE DU COMMERCE, CHEZ VICTOR MANGIN,
IMPRIMEUR ET ÉDITEUR.

1829.

INTRODUCTION.

L'objet de la *Vendée Poétique et Pittoresque* est, d'abord, de faire connaître cette belle contrée, soit en décrivant ses aspects romantiques, soit en rapportant son histoire antérieure à la guerre de 1793 ; ensuite, de prouver aux amis des beaux arts, que sous ce sombre bocage de la Vendée, on rencontre, à chaque pas, une foule de paysages délicieux et de ruines séculaires qui ne le cèdent en rien à ce qu'ils vont chercher en Italie.

Telle est la tâche que nous nous sommes imposée. Pour y réussir, nous essaierons de dépeindre, jusque dans ses moindres détails, la nature de cette belle partie du Poitou dont la gloire est devenue européenne. Les faits historiques qui se rattachent à chacun des lieux que nous visiterons, seront rapportés tels que les plus graves historiens nous les ont transmis; et si quelquefois nous nous permettons d'indiquer au poète quelques fictions ressortant du sujet, il sera aisé de les distinguer de la réalité. Tel est le songe d'Olivier de Clisson assiégeant la Roche-sur-Yon; tels sont encore quelques tableaux épisodiques servant à peindre les mœurs.

A l'imitation de l'auteur de la *Gaule Poétique*, nous avons revêtu le style de couleurs plus brillantes que ne l'exigent de simples dissertations, et nous avons banni loin de nous toute espèce d'opinions politiques, parce qu'écrivant particulièrement pour les poètes, les peintres, et les amis des arts, nous avons pensé que ces fils des Muses et de l'Harmonie, n'étaient d'aucun parti : qu'aimant ce qui est beau partout où le beau vient frapper leur imagination, ils s'arrêtent indifféremment devant une statue de la république, comme devant un tableau de la monarchie; peu leur importe ce que pense ou ne pense pas l'auteur : le marbre est-il animé? la toile respire-t-elle? c'en est assez, c'est une œuvre du génie, ils admirent!

Nous avons choisi la forme d'un voyage et le genre épistolaire, parce que ce mode se prête mieux que tout autre au génie descriptif, et n'exclut point le récit historique.

La manière de raconter que nous avons adoptée, nous a semblé convenir mieux à une poétique, que la marche uniforme et l'ensemble général des faits voulus par la majesté de l'Histoire; en faisant passer séparément et successivement sous les yeux des lecteurs, tous les événements qui ont eu lieu dans un même endroit, la marche est plus rapide et l'histoire de chaque localité n'est plus noyée dans une foule de faits qui lui sont étrangers.

Cependant, cette manière de raconter nous forçant à reprendre l'histoire aux premiers jours du monde, aussi souvent que nous rencontrons de nouvelles villes, bourgs ou châteaux qui conservent d'intéressants souvenirs, nous avons cru devoir placer à la fin de cet ouvrage un *tableau chronologique* présentant tous les faits par ordre de dates; le lecteur pourra ainsi ressaisir le fil des événements et en embrasser l'ensemble d'un seul coup d'œil. Heureux, si nous sommes parvenus, non pas à exhumer entièrement l'histoire primitive de notre pays, mais du moins à jeter quelque jour dans l'obscurité dont ses annales sont restées enveloppées jusqu'au moment où la révolution l'a rendu célèbre!

Maintenant, si l'on nous demande dans quel but d'utilité nous publions cet ouvrage, nous répondrons que plusieurs motifs nous y ont engagé.

D'abord, tous les auteurs qui ont écrit sur la Vendée se sont occupés de la dernière guerre seulement. Tout en nous faisant connaître le drame sanglant de 1791, ils ont presque oublié d'en peindre les décorations. A peine ont-ils jeté rapidement un faible regard sur ce que cette contrée fut dans les premiers siècles du monde, sur ce qu'elle a été dans le moyen âge et sur ce qu'elle est aujourd'hui. Cependant cette partie de l'histoire qui nous peint l'enfance d'un peuple fameux n'est pas sans intérêt. Un homme devient-il célèbre, ses contemporains aiment à connaître les premières années de sa vie ; on se demande ce qu'il fut au sortir du berceau : ses premiers jeux, ses premiers pas sur la scène du monde, tout en lui devient intéressant; on aime à deviner le grand homme alors qu'il n'est encore qu'un faible enfant. Il en est de même des nations : un peuple inconnu languit-il dans l'obscurité? l'indifférence lui donne à peine un souvenir; mais tout-à-coup une grande lumière vient-elle à briller sur son front? la renommée porte-t-elle son nom chez les peuples les plus reculés? on demande à l'histoire son origine, ses progrès, ses gestes antérieurs, et l'on examine avec le plus vif intérêt et le pays qu'il habite et les mœurs dont il s'est entouré. Or, le pays qu'arrose la Sèvre se trouve précisément dans le même cas : devenu fameux sur la fin du dix-huitième siècle, son histoire pendant les âges précédents est encore inconnue, et c'est cette lacune que nous avons entrepris de remplir.

Ensuite, un autre motif nous a guidé dans notre travail : c'est l'intérêt de la vérité. Vingt et quelques ouvrages ont paru sur la Vendée; tous se divisent en deux classes bien distinctes : les uns inspirés par l'esprit royaliste, et les autres par l'esprit républicain ; tous les auteurs ont écrit pour leur parti ; il en est résulté sur cette contrée deux opinions différentes : l'une la représente comme peuplée de saints et de martyrs qu'un prêtre conduit et mène à son gré ; l'autre la dépeint comme un repaire de brigands et d'assassins, un sol ingrat qu'une population misérable et presque sauvage ne cultive que pour la noblesse et le clergé. N'avons-nous pas vu, tout récemment encore, des Vendéens qui, dans la capitale, à l'aspect de ces ridicules préjugés, n'osaient avouer que cette contrée les avait vus naître ? Une semblable divergence d'opinions provient de ce que les auteurs royalistes, entraînés vers les idées religieuses par de longs malheurs, ont cru voir tout se revêtir autour d'eux des couleurs de la dévotion, et que les auteurs républicains ont prêté à la Vendée tous les caractères qu'une haine implacable leur faisait désirer d'y rencontrer. Chacun a peint la Vendée comme il eût voulu qu'elle fût. Il semble qu'on ne l'ait encore vue qu'à travers le prisme des passions, ou la fumée des batailles. C'est à nous, qui désirons écrire pour la postérité et non pour un parti, à montrer aux yeux des personnes de bonne foi, la Vendée telle qu'elle est. Il est temps enfin que la France entière, et surtout les provinces éloignées, apprennent que cette Vendée qu'on leur a peinte comme le sanctuaire d'un *dévotisme* aveugle, est le séjour d'un peuple religieux mais non fanatique; que ce pays, qu'on leur retrace comme le repaire d'hommes à demi-sauvages et barbares, est l'un des plus riches et des plus féconds qui soient en Europe; que nos campagnes, loin de servir de refuge à d'ignobles et serviles esclaves, sont habitées par des laboureurs-soldats, dont les mœurs douces, simples et hospitalières font un des peuples les plus civilisés comme le moins vicieux de la France; que jamais il n'a courbé son front libre sous le joug de la tyrannie, pas plus sous l'aigle des maîtres du monde que sous le sceptre sanglant de la terreur ; et qu'enfin, un homme qui se connaissait en grandeur de courage et en héroïsme, Napoléon, aima les Vendéens et les décora dans son admiration du nom de *peuple de géants*.

Enfin, il est pour cet ouvrage un autre but d'utilité non moins important et beaucoup plus général. Depuis long-temps la France est tributaire de l'Italie, sous le rapport de la belle nature. Nos Peintres vont y chercher des inspirations, et les Paysagistes des études; les Poètes aiment à y rêver au bruit des eaux, et il semble qu'il n'y ait qu'un beau ciel dans le monde, que les vallées ne soient enchantées que sur les rives de l'Anio, et qu'il n'y ait de puissants souvenirs qu'aux ruines des palais de Néron et d'Adrien. Nous essaierons de détruire ces préjugés; nous prouverons aux amis des Muses que, sous les ombrages de ce prétendu terrible Bocage, ils trouveront, dans leur propre patrie, tout ce qu'ils vont à grands frais chercher dans l'antique Ausonie.

Vous tous hommes de tous les pays et de tous les partis, vous qui êtes émus par le tableau des mœurs les plus simples, qui vous plaisez à retrouver les traces des belles et des héros qui ne sont plus : Poètes, Peintres, Historiens, Antiquaires, amis des beaux arts, qui que vous soyez, si les ombrages mystérieux, si le murmure d'une onde tantôt calme et limpide, tantôt mugissante et tombant en cascade ; si les roches romantiques et les fleurs parfumées vous font rêver avec délices, venez sous nos bois majestueux, asseyez-vous sur nos ruines, foulez avec nous les gazons de la Sèvre, non loin des superbes palais que le Génie de l'architecture élève dans la ville de Nantes, notre capitale (1), vous trouverez un

---

(1) La Vendée a toujours ressorti de Poitiers, mais la nature, plus forte que les circonscriptions tracées par la main

pays qui ne le cède point à l'Italie, et qui possède un charme plus flatteur pour nous que celui de Rome lointaine, un charme tout national, celui de la patrie.

Et vous, amis des lettres, que les autres départements ont vus naître, saisissez aussi la plume, exploitez les richesses historiques monumentales et pittoresques de vos villes et de vos hameaux; nos efforts réunis ouvriront au génie des sources fécondes, et notre belle France, n'ayant plus rien à envier aux campagnes de Rome et de la Grèce, ajoutera un fleuron de plus à la couronne brillante dont elle ceint son auguste front (1).

---

de l'homme, l'a toujours fait ressortir de Nantes. Poitiers est pour la Vendée une ville perdue; au lieu que Nantes, située à sa porte, lui est attachée par les liens du commerce et ceux de la parenté; on peut dire qu'elle est de fait à la Vendée ce que l'autre n'a jamais guère été que de nom, sa capitale, *son chef-lieu de la Cité*.

(1) Ce vœu, que nous inspirait l'amour de la Patrie, a déjà reçu son exécution dans plusieurs départements, et notamment dans celui du Finistère.

LETTRE PREMIÈRE.

A Mlle ANGÉLINA DE V***.

Mortagne (Vendée), 1828.

Vous m'avez demandé, mon aimable amie, un récit fidèle de mon voyage dans le bocage de la Vendée; puisque vous désirez connaître cette contrée, que l'on vous a dite rivaliser en paysages charmants avec les bords délicieux de l'Arno qui vous ont vue naître, je vais essayer, non pas de peindre, mais seulement d'esquisser quelques-unes des scènes qu'étale de tous côtés ce pays de *forte* et *d'imposante* mémoire. Heureux, si retraçant dans mes lettres des tableaux qui vous rappellent le doux souvenir du beau ciel de l'Italie, cette image de la patrie absente vous détermine enfin à venir ici, près de moi, chercher des souvenirs, et consacrer aux arts et à l'amitié la dernière moitié d'une vie qui pour nous s'est à demi-écoulée en espérant le bonheur !

Je ne sais si ce que l'on a pu vous dire de ce pays vous en a donné une idée bien juste ; mais ne croyez pas qu'il soit triste ou mélancolique ; rien au contraire ne ressemble mieux à votre belle et riante Italie que cette partie de la Vendée appelée le Bocage. Vues pittoresques et variées, paysages délicieux, cascades fraîches et limpides, bois sombres et majestueux, abondance de grains, profusion de fruits, tout y retrace à chaque pas la fertile Ausonie, au temps du bon Roi Evandre: depuis cette dure espèce d'hommes dont parle Virgile, jusqu'à ces grands troupeaux de bœufs du *Clitumne*. Il n'y manque que ses ruines: encore n'en est-elle pas entièrement dépourvue; car, sans parler de ces débris, tristes vestiges des discordes civiles, et qui, pour n'être pas antiques, n'en rappellent pas moins de grands souvenirs, il suffit de visiter les tours gothiques du vieux castel de Tiffauges, de descendre dans les immenses souterrains du Puy-du-Fou, là, où se trouvent douze siéges de granite creusés autour d'un bassin quadrangulaire toujours plein d'une eau froide et limpide, monument consacré à des usages inconnus, et l'on se trouve tout-à-coup entouré de ces vieux souvenirs qui s'élèvent dans l'âme comme les derniers soupirs des générations écoulées. On ne visite point sans un vif intérêt les antiquités de Commequiers et d'Avrillé, qui remontent aux temps des Goths (*A*); on n'entre point dans cette chambre du Parc-Soubise, où reposa Henri IV, où l'on conserve encore le lit de ce grand prince, sans éprouver cet attendrissement qu'inspire la mémoire d'un bon Roi. Mais aujourd'hui je ne vous entretiendrai d'aucun de ces débris des temps passés ; je n'ai encore visité que les fraîches cascades de Mortagne et les bords enchantés de la Sèvre. Je me bornerai à vous dépeindre ces beaux lieux et les douces émotions qu'ils m'ont fait éprouver.

L'ancienne ville de Ségora ou Sigor (*B*), aujourd'hui Mortagne, est la première ville que l'on rencontre en entrant dans la Vendée. Assise en amphithéâtre sur une chaîne de coteaux que baigne la Sèvre nantaise, elle n'offre par elle-même rien de curieux. Ses maisons mal bâties, sont entremêlées de décombres qui lui donnent un air délâbré ; ses rues inégales, pavées d'un caillou large et poli, sont irrégulières et étroites. Il y avait autrefois un couvent de Bénédictins qui passait pour le plus riche de la contrée : ses ruines annoncent une construction élégante et moderne. A l'aspect de ses fenêtres dont les ouvertures ont été défigurées par l'incendie et par les ravages des hommes, à la vue de leur hauteur gigantesque et de la couleur noire qu'à l'instar des siècles les flammes y ont empreinte, les peintres croient y trouver un souvenir du Colisée ; mais le temps n'a point encore revêtu ces ruines de décorations de mousses et de végétaux : elles ne laissent dans l'âme qu'un sentiment pénible, celui qu'on éprouve dans les lieux où vient de passer le Génie de la destruction. Le château de Mortagne, bâti par les Anglais vers la fin du XIIe siècle ou le commencement du XIIIe, bien qu'également en ruines, offre du moins les restes d'une architecture du moyen âge. Les souvenirs des temps chevaleresques s'y retracent sur quelques décombres : une salle assez bien conservée, des escaliers voûtés et tournants, des pilastres gothiques noircis par le temps, d'antiques armoiries à demi-effacées, de vastes et profonds souterrains, des restes de vieilles fortifications peuvent attirer un moment l'antiquaire ; mais de ses fenêtres, dont l'encâdrement subsiste encore, le paysagiste découvre des vues délicieuses : il se rappelle les Alpes et l'Appennin.

Deux chaînes de rochers parallèles forment, entre leurs rocs à pic, une vallée profonde que couvre la Sèvre : une des plus belles grandes routes qui soient en France, taillée à mi-côte dans le flanc de la montagne, descend de la ville par une pente douce jusqu'à la rivière, remonte ensuite de l'autre côté sur le flanc de la montagne opposée, la cotoie, s'arrête sur une petite esplanade plantée de peupliers, entr'ouvre les rochers et disparaît. Cette route, tracée par Louis XVI, était autrefois très-dangereuse ; mais l'ingénieur, pour adoucir la rapidité de la descente, l'a conduite habilement par un léger circuit jusques sur le pont dont l'architecture élégante et facile contraste avec la masse imposante des rochers entre lesquels il est construit. Il ne s'étend point au Nord jusqu'au pied de la montagne : une chapelle occupe l'espace qui l'en sépare. On regrette que ce monument religieux ne soit point achevé, car il produit un bon effet dans le paysage ; d'ailleurs, jeté au milieu des précipices qui l'environnent, comme une grande pensée qui nous rappelle à Dieu dans le péril, ce petit temple est à sa place : il rassure le voyageur.

La vue que l'on découvre de dessus le pont est ravissante. La Sèvre, sortant au loin de derrière les rochers, roule majestueusement ses eaux argentées sur une surface unie : c'est d'abord une nappe étincelante des feux du jour, mais en approchant elle baigne plusieurs petites îles plantées d'aulnes, où l'œil se repose agréablement ; à vingt toises ces îles se multiplient tellement qu'elles offrent l'aspect d'un bois sous lequel les eaux, à travers des quartiers de rocs noircis, écument et bouillonnent ; tout-à-coup elles se réunissent en un vaste bassin, tombent à la fois de cascades en cascades, et s'engloutissent avec fracas sous les arches immobiles du pont.

Cette chute, ce mouvement, le bruit des eaux, la blancheur éblouissante de l'écume, la noirceur des rochers où elle se brise, cette onde paisible et furieuse en même temps, ces riants bocages qui la couvrent de leur épaisse verdure, ces coteaux qui des deux côtés s'élèvent drapés de lierres et autres plantes grimpantes, tout ce tableau laisse dans l'âme du voyageur, appuyé sur les parapets du pont, une douce et profonde émotion.

Mais lorsqu'en remontant on s'élève au-dessus du paysage, qu'au détour de la grande route on embrasse toute la perspective d'un seul coup d'œil ; on ne sait ce qu'on doit admirer le plus, des grâces que la nature a réunies dans cette vallée mugissante, ou du génie de l'homme qui a dessiné cette belle route suspendue des deux côtés du précipice, au fond duquel sa main puissante à jeté un pont sur l'abîme.

Ce n'a pas été sans peine que nous nous sommes arraché à cette scène imposante pour côtoyer pendant quelques temps ces agrestes rivages. Tantôt gravissant ces rochers grisâtres, tantôt marchant au bord des flots les plus limpides, nous nous reposons à tous moments sous l'ombre des grands chênes qui suspendent leurs vastes branches sur le fleuve, et là nous respirons la fraîcheur qui tombe des rameaux. Après quelques heures de marche, nous voici devant un rocher qui s'élève nu et solitaire au milieu de la Sèvre : par un jeu singulier de la nature, on dirait que la main des génies aurait taillé ses quatre côtés et uni sa surface, comme pour en faire la base d'un énorme monument; il semble placé là par la main des Fées, pour servir de fondements à l'un de leurs palais.

Reposons-nous un instant sous ces roches pendantes ; voici une de ces grottes naturelles que l'on rencontre à chaque pas dans ces coteaux. Les flots baignent à mes pieds la plage sablonneuse, de grands chênes versent l'ombre sur mon front, tandis que, sortant de toutes les veines des rochers, les touffes odorantes de clématite, les chèvre-feuilles aux fleurs parfumées, et les guirlandes de roses d'églantiers s'échappent de tous côtés en festons et mêlent leurs vives couleurs aux hyacinthes sauvages qui tapissent et émaillent tous ces gazons. Que n'êtes-vous ici belle

Angéline, assise auprès de cette source limpide qui tombe goutte à goutte de l'enfoncement du rocher ; vous saisiriez ce luth léger dont les sons mélodieux se marient si bien à votre voix italienne, et les accords de la belle Ausonie retentiraient sur ces monts isolés. Attentif au doux sourire de ta bouche harmonieuse, quand tes yeux célestes sembleraient me renvoyer un de ces vers charmants que le cœur ému applique à ce qu'il aime, en entendant ta voix, je croirais entendre celle du Génie de la solitude, exhalant dans ces beaux lieux des soupirs de bonheur et d'amour. Alors mêlant à ta blonde chevelure ces roses champêtres non moins fraîches que toi, ornant ta robe blanche et légère d'une guirlande faite des feuilles de ce saule argenté, non moins beau que l'olivier de ton pays, je m'écrierais: « Lieux » charmants, non, vous n'avez plus rien » à envier à la brillante Italie ! »

Douces illusions qu'inspire cette délicieuse retraite, vous n'êtes que trop tôt évanouies !

Long-temps encore, peut-être, les accents Vendéens feront seuls retentir les nombreux échos de ces rivages, et le chant simple et naïf de la jeune pastourelle, se mêlant au murmure des ondes agitées, rappellera seul aussi les premiers chants de nos aïeux. Pourquoi nous en affligerions-nous? La nature, qui, sans art, a décoré ces lieux romantiques, ne dédaigne point les sons de la musette champêtre, ni les accords des rustiques chalumeaux. Leurs sons sauvages sont en harmonie avec ces rochers informes; ici la trace des beaux arts ôterait au paysage toute sa grandeur; imitée dans les palais, la nature est mesquine : elle est sublime au désert!

Que de siècles il a fallu aux eaux de ce fleuve pour creuser et noircir ainsi ces masses granitiques! Que d'événements inconnus se sont passés sur les cimes et dans les vallées de ces montagnes! A peine si, à la faveur de la tradition, et grâces aux empreintes qu'ils ont laissées sur les ruines, quelques faits historiques sont parvenus jusqu'à nous. Malgré l'oubli qui voile à demi ces antiques souvenirs, essayons, à la faible lueur que le flambeau de l'histoire de Rome projette par intervalles dans la nuit épaisse qui couvre les premiers âges du Bocage, de retrouver quelques-uns des faits dont Mortagne a été le théâtre.

Cette ville dut sa naissance aux premières garnisons que les Empereurs Romains envoyèrent dans la Haute-Aquitaine. Déjà César, Agrippa, et Messala avaient inutilement tenté de soumettre les farouches Agésinates (*C*). Cette nation indomptable et demi-sauvage avait su se maintenir indépendante au milieu de ses rochers et dans ses forêts impénétrables ; tous les efforts des conquérants de l'univers étaient venus échouer devant le sombre Bocage, et l'Aigle romaine s'était arrêtée à l'aspect de cette Vendée primitive. Pour empêcher cet esprit d'indépendance de pénétrer dans le reste des Gaules, et mettre un frein à cet amour sacré de la liberté, les premiers Césars cernèrent au nord tout le Bocage par une ligne de forteresses ou *castrum* dans lesquels ils mirent garnison. Mortagne fut un de ces *castrum* : on lui donna le nom de Sigor ou Ségora. Ce camp retranché devint bientôt une ville, et le commerce la rendit florissante. C'était à Ségora que l'on venait échanger les denrées des peuples voisins contre les riches fourrures et les belles toisons du Bocage. Là, résidait un Proconsul romain ; on y rendait un culte particulier à Bacchus : son temple s'élevait au milieu de la ville, et ses débris ornent encore le temple chrétien qui l'a remplacé. Le tigre et la lionne du dieu vainqueur du Gange, bien que tout noirs de siècles, veillent aujourd'hui aux deux côtés de la porte de l'Eglise du vrai Dieu, et les feuilles de pampre du temple de Bacchus décorent les chapitaux des colonnes du Dieu de l'Evangile.

Il est peu d'endroits où l'amour n'ait laissé quelques souvenirs : l'antique Sigor conserve sur ses rochers l'histoire de deux amants du IVe siècle, et c'est, dit-on, sur la tombe d'une jeune beauté, que Sigor a trouvé son nouveau nom, celui de Mortagne. Au temps des derniers Empereurs Romains, quelques années avant l'invasion des Visigoths dans l'Aquitaine, un jeune Proconsul commandait à Ségora : aux brillantes qualités du guerrier, il joignait toutes les vertus du cœur. L'hyménée l'avait uni à la belle et tendre Agnès (***D***). Leur union fortunée semblait leur promettre une vie sans nuages ; mais le ciel peut-il être toujours serein ! Agnès vit les roses de son visage flétries par le souffle de la douleur ; les glaces du trépas environnèrent son front, et son époux inconsolable fut bientôt réduit à suivre la dépouille glacée d'Agnès, jusque sur l'une de ces roches escarpées au pied desquelles l'onde écumante se brise en mugissant. Quatre larges pierres marquèrent la place où reposait Agnès, et les larmes que vinrent y répandre les habitants de la contrée attestèrent long-temps leur douleur et leurs regrets. Souvent encore aujourd'hui, quand la jeune fille vient le soir en ces lieux solitaires rêver à l'amant qu'elle aime, elle croit voir apparaître, à la clarté de la lune, l'ombre blanche d'Agnès, s'appuyant sur celle de son époux dont le casque fantastique reflète à demi les rayons de l'astre des nuits; tous deux semblent glisser légèrement sous les aulnes touffus et venir rêver au bruit des eaux qui se brisent dans la vallée.

La mort d'Agnès, *mors Agnes*, a, dit-on, été l'origine du nom de Mortagne. Quoi qu'il en soit, cette tombe n'existe plus que dans la mémoire des hommes; du moins nous n'avons pu la découvrir, quoique plusieurs personnes nous aient assuré l'avoir visitée.

Lors de l'établissement des Scythes-Teyphaliens ou Goths-Romains, sur les rives de la Sèvre, vers l'an 495, Mortagne fit partie de la Teyphalie. Cette république qui, sous le nom de *Marches*, sut se maintenir indépendante, quoique protégée par les rois de France et d'Angleterre, n'en fut pas moins la proie de la féodalité; cependant, à l'ombre du trône, elle conserva toujours ses anciennes franchises et ses priviléges jusqu'à la révolution de 1791, qui l'assimila aux autres provinces du royaume. Au temps de la première croisade, vers l'an 1082, un comte Robert possédait Mortagne : il était frère de Guillaume, roi d'Angleterre et duc de Normandie; séduit par la beauté des paysages teyphaliens, ce seigneur se fixa à Mortagne, et l'enrichit d'une église appelée Eglise des Chanoines (1). Dans le XIe siècle, Mortagne passa sous la domination anglaise, par le mariage de la belle Eléonore avec Henri II Plantagénet; mais, quarante ans après, Philippe-Auguste, pour venger le meurtre d'Arthur, réunit le Poitou à la couronne de France, et la bannière aux Lys d'or revint flotter sur les tours du castel de Mortagne; les Anglais y reparurent de nouveau; car, en 1310, cette petite ville leur restait presque seule : ils la perdirent une seconde fois, et ce ne fut qu'en 1346 que Lord Derby l'assiégea et s'en empara (2).

---

(1) Antiquités d'Anjou, par Jean Hiret.
(2) Bouchet, Annales d'Aquitaine.

Un historien prétend que, le lendemain de la funeste bataille de Poitiers, le Roi Jean érigea Mortagne en Principauté (1). Il ne reste aucune trace de cette érection ; tout ce que l'histoire nous apprend, c'est qu'en 1363, le seigneur de Mortagne, Anglais de nation, commandait le 3e corps d'armée du duc de Monfort, à la bataille de Berturel, qui décida de la couronne de Bretagne entre Monfort et Charles de Blois (2). Mortagne resta sous la domination anglaise jusqu'en 1373, qu'Olivier de Clisson chassa pour toujours les Anglais du Poitou. François Ier voulut soumettre la Teyphalie, devenue *Marches communes de Bretagne et de Poitou*, aux mêmes droits et redevances que les autres provinces du royaume ; les employés du Roi osèrent franchir la Sèvre et réclamer des impôts et des hommes d'armes : soudain la guerre rugit dans toute la contrée, la

---

(1) Mémoires et recherches de France et de Gaule Aquitaine, par Jean de la Haïe, baron des Couteaux.
(2) Histoire d'Olivier de Clisson, par Macé-Vaudoré.

Teyphalie entière fut en armes, et quand les troupes envoyées par le Roi de France, pour étouffer l'antique liberté, se présentèrent aux bords de la Sèvre, un mur d'airain, formé de cent milles glaives, étincela sur l'autre rive. Le vainqueur de Marignan apprit qu'on savait encore ici, comme au temps de nos pères, vivre libre et mourir. Cette guerre, que les historiens ont appelée *la guerre du Sel*, traîna en longueur et ne se termina que sous le règne de Henri II, qui reconnut et approuva de nouveau les vieilles franchises Teyphaliennes, accordées par Honorius, jurées par Clovis et sanctionnées par dix siècles de Rois.

La réforme de Calvin vint bientôt après rallumer dans le Bocage une guerre d'extermination; Mortagne, quoiqu'elle fut possédée tantôt par la maison de Vivonne, tantôt par la maison de Bourbon, n'en fut pas moins prise et reprise alternativement par chaque parti ; mais rien de remarquable n'y fixa l'attention de l'historien :

pendant les XVIe et XVIIe siècles elle jouit d'une paix profonde, jusqu'à ce qu'enfin elle ait vu s'élever sur elle les jours où la liberté et l'indépendance de la Teyphalie, devenue Vendée, devaient s'abîmer avec la monarchie de Clovis et de Charlemagne dans les flammes de 1793.

Vous le voyez, Angéline, au milieu de ce site enchanteur de Mortagne, dans ce paysage digne de l'Italie, dès le premier pas que nous faisons dans la patrie de l'indépendance et de la liberté, sans même nous occuper des années héroïques du dernier siècle, nous retrouvons, tout aussi bien qu'aux rives du Tibre et de l'Anio, des souvenirs poétiques et des pensées d'amour laissés par vos aïeux.

LETTRE II.

Les Herbiers, 1828.

La route de Mortagne aux Herbiers répond au premier aspect de la Vendée que nous vous avons dépeint hier. Elle se déroule sur des coteaux qui, se succédant l'un à l'autre, découvrent à chaque pas une vue nouvelle. Partout des prés ombragés, des champs bien cultivés, des maisons couvertes de tuiles rouges, qui se laissent apercevoir de loin en loin à travers les arbres. Souvent on y rencontre ces nombreux et beaux troupeaux qui donnent des laines rivales de celles de Ségovie et connues sous le nom de laines de Mortagne. De vastes champs de lin à la fleur bleue, étalent de tous côtés leurs immenses nappes d'azur; on les prendrait de loin pour le miroir des lacs réfléchissant un ciel pur.

Plus on avance vers les Herbiers, plus les montagnes se rapprochent et plus les arbres deviennent rares; la végétation est moins abondante, l'air est plus vif, les coteaux, qui augmentent en élévation, tantôt s'avancent en angles aigus dans des vallées profondes, tantôt se retirent sur eux-mêmes, laissant apercevoir d'énormes excavations; quelquefois à pic, plus souvent encore arrondis, ils sont toujours couverts de moissons; ici, le laboureur est contraint de former avec la bêche des sillons que la rapidité de la pente ne permet pas à ses bœufs d'y tracer avec la charrue ; là, d'immenses éboulements laissent à nu de longues couches de granite entassées à des hauteurs prodigieuses. Errant dans les vallées étroites et sombres que toutes ces montagnes laissent entr'elles, le naturaliste y peut suivre la formation des schystes, des substances calcaires, et porter son regard observateur jusques dans le sanctuaire de la nature. Les commotions fréquentes de ces montagnes, et les grands déchirements du globe, ont laissé ici des traces que toute la vigueur de la végétation n'effacera jamais.

Sur cette route, le bouleau paraît croître de préférence à tous autres arbres; pendant la saison des frimats, il produit un effet assez singulier. Il y a quelques années, nous traversions pendant l'hiver cette même partie du Bocage : une brume épaisse nous dérobait la perspective, mais un givre neigeux, qui s'était attaché aux branches pendantes des bouleaux, ressemblait à des plumes fines d'une blancheur éblouissante : on eût dit que l'hiver, dans toute sa pompe, avait décoré cette route d'inombrables et d'énormes panaches blancs; une multitude de corneilles noires, de merles aux becs dorés et de geais aux ailes d'un bleu céleste, se jouaient au milieu des rameaux et animaient cette belle scène.

Après avoir marché pendant trois heures de rochers en rochers, de vallons en vallons, sur une route tant soit peu sablonneuse et parfaitement unie, on ne rencontre plus que quelques genets épars; on croirait entrer dans une nouvelle atmosphère. Le bruit du Bocage a cessé; l'on n'entend plus que le chant de l'alouette qui se joue au milieu des blés. De là vient sans doute le nom que l'on donne à la dernière montagne, la plus haute de toutes: on l'appelle le *Mont des Alouettes*. Parvenu sur la cime, tout-à-coup et comme par enchantement, la scène change encore : les rochers disparaissent, une vue immense, un lointain sans bornes, des champs qui sillonnés dans tous les sens se découpent en une multitude de larges carrés; des prés d'un vert clair, entourés de hautes lisières de chênes d'un vert plus rembruni, font qu'au premier coup d'œil on croirait n'apercevoir que de profondes colonades de forêts couvertes par la coupole éclatante d'un ciel éblouissant.

Quelle foule de souvenirs se présentent à l'imagination, quand, en sortant d'entre les rochers, on voit tout d'un coup s'étendre devant soi, jusques dans les profondeurs de la perspective, cette immense étendue de pays ! Que d'un côté, l'on distingue dans le lointain les tours de Saint-Pierre de Nantes, et que de l'autre, on aperçoit la flèche aigüe de Luçon; qu'entre ces deux monuments religieux on voit se dérouler cette contrée devenue à jamais célèbre! point de voyageur qui ne s'arrête: le peintre saisit sa palette, le poète accorde sa lyre, et sur ces hauteurs aériennes, la vue de l'immensité animant son génie, il crée ces pensées sublimes qu'il exprime en langage des Dieux.

La voilà donc cette contrée, où tant de grands chefs s'élevèrent au milieu de leurs rustiques chevaliers, comme les dernières colonnes du temple de la monarchie ! Voilà cette terre fameuse par tant de beaux faits d'armes ! D'ici, l'œil embrasse à la fois vingt champs de batailles: vers le nord on aperçoit Torfou ; à l'est on distingue Montaigu, Saint-Fulgent, les Quatre-Chemins, Pont-Legé, et les Brouzils ; au midi

Pont-Charron, Fontenay et Luçon. Par ces chemins, où l'aigle Romaine maîtresse du monde n'osa s'arrêter, où tant de fois passèrent les belles et les héros du moyen âge, où l'Agésinate guerrier pénétra le premier, alors qu'abandonnée par l'antique Océan, cette plage nouvelle mérita le nom de Terre-des-Ondes (*Aquitania*), jadis le voyageur eût rencontré Clovis ou Charlemagne, comtes de Poitou, venant visiter ce peuple que par respect ils laissaient libre sous leur despotique empire. Dans d'autres âges, il eût trouvé le bon roi Louis XII, le brillant François Ier, ce Henri dont le souvenir remue le cœur, et ce Louis si grand dans ses victoires et plus encore peut-être dans ses revers. Les voilà ces *Marches* de Bretagne et de Poitou, où l'impôt n'était pas dû, mais offert; où l'amour entraînait sous les drapeaux du prince, et non le devoir qui n'obligeait à rien. Il y a peu d'années que de tous ces bois silencieux, le bruit et la fumée des batailles, s'échappant sur vingt lignes immenses, présentaient l'aspect d'un vaste incendie. Tour-à-tour passaient ici, et les guerriers aux blancs panaches, et les soldats aux plumets couleur de pourpre; dans leurs marches rapides cette poussière volait sous les fers de leurs chevaux, cette terre était trempée de leurs sueurs et arrosée de leur sang, et tout-à-coup un silence profond était venu remplacer l'agitation tumultueuse des grandes armées: c'était le silence des tombeaux.

La paix, étendant son voile pacifique, a ranimé toute la contrée; l'abondance y verse aujourd'hui sa corbeille féconde, et Flore y effeuille sa couronne parfumée. Naguère le mouvement silencieux de ces moulins chers à Cérès, tournant dans les nuages leurs ailes voilées d'une toile blanche, interrompait seul la solitude de ces montagnes; mais, depuis que deux grandes princesses n'ont pas dédaigné de venir se reposer en ces lieux (1), et d'y laisser un monument de leur passage, le bruit du

---

(1) Mesdames Duchesses d'Angoulême et de Berry.

ciseau du manœuvre, guidé par le Génie de l'architecture, se fait entendre sur tous ces rochers, et déjà s'élève ce temple pieux, voué à la Vendée, par la reconnaissance des Rois.

Antique comme la monarchie, il ne se décore point de belles colonnes grecques ou romaines : tout y rappelle le beau gothique des XII° et XIII° siècles. Les colonnes du pérystile, groupées autour des deux piliers de la porte, s'unissent en ogive. Devant chacun de ces deux piliers sont deux statues : l'une du côté du nord représente un guerrier du XII° siècle, le casque en tête, et la clamyde fleurdelysée pardessus son armure ; une de ses mains est élevée vers le fronton qui représente la Vierge, et l'autre presse sur son cœur la poignée de son épée nue ; son visage est empreint d'une expression énergique de dévouement. La statue du pilier opposé représente la Vendée, vêtue en amazone, la visière baissée : elle s'appuie d'une main sur une lance, et de l'autre sur un bouclier.

Ces deux statues sont de grandeur naturelle, ainsi que la Vierge sculptée sur le fronton. Cette dernière est assise sur des nuages ; son fils est sur ses genoux : le sourire est sur leurs lèvres, et deux anges, qui montent vers eux, sont représentés de chaque côté portant en leurs mains l'étendard des Lys. Toutes ces figures se parlent et s'entendent : leur accord à l'air d'être parfait.

L'intérieur est orné de piliers gothiques et de fenêtres en rosaces, de trèfles, de chapiteaux à feuilles d'acanthe : il est terminé par un autel à la romaine qu'entourent de hautes fenêtres séparées seulement par de légers piliers. Seize colonnes carrées, que surmontent autant de flèches octogones, entourent ce petit édifice ; et une terrasse, pavée en mosaïque et fermée par une élégante balustrade, l'environne. Tout y rappelle les palais d'Italie, au moment de la renaissance des lettres et dans les beaux jours de Léon X.

Ce qui surprend, dans ce joli monument,

bâti dans le goût ancien, par des ouvriers modernes, c'est le travail et le soin qu'il a dû coûter. Le tout est en pierres de granite d'un beau blanc, mais fort dur, et le sculpteur a dû travailler sur place tous les ornements.

Un jour, mon Angéline, si tes pieds viennent fouler cette terre sacrée, si quelques nuages obscurcissent nos fronts, ici, près de cet autel solitaire, nous prierons, non loin peut-être de quelques voyageurs inconnus, et ton âme aimante, soulagée du fardeau de ses peines, croira retrouver la Madone protectrice, dont les chapelles gothiques s'offrent au pélerin fatigué, sur toutes les routes de l'Italie.

D'ici, la ville des Herbiers, que l'on dirait placée dans un bouquet de fleurs, semble être à nos pieds : on y descend par une pente douce et facile que forme la grande route en serpentant sur le flanc de la montagne. Cette ville mérite son nom : dans un site délicieux, elle semble avoir voulu se dérober à tous les regards, en se cachant parmi des flots de verdure qui l'entourent et la dominent. Quand au printemps toutes les haies sont en fleurs, que les prés sont émaillés, que, du milieu de ces champs et de ces grands bois, s'exhale une brise embaumée, si la main du Génie de l'architecture, avait jeté, isolé dans un coin de cette vaste corbeille, quelque temple antique, soutenu de colonnes blanches d'ordre ionique ou corinthien, on se croirait transporté dans l'un de ces beaux paysages grecs, décrit par l'auteur des *Martyrs*.

Ici, la terre annonce une fécondité qui n'est pas près de s'épuiser. Elle n'y vend point ses dons; elle les y verse à pleines mains: elle produit avec une telle abondance, que l'on y craint presqu'autant l'excès de la fertilité, qu'ailleurs on redoute la stérilité.

Lith. de Charpentier Père fils & C.ⁱᵉ à Nantes

Vue des Herbiers, prise de l'allée du Landreau.

(*Vendée poétique et pittoresque de Massé-Isidore*)

LETTRE III.

Les Herbiers (Vendée), 1828.

Batie assez régulièrement, cette ville annonce un endroit commerçant : tout y respire l'aisance ; et les traces de l'incendie général de la Vendée, qui jettent un air triste et lugubre sur presque toutes les autres villes du pays, ont ici presque toutes disparu. Un lac baignait autrefois les maisons situées au midi, les grands arbres des coteaux d'alentour ombrageaient son onde limpide, et mille barques légères, sillonnant sa surface humide, y réunissaient chaque soir la brillante et vive jeunesse que la fraîcheur y attirait. Ce lac a été réduit à deux ruisseaux, et remplacé par une longue suite de ni au fripon, que nos prêtres n'y sont point revêtus d'ornements d'or et de pierreries, mais qu'ils portent presque tous, empreinte sur leurs fronts, la majestueuse simplicité de l'Évangile, et rien de plus. Cependant ici, comme aux rives du Tibre, on conserve toutes ses magnificences pour les fêtes religieuses; il n'y a de différence que dans l'espèce des ornements. A ces pompes sacrées, chez vous, tout brille de l'éclat que verse l'opulence; dans la Vendée, tout s'embellit des présents de la nature, et le plus pauvre desservant mêle à ces cérémonies tout ce que l'éclat des fleurs, tout ce que la blancheur éblouissante des toiles de lin, et l'ensemble majestueux du chant grégorien peuvent avoir de suave et de gracieux, d'imposant et de solennel.

Ce matin nous sommes entré dans l'église, long-temps avant le commencement de l'office : c'était un jour de dimanche; des fleurs naturelles ornaient avec profusion tous les autels; l'air en était embaumé. Des toiles de lin d'une grande finesse, brodées à jour, couvraient les autels, et tandis que des cierges s'allumaient de tous côtés, une multitude de drapeaux, ornés de rubans aux couleurs les plus vives, et suspendus à tous les piliers, flottaient dans les voûtes en ogives. Les colonnes gothiques d'un granite gris de lin, en pierres de taille carrées, enduites à leurs rainures d'une chaux blanche, formaient une bigarrure qui rappelait les temps chevaleresques; et les vitraux nombreux, mais étroits, ne laissant pénétrer dans le temple que ce demi-jour vaporeux qui plaît à la rêverie, rappelaient l'âme à la méditation.

L'office commença avec cette majesté simple qui commande le respect. Les choristes revêtus de l'aube antique; les chantres se promenant lentement dans le sanctuaire; les trois ministres prosternés à l'autel, et les premiers nuages d'encens s'exhalant dans les airs, fixaient l'attention, quand les chants, soutenus par les sons du serpent d'ébène et accompagnés des voix de presque tous les assistants, éclatèrent et formèrent une lente mais imposante harmonie. Pendant le cours de l'office, les chants interrompus laissaient régner un religieux silence, et la voix du célébrant, se faisant entendre par intervalles, retentissait seule sous les voûtes gothiques ; alors, le front prosterné, chaque assistant priait avec ferveur, et les vierges timides, dans toute la fraîcheur de leurs modestes atours, assises près de leurs mères, les yeux baissés, le front calme et recueilli, ressemblaient, au milieu d'un nuage d'encens, à des anges d'innocence et d'amour.

Il est à remarquer qu'il n'existe en France aucune province où les églises soient plus propres et mieux ornées. Chaque bourg a la sienne, et quelquefois on en rencontre deux sur la même place, l'une catholique et l'autre protestante, sans que pour cela l'union et la paix publique soient jamais troublées. Elles ne sont point ici, comme presque partout ailleurs, des masures obscures, construites en bois et en terre, tapissées d'images grossières ou de saints ridiculement sculptés ;

nous avons même vu bien des villes où le délabrement des églises, la pauvreté du mobilier et la malpropreté du sanctuaire étaient loin d'inspirer ce sentiment de respect qu'impriment les temples Vendéens.

Mais voici l'office terminé ; tout le monde sort de l'église : c'est le moment où l'on peut juger du costume d'un peuple cultivateur. Cette partie de notre récit vous intéressera sans doute, Angéline. L'art de la toilette n'y gagnera rien, mais on dit que les goûts et les mœurs se peignent dans les costumes, et ceux de ce pays justifient cette pensée : c'est déjà vous dire qu'il règne ici, comme en toute autre chose, une élégante simplicité.

Voyez comme, en ce moment, tout a pris un air de fête. La jeune paysanne, en sabots d'une forme légère, et dont la couleur fait ressortir la blancheur du coton qu'ils couvrent à demi, marche à côté de sa mère, vêtue comme elle : une robe courte, d'une étoffe de laine à raies de diverses couleurs, et un tablier de coton, dessinent leurs tailles bien proportionnées ; un mouchoir de Chollet, à carreaux rouges, s'étend sur leurs cous frais et vermeils, et la mousseline bordée de dentelle, tombant en barbes arrondies sur leurs épaules, cache leurs cheveux, dont l'ébène se révèle par deux contours artistement arrangés de chaque côté du front. Toutes sont enveloppées d'une mante courte, d'étoffe de laine noire qui, ne fermant point par devant, fait l'effet d'un manteau à l'italienne, et laisse apercevoir toute la grâce de leur démarche et l'élégante simplicité de leur parure. Ce manteau n'est autre que le *cucullus* des anciens Romains.

Le luxe et la mode sont réservés pour les Dames : ce sont là leurs seules marques distinctives. Mais je me trompe, la bonté de leur cœur et les bienfaits qu'elles se plaisent à répandre autour d'elles les font remarquer bien autrement encore ; elles sont aimées et respectées ; elles sont en général belles et vertueuses : ces distinctions là valent bien les prérogatives ridicules qu'elles ont remplacées.

Le costume des hommes est presqu'uniforme. Le Vendéen est en général grand et bien fait; sa veste ronde de couleur noire ou bleue fait ressortir la blancheur de son teint. Outre l'ombrage éternel qui règne ici, son chapeau rond aux larges bords le préserve des ardeurs du soleil, et ses cheveux d'un noir d'ébène, tombant en boucles sur ses épaules, rendent plus frappante encore cette fraîcheur des chairs qu'on ne rencontre nulle part ailleurs chez les cultivateurs. Un mouchoir de Chollet d'un rouge vif, et qui n'est pour ainsi dire que suspendu à leur cou, arrêté seulement par un nœud sur la poitrine, leur donne un air de négligence qui n'est pas sans grâce. Leurs gilets de laine blanche, boutonnant sur le côté comme la capote militaire, contrastent avec la couleur sombre de leurs vestes; et leurs pantalons de drap, à grandes raies de diverses couleurs, ont dû servir de modèle à ces jolies printannières que l'on porte maintenant. Presque tous ont d'énormes sabots dont la forme est toute particulière: ils couvrent la totalité du pied, sans pour cela cesser d'être d'une légèreté surprenante ; on fait, avec cette singulière chaussure, plusieurs lieues sans se blesser.

Tel est le Vendéen paisible ; mais armé, son costume prend quelque chose de sombre et d'imposant. Ajoutez seulement, à la peinture que je viens de vous tracer, une large ceinture rouge, faite d'une pièce de mouchoirs de Chollet ; placez-y deux énormes pistolets ; joignez à cela un fusil de munition que sa main tient sur son épaule ; rangez en ordre, dans un pré qu'ombragent de grands arbres, cinq ou six cents Vendéens, et qu'au-dessus de leurs têtes flotte un large drapeau blanc, avec ce mot seul pour inscription : *Vendée*, et vous aurez une idée juste d'un de leurs régiments en grande tenue.

L'expression de grande tenue est ici le mot qui convient ; car il est rare de trouver un Vendéen mal vêtu le dimanche ; et, dans l'un et l'autre sexe, l'extrême propreté des habits leur donne l'air d'être neufs pendant presque tout le temps de leur durée. Cette propreté, ordinairement assez rare parmi les paysans des autres contrées, forme une partie distinctive du caractère vendéen.

Tels nous ont paru les Herbiers : centre et principale ville du Bocage, elle en est aussi la plus commerçante et la plus intéressante. Si maintenant nous interrogeons l'histoire, sur la naissance et les progrès de cette petite ville, l'histoire déroulera devant nous quelques-uns de ses feuillets, et nous y trouverons de nombreux et d'imposants souvenirs (1).

Lorsque Jules-César voulut soumettre les peuples de l'Armorique, qui s'étaient révoltés, et notamment les Venètes, il marcha d'abord vers Nantes, ville importante par sa position, sur la rive gauche du *Liger* (2). L'effroi devança la marche rapide des légions

---

(1) Dom Lobineau, Histoire des Saints de Bretagne. Dom Maurice, Preuves de l'Histoire de Bretagne.
(2) La Loire.

Romaines; une foule de Nantais abandonnèrent leur cité pour se soustraire au joug du vainqueur.

Emmenant avec eux leurs femmes et leurs enfants, emportant leurs armes et leurs trésors, ils disent un long adieu à la ville natale, s'enfoncent sous les sombres forêts des *Lemovices Armoricani* (*F*), qui bordent au midi les confins des Namnètes, et traversent ce pays situé entre le fleuve aux ondes suaves et limpides (1) et le torrent impétueux du précipice de la Peur (2). Plus la troupe fugitive s'avance au midi, plus la nature, hérissée de forêts profondes coupées de ruisseaux marécageux, semble leur promettre une retraite inaccessible à la fortune de Rome (*G*). Après une journée de marche, la colonie arrive au bord de la rivière *du Men*, aujourd'hui le *Petit-Maine*. Là, de noires colonnades de hautes futaies s'élèvent en

___

(1) La Sèvre, en latin *Suavedria*; voir la note G, à la fin du volume.

(2) La Boulogne; voir la note G, à la fin du volume.

amphithéâtre sur les coteaux ; la solitude n'est troublée que par le bruit des eaux qui murmurent contre les vieux troncs jetés par les orages à travers du lit du torrent ; on dirait que c'est la première fois que le pied de l'homme foule cette terre vierge encore. Le lendemain on remonte le cours du Men ; on entre sur les terres des Agésinates : la nature n'y a pas moins l'aspect sombre et sévère qu'elle avait la veille, mais du moins de vastes prairies naturelles s'étendent au fond des vallées, et le désert perd un peu de son âpreté. Au nord, une longue chaîne de montagnes vient s'offrir à la vue des fugitifs ; et les forêts d'une grandeur prodigieuse, se balançant sur leurs cimes, semblent supporter les nues et défendre aux vents de l'hiver d'approcher des riants vallons qui au midi se déroulent à leurs pieds. Toute la troupe s'arrête en cet endroit. Enchantée de la position et de la fécondité de ce sol couvert partout de gras pâturages, cette population errante le choisit pour y fixer sa nouvelle demeure, et lui donne le nom d'*Herbauges*, c'est-à-dire vallée des Herbes ; une ville s'élève, et les citoyens de la nouvelle colonie l'appellent Herbadilla, *ville de l'Herbe*, les Herbiers (*H*).

Les premiers jours d'Herbadilla s'écoulèrent dans une paix profonde : presqu'inconnue de ses voisins, cachée au fond d'une solitude impénétrable, elle échappa longtemps aux avides regards des Romains. Vers le quatrième siècle de l'ère chrétienne, sous les derniers Empereurs, Herbadilla était devenue le centre du commerce de tout le pays. Là, sans cesse, arrivaient les nautonniers de la Loire qui remontaient la Sèvre ; les hardis matelots de Tyr, de Carthage et de Massilie, descendus sur la côte du Bocage, au *Secor-Portus*, arrivaient en foule dans la vallée des Hautes-Herbes ; les tissus légers, ou *toiles d'ombre*, de Durinum, les laines éclatantes de Ségora, et le fer des Pictes s'y échangeaient contre les perles du Gange, les parfums d'Arabie, et les riches étoffes de Palmyre et de Syrie. L'or du commerce éleva des temples aux divinités. A l'Est, sur une montagne qui porte encore le nom de ce dieu, on voyait le temple dédié à Mercure, et tandis que Ségora s'honorait du culte qu'elle rendait à Bacchus, dans Herbadilla même, un encens voluptueux brûlait jour et nuit devant l'autel de Vénus aphrodite, c'est-à-dire de Vénus sortant nue du sein des eaux.

L'opulence de la colonie nantaise éleva bientôt sa splendeur au-dessus de la mère-patrie; mais l'instant n'était pas éloigné où tant de gloire allait, par une épouvantable catastrophe, être à jamais engloutie dans un abîme souterrain.

Le sol sur lequel avait été bâtie la puissante Herbadilla, n'était autre chose que la voûte d'un volcan éteint depuis long-temps. Un jour qu'un prêtre chrétien, Martin de Vertou, envoyé par Félix, évêque de Nantes, pour convertir au Dieu *Christ* les habitants de la vallée d'Herbauges, venait de sortir de la ville, en secouant contre elle la poussière de ses pieds, parce que, loin d'écouter ses paroles, les habitants l'avaient traité avec mépris, tout-à-coup le ciel s'obscurcit, la terre tremble, d'horribles mugissements sortent de ses entrailles, de longs craquements partent des bases de la montagne, et le centre de la ville, qui s'agite et s'écroule avec fracas, s'enfonce et disparaît dans des flots écumants. Un lac paisible et limpide s'étend là où tout-à-l'heure s'élevaient des palais, où régnait le commerce, où brillait l'opulence, là où fut Herbadilla.

Il est probable que le rusé missionnaire de Félix sut habilement tirer parti de cette épouvantable catastrophe. Les deux extrémités de cette malheureuse cité subsistaient encore: il y rentre (*I*); il annonce aux habitants éplorés, qu'en quittant leur ville perverse, il a, dans sa sainte colère, appelé sur elle le courroux du Dieu qu'il annonce, et que le sort terrible des deux tiers de leurs concitoyens n'est que le châtiment de leur incrédulité.

Dans ces siècles d'ignorance, tout ce qui était extraordinaire paraissait miraculeux; Martin, ou tout au moins son successeur, n'eut pas de peine à persuader les malheureux restes de la population d'Herbauges : tous se firent chrétiens, et deux églises dont l'architecture se rapporte à cet âge reculé, c'est-à-dire au Ve ou VIe siècle, s'élevèrent des deux côtés du lac, placées là, sans doute, comme deux autels expiatoires destinés à désarmer la colère céleste et à constater un grand événement.

L'établissement des Scythes-Theyphaliens, sur les rives de la Sèvre, doit avoir eu lieu cent et quelques années avant l'engloutissement d'Herbadilla, qui fit partie de la république teyphalienne.

Au temps de Nominoë, duc de Bretagne, vers l'an 850, Lambert, usurpateur du comté Nantais, ayant appelé les Danois et les Normands, pour soutenir son usurpation, ces barbares remontèrent la Sèvre et pillèrent les tristes restes d'Herbadilla.

E.

Lambert, ayant ensuite partagé la Teyphalie à ses lieutenants, Guaiffre, autrement appelé Gonthaire, eut le pays d'Herbauges en partage, et y fixa sa résidence. Bougon, duc d'Aquitaine, vint l'y surprendre, et mit pour la seconde fois cette malheureuse ville au pillage.

Tant de malheurs réunis n'avaient pu détruire entièrement les faibles débris de cette population infortunée, quand l'un des fléaux les plus odieux, la féodalité, vint peser sur la Teyphalie. Herbadilla, que nous appellerons désormais les Herbiers (traduction littérale de son nom primitif), en retira du moins cet avantage, que ses magistrats, devenus *Seigneurs* par l'abus de la force et la faiblesse de l'autorité royale, firent entourer la ville de fortifications, la mirent à l'abri d'un coup de main, et élevèrent, au bord du lac, le château dont on voit encore les ruines.

Au temps des croisades, vers le **VII**^e siècle, les Herbiers, comme toute la contrée, passèrent sous le joug des Anglais, qui ne changèrent rien à leur antique constitution politique. Il est probable que sous le règne de Richard Cœur-de-Lion, fils d'Eléonore, les murailles des Herbiers furent achevées ou tout au moins réparées ; car, en 1110, cette ville figurait au nombre des places fortes entourées de murailles (1) ; l'église cathédrale fut aussi réparée à cette époque ; l'architecture du frontispice et des voûtes de l'intérieur ne laissent aucun doute à cet égard.

Depuis l'expulsion des Anglais, les Herbiers ne figurent plus dans l'histoire. La guerre du sel, sous François Ier, paraît avoir dégénéré en guerre de partisans. Les malheurs qui retinrent ce prince hors du royaume, ses querelles avec Charles-Quint, et les guerres continuelles qu'il eut à soutenir, lui firent négliger celle du Bas-Poitou : elle traîna jusques sous le règne de Henri II, qui la termina en retirant ses douaniers, ses receveurs de tailles, et en

---

(1) *Gallia christiana*, de Scévole de Sainte-Marthe.

sanctionnant les anciennes franchises du pays, qui ne demandait que son antique liberté.

Si cette guerre fut sans résultat pour le pouvoir monarchique, il n'en fut pas ainsi pour la contrée qui en avait été le théâtre. Les Teyphaliens, appelés alors Bas-Poitevins et Bretons, reprirent, pendant cette longue campagne, les goûts belliqueux et aventureux de leurs aïeux; la réforme de Calvin, qui fut reçue dans tout le pays, acheva de tourner les esprits vers des idées de liberté et d'indépendance civile et religieuse. De là vient sans doute que peu de temps après la fin de la guerre du sel, on vit commencer dans tout le Poitou ces longues et sanglantes guerres de religion dont le Bocage fut le foyer le plus ardent. Ce fut dans cette arène que descendirent, dès cette époque, de vaillants capitaines et d'illustres généraux : les Rohan, les Soubise, d'Andelot, Lanoue, d'Aubigné, Biron, la Tremouille et Condé, Sully et le grand Henri, disputèrent chaque bourg et chaque village, aux Montpensier, aux Mercœur, aux Mayenne et à tant d'autres prétendus catholiques-romains, qui n'étaient au fond que des ambitieux abusant, pour servir leurs intérêts, du fanatisme et de l'ignorance qu'entretenait dans le peuple un clergé dominant et cruel.

A travers une foule de villes et de châteaux pris et repris, que nous trouvons cités dans les mémoires des historiens du temps, les Herbiers n'ont point été oubliés.

Les habitants de cette petite ville suivaient, comme tout le reste du pays, la religion réformée. Quatre-vingt-dix braves, commandés par un vaillant capitaine, appelé Lommeau, défendaient cette place contre les fanatiques ou catholiques-romains, connus dans l'histoire sous le nom de Ligueurs. Le duc de Mercœur était à la tête de l'armée de ces derniers. Il part de Nantes avec sa cavalerie et les arquebusiers à cheval de tous les régiments, et s'approche des Herbiers, pour y surprendre Lommeau. Mais ce chef, averti du projet de Mercœur, et comptant peu sur les vieilles fortifications, qui tombaient en ruine, fait élever à la hâte des barricades dans chaque rue : on y travaille avec ardeur. Déjà les chevau-légers du duc sont aux portes de la cité : ils cherchent, en se glissant derrière les haies, à surprendre le corps-de-garde placé derrière le pont de la ville. Malheureusement pour eux, l'intrépide Lommeau s'était aperçu de cette manœuvre. Prenant avec lui la moitié de son monde, il court à l'ennemi, le culbute, le poursuit jusqu'à l'endroit appelé *Celles*, et donne ainsi à ceux des siens qu'il a laissés dans la ville, le temps d'achever les barricades.

Le lendemain, dès le point du jour, le Duc de Mercœur se rapproche des Herbiers, et tente de s'en emparer de vive force, mais il rencontre une résistance opiniâtre ; à midi il n'avait encore pu conquérir que deux maisons. Irrité d'une pareille résistance, il dépêche un exprès à Saint-Georges de Montaigu pour faire hâter la marche du gros de l'armée, et donner l'ordre d'amener à la hâte toute l'artillerie.

Sur le soir du second jour, Lommeau, appuyé contre le mur du temple (1), prête une oreille attentive aux bruits que les vents lui apportent du camp ennemi situé sur la colline opposée. Ses guerriers l'entourent en silence. On distingue, à la couleur de leurs costumes, celles des compagnies auxquelles ils appartiennent : des chapeaux ronds à haute forme, ornés d'un ruban noir et de boucles d'un métal doré, couvrent leur front basané; au lieu de cuirasse, un juste-au-corps entoure leur large poitrine ; un jupon très-court, mais terminé par de longues dentelures, environne leur ceinture ; un pantalon collant d'une vive couleur, tombe jusqu'à leurs pieds; d'énormes sabots, de longues chevelures serrées par un ruban, et retombant en arrière jusqu'au milieu du dos, achèvent leur costume étrange. Mais tout-à-coup leur

---

(1) L'Eglise actuelle.

chef intrépide vient d'entendre le son lointain des tambours et le mouvement qu'occasione dans le camp ennemi l'arrivée du reste de l'armée. Il ne se flatte point de pouvoir défendre la place avec le peu de braves qui l'environnent; prenant aussitôt son parti, il ordonne de laisser des mèches allumées sur les barricades, et rassemblant ses deux compagnies, il leur donne ses instructions, se met à leur tête, et sort en silence du château. A la faveur des ténèbres, tous suivent pas à pas le ruisseau qui longe la ville au midi ; ils s'approchent du pont, le franchissent et se trouvent en face d'un poste de cent hommes de cavalerie, qui de ce côté gardent le chemin qui conduit à la tour d'Ardelay. Pendant que les premiers arquebusiers de Lommeau attaquent vigoureusement cette cavalerie qui ne s'attend à rien, le reste de la troupe des Réformés tourne à droite, prend le chemin qui mène à la forêt du Parc-Soubise, et tous ensemble, profitant du peu d'ardeur que l'on met à les poursuivre, arrivent au point du jour dans la vaste forêt, d'où le lendemain ils se retirèrent à la Chaise-le-Vicomte, laissant Mercoeur assiéger une ville sans garnison et sans habitants (1).

En 1559, invités à envoyer leurs députés à la tenue des Etats qui eut lieu à Poitiers, pour la rédaction en un corps complet de toutes les coutumes servant de code au Poitou, les Herbiers laissèrent défaut comme toutes les autres villes de la Teyphalie. Loin de reconnaître les coutumes de Poitou étrangères à celles de leurs pères, les Teyphaliens conservèrent les leurs, ne pouvant se résoudre à admettre cette espèce de suprématie d'un pays qui, au temps de Jules-César, était à la vérité leur allié, mais non leur maître, et avec lequel ils n'avaient eu depuis que de faibles communications.

C'est après les guerres de religion, sous le ministère de Richelieu, qu'on doit placer l'époque à laquelle les fortifications des

---

(1) Mémoires de d'Aubigné.

Herbiers, comme celles de presque toutes les villes du Bocage, furent détruites : on sait que ce ministre, voulant ôter toute retraite aux sectateurs de Calvin, s'attacha particulièrement à faire raser leurs châteaux forts, chose que d'ailleurs le canon avait déjà plus qu'à moitié exécutée.

Mais c'est assez nous occuper des Herbiers. Pendant les règnes de Louis XIV et de son successeur, cette héritière de l'antique Herbadilla reste oubliée de la Muse de l'histoire, et son nom ne reparaît que pendant les jours désastreux de l'année 1793, dont tant de voix éloquentes ont déjà consacré les immortels souvenirs.

LETTRE IV.

Saint-Laurent..... 1828.

CE matin, j'ai quitté les Herbiers dès le lever du soleil, pour venir visiter le petit bourg de Saint-Laurent : il n'en est qu'à trois lieues. Une belle journée se préparait, et la route que j'allais suivre, tout entière par des chemins de traverse, me promettait des sites délicieux. Mon attente n'a point été trompée : cette route m'a souvent rappelé les siècles où les moines chrétiens, défrichant la Gaule encore sauvage, disputaient aux habitants féroces des forêts leurs retraites silencieuses.

Je me dirigeai vers le Nord : c'est-à-dire que je me renfonçai dans les montagnes, mais je n'y trouvai plus les paysages du riant Tibur : ceux que je parcourais avant-hier avaient tout le charme des coteaux d'Albenga et de Tivoli ; aujourd'hui c'était les Alpes et l'Appennin. En général, les horizons Vendéens ne sont pas moins étendus que ceux de la Sabine ; les teintes de verdure n'y sont pas moins douces, et si l'on n'y retrouve pas cette lumière surnaturelle des campagnes de Rome, du moins n'y rencontre-t-on pas non plus cette nature âpre et sauvage, cette rudesse que présente l'aspect de la Germanie : ici, c'est un milieu entre ces deux extrêmes, ce qui donne à toute cette contrée un air de jeunesse et de fraîcheur que ne peuvent offrir ni le Nord ni le Midi.

Je marchais depuis quelques moments sur un gazon uni, par un chemin large et tellement ombragé qu'il était impénétrable aux rayons du soleil. Cette route, ou plutôt cette allée, située à mi-côte, longeait une colline dont la partie la plus élevée était couverte de moissons et d'arbres fruitiers, tandis que de l'autre côté, des prés, séparés par des haies touffues, descendaient jusqu'au bord d'un ruisseau dont le murmure troublait seul le silence de cette vallée solitaire. Cet endroit inspirait je ne sais quelles pensées rêveuses qui portant l'âme à la méditation la rappellent à tous ses souvenirs. Je m'arrêtai quelques moments, assis sur le tronc d'un chêne renversé; j'ouvris les lettres de Dupaty, et parcourus celle que cet aimable voyageur écrivait des Cascatelles, dans une situation d'esprit à peu près semblable à celle où je me trouvais alors (1). Aussi cette lecture contribua-t-elle à m'enfoncer dans une rêverie douce comme la solitude qui m'entourait. Je reportai mes pensées vers l'ancienne capitale de l'Armorique; je vous y vis, Angéline, sortant à cette même heure des bras du sommeil, et j'osai croire que vous donniez peut-être en cet instant un souvenir au

---

(1) 55ᵉ Lettre sur l'Italie, par Dupaty.

Voyageur de la Vendée; reportant ensuite votre image dans les lieux où j'étais, je me figurai vous voir parcourant avec moi cette retraite isolée, prêtant l'oreille au murmure des eaux limpides du ruisseau, écoutant les premiers chants des oiseaux qui, cachés dans le feuillage épais qu'un vent léger agitait sur ma tête, entonnaient leurs hymnes du matin; en un mot, je vous vis assise à mes côtés, goûtant comme moi le charme de cette solitude et la fraîcheur d'une belle matinée. Si jamais, mon aimable amie, vous venez visiter le Bocage de la Vendée, nous nous asseyrons ici, nous relirons Dupaty, et le charme ravissant de la scène, le silence de cette jolie retraite, le vague d'une douce rêverie marqueront, sur notre passage dans la vie, un jour de bonheur de plus.

En quittant cette délicieuse vallée, je vis insensiblement disparaître toute trace de culture; je me trouvai dans un site tellement solitaire et fourré d'arbres que je me crus transporté dans les déserts du Nouveau-Monde. Peu s'en fallait; j'étais à l'Ermitage !.... Vous allez rire, Angéline, à ce mot d'Ermitage : rien cependant n'est plus vrai. Quelques années avant la révolution, un ecclésiastique, retiré dans ce lieu sauvage, y menait la vie des Paul et des Antoine au désert. Son souvenir enchante encore aujourd'hui cette nouvelle Thébaïde, et sa mémoire est en vénération dans le pays d'alentour: à certain jour de l'année on vient, et même de fort loin, en pélérinage à l'Ermitage.

J'avais aussi ma petite prière à faire au bon Ermite. Je me détournai donc de quelques pas, pour aller visiter les ruines de sa retraite pieuse; mais ce ne fut pas sans peine que je parvins jusqu'à l'esplanade où le Solitaire avait construit sa cellule et planté son jardin. Il me fallut pénétrer sous un bois d'énormes genêts de douze à quinze pieds de hauteur, à travers des fougères d'une grosseur prodigieuse, et gravir sur des rocailles couvertes de ronces. Enfin après quelques moments d'une marche pénible, j'arrivai à la laure de l'Ermite. Des morceaux de roc entassés les uns sur les autres formaient l'enceinte du jardin où elle était placée. Il était facile de voir que depuis long-temps le maître ne l'habitait plus : des sillons couverts de gazon marquaient seuls le dessin d'après lequel les carrés du verger avaient été tracés. Une fontaine abandonnée, quelques arbres fruitiers encore en rapport, étaient les seuls vestiges de l'existence d'un jardin. On vient ici chercher l'ombre et la méditation, et, à la saison des fruits, on est tout étonné de trouver de belles cerises, des prunes et des poires dans ce désert : ces fruits appartiennent au premier occupant et sont les derniers bienfaits du Solitaire. Sa cellule était adossée au rocher qui la défendait des vents du Nord : elle vient tout récemment d'être détruite; il n'en reste que les murs. Une petite chapelle également en ruine est à côté; quelques planches remplacent l'autel; une petite croix de bois et une bonne-vierge en plâtre rappellent seules l'endroit où priait l'Ermite. Ces modestes vestiges de la demeure d'un homme pieux rappellent ces vers *du Printemps d'un Proscrit*, dans la peinture des Alpes :

Et l'humble croix plantée au pied d'un roc sauvage
Annonce au Voyageur qu'un Ermite pieux
Du sein de ces déserts est monté dans les Cieux !

Quand on est loin de vous, Angéline, et dans un Ermitage, vous pouvez facilement deviner ce que l'on peut demander à la Divinité du lieu. Je quittai cette solitude avec moins de regrets que ce chemin couvert, où, un instant auparavant, la magie de l'imagination m'avait fait apercevoir votre image à travers quarante lieues de pays.

Gravissant ensuite de rochers en rochers, toujours par des chemins ombragés, franchissant sur de larges pierres une foule de petits ruisseaux qui barrent la route et murmurent sur un sablon doré, j'arrivai au sommet des montagnes. D'ici la vue s'étend sur tout le pays que je viens de parcourir ; le chemin que j'ai suivi se déroule à mes pieds dans le fond d'un vaste ravin. Voilà près de moi l'ormeau des Enfreins, qui balance ses vieilles branches sur mon front. Ce lieu rappelle des souvenirs bien autrement intéressants que ceux de l'Ermitage. C'était ici un de ces hauts-lieux où les Druides faisaient leurs sacrifices ; cinq chemins y viennent aboutir : un énorme quartier de roche grisâtre, auquel on a donné le nom de Pierre-levée, s'élève au milieu d'une enceinte circulaire, formée par d'autres pierres semblables, mais moins grosses. Un ormeau, qu'on a toujours soin de renouveler quand il tombe de vieillesse, croît isolé au milieu de ces pierres consacrées. Quand assis sur la mousse qu'il ombrage, on se retrace les cérémonies religieuses dont ce lieu fut témoin, que la pensée, refluant dans la profondeur des âges, représente à l'imagination les costumes étranges des adorateurs, les longues robes blanches des Prêtres couronnés de feuilles de chêne, et le *Guy* sacré porté en triomphe ; alors, soit par un jeu de l'imagination, soit faiblesse de l'esprit humain, naturellement enclin au merveilleux, on se sent tout rempli d'une certaine crainte religieuse, assez semblable à celle qu'inspirait cette Divinité inconnue, que les anciens Grecs plaçaient dans les lieux infréquentés. Parmi le peuple, qui porte tout à l'excès, cette frayeur se fait sentir ici plus fortement que partout ailleurs : l'ormeau des Enfreins est un endroit redouté ; tout le pays est rempli des histoires d'apparitions qui y ont eu lieu, et le pâtre le plus hardi n'approche qu'en tremblant de cette enceinte ; surtout quand la lune revêtant ces rochers isolés de sa lumière silencieuse, vient rendre la scène plus mystérieuse encore.

En approchant de Saint-Laurent, on chemine entre des roches de granite, qui semblent être restées telles qu'elles étaient en sortant des mains de la nature. Ces lieux, bien que cultivés, n'en conservent pas moins un air sauvage : ils rappellent la création primitive, reculant pas à pas devant l'industrie laborieuse des premiers cultivateurs. A tout moment, on rencontre des croix de bois ou de pierre, de petites chapelles, ou tout simplement de petites images de la Vierge. On dirait que M. de Chateaubriant est venu composer ici son immortel chapitre des dévotions populaires. C'est une coutume bien touchante que celle qui place l'image de la Divinité dans les chemins les plus écartés. Il est rare que le crime choisisse les lieux qu'elle habite pour y commettre ses attentats. Tantôt on pose cette bonne *Marie des Bois* dans le creux d'un vieux chêne, tantôt dans le rocher d'où sort une fontaine, et le plus souvent dans une chapelle bâtie exprès. En voici une qu'on a élevée au détour de cette haie; on en a entouré la statue de fleurs artificielles et de coquillages; tandis que ce petit temple est lui-même couronné de longues guirlandes de roses d'églantier, des bouquets de chevre-feuille, mêlés aux festons de la clématite, pendent sur ses deux côtés, une nappe d'hyacinthes bleues l'environne, et un nid de fauvettes est placé dans les branches fleuries d'une touffe d'aubépine qui surmonte ce petit édifice.

Il semble que la présence de la Vierge, dans cet endroit écarté, rassure le voyageur : elle veille sur son pélérinage, et dans son cœur il sent naître l'espoir d'un heureux retour.

Enfin j'aperçois Saint-Laurent ! c'est donc ici qu'il est permis de contempler l'héroïsme de l'humanité dans toute sa force. La voilà cette maison centrale des Filles de la Sagesse, qui d'ici, comme d'un point commun de départ, s'élancent vers tous les coins du globe pour voler au secours de l'infortune. C'est là cette école vraiment chrétienne inspirée au père Montfort par le génie des Vincent de Paule et des Fénélon. Combien elle est douce, oh ! mon Angéline, l'émotion que fait naître le premier regard qui, du haut de ces collines qui l'environnent, vient tomber sur ce globe et cette grande croix de pierre formant le dôme de la chapelle du couvent ! Jeunesse, beauté, dévouement sublime, ici, tout ce que le monde a de plus beau, s'unit à tout ce que la vertu a de plus héroïque.

LETTRE V.

Saint-Laurent (Vendée), 10 heures du matin..... 1828.

La situation de Saint-Laurent, moins romantique que celle de Mortagne, convient cependant mieux à la méditation. Baigné à l'Est par la Sèvre et entouré de montagnes, ce petit bourg semble avoir été déposé à dessein dans le fond de cette étroite vallée. En entrant, à gauche, on aperçoit à quelque distance la maison blanche des missionnaires ; bâtie à la moderne, elle n'offre qu'une masse peu imposante ; c'est tout simplement une maison : elle n'a rien de cet intérêt puissant qui remue doucement le cœur et enflamme l'imagination. Aussi, n'est-ce point elle que l'on vient chercher à Saint-Laurent. On jette un coup d'œil assez indifférent sur ses jardins et ses charmilles ; on demande le tombeau du sage Montfort : c'est à lui que l'on rend la première visite. Tout ce qui frappe les regards en ces lieux n'est-il pas son ouvrage ? son ombre habite encore ce séjour : elle y fait encore du bien ; elle y sèche des larmes !

C'est dans l'église paroissiale, dans la chapelle de la Vierge, à gauche du chœur, que repose la poussière de ce fondateur d'un grand ordre. Quelques pierres maçonnées, couvertes d'un marbre noir, où sont gravés ses noms et son âge, composent toute la décoration de ce tombeau. La simplicité de ce monument étonne au premier abord ; mais, en y réfléchissant, on trouve une harmonie touchante entre le modeste mausolée du serviteur et la simplicité évangélique du Maître céleste.

Cette église est petite, mais elle ne manque ni d'élégance ni de propreté. Parmi une foule de plâtres peints, d'assez mauvais goût, au milieu d'une multitude de tableaux peu dignes de remarque, je regrette de n'en pas trouver un seul qui puisse me retracer les traits du bienfaiteur de l'humanité qui repose en ce lieu. Il faut cependant s'arrêter à ce baptême de Clovis, qui décore les fonds baptismaux : il est d'une fraîcheur de coloris qui ne laisse rien à désirer ; les draperies sont d'une exécution parfaite ; presque toutes les figures ont de l'expression. On est cependant fâché de ne pas trop reconnaître dans ces costumes ceux des Francs et des Gaulois. Pourquoi cette jeune et belle fille est-elle à côté de Clovis ? ce n'est pas là sa sœur, son costume du moins ne l'annonce pas. Que fait là cet artisan ? Clovis n'avait-il pas de cour ? La figure du jeune conquérant n'est pas celle que devait avoir le vainqueur de Tolbiac ; on y reconnaît le dévot du XIXe siècle, mais on y voudrait voir le front demi-sauvage du fier Sicambre. En général, on désirerait trouver, dans cette composition, plus d'ensemble et de vérité : j'y vois bien le peintre, mais j'y cherche vainement le poète. L'imagination n'a pas atteint le beau idéal; malgré tout, c'est encore un beau morceau : c'est l'ouvrage d'un Nantais.

Le couvent touche à l'église paroissiale. Cet édifice forme, avec ses deux ailes latérales et le mur de la rue, un carré long, où l'on a dessiné un joli parterre. En entrant dans ce temple de l'Humanité, c'est au milieu des fleurs qu'on fait les premiers pas. L'architecture de ces bâtiments est toute moderne. Point de colonnes, point de péristiles; mais ces énormes pierres de taille, d'un granit rembruni, leur donnent de la majesté. L'architecte a senti, qu'en élevant le temple de la Sagesse, il n'avait besoin d'aucun autre ornement que d'une belle et noble simplicité.

La chapelle occupe le centre de l'édifice : c'est une rotonde assez élevée; les jours bien ménagés y rappellent l'âme à la méditation. En entrant, à droite, sont les stales les plus élevées: c'est là que se mettent les supérieures;

tout le reste de l'église est rempli de bancs destinés aux jeunes religieuses; l'autel et les tableaux n'ont rien de remarquable, mais la coupole mérite l'attention. On y lit ces mots: *Hic est sapientia* (*Ici, est la sagesse*), inscrits en lettres de cuivre rouge, sur un fond bleu d'azur.

C'est donc là qu'on trouve le bonheur, car la sagesse seule peut le donner : elle seule verse dans le cœur cette paix inaltérable que le choc tumultueux des passions ne trouble point.

Pendant que je réfléchissais au sens profond de cette inscription, je vis tous les bancs se remplir en silence d'une foule de novices, sans voiles, sans costumes particuliers : toutes avaient encore les mêmes atours que dans leurs familles. Comme j'en témoignais ma surprise, on me répondit que les jeunes sœurs ne prenaient l'habit de l'ordre qu'en prononçant leurs vœux; que ces vœux même n'étaient point éternels, qu'ils finissaient chaque année, et qu'elles étaient ainsi libres de les renouveler ou de rentrer dans le monde : *Hic est sapientia*, répondis-je. Mais si leur mise et leur nombre me causèrent d'abord quelque surprise, combien je fus délicieusement ému quand j'entendis toutes leurs voix réunies entonner lentement les chants de l'office du soir ! Ces voix étaient si douces et ces sons si mélodieux ! toute cette harmonie était si pure ! Imaginez-vous, Angéline, quelque chose de doux comme l'Amour et de céleste comme les Anges !

Les hommes ne sont point admis dans l'intérieur du couvent : il me fallut renoncer à visiter les réfectoires, les salles d'étude, et l'école de pharmacie.

Je me dédommageai en parcourant les jardins. Après avoir traversé de longs corridors et plusieurs cours transformées en parterres, j'arrivai sur une pelouse plantée d'acacias, de lilas, de sorbiers, de lentisques et de mille autres arbres odoriférants, qui, s'élevant au-dessus les uns des autres, forment au printemps d'immenses monceaux de fleurs : sous leur ombrage, on respire une brise véritablement embaumée. Mais voici les jardins : à l'exception des bordures qui, comme de grandes guirlandes, environnent tous ces carrés, l'utilité seule y préside ; on dirait que cette terre a été passée au tamis : ces arbres fruitiers, qui montent en pyramides, laissent apercevoir derrière eux des planches de légumes de toute espèce, symétriquement alignées, et qui s'étendent à perte de vue. Tout ici est dans un ordre parfait.

Après ce premier enclos on en rencontre un second ; il est fermé au Nord-Est par la Sèvre. Là tout change d'aspect : d'un côté, c'est le cimetière des sœurs, et de l'autre, au milieu d'une riante prairie, se trouve un rocher sur lequel est dessiné un jardin anglais.

Une cinquantaine de tombes de gazon, au milieu desquelles s'élève une petite croix de fer sur un piédestal de marbre noir, voilà tout ce qui compose le lieu du repos des pieuses sœurs. Et cependant quelle est touchante la tombe de la vierge bienfaisante, qui, dans sa vie laborieuse, n'a connu d'autre passion que celle d'essuyer les larmes des malheureux ! Point de faste dans sa dernière demeure, une simple croix blanche, en bois, d'un pied de haut, portant pour toute épitaphe : *sœur Sainte Léonie, sœur Sainte Agathe*; et voilà tout. Ils n'ont rien fait pour la gloire, ils ont suivi la tendresse de leur cœur, ces Anges de l'autre monde : ils ont passé dans celui-ci, comme l'Agneau mystérieux, seulement en faisant du bien, et n'ont laissé parmi les hommes d'autres souvenirs qu'une petite croix et leurs noms célestes.

En sortant de ce champ du repos, je tournai mes pas vers le jardin anglais : il est bien petit ; ce n'est pour ainsi dire qu'une pensée, mais cette pensée est pleine de goût. La vue que l'on embrasse de ce rocher est aussi variée qu'étendue. Un banc, taillé dans le roc, ombragé par de grands arbres et tapissé de mousse, m'offre un asile contre un soleil brûlant. C'est ici que viennent souvent méditer les jeunes sœurs. Cet ombrage était la retraite favorite du père Montfort; souvent il y venait rêver aux moyens de soulager les malheurs des hommes. Ces vieux chênes ont donc versé leur ombre hospitalière sur le front de l'homme juste! Mais alors ces jardins étaient encore des prés, ces beaux bâtiments n'existaient pas, les desseins de Montfort et son ordre naissant éprouvaient les plus amères contradictions. Ce ne fut qu'après sa mort que ses compagnes, se fixant auprès de sa tombe, obtinrent enfin la permission de faire un peu de bien. Elles élevèrent tous ces monuments. Montfort prêchait dans Saint-Laurent, quand le ciel y fixa le terme de ses travaux : quelques heures avant de mourir, il était venu prier sur ce rocher. Là peut-être, plongé dans des méditations profondes, il interrogeait l'avenir sur les destinées de l'ordre qu'il avait fondé et dont les travaux paraissaient devoir se borner à l'hôpital de Poitiers, où les trois sœurs qui le composaient étaient alors.

Ces rochers, ces ombrages frais et mystérieux, et surtout le souvenir de Montfort, me plongèrent bientôt dans une douce et profonde rêverie. Une chaleur brûlante me faisait trouver cet ombrage délicieux, et en attendant que le soleil tombant vers l'Occident me permît de continuer mon voyage, j'essayai de retracer l'histoire de cette belle et noble école dédiée à l'Humanité par la Religion.

LETTRE VI.

Saint-Laurent (Vendée), 1828.

Quand on se rappelle ce qu'étaient ces lieux vers le commencement du siècle dernier, et qu'on les voit tels qu'ils sont aujourd'hui, on ne peut s'empêcher d'admirer l'étonnante métamorphose qui s'y est opérée. En 1720, le petit bourg de Saint-Laurent n'était d'aucune importance; quelques toits rustiques y servaient d'asiles à de pauvres tisserands : on y passait la Sèvre sur un pont assez solide, et c'était tout. A peine un âge d'homme s'est-il écoulé, que déjà voilà ce petit bourg qui influe sur le sort du guerrier blessé, sur la destinée de l'indigent et de l'orphelin, sur l'instruction de la jeunesse. Tous ces chemins, naguère déserts, sont aujourd'hui fréquentés par une foule d'ouvrières infatigables, au costume gris de lin, qui y arrivent et en repartent sans cesse, pour aller essuyer des larmes sur le front de l'humanité.

Si maintenant on recherche les causes de ce prodigieux et rapide changement, on reste tout étonné en apprenant que c'est un pauvre prêtre et une simple fille qui ont produit cette merveille. Certes, ce n'a point été l'effet de leur puissance ni de leurs richesses, l'un et l'autre étaient peu de chose parmi les hommes. Le premier s'appelait Grignon, on le surnomma Montfort, parce qu'il naquit dans la petite ville de ce nom, près de Rennes. Il ne possédait rien ; il s'en allait prêchant dans les villes et les hameaux ; faire du bien était tout le secret de sa vie. Entraîné par son ministère de paix et de charité évangélique, il vient à Saint-Laurent, il y meurt ; sa dépouille mortelle repose au pied de l'autel, et voilà que tout-à-coup la tombe du pauvre prêtre devient un pélérinage célébre. La seconde, Marie-Louise Trichet, était sa jeune élève; née à Poitiers, dès l'âge de dix-sept ans elle cessa de vivre pour elle-même, et à la voix de son maître, elle s'élança comme lui au devant du malheur. Quelques compagnes réunies à elle, suivaient, sous sa direction, et dans la pauvreté la plus absolue, la règle que Montfort leur avait imposée. Ce n'a donc point été à l'influence de ces fondateurs que l'ordre a dû son accroissement rapide, et Saint-Laurent son importance, mais bien à la beauté morale de leur institution, et surtout aux éléments dont elle est composée. Une femme, un bienfait, une pensée religieuse, sont trois choses, qui réunies forment une des plus touchantes harmonies de la nature: c'est ici qu'on peut les rencontrer. La fille de la Sagesse, appuyée d'une main sur une croix, belle et pensive, regarde le ciel, tandis que de l'autre main elle soutient l'homme expirant. C'est cette union sublime qui a peuplé Saint-Laurent de tant de Prêtresses de l'humanité, et l'a fait ce qu'il est aujourd'hui.

Pour nous assurer qu'il n'en faut pas chercher la cause ailleurs, jetons un coup d'œil rapide sur la naissance et l'accroissement de cet ordre hospitalier. Ces détails historiques peu connus ne seront pas sans intérêt.

L'hôpital de Poitiers fut son berceau. Les premières filles de Montfort, au nombre de trois, y servaient les malades, et tout leur avenir paraissait devoir se borner là. Mais portons les yeux vers celui des faubourgs de cette grande ville que l'indigent habite de préférence, vers le Montbernage. Une femme jeune et belle, vêtue d'une étoffe grossière, y marche seule : elle cherche des malheureux à soulager ; une pensée l'occupe profondément. Près d'elle passe un inconnu, dont l'extérieur annonce un homme simple, un artisan. D'où vient que la pensée de cette femme lui est connue ? Il s'arrête et lui dit : « Il y a près de Saint-Laurent, non loin du

» tombeau du père Montfort, une dame de
» Bouillé : elle cherche partout des mémoires
» au sujet de ce grand serviteur de Dieu.
» Elle est en état de vous aider pour l'exé-
» cution de votre bonne œuvre. » Il dit,
et s'éloigne. Mais un trait de lumière vient de
frapper Marie-Louise, car c'était elle-même :
elle sait que la providence se manifeste par
les choses les plus simples, et que souvent
la voix de Dieu se fait entendre par la bouche
des petits enfants ; et cette rencontre impré-
vue, ce peu de mots dits en passant, viennent
d'ouvrir devant elle une carrière immense :
dès lors elle a pressenti l'avenir.

Elle écrit de suite à cette dame de Bouillé.
C'était une de ces femmes dont l'imagination
ardente ne connaît point de retards quand il
s'agit d'exécuter un grand dessein. Elle se
rend à Poitiers, va trouver Marie-Louise,
qui l'étonne par l'expression douce et sensible de sa figure et par l'énergie de sa grande
âme. La dame de Bouillé sollicite de l'Evêque
la permission d'établir Marie - Louise à

Saint-Laurent ainsi que ses deux compagnes ; mais le Prélat, qui songe aux pauvres de son diocèse, ne peut s'y déterminer, et refuse. Madame de Bouillé ne se décourage point: elle revient à son château de la Mâchefollière, rêver aux moyens de réussir. Non loin d'elle, retiré dans sa terre de Magnane, vivait un homme aimé de tout le pays d'alentour. Il avait une grande fortune, mais son âme était plus grande encore ; faire du bien était un besoin pour lui. Madame de Bouillé le fait entrer dans ses projets : tous deux retournent à Poitiers, et après bien des peines et des refus, ils obtiennent enfin le départ des trois humbles filles de Montfort.

Cependant une condition leur est imposée. Ils doivent avant tout obtenir le consentement de l'Evêque de la Rochelle et celui des habitants de Saint-Laurent. Le premier, qui connaissait déjà les nouveaux hôtes qu'on lui amenait, consentit sans peine; mais il en fut autrement à Saint-Laurent : les habitants refusèrent nettement de recevoir le nouvel établissement. Une foule de couvents et de communautés couvraient alors la France, et, dégénérés de leur première origine, presque tous étaient devenus les fléaux des contrées qui les environnaient. Ce ne fut pas sans peine qu'on vint à bout de faire comprendre à ces bons cultivateurs la distance immense qui sépare les ordres hospitaliers des autres ordres monastiques. Enfin, un jour de dimanche qu'ils étaient tous assemblés devant la porte de l'église, ils donnèrent leur consentement. Acte en fut dressé le 24 septembre 1719. M. de Magnane et Mme de Bouillé achetèrent une maison voisine de l'église, et donnèrent des ordres pour qu'elle fût meublée. Dès-lors tout fut terminé : la Sagesse eut aussi son temple au village.

Il ne faut cependant pas croire que cette maison soit l'élégante construction que nous avons aujourd'hui sous les yeux. Bien loin de là, ce n'était qu'un assemblage informe de masures, où se retiraient auparavant quelques pauvres journaliers. La majeure partie

de cette habitation, était composée d'un appenti en ruine et d'une vieille écurie. Ne vous effrayez pas, Angéline, de ce délabrement; n'est-ce pas dans une crêche que fut commencé le magnifique édifice de la religion chrétienne? mais la ressemblance ne se bornait pas là. Marie - Louise, arrivée à Saint-Laurent, au mois de juin 1720, ne trouva pour souper qu'un morceau de pain noir. Les lits n'étaient que des pliants attachés avec des sangles, et faits avec des branches que l'on n'avait point encore dépouillées de leurs feuilles. Les couvertures n'étaient autre chose que des morceaux de diverses couleurs rapportés au hasard; elle ne trouve pas même de chaises, on s'asseyait sur des bancs travaillés avec la hache, d'après l'usage des pauvres du pays. Pendant les huit ou dix premières années, la pauvreté vint encore se joindre à ce complet dénuement : nous en citerons un trait, qu'avec ces détails, nous empruntons au naïf historien de Marie-Louise; nous laisserons son récit dans toute sa simplicité:
« Un jour, dit-il, qu'elle était à table elle

» et ses filles, et n'avaient à manger qu'un » morceau de pain sec, le frère qui accom- » modait le jardin en eut connaissance. Il » court de côté et d'autre, dans différents » endroits du jardin et de la maison ; il ren- » contre un œuf dans le nid des poules et » le leur apporte, les encourageant, selon » ses talents, à supporter patiemment leur » état, dans l'espérance qu'il ne durerait » pas toujours (1) ». Ainsi, dans ces commencements, tout concourait à ce que la ressemblance fût parfaite entre la Vierge céleste de Bethléem et les vierges héroïques de Saint-Laurent.

C'était au milieu de cette pauvreté que déjà les colonies des filles de la Sagesse commençaient à se répandre de tous côtés: quatre ans après leur arrivée à Saint-Laurent, elles avaient déjà une maison à Rennes et une autre à la Rochelle. En 1748, elles administraient les hôpitaux de Niort, de Fontenay,

---

(1) Histoire de Marie-Louise Trichet, par le Recteur de Paramée.

de l'île de Ré, de l'île d'Aix, de Poitiers, de Vannes, de Rochefort, de la Guerche, etc. Il était question d'en envoyer jusqu'au Canada. Les masures de Saint-Laurent étaient un arsénal magique, où, sous les traits de la beauté, des anges de douceur et de courage venaient apprendre à soulager tous les maux, à calmer toutes les douleurs ; le nom de Marie-Louise était une providence : elle aussi soutenait l'homme infortuné jusqu'au tombeau, et veillait assise sur sa tombe.

On cite de cette femme célèbre un mot sublime d'humanité. C'était l'hiver, un froid rigoureux désolait la contrée ; elle avait tout donné pour vêtir les malheureux, il en restait encore : oh ! disait-elle, dans l'amertume de son cœur, *que ne suis-je étoffe, je me donnerais aux pauvres !*

Voulez-vous, Angéline, la voir en voyage ? Accompagnée d'une de ses filles, quelquefois dans une cariole couverte, le plus souvent à pied, elle chemine lentement courbée sous le poids des ans. A l'approche d'une ville ou d'un village, elle s'adresse aux Anges protecteurs du lieu, elle invoque les Patrons des paroisses, ceux des personnes avec lesquelles elle va traiter ; partout dans la nature cette femme aimante ne voit qu'esprits divins et bienfaisants, que protecteurs et protégés ; pour elle se renouvelle sans cesse la vision mystérieuse de Jacob, et celle du Barde sacré, sur les rives prophétiques du Jourdain : elle marche entourée pour ainsi dire de tout le ciel.

Telle était cette femme vraiment poétique, qui, la première, reçut de Montfort l'habit gris-de-lin et la règle de la Sagesse. Sous la bure, elle portait un cœur héroïque et la douceur de ces anges qu'elle voyait partout dans la création. Il y a aujourd'hui soixante-sept ans qu'elle n'est plus parmi les hommes ; elle repose dans la même chapelle que Montfort, et ce qui peut-être n'est pas indigne de remarque, c'est qu'elle mourut au même mois, au même jour et à la même heure que lui, seulement quarante-trois ans plus tard.

Quelques années après sa mort, un architecte breton, M. Besnard, de Rennes, étant dans la Vendée, visita St-Laurent. Inspiré sans doute par la Sagesse, il entreprit de lui élever un monument digne du culte qu'on lui rendait en ces lieux. Assis sur le même rocher où je suis maintenant, après une longue et profonde méditation, il saisit l'équerre et le compas ; les masures en ruine disparaissent, et le temple de la Sagesse s'élève tel qu'il est aujourd'hui. Dans cet énorme globe de granite qui surmonte le dôme de la chapelle, fut déposé un morceau de la vraie croix. On prétend que ce Palladium, lors des troubles de la révolution, préserva de l'incendie la chapelle dont il domine la coupole.

Quoi qu'il en soit, lorsqu'en 1793 toute la contrée fut en feu, le troupeau des vierges de St.-Laurent fut dispersé. Celles des sœurs que leurs infirmités retinrent à la communauté furent massacrées et leurs membres coupés par morceaux. Les autres se cachèrent aux environs; toutes les grottes de la Sèvre, toutes les forêts d'alentour se peuplèrent de ces héroïnes de l'humanité. Quand la nuit était venue, elles s'empressaient de voler au secours des malheureux. Qu'on se figure voir une de ces vierges timides, tantôt se glissant dans l'ombre des bois, tantôt marchant seule par des chemins détournés, à la clarté silencieuse de la lune, allant chercher le soldat blessé, ami ou ennemi, qu'importe, puisqu'il souffre ; cette femme si fragile qui naguère, sous le toit paternel, eût tremblé en traversant un appartement obscur, aujourd'hui, dans les lieux les plus infréquentés, brave l'horreur de la nuit, oublie et les dangers qui l'environnent et la guerre qui rugit à ses côtés : elle ne craint plus rien de la part des hommes, son âme est déjà d'un autre monde. Eh! que lui importe la mort, pourvu qu'avant elle essuie une larme, en versant un baume consolateur sur cette main qui peut-être vient d'égorger ses compagnes.

Aussitôt que la paix fut de retour, celles qui avaient échappé aux orages politiques, se réunirent à St-Laurent. Ces vivants débris revinrent habiter leur maison dévastée. Elles en partirent bientôt comme auparavant pour aller chercher l'infortune et le malheur. Vers ce temps, on les a vues, m'a-t-on dit, franchir les Alpes avec le moderne Annibal; calmes et intrépides sur les champs de bataille de Rivoli et de Marengo, elles secouraient les blessés jusques sous le feu de l'ennemi. Aussi la reconnaissance des guerriers français les accompagnait partout. Dans les marches pénibles, ces vainqueurs de l'Italie les portaient sur des brancards, à travers les chemins rocailleux de l'Appennin. Venaient-elles à passer dans les rangs de l'armée, aussitôt les propos joyeux cessaient : « taisons-nous, disaient les soldats, voilà les sœurs. » Et le port d'armes et le salut militaire les accueillaient de toutes parts. Noble hommage rendu à la Vertu par la Victoire !

Une dotation annuelle de douze mille francs fut leur récompense. Elles en jouissent encore et peuvent tous les ans faire pour douze mille francs de bien de plus. Elles sont au nombre de quinze ou seize cents, et leurs établissements couvrent la France.

Presque toutes sont Vendéennes. Honneur au pays qui doit s'enorgueillir de les voir naître et se former sur ses bords! Nous dirons plus encore, honneur à la nation chez qui les femmes peuvent atteindre à ce noble dévouement : si ses destinées ne sont pas de commander aux autres nations, elle peut prétendre à quelque chose de plus beau sans doute, elle doit s'en faire admirer.

Une dernière réflexion nous reste à faire sur les filles de Montfort : c'est qu'il ne faut pas les confondre avec les Sœurs-Grises, ou Filles de la Charité; ces dernières, instituées par Vincent de Paule, sont habillées en noir et n'en portent pas moins le nom de *Sœurs-Grises*, tandis que celles de St-Laurent, qui sont habillées en gris, portent le nom de *Filles de la Sagesse*.

Telles étaient les réflexions qui nous occupaient sous les vieux chênes du jardin Anglais. Non loin de nous quelques Sœurs allaient et venaient à deux vastes bâtiments destinés à la lingerie, d'autres en méditant erraient au bord de la Sèvre, tandis que le coteau qui bornait la rive opposée, s'élevant en amphithéâtre drapé de genêts fleuris, reflétait dans l'eau limpide ses immenses nappes d'or et ses masses informes de rochers rembrunis.

C'est assez vous entretenir de la petite ville de St-Laurent. L'établissement qu'elle dérobe aux regards, au milieu de ses rochers grisâtres et de ses bois touffus, étant un des plus intéressants du Bocage, j'ai dû entrer dans tous ces détails. Le bourg n'a rien de curieux : il se compose de deux ou trois rues; à peine y compte-t-on quelques

maisons bourgeoises ; cependant, les habitants paraissent y jouir d'une certaine aisance,
et le commerce des toiles dites de Chollet,
que l'on fabrique dans tout ce pays, y fait
seul vivre une population d'environ six à
sept cents âmes.

LETTRE VII.

―――

Mallièvre (Vendée), 1828.

C'est du milieu des ruines d'une ancienne station romaine, aux sons de la musette champêtre et du violon, que je vous écris, charmante Angéline. Je suis assis sur une tour en décombres, bâtie à Mallièvre par vos pères ; et à quelques pas de moi, une noce villageoise danse dans les anciens fossés de la forteresse, transformés en jardins. Mais avant de vous peindre ces lieux et les fêtes de l'Hyménée qui m'environnent, il est juste de vous apprendre comment il se fait que je m'y trouve rendu.

Hier soir, la chaleur étant tombée, il était plus que temps de quitter St.-Laurent pour regagner les Herbiers. Je partis donc l'imagination remplie des vives émotions que m'avaient inspirées les lieux que je venais de visiter. Une rêverie profonde me transportait en idée avec la Fille de la Sagesse, au milieu des scènes de douleur, où la Vierge hospitalière verse tour à tour les secours de la bienfaisance et les soins affectueux d'une amie. Oh! que celui-là fut bien inspiré qui, le premier, représenta la Charité sous l'emblême d'une Vierge !

En sortant de St.-Laurent, on retrouve les rochers ombragés de plantes grimpantes et de chênes touffus. Les chemins encaissés à dix ou douze pieds au-dessous du niveau du sol, sont quelquefois totalement recouverts par les arbres; presque tous sont arrosés par des filets d'eau vive qui ruissellent de toutes les fentes des rochers, et tantôt forment des fontaines mystérieuses et limpides, tantôt courent en murmurant sur un sable étincelant. On prendrait cette argile sablonneuse pour de la poudre d'or, ou pour des paillettes d'argent : au soleil, elle éblouit. Cette magnificence de la nature provient d'une prodigieuse quantité de mica dont les paillettes transparentes, broyées et mêlées à la terre, produisent cet effet assez singulier. Les Anciens, amateurs d'enchantements, l'attribuaient au pouvoir magique des Fées, qui jadis, en ces lieux, avaient élevé de brillants palais.

Ici, comme dans tout le Bocage de la Vendée, les haies vives sont formées par des arbres dont les branches entrelacées étendent de hauts et épais rideaux autour de chaque champ, des touffes de coudriers, de chevrefeuilles, des houx aux graines de corail, des troênes aux grappes d'argent et l'églantier aux guirlandes de roses, remplissent l'espace qui sépare les troncs d'arbre. Il est rare que l'on puisse porter la vue, du chemin où l'on se trouve, dans le champ voisin. Ajoutez à cela les sinuosités que forment à chaque instant, sous ces berceaux continuels, les routes tortueuses et coupées par d'autres routes non moins infréquentées, qui tantôt côtoient des vallées profondes, et tantôt serpentent sur le flanc des coteaux se succédant constamment les uns aux autres, et vous pourrez juger de l'embarras où se trouve un voyageur engagé à la nuit tombante dans ces inextricables labyrinthes.

J'étais loin alors de toute habitation; les maisons dispersées çà et là étaient cachées par les arbres qui les dérobaient à ma vue. Entraîné par mes rêveries accoutumées, je ne m'étais pas aperçu que la nuit avançait à grands pas. Tandis que vous, Angéline, respirant la fraîcheur du soir sur vos jolies promenades, au milieu d'une compagnie aimable et folâtre, vous retrouviez sans peine le chemin de votre habitation, le Voyageur du Bocage doublait le pas, avançant tantôt à droite, tantôt à gauche, pestant après l'irrégularité des chemins vicinaux, et cherchant inutilement à reconnaître les lieux qu'il avait parcourus le matin.

Pour surcroît d'infortune, la nuit était tellement noire, qu'il m'était impossible de distinguer les objets à dix pas devant moi. Le ciel un peu moins obscur que le chemin, paraissant au-dessus des rameaux, me servait de guide pour ne pas me heurter contre quelque tronc d'arbre. Pendant cette course nocturne, les branches laissaient entr'elles des jours qui présentaient de loin mille figures informes d'animaux, des ruines, des colonnes, des statues à demi-travaillées, et quand la brise venait agiter toutes ces branches et toutes ces haies, que ces innombrables figures fantastiques se balançaient et changeaient de forme, on eût dit une de ces forêts enchantées que la baguette magique d'Armide ou d'Alcine aurait peuplée de fantômes aériens. J'étais voisin du tombeau du célèbre enchanteur Merlin ; l'Arioste le place vers cette contrée : ne vous étonnez donc point, Angéline, des légères illusions qui peuplent encore aujourd'hui ces riants bocages ; ces illusions deviennent même complètes à cette heure de la nuit qui précède de quelques instants le lever de la lune, alors que la terre est encore dans l'obscurité et que le ciel prend une teinte blanchâtre semblable à la couleur des linceuls et aux robes transparentes des fantômes d'Ossian *à travers lesquels on apercevait les étoiles.*

Les météores de l'antique Calédonie sont ici très-communs : on les appelle *feux-follets*. Malheur au voyageur qui, apercevant de loin un flambeau allumé, croirait en le suivant joindre la personne qui le porte et arriver à quelqu'habitation. On appelle à haute voix l'individu que l'on suppose tenir ce flambeau et chercher à terre quelque objet perdu, mais personne ne répond; on avance, la lumière s'éloigne ; on court après pour ne pas manquer cette occasion de trouver un abri, mais elle s'éloigne plus vite encore. Enfin, dans un endroit marécageux, au-dessus d'un étang inconnu, elle s'arrête et disparaît. N'approchez plus, car vous pourriez vous précipiter dans quelque fondrière, où, loin de tout secours, vous deviendriez bientôt victime de cette funeste erreur. On croyait autrefois que ces exhalaisons phosphoriques n'étaient autre chose que les âmes des trépassés qui revenaient la nuit pour visiter les humains : opinion qui rappelle celle de l'Homère Écossais.

Je ne vous parlerai pas des Sorciers aux longues barbes, aux robes noires, aux bonnets en pain de sucre, aux yeux perçants, ni de leurs sabbats étranges, ni des loups-garoux si terribles la nuit : toutes ces vieilles croyances des temps passés commencent à s'effacer. La guerre a chassé du pays tous ces enfants de l'ignorance et de la superstition : il est rare d'en entendre parler; en général tout le monde en rit et les attribue à l'effet de la fièvre ou de l'ivresse.

Vingt fois je faillis moi-même être la dupe des légers météores dont je viens de vous entretenir. C'est au reste le seul danger qu'un voyageur puisse courir, la nuit, dans le Bocage de la Vendée ; il n'y a pas d'exemple, depuis la paix, qu'un seul individu ait été attaqué; les malfaiteurs y trouveraient bien les richesses qui les attirent, mais n'y trouvant pas de complices qui les recèlent, ils l'ont totalement abandonné. On peut se croire tout aussi bien en sûreté dans le fond de ces bois que dans les rues les plus fréquentées d'une grande cité.

La lune se leva enfin et parut se glisser entre les cimes des arbres. Si sa lumière douteuse me permit de voir assez pour ne pas me déchirer la figure dans les longues branches d'églantier qui barraient le chemin, elle me fit voir aussi très-clairement que j'étais tout-à-fait hors de ma route. Deux coteaux couverts de bois formaient à mes pieds une vallée silencieuse au fond de laquelle dormait une vaste et paisible nappe d'eau ; le disque argenté de la lune

Se glissait dans les bois et tremblait dans les eaux.
(DELILLE, *Homme des champs.*)

Placez dans la prairie voisine quelques

Amours jouant et dansant au son de la musette d'un vieux Silène à la jambe avinée, et vous aurez un des délicieux tableaux de l'Albane. Mais alors cela m'inquiétait fort peu ; la faim commençait à se faire sentir, et l'humidité de la nuit me faisait désirer de trouver un gîte hospitalier.

Heureusement qu'au milieu du silence, je crus entendre dans le lointain les aboiements d'un chien. Dans ce pays, où les troupeaux ne couchent jamais dehors, la voix de ce fidèle gardien du toit de l'homme m'annonçait le voisinage d'une habitation. Je formai de suite le projet d'aller y demander l'hospitalité. Je me dirigeai du côté où les aboiements s'étaient fait entendre : bientôt ils frappèrent mon oreille plus distinctement. Un jeune laboureur, qui aimait une villageoise des environs, s'en revenait en chantant ; au détour d'un chemin nous nous trouvâmes vis-à-vis l'un de l'autre : aussitôt qu'il eut appris que j'étais égaré, il m'offrit de me conduire à la métairie de son père : elle n'était qu'à deux pas. En moins d'un quart d'heure nous nous trouvâmes devant les maisons ; le chien, reconnaissant son jeune maître, se mit à bondir autour de nous, et courant en avant, fut nous annoncer au logis rustique.

La cour n'était point environnée de murs ; une épaisse litière d'ajoncs épineux et de genêts flétris la couvrait presque tout entière ; foulées aux pieds et dissoutes par les pluies de l'hiver, ces plantes sont destinées à servir d'engrais pour l'année suivante. Entre deux corps de logis dont l'un sert de logement au métayer, et l'autre d'abri aux bestiaux, s'élève un chêne énorme : sous l'ombre de ses vastes branches règne un gazon frais et court, où sont déposés et la charrette rustique et les autres instruments du labourage. La maison du fermier n'est composée que d'un rez-de-chaussée : une porte au milieu, une fenêtre de chaque côté ; le tout ombragé par les pampres d'une vigne, tel est le simple frontispice de l'édifice champêtre.

En entrant, un vieillard aux cheveux blancs vint me recevoir. L'hospitalité me fut accordée sur-le-champ, et je remarquai que l'on ne me fit aucune autre question que celles d'usage, sur ma santé et la manière dont je m'étais égaré.

C'est ici le moment de vous faire connaître l'intérieur des familles agricoles qui habitent cette contrée, et de jeter un coup d'œil rapide sur leurs mœurs. Commençons d'abord par la peinture de leurs demeures ; quiconque en a visité une connaît toutes les autres ; en cela, comme en toute autre chose, règne ici la plus grande conformité.

Figurez-vous, Angéline, une grande pièce formant un carré long où, pendant l'hiver, la flamme du foyer unie à celle d'un flambeau de résine jette une lumière douteuse. Le manteau de la vaste cheminée est décoré de fusils de chasse ou de munition : on en compte quelquefois jusqu'à cinq ou six. Sous cet ornement guerrier, dans les deux angles du foyer, sont des morceaux de bois ou de pierre, servant de siéges au fermier et à ses enfants. Des deux côtés de la cheminée sont les meilleurs lits de la maison : ils sont à l'antique, c'est-à-dire à quatre colonnes, garnis de rideaux de laine teints en vert clair, et ornés de galons d'un jaune d'or. Ces lits sont composés de plume et de laine ; leur hauteur est telle qu'on ne peut s'y coucher qu'en montant sur les coffres étroits et faits de cerisier poli qui bordent les lits dans toute leur longueur. C'est à la tête de sa couche que le pieux habitant de ces contrées place ses modestes Pénates. Un petit bénitier, un rameau de buis bénit, une petite croix de bois, et quelques images de saints, en font tous les frais. Le reste de la chambre est tapissé de meubles également en bois de cerisier, qui est ici très-commun. On attache le plus de prix à ceux de ces meubles qui sont le plus chargé de ronds et de losanges, et dont les battants ornés de longues et belles ferrures sont enrichis de feuilles et d'oiseaux, arabesques rustiques sculptés en bosse par quelque Michel-Ange de village. Remarquez qu'il est bien peu de contrées où l'on travaille mieux le bois que dans la Vendée : vingt fois déjà nous avons vu des armoires et des buffets en bois sans peinture qui, par leurs élégantes colonnes et le travail gracieux de leurs légères corniches, n'auraient pas déshonoré les superbes salons de l'opulence.

Au milieu de la chambre est une longue table entourée de bancs ; il y a toujours un pain sur cette table. Cet usage est très-ancien : il annonce l'abondance ; il dit à l'indigent que le maître est prêt à donner le pain de l'aumône. D'ailleurs, le Vendéen y attache un souvenir de l'antique hospitalité qu'il aime encore ; jamais on n'entre chez lui qu'il ne vous offre aussitôt, dans son naïf langage, à *boire un coup, manger un morceau*; le refuser, c'est l'affliger.

Tel est à peu de chose près l'intérieur de toutes les métairies du Bocage. Dans celle où j'étais on allait se mettre à table, et ma longue course m'avait disposé à faire honneur au souper de mes hôtes. Certes, je n'étais pas là chez les Véry de nos grandes villes; mais cependant n'allez pas croire que les tables vendéennes aient la moindre ressemblance avec celles plus que frugales de vos Bas-Bretons. On y rencontre du moins une grande propreté. Au lieu de sarrazin et de blé-noir, qui ne servent ici que pour les volailles, on trouve d'excellent pain de froment mêlé d'un peu de seigle, ce qui le conserve long-temps frais. Au lieu de cidre, dont on fait peu de cas, on boit le vin blanc du pays, qui manque rarement; il est des métairies qui en consomment jusqu'à quinze et vingt barriques par année. A côté de la volaille, on trouve souvent de fort bon gibier dont le pays abonde, et que le Vendéen, habile chasseur, sait mettre à contribution. Ajoutez à cela des légumes de toute espèce, des fruits de chaque saison, du laitage qui le dispute à celui de votre renommée Prévalais, et vous aurez une idée des mets qu'on trouve ici sur la table de l'hospitalité.

On y resta long-temps. On parla de la guerre ; le vieux métayer raconta ses campagnes d'outre-Loire, ses blessures, ses malheurs ; sa métairie avait été incendiée comme toutes celles du pays, c'etait lui qui l'avait relevée et remeublée. Désormais il pouvait, disait-il, mourir en paix, puisque le ciel l'avait ramené paisible sous le toit qu'avaient habité ses pères.

Toute sa famille se composait de deux fils et d'une fille qui pouvait avoir une vingtaine d'années : sa figure était riante et espiègle, et néanmoins pendant le souper je la trouvai parfois rêveuse et pensive. On m'expliqua le motif de sa rêverie : elle devait être bien douce à son cœur, car le lendemain on allait l'unir à l'homme qu'elle aimait. Le vieux fermier m'invita à rester avec eux toute cette journée ; l'aîné de ses fils, Pasteur de la paroisse de Trémentine, devait célébrer le

I.

mariage de sa sœur : il serait, disait le bon villageois, une compagnie pour moi. Ses instances s'étant plusieurs fois réitérées, je me rendis à sa franche invitation, et voilà pourquoi, ma charmante amie, je vous écris aujourd'hui des ruines de Mallièvre, où le jeune marié demeure avec sa famille. Demain je vous donnerai le tableau d'une noce Vendéenne, et cette cérémonie mêlée de plusieurs usages antiques et particuliers ne sera pas sans quelqu'intérêt pour celle qui, j'ose l'espérer, viendra un jour prêter les mêmes serments aux mêmes autels.

LETTRE VIII.

Mallièvre (Vendée), ... 1828,

La noce vendéenne tout à la fois douce, triste et joyeuse, est pleine de morale et de folie. Les usages des temps antiques, et la simplicité de nos aïeux, s'y mêlent à l'innocence des premiers jours du monde. Au costume près, c'est une cérémonie nuptiale des anciens Grecs, telle que Longus nous la dépeint dans son joli roman pastoral de Daphnis et Chloë.

Invoquez, Angéline, les Vierges de l'Ile de Saine, vos antiques voisines; et par la force de leurs enchantements transportez-vous, en imagination, sur les vieilles ruines de

Mallièvre; venez assister près de moi à cette fête rustique, que nous annoncent les sons aigres et le sourd murmure de la *vèze* champêtre. Elle marche en tête du cortége composé de deux à trois cents personnes qui déjà défilent vers l'Eglise.

La jeune mariée pensive et les yeux baissés, conduite par son père, marche la première; elle est environnée de dix ou douze de ses compagnes qui, ornées de fleurs et de rubans, lui servent de demoiselles d'honneur. Sa robe en drap de Silésie d'un beau bleu donne à sa démarche un air grave; son tablier de coton des Indes, son mouchoir de mousseline brodée, sa coiffe montée à quatre longues barbes qui tombent sur ses épaules, sa petite croix d'or qu'un cordon de velours noir suspend à son cou, sa ceinture formée d'un ruban blanc, la couronne virginale, faite d'un métal argenté et de fleurs d'immortelles blanches, qui brille sur sa tête : le tout, joint au bouquet d'oranger fleuri, qui placé sous son sein s'épanouit sur son cœur; voilà toute la parure simple et fraîche de cette jeune reine de la fête. L'époux vient ensuite : une joie douce et modeste anime son visage; il est conduit par de jeunes garçons de son âge, et des bouquets ornés de rubans de mille couleurs décorent leurs larges chapeaux et la boutonnière de leurs vestes. On ne lui remet son épouse qu'au pied de l'autel. Une grande messe y précède la bénédiction nuptiale ; et l'église, dans toute la plénitude de sa joie, accueille les deux époux par des chants où respire la gracieuse poésie de l'Orient. Mais déjà le Pasteur leur a rappelé les devoirs que le ciel et l'amour imposent aux époux ; déjà le oui solennel est prononcé; l'anneau d'or, symbole d'alliance, brille au doigt de la mariée; l'encens monte dans les voûtes de l'ancienne basilique; la joie éclate de toutes parts, et l'airain rapidement balancé dans le clocher gothique annonce au loin une commune allégresse. Tout-à-coup un chant funèbre se fait entendre : la voix lente des choristes entonne le plaintif *libera*, et l'airain religieux ne pousse plus dans les airs que de lugubres tintements semblables aux derniers soupirs des mourants. Tous les assistants sont à genoux; le front baissé, dans le plus profond recueillement, ils prient pour leurs parents et leurs amis qui ne sont plus. Touchante réminiscence des douleurs du cœur éprouvées naguère en perdant ceux qu'on eût aimé voir présents à cette fête ! Ce souvenir donné à ceux qui ne sont plus, la douce émotion qu'inspire la présence de ceux qu'on chérit, et l'espoir de la postérité naissante, réunissent tout à la fois le passé, le présent et l'avenir. C'est véritablement pour les époux la fête de l'Amour; car ils y retrouvent tout ce qui charme le cœur dans la vie : le souvenir de ce qu'ils aimèrent, la présence de ce qu'ils aiment, et l'espérance de ce qu'ils aimeront bientôt.

L'office s'achève, le jeune époux prenant la main de sa timide compagne la conduit hors de l'Eglise : rendue sur le seuil du portique elle s'arrête, comme si elle hésitait à faire le premier pas dans cette carrière nouvelle qu'elle va désormais parcourir. On l'entoure, et chacun pour la rassurer lui donne l'antique baiser des premiers Chrétiens. Pour ses jeunes compagnes, c'est le baiser d'adieu; pour ceux qui déjà sont entrés dans les routes de l'hyménée, c'est le baiser d'arrivée.

On ne lui dit point que l'on ne parvient à la vertu qu'en faisant ce qui est bien, comme on suit un étroit sentier, sans jamais s'en détourner; qu'elle deviendrait coupable si jamais elle s'en écartait; mais on la conduit chez elle par le chemin le plus direct et le plus battu; s'il est mauvais ou impraticable, on lui amène un cheval, une voiture; on la porte même si la nécessité l'exige : il lui est expressément défendu de passer ni à droite ni à gauche, c'est la ligne droite qu'il faut suivre. Quel affreux présage ce serait pour elle, si quelqu'événement imprévu la forçait à prendre le plus léger détour! L'instruction se fut bientôt effacée de sa mémoire; tandis qu'elle se rappellera toujours cette marche pénible, à travers un chemin impraticable, qu'elle a faite quand pour la première fois elle s'est rendue à la demeure conjugale ; de ce chemin, qui lui représente l'image du sentier étroit et sans détours qui seul mène à la vertu.

Déjà, elle aperçoit entre les arbres touffus les toits rouges de sa nouvelle demeure. On vient au devant d'elle, on lui apporte du beurre nouvellement battu, du pain et du vin. Les deux époux, qui sont à jeun et fatigués souvent par une marche longue et pénible, acceptent ces prémices, et font leur premier repas. Pendant ce temps, du bois entassé en pyramide s'élève dans une prairie voisine : on y met le feu, la flamme saluée par mille cris d'allégresse, monte en tourbillons dans les airs, et la jeunesse, qui dans toutes ces fêtes ne se montre jamais qu'armée, accueille la flamme pétillante par de nombreuses décharges de mousqueterie.

Ce feu de joie s'éteint insensiblement, et l'archet rustique, ou le joyeux joueur de *véze*, qui s'est placé sur un tertre voisin, appelle les danseurs par les sons bruyants de son instrument. Voyez, Angéline, comme ce vaste groupe de monde qu'au premier coup d'œil on prendrait pour un attroupement, s'anime et présente un aspect vivant et varié. Ce ne sont plus ces trénitz élégantes, ni ces walses voluptueuses de nos salons, où la beauté s'animant aux sons délicieux d'une savante harmonie, s'abandonne dans les bras de celui qu'elle aime, et souvent de celui qu'elle n'aime pas; mais ce sont les rapides *courantes*, les *rondes* naïves, ou le *pichefrit* guerrier : tous enfants de la folie et de la gaîté, où les mouvements de la cadence sont souvent oubliés, où la gaîté la plus franche et l'abandon le plus doux se font un mérite de l'agilité. Ici, plus de cent couples se tenant par la main, dansant en mesure, et se suivant en ordre forment à pas précipités un cercle immense. Là, des rondes répétées en chœur, font entendre les antiques refrains des vieilles romances gauloises; tantôt on enlève en l'air sa danseuse, tantôt on lui fait admirer les bonds prodigieux où brille la plus grande légèreté. Arrêtons-nous devant ces deux couples dont le jeu a quelque chose de tout particulier. Ils sont vis-à-vis l'un de l'autre. Les danseurs sont placés derrière leurs danseuses qui restent immobiles. Ils se regardent, en mesure, par dessus les épaules de leurs belles; on dirait deux ennemis qui se guettent prêts à fondre l'un sur l'autre; tout-à-coup ils s'élancent, se joignent, se donnent la main, dansent ensemble, et se placent devant leurs partenaires qui recommencent le même jeu. Cette danse appelée du nom étrange de *Pichefrit*, remonte à une haute antiquité et paraît être un reste de ces jeux belliqueux que les anciens Agésinates-Cambolectri dansaient tout armés. Plus loin, un des convives, assis sur un banc, sans articuler une seule parole, chante un air qu'il recommence toujours. Cette musique du virtuose champêtre suffit pour animer les pas agiles et les figures incomplètes que décrit la vive et bruyante jeunesse qui l'entoure. A quelques pas derrière, sous l'ombre de ces vieux chênes, voyez cet autre Métastase, entouré de nombreux auditeurs : il chante une longue chanson sans rimes ni nombre poétique, que luimême a composée en gardant ses troupeaux, comme au temps de Théocrite ou de Virgile. Plus heureux que bien des poètes de nos cités, on l'écoute, et ses vers sont applaudis; cette gloire lui suffit. Tels sont les jeux, les danses et les concerts dont se récréent les fiers enfants de la terre des Ondes.

Mais déjà le soleil au milieu de sa course appelle les convives au dîner. Dans un vaste local tapissé de toiles blanches et décoré de guirlandes de fleurs on trouve huit où dix tables dressées; celle de la mariée est la seule où l'on reconnaisse ce qu'on appelle *un couvert mis*. Toutes les autres ne sont chargées que d'assiettes d'étain, de verres, de larges flacons de vin, et de mets énormes capables de résister à l'appétit des héros d'Homère, auxquels un bœuf suffisait à peine. Le marié ne se met point à table : entouré d'une longue serviette, il est obligé de servir tout le monde et particulièrement sa jeune épouse ; selon l'usage antique quelqu'un chante pendant le repas. Au dessert, on apporte les gâteaux que donnent les Parrains et les Marraines des époux. On en voit d'une dimension telle que deux boisseaux de farine ont peine à les former. Deux hommes vigoureux les élèvent en l'air, et les jeunes gens armés de leurs assiettes d'étain, dansant à l'entour, essaient au son de la *véze* d'en détacher quelques parcelles en entre-choquant leurs assiettes autour des gâteaux. Cette danse guerrière a quelque chose qui rappelle le cliquetis des épées dans un de ces combats figurés de nos modernes mélodrames.

On sort de table; la pelouse voit de nouveau les danseurs faire preuve d'adresse et d'agilité; et lorsque le soleil se cache derrière les monts qui bornent l'horizon, on se réunit au souper. Là, à la lueur de mille flambeaux creusés dans des branches d'arbres, de nouvelles coutumes vont fixer notre attention.

C'est au moment du dessert : tout-à-coup les portes s'ouvrent ; une douzaine de jeunes villageoises, parentes et amies de la mariée, paraissent les yeux baissés, la contenance triste, et portant un énorme bouquet d'épines, où sont attachés les fleurs les plus nouvelles, les rubans aux couleurs les plus vives, et les plus beaux fruits de la saison ; elles viennent faire leurs adieux à la nouvelle épouse : désormais, lui disent-elles, elle n'est plus une de ces fleurs virginales que les zéphirs caressent dans leurs riants vallons, elle est épouse, elle sera bientôt mère ; de nouveaux devoirs vont remplacer ses premiers plaisirs, et cette douce morale lui est longuement retracée dans une chanson naïve que la plus espiègle de la troupe lui chante avec un sourire malin.

CHANSON DE LA MARIÉE.

Nous sommes venus ce soir,
Du fond de nos bocages,
Pour accomplir la joie
De votre mariage ;
Nous souhaitons qu'il soit
Aussi bon comme il doit.

Vous ne m'aviez point dit
Ma très-chère camarade,
Que vous seriez sitôt
Mise en votre ménage,
Que vous seriez sitôt
Soumise à un époux.

Vous présente un bouquet,
Madame la Mariée,
Un bouquet fruitager,
Vous prie de l'accepter ;
Il est fait de façon
A vous faire comprendre
Que tous ces vains honneurs
Passeront comme ces fleurs.

Vous n'irez plus au bal,
Au bal, aux assemblées ;
Vous gard'rez la maison
Pendant que nous irons.

Si vous avez chez vous
Des bœufs, aussi des vaches,
Faudra soir et matin
En bonne femme de ménage
Veiller à tout ce train.

Adieu, château brillant,
Beau château de mon père ;
Adieu la liberté,
Il n'en faut plus parler.

Payez votre rançon,
Madame la mariée ;
Payez votre rançon
Nous en irons chantant.

Quelle rançon voulez-vous
Mes belles et jeunes filles ?
Un gâteau de six blancs
Rendrait nos cœurs contents.

Vous présente le bon soir
Madame la mariée,
Vous présente le bon soir,
Vous et la compagnie ;
Vous présente le bon soir,
Adieu jusqu'au revoir.

(J)

Pendant cette chanson que nous avons abrégée, la jeune épouse pleure à chaudes larmes. Ces adieux de ses jeunes compagnes, en lui rappelant les plaisirs de sa jeunesse, lui disent aussi qu'ils sont passés pour elle, et que ces joies mêmes auxquelles elle préside en ce moment, vont s'évanouir comme les fleurs qu'elles lui présentent.

Cependant le plus jeune de ses frères, glissé sous la table du banquet, dénoue le ruban rouge qu'elle porte à sa jambe; à ce symbole de la Virginité, qui va cesser de décorer son front modeste, ses joues se couvrent d'une vive rougeur ; tous les convives accueillent ce ruban par de joyeux toasts. On le coupe par morceaux et chacun en pare son habit. D'autres fois le jeune frère dérobe l'un des souliers de sa sœur : on le met à l'enchère ; il est adjugé au dernier et plus offrant. L'époux le rachète au même prix, et en compte le montant à son frère, que cette petite somme enrichit pour quelques jours.

Tout-à-coup on entend frapper à la porte. Ce sont des étrangers qui demandent l'hospitalité. Ils sont trois ou quatre : ces vieillards n'ont point été conviés à la noce; ils viennent de loin, leurs souliers poudreux, leurs habits tombés sur leurs bras, leurs bâtons noueux, tout en eux annonce des voyageurs. Ils entrent d'un air grave et silencieux, et demandent l'hospitalité. Qu'on les connaisse ou non, peu importe, ils sont invités et admis au banquet conjugal. Deux d'entr'eux portent dans une corbeille couverte d'un voile blanc, ce qu'on appelle le *Moumon* : c'est ordinairement une colombe, une tourterelle, ou un jeune lapin enjolivé de rubans. Ils posent leur corbeille sur la table sans la découvrir ni proférer une seule parole; si l'on veut savoir ce qu'elle contient, on la joue aux cartes. Si les voyageurs la gagnent, ils la remportent sans la découvrir; mais s'ils la perdent, ils lèvent le voile, et le *Moumon* s'échappant au milieu des plats et des assiettes, excite la plus vive gaîté.

On boit, on danse, on chante et la nuit se passe au milieu de ces plaisirs. On ne se couche point; cette première nuit de l'Hymen est dérobée à l'Amour.

Le lendemain, les visages fatigués ont besoin, ainsi que les toilettes, des secours de l'art, pour reprendre un air de fête.

Mais gardez-vous de rire, Angéline : une gravité majestueuse doit présider aux apprêts de cette toilette; une nouvelle leçon, celle de propreté, va être donnée aux époux.

Déjà les plus anciens d'entre les convives se sont emparés, les uns d'un rateau et d'un boisseau de farine, les autres, d'un mail à fendre les bûches, et d'un énorme billot fait d'un tronc d'arbre. On prend le premier venu des assistants : on l'assied dans une chaise, et l'un des vieillards, passant les dents du rateau dans sa longue chevelure, secoue ce rateau sur le billot, tandis qu'un autre, à grands coups de son lourd maillet, fait le simulacre d'écraser cette vermine idéale. Un troisième, avec son boisseau, poudre les cheveux; pendant qu'un quatrième, armé d'un plat, d'un charbon, en guise de savon, et d'un énorme coutelas, barbouille la figure et fait l'office de frater. Enfin le patient s'échappe dans ce grotesque équipage, et tous les convives rompant leur grave silence, l'accueillent par de longs et bruyants éclats de rire.

On retourne à table, car l'exercice de la nuit appelle le déjeûner. Mais à peine est-il fini qu'un autre jeu guerrier commence de toutes parts : la jeunesse, au son de la vèze, se forme en longues chaînes de danseurs ; celui qui conduit chacune de ces chaînes danse en agitant en l'air un panier d'osier, et celui qui forme le dernier échelon de la chaîne, muni d'un bâton, frappe en cadence sur ce panier. Le but est de parvenir à renfermer un des assistants qui, devenu prisonnier, reçoit pour condition de sa liberté, l'obligation de boire dans une longue tuile du haut de laquelle on lui verse du vin. Tel est ce que l'on appelle le *branle du panier*.

Ces jeux, ces danses, ces usages tristes et joyeux, graves et grotesques conduisent à la fin de la seconde journée. Il ne reste plus que le coucher des époux. Le soir, à la lueur de mille flambeaux, la mère de la mariée la conduit dans la chambre nuptiale, et la remet à son jeune époux. Tout le monde se retire, et le dieu de l'hyménée effeuille la couronne d'immortelles que la jeune épouse vient de déposer sur son autel.

LETTRE IX.

Mallièvre (Vendée)_____ 1828.

Pendant que les groupes de danseurs se livraient hier aux plaisirs simples et naïfs de la noce champêtre, le pasteur de Trémentine et moi nous visitions dans tous leurs détails les ruines de la station romaine de Mallièvre. Cet Ecclésiastique, dont les cheveux sont déjà blanchis par des travaux pénibles que lui inspire l'amour de l'humanité, est à peine dans sa quarante-cinquième année, et déjà l'on peut dire de lui ce qu'un voyageur célèbre disait d'un Doge de Gênes : c'est plus qu'un homme d'un âge mûr, c'est un sage. Une grande sensibilité, une vaste érudition, la connaissance la plus profonde du cœur humain, et la plus douce simplicité forment le fond de son caractère. De toutes les passions humaines, dont il a su se défaire, il n'en a conservé qu'une seule, celle de faire des heureux. Certes, avec un tel homme, ma journée devait être intéressante.

Mallièvre, situé en amphithéâtre sur un côteau que la Sèvre baigne au midi, fut jadis une petite ville importante par sa situation. La grande voie romaine de Poitiers à Nantes traversait l'enceinte de ses murailles et franchissait la Sèvre sur le pont que l'on vient tout nouvellement de rebâtir. Vers l'an 400, les légions d'Honorius y construisirent la forteresse dont voici les ruines : deux tourelles à moitié détruites en sont les seuls vestiges. Les murs de l'enceinte, au Midi et au Nord, ainsi que la porte d'entrée sont évidemment d'une construction moderne : ils remontent tout au plus au temps de Charlemagne. Au reste, le tout ensemble recouvert de terres, de ronces, de jardins et de vieux chênes, n'offre plus aux curieux qu'un vaste monceau de décombres dont le faîte est cultivé. Avant l'invention du canon, comme au temps des Romains, Mallièvre devait être difficile à prendre. Situé sur la croupe du coteau il en était séparé par un fossé large et profond sur lequel s'abattait le pont-levis. Depuis que la voie romaine abandonnée dans le moyen âge s'est dérobée à tous les regards, sous des forêts de ronces et de genêts; depuis que le soc de la charrue a renversé en labourant le pavé qu'avaient tant de fois foulé les maîtres du monde, et que le canon est venu foudroyer d'une rive à l'autre les forteresses gothiques et les manoirs féodaux, Mallièvre, resté inconnu au fond des terres, a perdu son commerce, sa splendeur et sa population. Ce n'est plus aujourd'hui qu'un méchant village où la nature offre seulement un gracieux mélange de ruines jetées éparses au milieu des bois, des rochers et des eaux. Tous les travaux des arts en ont disparu, mais la nature, toujours la même, appelle dans cette solitude les Poètes et les Peintres, qui déjà se sont plu à dessiner ses paysages et à rêver sur les ruines dont elle a couronné le front de ses roches romantiques.

Assis de l'autre côté de la Sèvre, le Pasteur de Trémentine et moi, les yeux fixés sur ces vestiges des âges passés, nous nous représentions tour à tour les scènes de douleur et de joie dont ils avaient été le théâtre. Nous voyions d'abord l'aigle romaine, apparaissant pour la première fois sur ces coteaux sauvages, essayer vainement d'en chasser la Liberté. Sans cesse aux prises avec le peuple belliqueux du Bocage, apparaissent devant nous ces Romains superbes élevant ce camp fortifié qui bientôt devint leur prison. Les Visigoths venaient ensuite : protégés par les guerriers d'Honorius, ils tentaient vainement de s'établir sur ces rives fleuries, quand tout-à-coup, du sein de ces rochers, la Liberté se lève devant eux, comme un fantôme formidable. Au milieu de ces roches écumantes, elle apparaît semblable à une fière Amazone : elle est armée d'un glaive étincecelant et d'un bouclier peint de mille couleurs ; sa longue chevelure, colorée d'une teinte de sang, tombe éparse sur ses blanches épaules ; la dépouille d'une louve sauvage cache à demi ses formes gigantesques, et sa voix ressemble aux cris d'une multitude de guerriers qu'accompagnerait dans le lointain le sourd murmure des grandes eaux. A son terrible aspect, Romains, Visigoths, tout fuit éperdu jusque dans les plaines de Vouillé, où Clovis les attend. Charlemagne apparaît à son tour : la Nymphe de la Sèvre accueille le grand monarque et protège sur ses ondes les jeux et les amours des belles et des paladins. Une nuit profonde se lève ensuite sur ces rives fécondes : de sombres Châtelains aux regards sinistres, de tristes Beautés renfermées dans ces vieux donjons, les faits d'armes de quelques obscurs Chevaliers, voilà tout ce qu'on peut conjecturer de l'histoire de Mallièvre pendant le moyen âge, jusqu'à ce que les combats, désormais oubliés, que se livraient entre eux les farouches Seigneurs des manoirs féodaux, aient amené lentement, à travers les siècles, le génie de la destruction qui vint s'asseoir sur ces vieux murs à une époque inconnue.

Tels étaient les tableaux et les souvenirs qui occupaient nos rêveries sur les bords de la Sèvre. Déjà les danses des villageois commençaient à se ralentir, et le soleil tombant vers l'horizon annonçait une des plus belles soirées que puisse nous donner la saison des fleurs. Le Pasteur parlait de son départ, quand l'horloge de Mallièvre sonna quatre heures. Le vénérable Pasteur tirant sa montre : mon dieu ! dit-il, entraîné par le plaisir de parler avec vous, j'oublie que le temps coule rapidement; le moment de partir me presse, j'ai cinq grandes lieues à faire pour arriver à mon troupeau; mais vous m'avez dit, je crois, que vous comptiez finir votre voyage dans le Bocage, par les magnifiques paysages du riant Clisson, notre moderne Tibur. J'ai aussi l'intention d'aller y passer quelque temps, pour y jouir d'un repos que l'état de ma santé exige impérieusement ; nous nous y reverrons, peut-être même y serai-je rendu avant vous : là, sous ces ombrages si chers aux Amours, nous trouverons, je l'espère, une petite place pour l'Amitié. Nous nous levâmes, et cet aimable convive, après avoir embrassé sa famille, monta à cheval, et me rappelant notre rendez-vous à Clisson, s'éloigna sans perdre de temps.

Je retournai avec le vieux laboureur à la métairie où j'avais reçu l'hospitalité. Une nuit passée sans dormir, à la noce de Mallièvre, me fit trouver bientôt un profond sommeil.

Lorsque je me réveillai le lendemain, les jeunes paysans étaient déjà rendus à leurs travaux accoutumés ; le vieillard seul était resté près de moi. Nous déjeûnâmes, car l'usage des paisibles habitants de ces contrées est *de manger la soupe* dès le point du jour.

Vous remarquerez, Angéline, que l'hospitalité que l'on m'avait donnée était totalement désintéressée. L'offre d'un paiement quelconque eût été pour mes hôtes une cruelle injure. Je me donnai bien de garde de leur offrir autre chose que les regrets bien sincères que j'éprouvais de les quitter. Cette noble et loyale vertu de l'hospitalité est un reste précieux des mœurs antiques, et personne ne l'exerce avec plus de franchise que les Vendéens.

Mon hôte vint me remettre dans ma route : ce fut à l'embranchement de ces deux chemins où s'élève la petite chapelle de la Vierge amie des voyageurs, dont je vous parlais en allant à Saint-Laurent, qu'il m'indiqua le chemin que je devais suivre pour arriver aux ruines du Puy-du-Fou : je désirais les visiter. Il me souhaita un heureux retour dans mes foyers ; et, après nous être serré affectueusement la main, nous nous quittâmes, et je puis dire que ce fut avec regret.

Vue des ruines du Puy-du fou, près les herbiers.
(Vendée poétique et pittoresque de Massé-Isidore.)

LETTRE X.

Le Puy-du-Fou (Vendée).____ 1823.

A une lieue de Mallièvre, à travers des ravins et des précipices couverts de chênes touffus, on arrive aux ruines du Puy-du-Fou. Le vieux château ou plutôt ses débris ne sont plus habités. Le régisseur occupe l'une des servitudes que le propriétaire a fait réparer. La plus aimable hospitalité nous y fut accordée, et ce ne fut pas sans étonnement que nous trouvâmes dans ces décombres isolés deux hommes éclairés, remplis de la plus douce urbanité, et des femmes qui, dans cette solitude, cultivent avec succès les lettres et les beaux-arts.

MM. L. *** père et fils, après nous avoir fait rafraîchir, firent allumer des flambeaux et nous conduisirent aux ruines, situées au fond de la vaste cour. Jugez de notre surprise, Angéline : on nous avait représenté le Puy-du-Fou comme étant un de ces vieux châteaux d'Udolphe ou de la Buscara des Pyrénées, que l'imagination sombre de Mme de Radcliff aime à choisir pour en faire le théâtre de ses héros ; mais en approchant des ruines je reconnus l'architecture élégante et facile de la renaissance des lettres : pas le moindre vestige d'antiquité ; la façade même n'a jamais été achevée : il lui manque une aile au midi. La principale porte d'entrée est au fond d'un péristile quadrangulaire, formé par des colonnes canelées, d'ordre ionique. Au-dessus du fronton règne une balustrade qui entoure une terrasse autrefois couverte d'orangers, et où maintenant les enfants du métayer cultivent quelques légumes. A l'aile gauche se trouve un autre portique que devancent quatre colonnes semblables à celles du péristile ; la terrasse qu'elles supportent est en ruine : toutes ces colonnes sont unies par des ceintres pleins, et les pilastres qui ornent la façade du corps de logis sont décorés de niches où jadis étaient placés des bustes et des statues. Toutes les voûtes sont sculptées en rosaces, et celle de l'escalier, qui conduit au cuisines demi-souterraines, est encore si bien conservée, qu'on dirait qu'elle vient de sortir de dessous le ciseau de l'artiste. Tout est ici en pierres de granite, et néanmoins copié fidèlement sur les palais de Rome et de Florence. Ces fûts, ces entablements, ces chapiteaux, ces colonnes et ces plafonds qui semblent n'attendre que la première secousse pour s'écrouler, peuvent encore aujourd'hui servir de modèle aux fils de l'Architecture et des Beaux-Arts.

Nous trouvons cependant l'escalier principal en forme tournante, genre de construction qui rappelle l'âge du beau gothique; et nous concluons de ce mélange d'architecture, que la construction du Puy-de-Fou ne remonte tout au plus qu'au temps des premières guerres d'Italie, vers les règnes de Charles VIII et de Louis XII.

En entrant dans les salles dévastées, on reconnaît, avec un sentiment pénible, qu'elles venaient d'être décorées dans le goût le plus moderne, lorsque les bûchers de 1793 y ont été allumés. Du moins la beauté du paysage que l'on découvre par-dessus la longue terrasse de la façade opposée à celle de la cour, console l'âme de ces récents désastres. Cette terrasse s'élève à vingt pieds au-dessus du sol; à sa base commencent des prairies qui se déroulent et remontent sur la colline opposée: des groupes d'arbres épars çà et là, par leurs nuances variées, reposent l'œil fatigué de l'immensité qui se déploie au-dessus de cette colline. En effet, on aperçoit dans le lointain une campagne sans autres bornes que l'horizon; là, des champs cultivés, ici des bois, des rocs, des eaux : les uns s'enfoncent dans des vallées profondes, les autres paraissent groupés sur les cimes arrondies des montagnes; les lacs réfléchissent les feux du soleil;

le tout se perd dans un horizon bleuâtre et vaporeux. Le vent courbe par intervalle les cimes des arbres, roule en longues ondulations sur les blés en épis; et tandis que les troupeaux de bœufs aux larges cornes, les cavales hennissantes, et les chèvres aux soies traînantes paissent épars dans tous ces prés, le sourd murmure des bois, les mugissements des troupeaux, et les nuages d'or, d'albâtre et d'azur qui passent majestueusement sur cette belle scène, appellent les crayons du Poussin et de Berghem.

Nous retournâmes à la façade de la cour, et jetant un coup-d'œil d'adieu sur ce monceau de décombres, nous nous disions à nous-même : oh! que ne nous est-il permis de transporter Angéline endormie sur la pelouse qui tapisse aujourd'hui cette vaste enceinte! quelle surprise à son réveil! elle se croirait au milieu des débris des palais de Palestrine ou des Appennins : à l'aspect de ces giroflées sauvages qui s'échappent de toutes les fentes de la maçonne, qui ombragent les vieilles armoiries sculptées sur les frontons, et se mêlent aux feuilles d'acanthe des chapiteaux, l'illusion serait complète ; et la sensible Angéline, croyant retrouver l'Italie, le cœur ému, les yeux humides des larmes du bonheur, saluerait en s'éveillant le beau ciel de sa patrie !

Nous demandâmes à visiter le bassin circulaire, entouré de douze siéges de granite, que l'on nous avait dit avoir été jadis employé à des usages inconnus. On nous y conduisit. Mais ce monument, tout extraordinaire qu'il ait pu nous paraître, n'en fut pas moins bien loin de remplir notre attente. A la lueur des flambeaux nous l'examinâmes avec attention et nous reconnûmes, qu'au lieu d'être circulaire, il formait un carré parfait, de cinq à six pieds de profondeur, que l'eau n'y séjournait plus, et que les siéges, au lieu d'être incrustés dans les côtés du bassin, étaient rangés tout autour à deux pieds environ de distance. Ces siéges se touchent tous et ont la forme de fauteuils antiques. De petites tables de pierre étaient autrefois placées devant chacun de ces siéges, et comme le jour ne pénétrait jamais dans ce souterrain, une lampe énorme, suspendue à la voûte par un anneau de fer, y répandait sa lumière douteuse.

A quel usage cet étrange réduit fut-il consacré ? Nous soupçonnons, d'après sa situation au fond d'un cellier immense, que ce bassin n'était autre chose qu'un vaste cuvier, où l'on mettait à fermenter le vin nouveau ; que les siéges servaient aux buveurs, et que cet endroit écarté était consacré aux orgies bachiques des Seigneurs châtelains, qui s'y rendaient avec leurs compagnons de débauche. Ce qu'il y a de bien certain, c'est que ce monument est tout-à-fait moderne et peut-être l'unique de son espèce.

Les récits qui nous avaient représenté le Puy-du-Fou comme un ancien repaire de bandits féodaux ne sont cependant pas tout-à-fait dépourvus de quelque réalité. Avant qu'un Sire du Puy-du-Fou, grand Sénéchal de Poitou, eut fait élever ce palais moderne, il existait un vieux château au milieu du parc, dont on raconte effectivement des choses extraordinaires. Il était fortifié et servait de retraite à un brigand fameux, connu sous le nom de Renaud du Puy-du-Fou. A la tête d'une troupe de soldats qui lui étaient dévoués, il désolait toute la contrée et portait l'effroi sur les deux rives de la Sèvre. De vastes et profonds souterrains venaient aboutir à cette demeure du crime ; ils s'étendaient à plus d'une lieue aux environs ; les uns aboutissaient aux vieilles ruines de Mallièvre, et les autres à celles du temple de Mercure, à Saint-Michel. On y pénétrait à la lueur des torches : on les trouvait fermés, de distance en distance, par de fortes grilles de fer. On y rencontrait des grottes, des prisons, des chaînes, des ruisseaux inconnus s'échappant des entrailles de la terre et y rentrant au milieu des cristallisations de toute espèce. Souvent encore aujourd'hui, dans les campagnes d'alentour, le laboureur étonné sent la terre fléchir sous ses pas, et d'énormes excavations laissent le jour pénétrer, pour la première fois, dans ces vieux souterrains oubliés ; d'autres fois les voyageurs surpris du bruit sourd qui retentit sous les pieds de leurs chevaux, reconnaissent avec effroi que le chemin qu'ils suivent passe sur les voûtes de ces vastes catacombes où, les brigands poursuivis jusque dans leur retraite, parvenaient facilement à s'échapper.

Il ne reste plus du vieux Puy-du-Fou que la base d'une vieille tour couverte de ronces et peuplée de vermines. Comme au temps de Renaud, il est encore dangereux d'en approcher. Toutes les pierres de cette triste demeure ont été employées à bâtir le château moderne, et la forêt qui couvre le peu qui reste de ses vestiges est tellement épaisse qu'il est difficile de les retrouver.

Quant à l'histoire de ces deux Puy-du-Fou, elle se borne à peu de souvenirs. Le Poète peut tirer parti de Renaud et de son redoutable séjour. Il existait sous les successeurs de Charlemagne, et la nuit profonde qui couvre ce siècle reculé ouvre à l'imagination la plus vaste comme la plus sombre des carrières.

Le nouveau Puy-du-Fou compte du moins un beau jour ; c'était au temps de François Ier. Ce monarque venait de Bayonne, amenant avec lui sa jeune épouse, la belle Reine Éléonore. Il était suivi d'une cour brillante. Au milieu des Belles aux séduisants attraits, parmi les Pages aux cheveux bouclés tombant sur leurs épaules, aux toques de velours surmontées de plumes blanches, on distinguait ce vaillant Bayard, sans peur et sans reproche; ce Trivulce, qui sur dix-huit batailles qu'il avait vues croyait celle de Marignan un combat de géants, et les autres des jeux d'enfants ; ce Latremouille, si cher aux belles contrées que nous visitons, Vendôme, Bonnivet, Lautrec, Chabannes et une foule d'autres guerriers célèbres, tous devisant de prouesses et d'amours, marchaient à côté du jeune et beau Roi des Lys. Le cortége défilait le long des bois, dans les vallées et sur les côteaux, éblouissant la vue par l'éclat des armes et la richesse des belles parures. Quelquefois on entrait dans les villes où tout annonçait l'ivresse du bonheur et de la joie; mais le plus souvent on faisait halte au bord d'une forêt sombre, où l'herbe épaisse et parfumée de thym et de chevrefeuille servait de siége aux belles et aux héros. Le caractère chevaleresque de François aimait cette marche simple et joyeuse, à laquelle présidait l'Amour, et que devançait le Génie de l'honneur.

Tout-à-coup, au milieu des grands bois qui ombragent la route des Epesses aux Herbiers, se présente à tous les yeux un manoir inconnu, dont l'architecture italienne, les colonnes aux riches chapiteaux, et les terrasses ombragées de myrthes, d'orangers et de lauriers-roses, surprend la royale caravane. A cet aspect inattendu, Trivulce et Bayard arrêtent leurs palefrois ; ces braves se croient encore sur les rives de l'Arno, ou dans les riches campagnes du Milanez. Les jeunes Suivantes et les Pages, qui n'ont pas vu l'Italie, s'imaginent qu'une Fée puissante vient d'élever ce palais magnifique et qu'ils sont à la veille d'avoir quelque grande aventure. On s'avance vers la porte principale. Un vieillard aux cheveux blancs, couvert d'une armure où l'ennemi a jadis imprimé plus d'un coup terrible, se présente devant le Monarque et la jeune Reine. Otant avec respect son casque surmonté d'un blanc panache, il supplie les illustres voyageurs d'accepter l'hospitalité dans son château. C'est le vieux Sénéchal de Poitou, ce même Sire du Puy-du-Fou que François a vu lors de son passage à Poitiers. Son invitation est acceptée, et le Roi, avec toute sa suite, entre dans cette cour, alors si brillante et maintenant presque déserte.

On descend des riches coursiers qu'emmènent les varlets du château; on conduit les Belles et les Héros dans ces salles superbes d'où la vue s'étend au loin sur des campagnes délicieuses; et le soir, à la clarté de mille flambeaux, sur des tables somptueuses, le cerf aux pieds agiles, le faisan doré, la perdrix chère au chasseur et le chevreuil solitaire, servis sur des plats d'argent, viennent satisfaire à l'appétit des illustres voyageurs. Cependant on se retire pour aller se livrer au repos. Ici, dans cette chambre d'honneur, le vainqueur de Marignan, tout en déchaussant les éperons d'or, sourit aux joyeux propos de ses Pages, tandis que non loin delà, Eléonore, entre les mains de ses jeunes Suivantes, laisse tomber tour-à-tour les voiles dont le tissu discret cache ses attraits. On se retire; bientôt la flamme des lampes et des flambeaux va s'éteindre, et hors la chambre des Pages et celle des Suivantes, l'obscurité règne dans tout le château.

Dans ce siècle de galanterie et d'honneur,

l'Amour craintif cachait ses plaisirs dans les ombres de la nuit ; mais rien n'échappe à l'œil perçant du Poète : une porte mal fermée donne à l'un des Pages l'entrée de la chambre où les femmes de la Reine, deshabillées, sont prêtes à se livrer au sommeil sous les vastes rideaux de leurs lits à quatre colonnes dorées ; apercevant cet étourdi, les unes cachent à la hâte leurs charmes demi-nus, et les autres s'arment des fleurs qui tout le jour ont décoré leur sein et poursuivent à coups de bouquets l'audacieux qu'elles repoussent jusques dans les vastes corridors ; l'espiègle, tout couvert de feuilles de rose, marchant sur la pointe du pied, regagne en riant la chambre de ses camarades auxquels il raconte le succès de son audace.

A peine a-t-on goûté quelques heures de sommeil, que déjà l'aurore apparaissant au-dessus des montagnes de Pouzauges, annonce le retour du jour. On se lève ; la royale caravane se remet en route, surprise de se trouver humide de rosée, et disputant de fraîcheur et d'éclat avec les roses vendéennes que l'églantier vermeil suspend en guirlandes sur son passage.

LETTRE XI.

St-Michel-Mont-Mercure (Vendée). 1828.

Le Mont-Mercure n'est éloigné du Puy-du-Fou que d'une lieue. On y arrive à travers les défilés des montagnes, et la route tracée entre les sinuosités des rochers, rend la marche pénible et fatigante. Ce jour-là, le soleil dans toute sa force nous contraignit bientôt à chercher quelques moments de repos, sous les grands chênes qui bordent la route. Nous nous y assîmes dans un endroit où deux chemins se coupent en croix, et forment ce qu'on appelle ici *une croisée*. Celle-ci est une espèce de rotonde naturelle, couverte par les longues branches des arbres, et où les quatre sentiers non moins sombres que des allées de charmilles viennent aboutir à un centre commun. De gros quartiers de rocs grisâtres montrent çà et là leurs têtes chauves au travers des branches, une pelouse épaisse tapisse la terre, et de longues guirlandes de clématite, de roses sauvages, et de bouquets de chevrefeuilles se suspendant aux haies touffues, remplissent l'espace que les arbres laissent entr'eux.

En respirant la fraîcheur sous cet épais bosquet, nous pensions tantôt aux croyances absurdes des anciens cultivateurs de ces contrées, qui plaçaient à l'embranchement de deux ou plusieurs chemins le théâtre des apparitions et des sortiléges; tantôt aux anciens adorateurs de Mercure, qui sans doute étaient aussi venus, quatorze cents ans avant nous, visiter son Temple, là où s'élève aujourd'hui le petit bourg de Saint-Michel. Nous cherchions à deviner quelle avait été la forme de cet édifice, par quel peuple il avait été bâti, quelle devait avoir été l'époque de sa fondation et celle de sa destruction. Quant à sa forme, elle devait être à colonnes et dans le goût romain ; les Agésinates, premiers habitants connus de cette terre des ondes, rendaient un culte à la pluie et ne pouvaient connaître l'*Hermès des Grecs*. Les Romains vinrent après, et seuls ont dû bâtir un temple à Mercure ; car les Teyphales et les Visigoths qui leur succédèrent suivaient les premiers la religion catholique et les autres la doctrine d'Arius, secte également chrétienne (1). S'il n'avait pu être bâti que par les Romains, il est aisé de fixer à peu de

---

(1) D'ailleurs le voisinage des stations Romaines de Pouzauges, de Mallièvre, Mortagne et même d'Herbadilla nous confirmèrent dans cette idée ; nous ne doutâmes plus que ce n'aient été les premières stations ou colonies Romaines, qui aient bâti ce temple sur le modèle de ceux qu'elles avaient vus dans leur patrie.

chose près l'époque de sa fondation et celle de sa destruction. Il dut être élevé sous le règne des premiers Césars, seule époque de la présence de ces maîtres du monde sur les rives de la Sèvre, et dut être détruit par les Theyphales, au moment de l'invasion des Visigoths dans l'Aquitaine, c'est-à-dire vers l'an quatre cent et quelques. Les Divinités de Rome antique ont dû disparaître de ces rivages celtiques avec les superbes dominateurs qui les y avaient apportés.

Je fus tiré de ces réflexions par le bruit de la marche d'une troupe de personnes qui arrivaient au lieu où j'étais assis. C'était le convoi funèbre d'un simple villageois. Quatre Vendéens, le front découvert, l'air triste et consterné, portaient à l'Eglise de St-Michel, la dépouille mortelle d'un de leurs voisins trépassé. Le cercueil était recouvert d'un drap mortuaire, la troupe éplorée suivait en silence : pas un cri, pas une plainte ne se faisait entendre, leur douleur était muette : les larmes qui partent du

cœur n'ont pas de voix, elles coulent !
Arrivés à l'embranchement des quatre routes
la fatigue contraignit les porteurs à s'arrêter
un moment. Ils posèrent le corps à terre ;
chacun s'asseyant sur les tertres verdoyants
qui montent jusqu'au pied des haies, la
tête baissée, dans le plus profond recueillement, priait en silence, tandis que le
défunt était resté déposé sous les dômes de
verdure qui ombrageaient le chemin, comme
sous un riant catafalque élevé, par les
Anges de la solitude, au pauvre Laboureur.

Après s'être délassé un moment auprès de
celui dont le repos est éternel, on reprit
le corps, on continua la marche silencieuse,
et le plus âgé des assistants planta au pied
d'un des arbres une petite croix de quatre
pouces de haut, en mémoire de ce que le défunt
s'était reposé dans ce lieu solitaire, et pour
demander au voyageur quelques prières en
faveur de l'âme du trépassé. Touchant usage !
Cette croix, toute fragile qu'elle est, restera là
pendant bien des années, et chaque fois qu'un

parent, un ami du défunt passera par ce chemin, elle lui rappellera l'homme qu'il aima et qui n'est plus : il priera pour lui; et, si fatigué de la chaleur du jour, il vient à s'endormir sous l'ombrage hospitalier que cette croix rend tout religieux, il verra son ami dans ses songes, et son cœur sera consolé.

Quelquefois, quand la maison du défunt est trop éloignée de l'Eglise, on place ses restes inanimés dans une charrette; ses bœufs, naguères compagnons chéris de ses travaux rustiques, traînent lentement leur maître à son dernier asile et l'aident à faire son dernier pélerinage sur la terre ; la marche lourde et pénible de ces fidèles animaux se marie à la tristesse du cortége funèbre qui les suit ; on peut dire avec Virgile :

. . . . It tristis arator
. . . .
Atque opere in medio defixa relinquit aratra.
(Virgile. — Georg.)

Je me joignis au cortége funèbre et arrivai avec lui à Saint-Michel. On entra dans l'Eglise;

après l'office des morts, on reprit le corps, on le porta dans le cimetière au bruit des chants du Pasteur, qui marchait devant le cercueil. Bientôt la terre recouvrit les dépouilles du Laboureur, et après avoir prié pour lui la foule s'écoula peu à peu. Je me trouvai presque seul au milieu de ce champ du repos. Je profitai de cette circonstance pour observer les sépultures Vendéennes. Cette partie si essentielle des mœurs d'un peuple n'en est pas un des traits les moins caractéristiques.

Rien n'est plus simple que le cimetière Vendéen. Aucun ornement n'y distingue les tombes : une grande croix de granite s'élève solitaire au milieu de cette enceinte, un mur à hauteur d'appui l'environne, et des sillons couverts d'une herbe haute et épaisse annoncent presque seuls, que là des hommes jouissent de leur dernier sommeil. A peine y trouve-t-on quelques pierres tombales d'une couleur grisâtre et rongées de mousse, où la famille en pleurs a jadis gravé le nom et l'âge de celui qu'elle a perdu. Cette nudité des tombes Vendéennes ne provient pas d'indifférence. Bien qu'elles restent sans pompe, les couches funèbres d'un père ou d'un ami, d'un enfant ou d'une mère, ne sont point abandonnées ; il est rare que les souvenirs que récèlent le vaste champ du repos n'y attirent pas quelques personnes à chaque instant du jour. La cendre des morts n'est ici presque jamais seule, si ce n'est la nuit.

Au moment où je m'y trouvai, une femme priait auprès d'une tombe qui paraissait compter déjà quelques années : la tête couverte d'une longue mante noire, elle semblait immobile ; ses joues décolorées étaient humides de grosses larmes, et sans le mouvement presque imperceptible de ses lèvres, on l'eût prise pour une statue tumulaire qu'un sculpteur aurait érigée au pied d'un mausolée. Un peu plus loin, un enfant de six à sept ans était devant un peu de terre fraîchement remuée ; sa mère était là. Il était à genoux dans l'herbe ; son chapeau était tombé à côté de lui : il avait les mains jointes, les yeux levés vers le Ciel, et une boucle de ses cheveux trempée de larmes était colée sur sa joue ; au lieu de prier pour sa mère, ce pauvre orphelin la priait elle-même ; oh ! mon Angéline, qu'il y avait d'éloquence dans cette douce erreur d'un fils ! que d'éloges dans cette naïve oraison funèbre ! Prie-t-on jamais une mauvaise mère ? Si l'on s'étonnait du peu de pompe que l'on rencontre dans les sépultures Vendéennes, nous répondrions que chez les peuples peu religieux la tombe a besoin de déguiser sa laideur sous de magnifiques ornements, parce qu'elle renferme le néant, tandis que chez les peuples vraiment Chrétiens, elle n'a besoin de rien de fastueux parce qu'elle n'a rien d'effrayant. Chez les premiers, l'Espérance n'y vient point s'asseoir; chez les seconds au contraire, le repos de la tombe n'est qu'un sommeil momentané : toujours au pied de cette grande Croix le vrai Croyant aperçoit l'immortalité, qui lui promet une réunion prochaine avec tout ce qu'il aima, tandis que pour l'Athée tout est fini.

En quittant le champ du repos, notre premier soin fut de nous informer de l'emplacement de l'ancien temple de Mercure. On ne nous comprit pas d'abord ; ce ne fut qu'après bien des explications que l'on nous répondit qu'effectivement la tradition du pays rapportait que dans des temps très-reculés il existait à Saint-Michel un temple consacré aux faux Dieux, mais qu'il avait été détruit depuis bien des siècles, qu'il n'en existait aucun vestige, et que l'on ignorait jusqu'à la place même qu'il avait occupée. Peu satisfait de ces renseignements nous nous mîmes à parcourir le bourg et ses environs. On nous avait vanté la perspective que l'on découvre du haut des terrasses du Presbytère. Nous nous y rendîmes et fûmes reçu par un jeune ecclésiastique, qui nous dit naïvement que : « Les recherches historiques l'occupaient » fort peu, que l'on pouvait bien vivre sans » cela. »

On ne nous avait point trompé : la vue que l'on découvre de ces terrasses a bien tout le *grandiose* des points de vue de la Sabine. Il semblerait que ces montagnes pyramidales couvertes de bois, de moissons et de villages, auraient été disposées dans cette plaine immense, comme des décorations sur un vaste théâtre. A l'Ouest, le rideau qu'elles forment entr'elles se déchire et laisse apercevoir par intervalles, dans une vapeur bleuâtre et purpurine, une contrée toute entière se déroulant jusqu'à l'horizon, comme une carte géographique enluminée des plus vives couleurs. Devant nous les montagnes opposées au Mont-Mercure descendent en amphithéâtre jusqu'au pied des hauteurs du temple; là, où le *Men*, faible encore, reçoit tous les ruisseaux qui tombent des ravins ; tandis qu'à gauche les montagnes qui se succèdent en élévation, finissent par se perdre dans un lointain vaporeux.

Toute cette contrée offre une force de végétation qu'il serait difficile de trouver ailleurs. Cette étendue que parcourent nos regards est toute parsemée de villes, de bourgs, de maisons de plaisance et de villages. Au nord, voilà la Flocellière avec ses vieilles tours et ses maisons blanches à la moderne; au midi, c'est Réaumur, qu'un grand peintre de la nature a rendu immortel; à l'Ouest, on aperçoit, par un temps sans nuages, la ville appelée la Fontaine des Nymphes (1), et ce Luçon, fondé en expiation d'un grand crime, par Lucius, fils de Constance-Chlore et frère du grand Constantin, ainsi que par sa mère, la fameuse Sainte-Hélène, à son retour du tombeau du Christ, à Jérusalem. (*K*)

Oh! qu'on s'arrache difficilement à la contemplation d'un pareil tableau! Nous y jetons un dernier coup d'œil, et voici que le soleil baissant vers l'horizon reflète un de ses rayons dans les vitraux d'un palais qui d'ici apparaît au nord comme bâti dans les nuages; c'est, dit-on, celui de Maulevrier. Que de souvenirs ce nom rappelle à la Muse de l'histoire! Depuis Diane de Poitiers, dont l'époux

---

(1) Aujourd'hui Fontenay, et primitivement *Fons Nayadum* (Fontaine des Nayades).

portait le nom de cette royale demeure; depuis ce Colbert, ministre fameux du plus grand des Louis, jusqu'à cet immortel garde-chasse (1), auquel la famille de Colbert reconnaissante a fait élever un obélisque : tout dans ce nom de Maulevrier parle au cœur et à l'imagination. Le reflet du soleil qui frappe dans ses vitraux brille ici comme une étoile dans les nues; on dirait qu'elle y aurait été placée par la Gloire, comme un symbole de splendeur et d'immortalité !

Il est inutile d'aller bien loin pour retrouver l'emplacement du temple de Mercure : cette position-ci est trop belle, trop magnifique, pour qu'elle ait échappé aux Prêtres de ce Dieu. Il suffit de jeter les yeux sur cette Eglise, d'une architecture antique, pour se convaincre qu'elle a été bâtie sur les fondements de l'ancien Temple. Les pierres y tombent en poussière, leur couleur atteste le passage des siècles. La porte est en ceintres pleins, surbaissée et soutenue par de petites

---

(1) Stoflet.

colonnes unies en faisceaux ; le clocher, dont la forme remonte à l'enfance de l'art, porte le caractère des quatrième et cinquième siècles. C'est à peu près l'époque à laquelle le temple primitif a dû être détruit ; c'est donc là qu'il s'élevait. Il est impossible qu'il n'ait pas été sur cet emplacement, et plus impossible encore qu'il ait été ailleurs.

Dans les fouilles que l'on fait autour de l'Eglise et dans les jardins du Presbytère, on trouve de tous côtés des tombeaux avec des lacrymatoires et de petits vases de terre cuite renfermant du charbon, symbole de l'immortalité : cette manière d'enterrer les morts était celle des Romains. Ce nom de Mercure resté à cette montagne et non à celles qui l'avoisinent, le nom même de Saint-Michel qui lui fut adjoint dans le moyen âge, et dont le Saint qu'il désigne est représenté comme ayant dans le Ciel une partie des attributs de Mercure, tout nous confirme que dans ce lieu presque aérien, au milieu des grands bois dont on aperçoit encore aujourd'hui les restes, et qu'autrefois il devait dominer, s'élevait le temple du fil sde Maïa, au temps des premiers Empereurs Romains.

Nul doute enfin que ce ne fût là son emplacement; que cette élévation ne supportât le péristyle qui regardait à l'Ouest. Il devait être orné de colonnes; on y parvenait par dix ou douze marches; les adorateurs du Dieu, en montant ou descendant les degrés, devaient croire sortir de l'Olympe; car la hauteur de cette montagne leur permettait d'embrasser à leurs pieds, à travers un lointain sans bornes, l'immense étendue de pays que nous venons de décrire, et rien n'arrêtait leurs yeux qu'un horizon vague et indéterminé comme l'Océan qui lui succède. Vu de la plaine, le temple devait apparaître aux regards comme cachant sa coupole dans les nuages, soit que les premiers rayons du soleil levant reflétassent leur lumière entre les colonnes du frontispice, soit que les dernières clartés de l'Occident les colorant d'une teinte de pourpre et d'or les montrassent seules éclairées quand toute la contrée était déjà couverte des ombres de la nuit. Quel dommage qu'un Fanatisme aveugle ait renversé ce monument! Si l'on en juge par sa position il devait rappeler aux Romains les temples de Tivoli, et aux Scythes celui de Delphes, qu'ils avaient pu visiter en venant de leur sauvage patrie.

Relevons, en imagination, ces colonnes grecques ou romaines : qu'elles montent dans les airs, que le fronton s'élève sur leurs légères corniches ; que ces murs s'arrondissent de l'Ouest à l'Est, que les Prêtres du Dieu apparaissent de nouveau entre ces colonnes, avec leurs longues robes blanches et leurs manteaux d'une légère étoffe de laine de même couleur ; à leurs longues barbes, au caducée qu'ils portent en leurs mains, on les prendrait pour les Dieux eux-mêmes. On les voit s'avancer sur les marches du péristile, pour y recevoir les offrandes et les victimes que les guerriers des stations romaines des environs leur amènent. L'éclat des casques surmontés de cimiers flottants couleur de pourpre, les aigles du Capitole dont la dorure reflète les feux du jour, les joueurs de flûte, les guirlandes de feuilles qui parent les victimes, et toute la pompe des fêtes antiques, se déployant autour de nous, fera revivre à nos yeux les beaux jours de ces lieux, maintenant inconnus des **Dieux de Virgile et d'Homère**.

LETTRE XII.

Pouzauges (Vendée), 1828.

Quand on descend du Mont-Mercure dans la plaine, pour retourner aux Herbiers, on passe sur une route nouvellement refaite; nous y avons reconnu les traces d'une ancienne voie Romaine (*L*) : c'était sans doute celle qui de Mallièvre descendait à Herbauges, qui de là, traversant Durinum, atteignait le monastère de Déas, et remontant ensuite au Nord allait aboutir à Ratiaste, capitale des Namnètes ou Nantais. Toutes les montagnes de Saint-Michel-Mont-Mercure diffèrent de celles d'alentour : elles sont composées d'un trapp fort dur, tandis que de l'autre côté, en suivant la route qui conduit à Pouzauges, on retrouve la belle minéralogie des Herbiers. C'est ce dernier chemin que nous suivons maintenant. Voici épars autour de nous un quartz-hyalin tellement abondant qu'il suffirait pour orner tous les cabinets minéralogiques de l'Univers. Nos pieds foulent à chaque pas des parcelles de topaze et d'améthyste, leurs cristaux hexaèdres, brisés par le soc de la charrue, étincellent dans les sillons fraîchement labourés, ou roulent parmi le sable ou les cailloux au fond des ruisseaux limpides, qui murmurent ici de tous côtés. Bientôt ces pierres brutes encore, mais déjà transparentes comme le verre le plus limpide, vont prendre un nouvel éclat sous la main de l'ouvrier, et iront, tantôt riche collier, étinceler sur le sein voluptueux de la Beauté, tantôt, brillant diadême, verser mille feux sur le front des Princesses et des Rois; ou, plus modeste, elles orneront l'anneau donné comme un gage de souvenir et de tendresse, et toutes les fois que leur aspect frappera les yeux, elles auront le pouvoir de faire naître au fond du cœur ces mouvements rendus si délicieux par la double magie de l'Amour et de l'Amitié (1).

Sous une forêt continuelle de beaux arbres, des couches secondaires et tertiaires de gneiss de schiste micacé et de granite, montrent çà et là leurs larges déchirures. L'alisier, l'anièvre, le bouleau, le tremble, le peuplier et le chêne, abondent dans ces vallées comme sur la pente de ces montagnes. Sous l'ombrage qu'ils versent de tous côtés des blocs de quartz-hyalin laiteux d'une blancheur

―――――――――――――――――――――――

(1) Ces pierres sont connues en France sous le nom de *pierres de Chambrétau* ou *pierres des Herbiers*. On les rencontre en assez grande quantité dans les montagnes qui avoisinent ces deux endroits ; cependant les femmes et les enfants, qui seuls s'occupent à les ramasser, les vendent fort cher. Le commerce en emploie beaucoup. Mesdames Duchesses de Berry et d'Angoulême ayant accepté quelques beaux cristaux de ces quartz-hyalin en ont chacune fait confectionner une parure complète ; Madame Duchesse de Berry avait la sienne au bal que lui a donné cette année la ville de Nantes.

d'albâtre, d'un rouge de sang, d'un bleu-saphir ou d'un noir d'ébène, se montrent épars çà et là. On les prendrait de loin pour des débris de tombeaux antiques en marbre de Carare, de Paros ou de Pentélique. Les branches qui balancent leurs grands rameaux au-dessus de ces blocs informes, bien que l'on soit ici sur des hauteurs peu communes, n'en présentent pas moins le tableau de ces allées mystérieuses de Marly et de Versailles ; il n'y manque qu'un coup de crayon de Kent ou de Lenôtre, qu'un regard du Génie, qu'un sourire des Beaux-Arts !

En partant de Saint-Michel nous fûmes accompagnés par deux sculpteurs de Pouzzole, près de Naples ; comme nous ils se rendaient à Pouzauges. Séduits par la beauté du pays que nous traversions, et par la ressemblance des deux noms, ils transformaient celui de Pouzauges en celui de Pouzzole. Nous allons à Pouzzole ! répétaient-ils souvent. Cette douce réminiscence du lieu qui les avait vus naître ajoutait pour eux un charme de plus à leur voyage, et certes ce charme là n'était pas le moins intéressant : c'était celui de la patrie ! Nous résolûmes tous trois de passer la journée ensemble.

En arrivant à Pouzauges, la première chose qui frappa nos regards, fut le temple protestant ; la seconde, les vieilles ruines Romaines de la forteresse qui s'élevaient derrière le Temple, avec leurs draperies de lierre et leurs tourelles noircies par les siècles, et la troisième fut l'église. Le Temple est un bâtiment moderne, il ne se compose que d'un rez-de-chaussée ; les fenêtres en ceintres pleins annoncent seules un édifice public. L'église catholique, par son architecture, dénote le XVIe siècle. Les monuments des Arts portent presque tous empreints sur leur front leurs actes de naissance, et l'Antiquaire s'y trompe rarement. L'élégance du clocher de l'église de Pouzauges est remarquable ; la légèreté des colonnes, la grace du dessein et des ornements, et surtout le genre des corniches et des chapiteaux, tout y constate l'époque où le beau gothique commença à reculer devant les ordres Grecs ou Romains, c'est-à-dire l'âge qui précéda la renaissance des arts, le siècle de Léon X et de Louis XII.

Courons aux ruines : hôtes séculaires de cette contrée, elles ont vu naître presque toutes les générations qui se sont écoulées, et seules elles sont restées debout, immobiles au milieu du flux et reflux des mobiles humains que le temps a fait naître et disparaître successivement autour d'elles. Cette forteresse n'est autre chose qu'un vaste bastion carré, d'une hauteur prodigieuse, et flanqué de tourelles construites à la manière des Romains. Il est cependant à remarquer que ces tourelles ne sont point creuses dans l'intérieur, ce sont des masses pleines appuyées contre les murs. Les fragments énormes tombés de leurs sommets et roulés sur l'esplanade confirment cette observation. Toute cette masse de murailles ne sert plus aujourd'hui de retraite qu'aux oiseaux de proie. Il est même dangereux d'y pénétrer sans flambeaux, car des chambres souterraines, sans escalier pour y descendre, forment de tous côtés, sous les pas des voyageurs, des fosses profondes que l'obscurité rend imperceptibles.

D'ici, la vue rappelle celle du Mont-des-Alouettes, dont on aperçoit dans le lointain la croupe verdoyante et les sept moulins.

On nous conduit au *Bois de la Folie*. Cette futaie couronne au Nord-Ouest une butte voisine des ruines, mais beaucoup plus élevée; elle domine de ce côté toutes les montagnes de la Teyphalie; et fut toujours entretenue aux frais du gouvernement, parce qu'elle sert de point de reconnaissance aux navigateurs qui labourent les vagues de l'Océan d'Aquitaine. Quoiqu'à vingt lieues de la mer, elle ne s'en montre pas moins aux matelots long-temps avant la terre : c'est pour eux un Phare protecteur placé dans les nuages par la Providence, qui les avertit ainsi de se mettre en garde contre les écueils du rivage. C'est dans le Bois de la Folie qu'on nous apporte notre dîner. Assis, les deux Napolitains et moi, sous les vastes branches d'un chêne dont le tronc se divise en trois grands arbres, nous puisons une eau claire et limpide dans une source d'eau vive qui, sortant du milieu même du tronc principal, forme une fontaine entre ces trois arbres fraternels. Serait-ce cette singularité de la nature qui aurait fait donner à cette petite futaie le nom de *Bois de la Folie* ? quoi qu'il en soit tout en faisant honneur à notre excellent dîner, en buvant le vin de Sigournay, qui passe pour le meilleur de la contrée, nous sacrifiâmes à la Nymphe joyeuse qui nous donnait tout à la fois l'ombrage de son arbre favori et l'eau de son urne mystérieuse; nous nous abandonnâmes à la Folie. Mes compagnons de voyage, répétant toujours qu'ils étaient à Pouzzole, chantèrent des airs napolitains, et quand une jeune et belle Teyphalienne vint nous apporter du lait, non moins blanc que son beau front, et des fraises, non moins vermeilles que ses lèvres animées d'un doux sourire, ils la proclamèrent digne de figurer au milieu des Belles qui d'un pied léger foulent les bosquets de Pouzzole et les hauteurs du Pausilype.

L'immensité de la plaine qui se déroulait à nos pieds fixa notre attention. Que de bourgs ! que de villages ! que de jolies maisons de plaisance nous apparaissaient à la fois comme des points géographiques dans une perspective de Panorama ! Je fis remarquer le petit bourg de Montournais, le *Mons Turonum* des Romains. Ce fut là que vint échouer la fortune de César. Ce conquérant ne put réussir à dompter les belliqueux habitants de cette contrée, qui se réfugièrent dans leurs petites montagnes, *ad parvas montes*, c'est-à-dire dans celles où nous sommes maintenant.

L'histoire est muette sur Pouzauges : tout ce qu'on peut conjecturer à cet égard, c'est que cette petite ville était la plus avancée au midi de toutes celles de la Teyphalie ; qu'elle subit les mêmes variations politiques que les autres villes de cette république, qu'elle fut, comme les autres, la proie de la féodalité, et prit part à toutes les guerres qui agitèrent cette belle contrée. Cependant il existe deux Pouzauges, l'un appelé le Vieux-Pouzauges et l'autre Pouzauges-la-Ville. Ces deux bourgs sont à un quart de lieue environ l'un de l'autre. Le Vieux-Pouzauges est situé dans la plaine, au milieu d'un *golfe* que forment les montagnes en se retirant sur elles-mêmes, et Pouzauges-la-Ville, où nous sommes maintenant, est bâti en amphithéâtre sur la pente méridionale des montagnes, et au nord du Vieux-Pouzauges.

Cette petite ville est trop enfoncée dans les terres, trop éloignée des grandes routes pour être commerçante, cependant elle ne manque ni de mouvement ni d'activité; on y reconnaît une population riche et laborieuse, instruite et civilisée. On compte quelques Catholiques dans la ville, mais toute la population de la campagne est protestante.

Adieu, belle Angéline, demain nous nous rapprocherons des Herbiers, et nous irons rêver sur les ruines d'une vieille Abbaye, qui fut le berceau de Manon-l'Escaut. Là, nous ne retrouverons point la fontaine de la Folie, mais des souvenirs d'Amour; et quand on vous a connue, Angéline, il serait difficile de ne pas préférer ces souvenirs à tous les joyeux pensers qu'inspire tour-à-tour et Momus et la Folie.

LETTRE XIII.

La Grainetière (Vendée) 1828.

A deux lieues du Mont-Mercure, au midi, et sur le bord d'une belle et vaste forêt qui les sépare du Parc-Soubise, on trouve les ruines d'une des plus vieilles Abbayes de la contrée : la Grainetière est son nom. Ces ruines sont modernes, mais le monument dont elles sont les débris, fut élevé il y a neuf cents ans. Jamais rien de plus pittoresque ne s'est offert au Génie de la peinture. Il faut peindre ce clocher gothique et pourtant élégant et régulier, avec toutes ses mousses, toutes ses plantes aux larges feuilles, et les pruniers sauvages qui s'échappent de ses arceaux ruinés pour rendre ce paysage avec toutes ses grâces, et son inimitable grandeur ; jamais la plume du Poète n'en donnera la parfaite image ; il restera toujours au-dessous du sujet. Essayons seulement de vous en donner un faible aperçu.

La nef de l'église et ses murs latéraux sont détruits, mais une coupole d'une légèreté et d'une hauteur admirables, appuyée sur quatre faisceaux de colonnes, s'élève sur l'embranchement des ailes latérales du sanctuaire, et s'ouvrant en arc immense, offre l'aspect d'un énorme portique ; au-dessus, le clocher en forme octogone monte dans les airs avec une simple mais gracieuse majesté, et s'approchant du chœur on le trouve orné de colonnes d'une grande légèreté. Dans les ailes latérales, sur la même ligne que le sanctuaire, sont quatre chapelles où l'on voit encore les autels de pierre sur lesquels on célébrait les saints mystères. Entre les colonnes adossées aux murs sont des fresques qu'on a couvertes de chaux vive, et qu'il est à regretter de ne pouvoir restaurer, car elles nous ont semblé historiques ; dans la chapelle, située à droite du maître-autel, nous sommes parvenus à découvrir presqu'en entier une de ces fresques : elle représente un évêque que deux soldats saisissent ; on voit qu'ils s'apprêtent à lui faire violence. Ce trait nous est inconnu, mais le costume des deux soldats mérite l'attention. Peut-être, n'est-il pas indifférent de connaître l'uniforme des troupes Vendéennes du moyen âge. Chacun de ces soldats porte un pantalon collant, de drap rouge cramoisi, une cuirasse qui s'attache sur l'épaule, et de dessous s'échappent de larges manches qui recouvrent le bras jusqu'au poignet ; une jacquette dentelée sort de dessous la cuirasse, et tombe jusque vers les deux tiers de la cuisse ; une paire de sabots énormes leur sert de chaussure ; un chapeau à haute forme, entouré d'un large ruban bouclé sur le devant, leur couvre la tête, et leurs cheveux formant une queue longue et mince, entourée d'un ruban jaune, leur tombe sur le dos. Tel est le costume des deux soldats ; pour reconnaître les différents corps auxquels ils appartenaient, on changeait la couleur des diverses parties de leur habillement. Voilà ce que nous révèle celle des fresques que nous sommes parvenus à découvrir. Quel regret de voir les autres échapper à nos recherches! mais la destruction est aux portes de la Grainetière; des Manœuvres taillent les pierres qu'ils arrachent à cet antique édifice, et le nouveau propriétaire les fait vendre dans les bourgs des environs. Des débris de colonnes, des chapiteaux à demi-brisés, de vieilles armoiries entassées, gisent pêle-mêle dans les décombres avec les larges pierres qui servaient naguère à paver la Basilique ; en un mot tout ce qui présente l'aspect des ravages des hommes, est jonché çà et là. Il est facile de rétablir, en imagination, ce monument dans toute sa splendeur. On est étonné d

Lith. de Charpentier Père-Fils & C.ⁱᵉ à Nantes.

Vue des ruines de L'Abbaye de la Grénetière, près les herbiers.
(Vendée poétique et pittoresque de Massé-Isidore.)

la solidité de ces vieilles constructions, et en les voyant on est forcé de convenir que si nos aïeux ne bâtissaient pas assez solidement pour braver les ravages de l'homme, ils en faisaient cependant assez pour fatiguer les Siècles assis sur ces débris.

Nous avons remarqué dans un des angles latéraux de l'église une pierre tombale, arrachée de dessus la froide poussière qu'elle recouvrait depuis cinq cents ans. Plusieurs personnes pensent que ce tombeau fut celui d'un Saint-Arnold ou Arnoult, et que cette statue est la sienne : c'est une erreur qu'il est aisé de relever. Jamais il n'exista de Saint de ce nom dans cette contrée. Ce tombeau est celui d'un Sire de Parthenay, propriétaire du Parc-Soubise, qui démembra une partie de sa propriété pour en doter l'abbaye de la Grainetière. La statue qui représente ce Seigneur est loin d'être un chef-d'œuvre de sculpture, cependant il n'en serait pas moins à désirer de la voir retirée d'entre les ruines et placée ailleurs. Elle nous rappelle les mœurs et les costumes du siècle de Charles-le-Sage. Cet âge commence à être si loin de nous, il en reste si peu de vestiges qu'il serait avantageux à l'Histoire d'appuyer ses assertions sur de semblables monuments. Celui-ci nous apprend d'une manière positive que la chasse et la guerre étaient les occupations habituelles des Seigneurs du pays. Voilà le costume qu'ils portaient alors : le pourpoint, la robe courte, ou espèce de redingote ouverte par devant et tombant sur les genoux, la cotte de maille en fer, serrée avec une ceinture de cuir d'Irlande ; voilà les brodequins étroits, le quénivet ou couteau de chasse, le cornet d'ivoire qu'un cordon suspend à son cou ; voilà même l'escarcelle, telle que la mode l'a reproduite de nos jours. Mais pourquoi cet enfant assis à ses pieds ? peut-être était-ce pour marquer l'innocence de la vie de ce Seigneur ; l'enfance est le symbole de l'innocence : peut-être aussi retrace-t-il quelqu'événement doux ou tragique, dont le souvenir s'est perdu dans la nuit des temps.

Les bâtiments de l'abbaye sont au midi, adossés au mur de la chapelle, et forment un vaste carré. Les cloîtres ou galeries régnaient autrefois tout au tour de la cour intérieure, le côté ouest reste seul, les trois autres ayant été détruits et dispersés. Cette galerie est soutenue par une longue ligne de petites colonnes réunies deux à deux et ornées de chapiteaux. Il est aisé de reconnaître qu'elles sont là depuis bien des siècles, car elles sont usées par le temps ; les cintres surbaissés qui s'élèvent entre chaque groupe de ces petites colonnes donnent à ces vieux cloîtres un air antique, qui est loin sans doute de la noblesse de l'architecture Grecque et Romaine, mais qui n'en constate pas moins l'époque de leur construction. Le moyen âge a aussi son caractère distinctif, et si l'on se reporte à ces temps moitié barbares, on trouvera qu'ils sont en harmonie avec les mœurs et les hommes d'alors : dans les Arts, une majesté toute sauvage, et, chez les hommes, des vertus toutes sublimes et des crimes monstrueux.

On nous montre la salle où s'assemblaient les frères; elle sert aujourd'hui d'étable aux bestiaux. Cependant on pourrait, en y jetant un regard, s'arrêter à considérer ces vieilles voûtes, qu'on dirait toutes neuves encore; dans leurs cintres, très-surbaissés, on voit poindre l'ogive, caractère distinctif de l'époque. Les piliers qui, placés au milieu de la salle, soutiennent ces voûtes, sont ronds et peu élevés. Tout ici rappelle la nuit la plus profonde du moyen âge, et ces salles gothiques où la chevalerie prit naissance.

Dans une vieille tour crénelée, qui défend l'abbaye au S.-E., était la demeure de l'abbé. Elle forme un des angles du cloître et, quoiqu'en ruine, elle est encore habitée. Il est facile de reconnaître, entre ses murs d'une grosseur énorme, la distribution des appartements. Ils devaient être petits mais commodes; ce sont les seuls de toute l'abbaye qui donnent sur la campagne, et les fenêtres sont percées de manière à ce que personne ne puisse entrer ni sortir sans passer sous les yeux de l'abbé.

On nous conduit ensuite dans le clocher par un escalier étroit et tournant, pratiqué dans les piliers mêmes de l'église. On ne court aucun danger dans cette visite aérienne; mais on y rencontre quatre cachots, dont la profondeur fait frémir. Ils sont ménagés habilement dans chacun des angles de la maçonne qui supporte la voûte de la coupole; ils peuvent avoir quatre pieds carrés de largeur, et sont tellement profonds que le criminel que l'on y descendait, en arrivant au fond de ces gouffres, se trouvait plus bas que le pavé de la nef. On y a trouvé des ossements humains, et l'un, entr'autres, qui paraissait être l'os d'une jambe, était entouré d'un anneau de fer vermoulu. Quel fut l'infortuné condamné à périr dans ces affreux cachots? Nous savons que dans les siècles de la féodalité, les abbés rendaient la justice; peut-être était-ce quelque criminel, peut-être aussi était-ce toute autre espèce de victimes!.... Passons, ce soupçon fait mal!...

Le fermier habite seul maintenant cette

vieille ruine ; des bois sombres l'environnent encore de toutes parts ; on ne voit ni villages, ni hameaux aux environs ; comme au temps de la fondation, ces lieux sont restés sauvages : l'oiseau de proie et quelques corneilles centenaires, contemporaines des anciens maîtres du vieux Moustier, se sont joués des ravages des hommes, et sont restés les seuls hôtes de l'antique Abbaye.

Sorti du milieu des décombres, nous allons nous asseoir à quelque distance au nord. D'ici les ruines se dessinent sur les profondes colonnades de la forêt du Parc-Soubise. Ce paysage attend les pinceaux de nos plus célèbres paysagistes ; Ciceri même pourrait en enrichir la scène théâtrale, et l'Italie moderne n'offre rien en ce genre qui puisse soutenir la comparaison. Jetons sur ce tableau le charme des souvenirs historiques ; groupons, pour ainsi dire, sur ces ruines les événements qui s'y sont passés, et nous aurons la mesure de ce qu'inspire encore aujourd'hui la nature tantôt riante et tantôt sombre de la Vendée.

Vous savez, Angéline, combien j'aime à rêver auprès des vieux monuments. Là, je repasse dans mon imagination les jours de la fondation, ceux de la gloire et de la décadence des lieux où, voyageur dans la vie, je viens m'asseoir et méditer avec votre image, toujours fraîche et toujours jeune. Bientôt, ô mon amie! nous tomberons nous-mêmes comme ces ruines, et le voyageur des nouveaux jours ne viendra point visiter nos tombeaux inconnus!

Repoussons les pensées mélancoliques qu'inspirent ces débris; cherchons, à travers l'obscurité des âges évanouis, les événements qui se sont succédés sous ces vieilles voûtes. Vois-tu d'abord ces vastes forêts entourer cet étang solitaire, quand ces tourelles n'existaient pas encore, et qu'un pieux cénobite y pénétra pour la première fois? Seul, il s'avance pensif au milieu de cette nature sauvage : il est libre comme le désert; nulle trace d'homme n'apparaît à travers ces buissons épineux : il s'y trouve seul devant

Dieu. Guillaume de Concampo est son nom. Louis-le-Gros règne depuis deux ans sur la France, et c'est au printemps de l'an 1130. Ce Guillaume est abbé de Fontaine-Doulce (*Fons dulcis*). Il trouve ce vallon isolé favorable à la méditation, le demande à Gilbert de la Caza, propriétaire de ces lieux, l'obtient et bâtit une chapelle qu'il consacre à la Vierge. Bientôt quelques disciples se joignent au saint Anachorète, et la charrue, déchirant cette terre vierge encore, trace des sillons que bientôt ont couvert des moissons tellement abondantes, que l'endroit en reçoit le nom de *Granataria*, c'est-à-dire terre des grains.

Ce premier et frêle établissement fut détruit dans une de ces guerres que les Seigneurs de ce temps se faisaient entr'eux; mais bientôt après, Gaudefred, autrement appelé Gérald, rebâtit la chapelle et en devint le second abbé. Il y établit la règle de Saint-Benoît. L'an 1420, Charles VI, roi de France, confirma cet établissement. Arthur, duc de Bretagne et comte de Richemont, le prit sous sa protection. Un Sire de Parthenay, propriétaire du vieux castel du Parc-Soubise, celui-là même dont nous avons visité le tombeau, donna de vastes et beaux bois au nouvel établissement. Gaudinus de Clisson, l'un des aïeux du connétable de ce nom, y joignit ses bienfaits; et tandis qu'un Sire de Mauléon lui donnait dix *solides* pour acheter du poisson à Saint-Michel-en-l'Erm, la belle et noble Théophanie d'Aubigné, épouse d'un sieur Pierre de la Ramée, lui faisait présent de soixante ares de salines, dans les marais de la Culace. Alméric d'Acigné, évêque de Nantes, fatigué des grandeurs humaines, vient y chercher la paix des champs. L'ombrage mystérieux des bois, la fraîcheur des eaux qui arrosent cette solitude, plaisent au vénérable prélat. Il abandonne, pour cette retraite, les lambris de son palais épiscopal, et se retire à la Grainetière. Il la gouverne long-temps en qualité de *Commandeur*. Sa cendre repose sous ces débris, et nous avons cru la retrouver dans une tombe décorée des attributs de l'épiscopat, que l'humilité d'Alméric voulut qu'on plaçât dans la cour intérieure du cloître, sous la gouttière des toits, à gauche de la porte du Chapitre. A peine est-il descendu dans la tombe, que les frères s'assemblent dans cette même salle du Chapitre et choisissent pour succéder au vertueux Alméric, un simple frère, Nicolas Chauveau : l'Évêque de Luçon sanctionne ce choix. Mais la discorde souffle sur l'abbaye : un Sire de la Trémouille ambitionne la place du modeste Chauveau, et l'obtient. Il ne réside point, l'Ambition l'entraîne ailleurs, et son mausolée s'élève dans la chapelle du château de Thouars. Un homme moins illustre par son nom, mais plus élevé en dignité, François de Châtaignier, paraît ensuite dans ces vieux murs ; il n'y reste qu'un moment. Appelé à la cour en qualité de seigneur et chevalier Royal (*dominus et eques regius*), il remet le sceptre pastoral entre les mains d'un frère appelé Birotheau ou Birocheau, qui gère pour l'homme puissant et se contente d'honorer la solitude par des vertus.

Enfin, le nom de Lafayette règne ici dans l'ombre, tandis que Louis XIV étonne l'Univers du bruit de sa gloire. Tout-à-coup, un jour nouveau brille sur ces vieux murs. Un de ces hommes que les Arts ont marqué pour laisser à la postérité leurs noms et leurs écrits, l'abbé Prévost, habite les arceaux de la Grainetière : déjà peuplés par son imagination Romantique, les bois sombres du Parc-Soubise répètent le nom de Manon-l'Escaut. Sous la plume féconde du Romancier tous ces lieux sont décrits, et leur image, s'échappant de l'enceinte des cloîtres, se répand dans l'Europe, dont elle charme les loisirs. Cependant l'auteur de tant de productions charmantes descend bientôt dans la tombe. Les Abbés se succèdent, les ans s'accumulent, le trône de Saint-Louis vole en éclats ; une guerre de géants se lève sur la contrée, passe sur la Grainetière, et voilà ses ruines.

LETTRE XIV.

Le Parc-Soubise (Vendée), ... 1828.

Je me levai, l'âme remplie d'une douce tristesse, et jetant un dernier regard sur les ruines pittoresques de la Grainetière, je m'enfonçai sous les grands bois du Parc-Soubise. La fraîcheur du vent qui agitait les rameaux, et l'aspect agreste des sites solitaires qui se succédaient sur mon passage, dissipèrent bientôt l'impression mélancolique que je venais d'éprouver. Une rêverie non moins riante que la solitude qui m'entourait remplaça les images lugubres de la destruction. Je marchai près d'une heure sans rencontrer personne, un petit pâtre m'indiqua ma route ; sans lui j'aurais eu de la peine à ne pas m'égarer dans les innombrables détours des bois.

Il est peu de forêts en ce pays auxquelles il ne se rattache quelques souvenirs : dans celle de Grâla, nous visiterons une ville d'un moment, où, tandis que la guerre dévastait les campagnes d'alentour, plusieurs familles réfugiées sous la verte feuillée, retrouvaient la paix et le bonheur. Celle du Parc couvre, sous ses riantes colonnades, des souvenirs d'un autre genre : le grand Henri y venait souvent. Le bruit des cors, les aboiements des chiens, la fuite rapide des cerfs, retentissent encore sous les dômes mobiles de ces vieux chênes. Ce fut sous leur ombrage qu'un mot célèbre fut prononcé : l'Amour entrait pour quelque chose dans les visites que le jeune Roi de Navarre faisait au Parc-Soubise ; il aimait Catherine de Rohan qui, avec sa mère, habitait cette belle demeure : elle était jeune, elle était belle, et comme lui professait la Religion réformée. Un jour qu'ils parcouraient ensemble les sentiers solitaires de cette forêt, Catherine, le front ceint d'une couronne de pervenches, marchait pensive, appuyée sur les bras de son royal amant; son sein qu'une gaze légère voilait à peine, était agité par l'Amour, et ses yeux humides en exprimaient toute l'ivresse. Les deux amants s'asseyent sur le gazon : la chaleur printannière, la solitude, le plus doux abandon, tout les invite à la Volupté, tout les favorise : cette retraite est profonde ! autour d'eux tout est mystère, nul témoin ne les observe, le galant Prince ose solliciter le bonheur !..... Mais si la fière Vendéenne savait aimer, elle savait aussi respecter la vertu; elle se lève indignée, et repoussant celui qu'elle adore : « Je suis, dit-elle, trop » peu de chose pour être votre femme, et » trop grande pour être votre maîtresse. » Elle s'éloigne à ces mots, et fondant en larmes, elle rentre au château gothique, où tout lui retrace le souvenir de son illustre amant.

Ce fut en pensant à ces royales Amours que nous arrivâmes au Parc-Soubise. Là le voyageur fatigué est certain de trouver l'hospitalité, et l'infortuné n'en sort point sans être soulagé. Le bruit des grandeurs de la cour ne retentit plus sous les lambris dévastés du Parc-Soubise; mais la famille qui les habite ne dépare point le séjour du Béarnais : elle donne l'exemple des plus douces vertus, et la gloire y mêle encore des myrthes et des lauriers modernes aux vieilles feuilles tombées de la couronne du grand Henri.

Le château venait d'être achevé quand M. le comte de C*** en fit l'acquisition. Long-temps respecté par l'ennemi qui avait pour le propriétaire, cette vénération que la vertu commande à tous les partis, il finit cependant, en 1793, par s'embraser sous les torches incendiaires de ces troupes républicaines qui s'étaient surnommées *infernales*. Il n'en offre pas moins encore l'aspect d'une maison vraiment royale.

Dépouillé de ses immenses revenus, ne renfermant que des débris dans son sein, il s'élève solitaire au bord d'un lac, entouré de jardins anglais et caché par la forêt majestueuse que nous venons de traverser. On le prendrait, en le voyant aujourd'hui décoré seulement de ses souvenirs de gloire et d'amours, pour un palais mystérieux, que les Fées auraient élevé dans ces bois, au Génie de la solitude.

La façade présente un aspect majestueux et simple tout à la fois. Qu'on se représente un corps de bâtiment s'étendant sur une ligne de plus de cent cinquante-six pieds, non compris les deux ailes qui se prolongent en lignes parallèles du côté de la cour ; trois rangs de huit vastes fenêtres, de beaux portiques sculptés en cintres pleins et reposant sur de larges degrés, des pilastres, des moulures élégantes et faciles, des corniches à l'italienne, se mariant agréablement aux détails de l'architecture ; tel apparaît au milieu des bois qui l'environnent le Parc-Soubise de nos jours. Mais comme le cœur se resserre lorsqu'en entrant sous ses portiques on ne retrouve plus que les ravages des hommes : tout y est en ruine ! Il faudrait reconstruire l'intérieur en entier ; l'œil attristé n'y voit que des décombres entassés et des poutres à demi-brûlées, restées suspendues aux murailles noircies par le feu. Que les maîtres de ces ruines se consolent; la demeure simple et élégante qu'ils se sont construite là où naguère logeait leur intendant, est loin sans doute d'égaler la magnificence de leur château; mais ils ont recueilli l'héritage de l'amour et de l'estime publique que leur a laissé leur père : ils sont bénis du pauvre, ils sont aimés de toute la contrée; et, quand elles sont illustres, il est beau d'habiter des ruines !

On fait remarquer aux voyageurs la grange consacrée à mettre en magasin les produits de l'exploitation rurale : c'est un édifice moderne , mais dont la charpente fait l'admiration des connaisseurs. Elle a cent vingt pieds de long sur soixante de large; sa prodigieuse élévation, sa légèreté et sa grande solidité jettent dans l'étonnement. Toutes ces pièces de bois forment entr'elles de vastes ceintres qui se contre-boutent et font un ensemble parfait; le plan de cette charpente a dû éclore tout d'un coup dans la tête de l'ouvrier, car ces mille morceaux réunis n'en font plus qu'un. Ce qu'il y a peut-être de plus étonnant, c'est qu'elle fut l'ouvrage d'un charpentier de village. Il s'appelait Marchais, savait à peine écrire, mais il avait le génie de son art.

Avant la guerre de 1793, on voyait, au Parc-Soubise, la chambre à coucher du grand Henri. La couverture de parade était d'une étoffe tissue fond d'argent, à grandes fleurs vertes; les quatre colonnes torses et le bois de lit à moulures étaient dorés à plusieurs couches sur sanguine; on y retrouvait la cheminée de sa chambre, en marbre à l'antique; de vieux meubles vermoulus, mais dorés solidement. Les flammes ont tout dévoré; on n'a pu sauver que les colonnes et le devant du lit; on les y voit encore. Je ne sais quel charme puissant se rattache à ces restes précieux ! On regrette que, comme aux roseaux de la fable, il ne leur ait pas été accordé une voix harmonieuse : ils nous diraient les scènes douces ou pénibles dont ils ont été les témoins; ils raconteraient le sommeil du grand monarque; ils nous diraient quels rêves de Gloire ou d'Amour agitaient ce front chéri de la Victoire et adoré d'un grand peuple. Tant il est vrai que les moindres détails et jusqu'aux plus humbles vestiges de la vie d'un bon Roi, remuent fortement le cœur et enflamment l'imagination (*O*) !

Il ne faut pas croire cependant que ce soit le château moderne qui ait jadis été fréquenté par le jeune Roi de Navarre. Le Parc était, sous le règne de ce Prince, et même à la fin du siècle dernier, un vieux château gothique flanqué de tours nombreuses et de fortifications parfaitement conservées; il était défendu par des fossés profonds qui tout autour de ses sombres murailles étendaient leurs bras gigantesques. Une belle et longue galerie mauresque régnait au nord d'une tour à l'autre : elle avait conservé le nom de galerie d'Henri IV, parce que ce prince aimait à s'y promener. Mais depuis plus de deux cents ans cette propriété était sortie de la famille de Rohan; et le nouveau propriétaire, dédaignant une habitation des dix ou douzième siècle, la fit démolir et construisit en place l'élégante maison que nous voyons aujourd'hui.

Descendons dans le jardin anglais qui se déroule au nord de la façade du château ; égarons-nous sous les ombrages que forment ces allées couvertes ; errons autour de ces massifs d'arbres odorants, foulons ces gazons dessinés avec goût, et ces pelouses émaillées de violettes et de narcisses. A la fraîcheur de l'ombre, se mêle encore ici la brise embaumée qui vient de dessus cet étang aussi profond que limpide, d'une lieue de tour, que ces hautes allées de tilleuls côtoyent long-temps, depuis le château jusqu'à la salle de bains qui les termine. C'est ici que la Vicomtesse de Rohan, mère de Catherine dont nous venons de parler, méditait sa tragédie d'Holopherne, jouée pendant le siége de La Rochelle; c'est dans cette délicieuse retraite que, pensive et rêveuse, elle composait ses vers malins contre Henri IV, qui n'avait point épousé sa fille. Une lettre écrite de la main de cette femme célèbre existait encore au Parc en 1791; mais elle a subi le sort de tout le reste, elle n'existe plus.

Oh! combien ces lieux devaient lui plaire! ils étaient romantiques comme son génie. Le sang de Mélusine coulait dans ses veines: elle était le dernier rejeton de Thierri, Sire de Parthenay, fils de cette enchanteresse qui dut toute sa magie aux graces de son esprit, à sa beauté merveilleuse, et surtout à la science profonde qui l'éleva si fort au-dessus de son siècle. Ne serait-ce point le savoir magique de cette Armide de la terre des Ondes qui aurait créé ce beau séjour ? il est au moins certain que le Parc appartenait à son fils; sans doute elle y vint quelquefois. Ces gazons, elle les a foulés d'un pied fantastique ; ces échos, aussi vieux que le monde, ont répété les accents de sa voix; ici, elle a évoqué tous les Arts au milieu de la nuit du moyen âge; c'est à l'ombre de cette forêt que sa main savante traçait les plans de Melle, de Vouvant, de Saint-Maixent et de Parthenay ; c'est ici qu'elle dessinait les fortifications de La Rochelle, bâtissait la ville de Pons, et rétablissait celle de Linges. Ah ! sans doute, son ombre se plaît encore à visiter ces bosquets solitaires, quand la douce clarté de la lune vient les revêtir de sa lumière mystérieuse comme le demi-jour des champs Elyséens.... Charmante Angéline, je reviendrai ce soir rêver seul, sur ces bancs couverts de mousse. Peut-être qu'à cette heure silencieuse l'ombre légère de Mélusine, glissant autour de moi, jettera sur mes yeux quelque charme magique, et que grâces à son art je croirai te revoir assise à mes côtés. Ton front penché sur moi, ta robe blanche et les boucles de ta blonde chevelure agitées par le vent des nuits, tes yeux tantôt baissés, tantôt fixés sur les miens, et tes lèvres murmurant à demi-voix quelques mots célestes, enivreront mon cœur de toute la magie de l'Amour !.

Pourquoi faut-il que le souvenir de cette Fée d'Aquitaine nous entraîne vers d'aussi douces illusions, quand tout ici nous rappelle à la sévérité des grands souvenirs de l'Histoire ! Cette famille issue de Mélusine fut une longue suite de héros : sous le nom de Lusignan, elle a donné des Rois à Jérusalem, à l'Arménie et à cette Isle si fameuse par le culte qu'on y rendait aux Amours; sous le nom de Parthenay, uni à celui de Rohan, elle a produit une foule de guerriers fameux et de femmes célèbres. On cite de deux d'entr'elles un trait digne du Romain Régulus.

Jean, l'Archevêque de Parthenay, dernier du nom et père de la Vicomtesse de Rohan, commandait à Lyon les Calvinistes, et défendait vigoureusement cette place contre les Catholiques. Ces derniers, irrités de sa longue résistance, l'invitent à se rendre sur les murs de la ville pour parlementer. Parthenay s'y rend; mais quel est son effroi, quand il reconnaît au milieu des fanatiques ce qu'il a de plus cher au monde, sa femme et sa fille, prisonnières et enchaînées! On les conduit au pied des remparts, et on lui signifie que s'il ne remet la ville à l'instant, elles vont être l'une et l'autre poignardées sous ses yeux. Déjà la pointe du fer est levée sur leurs seins; le malheureux père hésite et se trouble, quand les deux héroïnes lançant sur leurs assassins des regards de mépris, exhortent fortement Parthenay à tenir ferme sans songer à elles. Les Catholiques, pleins d'admiration pour des femmes qui craignaient si peu la mort, laissent tomber leurs poignards, et renvoient les deux intrépides protestantes, sans leur faire aucun mal.

Catherine de Parthenay était alors avec sa mère, mais long-temps après étant avec sa fille, elle donna de nouveau la preuve d'un courage héroïque. Ce fut pendant le siége de La Rochelle, où commandait le duc de Soubise son fils. Elle s'y était renfermée volontairément avec sa fille la Duchesse de Deux-Ponts, et pendant que le Prince son fils défendait ces mêmes remparts qu'avait construits Mélusine son aïeule, toutes deux déployèrent la plus admirable fermeté. Elles vécurent pendant trois mois de chair de cheval et de quatre onces de pain par jour, préférant souffrir avec cette population affamée que de l'abandonner à sa déplorable destinée. Lors de la capitulation, elles eurent trop de fierté pour vouloir y être comprises ; elles s'y refusèrent constamment. Faites prisonnières, on les enferma à Niort, dans une étroite prison. La Vicomtesse de Rohan avait alors soixante-dix ans. Rendue à sa famille elle revint respirer l'air de la Liberté, sous ses ombrages favoris du Parc-Soubise : elle y mourut, et sa cendre y repose encore.

Le souvenir de ces deux femmes illustres n'embellit pas seul ces délicieux ombrages ; une autre femme, non moins célèbre, y vécut aussi ; ce fut Anne de Parthenay, comtesse de Marennes. Cependant, entraînée par son goût pour l'harmonie, ce fut à la cour de Ferrare, où régnait René de France, que l'on vit briller ses graces et ses talents. Sa voix était céleste : elle parlait le grec, le latin et l'hébreu. La riante Italie admira tout à la fois et la mélodie de ses accords et le charme de ses beaux vers.

Ici croissait encore cet Henri, duc de Rohan, non moins connu par son indomptable courage que par ses intéressants écrits, et ce Soubise, son frère, auquel il ne manqua pour réussir que de n'avoir pas été trompé par le perfide Bukingham. Quand cette famille illustre, réunissant autour d'elle les Beaux-Arts, les Vertus et le Courage des héros, se rassemblait sur ces gazons romantiques, quand l'une y chantait sur sa harpe les accords mélodieux de la douce Italie, l'autre crayonnait les vers que les Muses lui inspiraient; la plus jeune, le cœur gros de soupirs, rêvait au galant Prince de Béarn, et les deux frères, feuilletant Plutarque et César, préparaient dès-lors ces lauriers éclatants qui devaient un jour ceindre leurs fronts.

Quel dommage qu'il n'existe plus ce vieux castel gothique qui protégea leurs douces études, et vit s'écouler leurs premières années! Sans doute il n'avait pas l'élégance du château moderne; mais, en le détruisant, que de souvenirs la main du manœuvre a moissonnés! En vain en chercherait-on aujourd'hui quelques traces, tout a été changé; les douves mêmes ont été comblées. En partant du Parc on nous montre un vaste corps de bâtiment consacré en tout temps aux servitudes: ce sont les caves et les greniers; nul doute qu'ils n'aient fait partie de l'ancien château. Les pierres tombent de vieillesse et portent l'empreinte des siècles. La charpente en dôme, est d'une légèreté surprenante. Les celliers qui sont au-dessous sont voûtés à plus de vingt pieds de hauteur, et tout l'édifice s'étend sur une longueur de plus de deux cents pieds. On peut juger par les dimensions colossales de cette simple construction, renfermée dans l'enceinte des fortifications, de ce que devait être la masse énorme de ce vieux château.

LETTRE XV.

Les Quatre-Chemins et les Essards. (Vendée) 1828.

Après avoir quitté le Parc-Soubise, en se dirigeant vers les Quatre-Chemins, on laisse sur la gauche une propriété qui n'a de remarquable que le nom de ses maîtres : c'est le château des Roches-Baritaud, maison patrimoniale de la famille Beauharnais. Ce nom rappelle cette Impératrice d'un instant, qui naguères fut aimée de tous les partis; cette Joséphine, que le fier Souverain du Nord fut visiter à son château de la Malmaison, et qui mourut trop tôt pour les malheureux. Ce nom rappelle encore cet Eugène, que la France compte avec orgueil au nombre de ses héros. Il semble qu'à cette époque de gloire militaire chaque province ait envoyé, auprès du vainqueur de Rome et des Pyramides, quelques-uns des grands Génies dont elle se décorait. La Vendée avait vu descendre dans la tombe ses Henri, ses Bonchamps, ses Charrette et ses Cathelineau : tous ses grands capitaines n'étaient plus; mais au nom d'Eugène Beauharnais, elle tourna ses regards vers les Roches-Baritaud, essuya une de ses larmes, et sourit. Les mêmes couleurs, il est vrai, ne brillèrent pas sur leurs drapeaux; mais quand le silence du sépulcre vient à remplacer le fracas des batailles, la mort efface toutes ces couleurs, et sur les marbres funéraires il ne reste plus que ces lauriers impérissables que la Gloire y vient effeuiller.

Vous le voyez, ô mon aimable amie : on ne fait pas un pas dans ce pays sans y rencontrer quelques grands souvenirs ! Voilà les Quatre-Chemins, lieux devenus fameux par de nombreux combats. Autrefois deux routes, souvent impraticables, s'y coupaient en forme de croix. Le voyageur allant de Nantes à Bordeaux, s'y rencontrait avec celui de la Roche-sur-Yon allant à Paris. De noires forêts jetaient sur ces routes une ténébreuse horreur; un silence effrayant, une solitude morne et sans voix, y répandaient un secret effroi. Ce fut là que vingt fois la Victoire seconda l'intrépidité Vendéenne. Ces bois sont jonchés de morts; ces élévations, qui longent les routes, sont les ossements de plusieurs grandes armées. Dans ces lieux les enfants de l'Helvétie auraient élevé un immense ossuaire. Souvent encore on y retrouve des tronçons d'armes rongés de rouille, des boulets, des débris de schakos et de tambours, restes effrayants d'une grande catastrophe! Ici l'on peut dire ce que Virgile disait des plaines de l'Emathie:

> Un jour, le laboureur, dans ces mêmes sillons,
> Où dorment les débris de tant de bataillons,
> Heurtant avec le soc leur antique dépouille,
> Trouvera, plein d'effroi, des dards rongés de rouille,
> Verra de vieux tombeaux sous ses pas s'écrouler
> Et des soldats Romains les ossements rouler!
> (GEORG. — DELILLE.)

Cependant aujourd'hui tous ces lugubres vestiges ont disparu : les deux chemins ont été changés en de belles grandes routes ; un joli village s'est élevé à leur embranchement, et les forêts se sont reculées de quelques pas, à l'aspect de l'habitation de l'homme.

Deux lieues plus loin, on trouve les Essards, petit bourg mal bâti, mal pavé, mais dont le château doit intéresser l'Antiquaire. Les ruines de ce vieux castel chevaleresque ne sont plus que la demeure des oiseaux de proie, et cependant le paysage gracieux qui tout au tour se dessine en amphithéâtre est tellement romantique, qu'on ne peut s'empêcher de se rappeler les cours d'Amour de Romanin, les chants du soir sous l'ormel, les joûtes, les tournois, les chasses au faucon et toute la galante féérie du XIIIe siècle.

Les torches incendiaires de 1793 ont détruit ces salles où l'on devisait de prouesses et d'Amours ; mais ces lierres, ces ronces qui tapissent les vieux pans de murailles où restent encore suspendus les entablements des cheminées à l'antique; les pierres larges et polies servant de siéges aux deux côtés des fenêtres, les grandes croix de granite qui supportent les vitraux, tous ces restes du principal corps de logis font refluer l'imagination vers l'âge poétique de l'honneur chevaleresque et de la jeunesse de la Monarchie.

Si des masses de plantes grimpantes tapissent aujourd'hui les débris de ces salles où les grands hommes de la maison de Vivonne, Seigneurs de ce château, venaient reposer leurs fronts victorieux, il en est autrement des fortifications : elles sont encore assez bien conservées. Les ruines du logis annoncent une construction du siècle de Louis XII; mais l'architecture sarrazine de cette vieille tour carrée, au pied de laquelle passe la grande route, ainsi que cette principale porte d'entrée qui garde encore l'empreinte de son pont-levis, ses machicoulis et ses hautes murailles, décèlent évidemment le temps des croisades, et l'on peut faire remonter leur construction au XIe siècle. Sans doute que dès-lors il existait déjà des bâtiments en ces lieux, mais leur souvenir s'est perdu dans la nuit des temps. L'histoire même ne fait briller, à travers, les âges son flambeau sur les Essards, que de loin en loin et deux ou trois fois seulement.

Il paraît qu'au commencement du XIVe siècle la maison de maître n'existait pas encore, ou, que du moins, elle n'était qu'un sombre Manoir, propre à servir de prison. Les Essards appartenaient alors à Marguérite de Penthièvre, fille d'Olivier de Clisson et héritière des droits de Jean de Blois, son mari, sur la Bretagne. Cette femme ambitieuse n'ayant pu s'emparer de ce Duché par la force des armes, voulut s'en rendre maîtresse par la plus insigne trahison, et choisit les Essards pour être en partie le théâtre de cet horrible attentat.

Mais fidèle à notre manière de narrer l'histoire des lieux que nous visitons, sortons d'abord de ces ruines, et allons nous asseoir au pied de cette énorme motte de terre, qui semble avoir été placée à l'extrémité de la muraille d'entrée, comme pour servir de pendant à la vieille tour carrée qui s'élève à l'autre extrémité. D'abord, reportons-nous au temps où le jeune Jean V régnait sur la Bretagne. Rétablissons ces ruines dans leur première splendeur : que cette masse de terre, qui égale la hauteur des murailles, disparaisse avec cette grande route moderne ; ce chemin creux, sombre et bourbeux doit seul conduire au vieux manoir. Je vois encore ces grandes forêts qui l'environnent de toutes parts ; le pont-levis, aux énormes chaînes de fer, est levé ; la sentinelle, appuyée sur sa lance, veille silencieuse sur la plate-forme de la tour, et c'est l'heure où la lune verse sur ce lugubre paysage, sa lumière triste et douteuse. Tout-à-coup on entend des pas de chevaux ; ils s'avancent : entre les branches des arbres qui s'étendent sur le chemin creux, on distingue des armes et des casques, dont l'acier poli reflète les pâles rayons de la lune. La troupe approche en silence ; des hommes armés en conduisent deux autres dont les jambes sont liées et garottées sous le ventre de leurs chevaux ; on les menace de les percer d'une demi-lance s'ils poussent le moindre cri. Mais quels sont ces deux prisonniers? Sous les haillons qui les couvrent, un air de grandeur et de majesté annonce un rang illustre. Pourquoi cet homme à pied et déguisé se glisse-t-il dans l'ombre? il semble suivre de loin la troupe taciturne. Tandis que l'un des cavaliers donne du cor pour faire ouvrir les portes du vieux castel, et que les autres sont descendus de leurs chevaux, ce même homme s'approche de l'un des prisonniers : il lui parle à voix basse, il embrasse ses mains qu'il arrose de larmes, il lui donne quelques pièces d'or, et le voici qui, sans avoir été aperçu, s'éloigne promptement et disparaît sous l'ombre épaisse des arbres d'alentour.

Cependant, le pont se baisse, les voilà tous entrés ; le pont se relève, et le silence continue. L'homme qui vient de parler à l'un des prisonniers ne reparaîtra-t-il plus ? Le voilà qui marche avec précaution : il erre autour des murailles ; d'instant en instant il écoute avec attention. Voyez-le au pied de la vieille tour ; le bruit des chaînes aurait-il frappé son oreille ? il s'arrête ; la douleur est empreinte sur tous ses traits : il lève ses mains jointes vers le Ciel. Ah ! sans doute il demande vengeance ! Quel est cet homme qui s'intéresse si vivement au sort des prisonniers ? Mais il parle seul et à voix basse ; écoutons :

« Malheureux prisonniers, dit-il, en regar-
» dant la tour silencieuse ; oh! mes maîtres,
» je suis donc enfin parvenu à vous parler !
» Eh quoi ! jeune duc de Bretagne, infortuné
» Jean V, et vous son frère, vaillant Richard
» de Bretagne, serez-vous long-temps encore
» victimes de la félonie des Penthièvre ! Il y
» a quelques semaines, nous allions à leur
» château de Chantoceau, où, disaient-ils, des
» fêtes et des tournois nous attendaient.
» Mais à peine avions-nous passé le pont de

» la Troubarde (1), que des gens apostés
» enlèvent les planches du pont, séparent les
» jeunes Princes de leur suite, et se jetant
» sur eux leur lient les pieds et les mains.
» On les renferme dans les cachots de Chan-
» toceau. Comme valet de chambre de mon
» jeune Duc, je l'ai suivi d'abord, mais bien-
» tôt on m'a renvoyé du château. Tremblant
» pour sa vie, je suis resté sous ce déguise-
» ment dans les environs de Chantoceau.
» Les traîtres, qui veulent sans doute faire
» perdre les traces de leurs prisonniers, pour
» accréditer le bruit de leur mort, les traînent
» de prisons en prisons. Je les ai constam-
» ment suivis, et déjà plusieurs fois je suis
» parvenu à leur donner quelques secours.
» Mais tremblez Chevaliers perfides et félons!
» j'entends tous les Barons de la Bretagne,
» indignés de l'attentat de la Duchesse de Pen-
» thièvre et de ses fils, courir aux armes,

---

(1) Ce pont jeté sur la petite rivière appelée *la Divatte*, est situé entre Nantes et Chantoceau, et prend son nom d'un village voisin.

» et assiéger Chantoceau. Que le Ciel bénisse
» leur juste cause ! Que mes maîtres rendus
» à la liberté fassent raser Chantoceau, et
» vous punissent, coupables et ambitieux
» Seigneurs de Penthièvre ! que condamnés
» à mort pour crime de félonie et de lèze-
» majesté, tous vos biens soient confisqués
» et votre nom à jamais abhorré. » Il dit,
et s'éloigne pour prendre un peu de repos,
disposé à suivre les traces de ses maîtres,
quand on les conduirait dans une autre forteresse (*P*).

L'Histoire ne nous a point conservé le nom de ce fidèle serviteur ; mais ses vœux furent bientôt accomplis. Chantoceau fut pris et rasé ; les Penthièvre dépouillés de leurs biens furent condamnés à mort, et le jeune Duc de Bretagne, de retour dans ses états, donna les biens des Penthièvre au brave Richard son frère, qui avait partagé sa captivité (1).

---

(1) Bouchet, Annales d'Aquitaine. Notice historique sur Clisson, par le Baron Lemot.

Tel est le premier fait historique qui se rattache aux Essards. Traversons maintenant plusieurs siècles et arrivons au temps déplorable où le Fanatisme ensanglanta ces paisibles contrées.

Deux cents ans se sont écoulés depuis l'attentat des Penthièvre; le château des Essards a changé de maîtres. Une maison élégante et moderne s'élève au fond de la cour, et les Sires de Vivonne y font leur demeure. Les plaisirs, les jeux, la chasse et la douce hospitalité y attirent les étrangers. La réforme de Calvin est reconnue dans presque tout le pays; mais une guerre de religion est à la veille d'embraser toute la contrée : le Duc de Mercœur, à la tête d'une armée formidable de fanatiques, appelés Ligueurs, est parti de Nantes, s'est dirigé vers Montaigu, et menace de mettre tout à feu et à sang. De tels préparatifs ont jeté partout la terreur; tout semble devoir subir le joug, lorsqu'un jeune héros paraît aux portes du château des Essards. A sa mine guerrière, au grand panache blanc qui flotte sur le cimier de son casque étincelant, aux fleurs de lys d'or qui brillent sur son baudrier couleur de neige, on reconnait le prince de Béarn, Henri IV. C'est la première fois qu'il commande en chef ; il vient sur cette terre libre et fidèle faire sa première campagne, et commencer la conquête de ses états. Sa petite armée le suit : elle est peu nombreuse, mais ces vieux soldats sont tous bardés de fer. Si leurs cuirasses et leurs casques d'acier poli n'ont point d'ornements magnifiques, ils sont du moins brunis par la fumée des batailles. Une foule de grands capitaines les commandent. A leur aspect, le pont du château s'abaisse, et le Seigneur hospitalier accueille à la fois le grand Henri, Sully, Lanoue, Biron, Bellegarde, et tous ces grands hommes aux visages sillonnés par de nobles cicatrices, et dont cet âge s'est enorgueilli.

Quels sont ceux des débris que nous avons maintenant sous les yeux, qui élevaient pour lors leurs voûtes chevaleresques au-dessus de ces guerriers ? nous ne reconnaissons plus la salle du festin ; mais représentons-nous les tapisseries à grands personnages qui la décoraient, ces statues de chevaliers qu'on apercevait entre chaque arcade avec leur costume antique et leur épée au poing ; ces mille flambeaux éclairant tout le château gothique, les croix de ces fenêtres apparaissant de loin pendant la nuit comme enfermées dans des cadres de feu ; les serviteurs empressés, les Damoiselles aux gentils corsages, ces jeunes et beaux Pages tous attentifs à servir le jeune et beau Roi de Navarre ; que l'imagination, dis-je, nous retrace tous ces vastes et brillants tableaux, et du milieu de ces ruines se levera pour nous l'image animée des temps passés.

Henri était depuis quelques jours aux Essards, quand tout-à-coup le cor retentit de nouveau à la porte ; le pont s'abaisse, et voilà qu'un guerrier montant un cheval fougueux, et revêtu d'une armure éclatante, s'élance sur le pont. Aux armoiries sculptées sur son écu, on reconnaît La Trémouille. Il amène à l'héritier du trône des troupes qu'il vient de lever dans le pays de Talmont. Renforcé par cette nouvelle recrue, Henri part : il se dirige vers Saint-Georges-de-Montaigu, poursuit Mercœur, qui se retire, et l'atteint au pied de la vieille tour de Pirmil, dans le faubourg de Nantes, où nous le verrons bientôt remporter une victoire signalée (1).

Depuis cette époque, les Essards sont restés ignorés de la Muse de l'Histoire; en 1793, après avoir été le théâtre de sanglants combats, ils furent incendiés par ces hommes qui marchaient au nom de la Liberté, et pourtant obéissaient à des Tyrans.

---

(1) Mémoires de d'Aubigné. Histoire du président de Thou, et autres historiens du temps.

LETTRE XVI.

La Ferrière... (Vendée). 1828.

En sortant des Essards, on remarque que le sol prend une teinte noirâtre ; les campagnes semblent perdre quelque chose de la fertilité de celles que nous venons de parcourir : le Bocage s'y trouve interrompu par de vastes landes, et la nature s'y voile d'un aspect sévère et rembruni. Il est aisé de s'apercevoir que l'on quitte cette riante Teyphalie, d'où nous vous écrivions nos dernières lettres ; on marche ici sur une terre toute métallique, et l'on s'attend à chaque instant à rencontrer des mines de fer. En effet, voici quelques maisons éparses autour d'une église, c'est *La Ferrière*, mauvais village, mais qui, dans les premiers siècles, devait être important; car, à quelques pas, se trouvent ces mines de fer autrefois si renommées, et dont aux temps chevaleresques on réservait le métal pour confectionner les armures des héros.

Nous parcourons ces landes incultes, où s'ouvraient ces mines vantées par les Troubadours du moyen âge. Elles sont comblées, et la végétation n'a pas reparu sur leur emplacement. Voilà épars de tous côtés un minérai tellement abondant, que les artisans des environs viennent en ramasser et le travaillent sans même se donner la peine de le fondre.

Mais quels sont les souvenirs qui se rattachent à ces lieux ? Certes, il n'est pas aisé de percer l'obscurité des âges de barbarie qui ont coulé sur ces abîmes souterrains, ni de se former une image nette et précise des faits qui se rattachent à ces champs du fer, *Ferri œrà*. Ce nom tout Romain domine sur cette plaine, comme une vaste médaille frappée pour constater la date de la fondation d'un monument antique. Ce nom de La Ferrière nous apprend que ces maîtres du monde ont ouvert, ou du moins continué d'exploiter ces mines. Dans un pays où ils ne marchaient qu'avec crainte, où le farouche Agésinate ne leur laissait que peu de jours sans combats, il leur fallait une forteresse pour protéger leurs travailleurs, faciliter l'exploitation du métal jusqu'aux limites du Bocage, et le faire ensuite embarquer vers le promontoire des Pictes. Ne serait-ce pas là l'origine de ce Château formidable bâti à une lieue d'ici sur une roche escarpée que baigne l'onde écumante de l'Yon, d'où ce *castrum* a pris le nom de Roche-sur-Yon? Il est certain du moins, que du temps de la République Romaine, les navigateurs de Tyr, de Sidon et de Carthage, venaient sans cesse dans ces parages, chercher l'étain de Thulé et des Vénètes, ainsi que le fer du pays des Pictes. Peut-être que le sein de cette terre que foulent nos pieds, a produit jadis les armes éclatantes qui brillèrent dans les mains des Annibal et des Scipions, des Marius et des Sylla. Peut-être même que long-temps avant, Brennus vint y chercher ce glaive pesant qui fit pencher la balance au pied du Capitole; peut-être que Bellovèze et Sigovèze vinrent ici prendre ces armes qui foudroyèrent la Grèce et l'Asie, ou, que les Gaulois d'Alexandre vinrent y puiser ces lances brillantes dont le reflet éclaira les murs de Babylone, alors que ce fier conquérant interrogeant nos pères, en apprit avec étonnement qu'ils ne craignaient rien que la chute du ciel.

Mais ce ne sont que des conjectures et ce n'est que vers le XIe Siècle, que l'Histoire nous apprend, d'une manière certaine, combien fut brillante alors la destinée de ce fer précieux, dont aujourd'hui nos pieds dispersent, en passant, les restes oubliés. Tiré du sein de cette terre féconde, comme de l'un des arsenaux de la gloire, cet acier si brillant et si pur fut porté au milieu des batailles sur les cœurs indomptables et aux bras redoutés des Lusignan, des la Trémouille, des Châtillon, des Clissons et des Dunois. Les champs de Jérusalem, les ruines de Palmire, les remparts de Bizance et d'Antioche, l'Egypte et l'Italie sont encore jonchés de ses débris, et partout où furent les héros de la France, cette Ferrière, ces champs du fer, ont quelques parcelles de leur sein à réclamer.

Ces mines, les plus belles de France, étaient encore exploitées sous Philippe-Auguste, et les chants des Troubadours qui les vantent comme fournissant les meilleures et les plus magnifiques des armures aux preux et aux paladins, prouvent qu'elles le furent encore long-temps après. Elles n'ont dû être abandonnées que lors des guerres de religion, c'est-à-dire au XVe siècle. Depuis ce temps, l'oubli s'est appesanti sur elles; mais une gloire nouvelle va briller sur ces plaines silencieuses, ces mines vont être rouvertes, et le commerce y versant l'or en place du fer, va comme autrefois rapporter dans cette contrée les tributs des arts et la gloire d'être utile à la patrie.

LETTRE XVII.

Bourbon-Vendée.... (Vendée) 1828.

En arrivant dans l'ancienne Roche-sur-Yon, aujourd'hui Bourbon-Vendée, l'œil s'arrête avec surprise sur le magnifique point de vue que terminent à l'Ouest les ruines du vieux château. Comme sur la crête de cette roche jaunissante, s'élevant au-dessus de ces flots de verdure qui couvrent le vallon, ces arcades en ruine drapées de lierre se dessinent majestueusement sur un ciel étincelant d'or et d'azur ! Comme au pied de ces ruines cette onde coule et murmure avec tranquillité ! Ces toits rouges des maisons du faubourg d'Ecquebouille se montrant au fond de la vallée parmi les cimes d'une forêt de peupliers, et ces maisons de l'ancienne ville groupées en amphithéâtre sur ce coteau couvert de jardins, animent tout le paysage; tandis que ces grands troupeaux paissant dans ces vallées ombragées rappellent l'imagination au temps d'Evandre et des vieux Sabins, les monuments Grecs et Italiens de la nouvelle ville élevant leurs chapiteaux et leurs frontons au-dessus des maisons de l'ancienne, reportent la pensée aux rives de l'Anio, chantées par Horace et foulées par Properce et Tibulle.

Il faut en convenir, la Roche-sur-Yon ne répondait pas à la grâce du paysage qui l'environne; mais si ses maisons étaient mal bâties, ses rues étroites et inégales, le Poète et le Peintre, l'Historien et l'Antiquaire devaient s'y plaire à rêver au murmure de ces belles eaux. Partout ici le Poète rencontre les inspirations du Génie, le Peintre des modèles, et l'Historien des ruines et des souvenirs.

Approchons des ruines. Ce château devait être imprenable. Ses débris, maintenant couverts de jardins et de parterres, laissent encore une haute idée de ce qu'il pouvait être avant sa destruction. Du bas de cette masse énorme de bâtisse, qui doit avoir été le beffroi, l'œil est effrayé lorsqu'il en mesure la hauteur ; voilà l'entrée des souterrains ; nous pensons qu'ils devaient communiquer aux mines de La Ferrière et servir à transporter le fer plus sûrement que sur terre. Ces douves aujourd'hui comblées et peuplées d'une riante et vigoureuse végétation, étaient pleines d'eau et devaient rendre difficile l'approche de la sape et de la mine. Si, à défaut de fouilles toujours dispendieuses, il est permis à l'imagination d'ouvrir les profondes cavités enfouies dans l'enceinte de ces vieux murs, que n'y trouvera-t-elle pas de monumental et d'historique ? Mais laissons les conjectures, et demandons à l'Histoire le peu d'événements dont son crayon vainqueur du temps a empreint les traces sur ces vieux crénaux.

La fondation du château de la Roche doit être de beaucoup antérieure aux Croisades, et remonter aux premiers siècles de la monarchie, si toutefois on révoquait en doute l'existence en ce lieu d'une construction Romaine antérieure à celle-ci et destinée à protéger l'exploitation des mines voisines. Mais, si l'on admettait cette dernière conjecture, il faudrait placer cette forteresse primitive presque au temps de Jules-César, et nul vestige ne vient la confirmer (*Q*). Cette architecture-ci ne date que du temps de la seconde race des Rois Francs, et l'histoire n'en fait mention que vers l'époque de la domination anglaise en Poitou, au XIIIe siècle : c'est donc là qu'il faut nous en tenir.

Le premier fait historique qui se rattache à ces ruines, c'est la trahison de Jean Blondeau, son gouverneur.

La Roche-sur-Yon appartenait, vers cette époque, à **Louis II**, fils de Jean, roi de Sicile, comte d'Anjou et du Maine. Il donna cette belle propriété à sa jeune épouse Marie, fille de Charles de Blois, qu'il avait épousée à Saumur. Le Prince-Noir, à la tête de l'armée anglaise, ravageait le Poitou, mais tous ses efforts rencontraient dans le Bocage une résistance qu'il n'avait pas coutume d'éprouver. Vaincu à la bataille de Poitiers, le roi de France était son prisonnier, et cependant le vieux beffroi de la Roche, qui, de ce côté, pouvait passer pour la clef du Bocage, bravait encore la vaillance du conquérant. Ce que le courage des guerriers d'Albion n'avait pu faire, la trahison en vint à bout. Jean Blondeau commandait derrière ces murailles ; les Anglais lui offrirent six mille livres s'il consentait à rendre la place. La soif de l'or étouffa l'honneur, et la Roche s'ouvrit aux Anglais. Emportant avec lui le prix de son infâme trahison, Blondeau se retira à Angers, où son maître irrité le fit arrêter, coudre dans un sac, et jeter dans la Loire. Juste châtiment des traîtres!

Ce Prince, si redoutable ennemi de la trahison, était ce même Duc d'Anjou, propriétaire de la Roche, et si connu par ses tragiques amours avec la jeune et belle Jeanne, Reine de Naples.

Les Anglais ne jouirent pas long-temps du fruit de leur trahison; quatre ans après, en 1373, Ollivier de Clisson, à la tête de l'armée française, parut sous les murs de la Roche-sur-Yon. La vaillance de ce grand Capitaine jeta l'effroi dans le château. Cependant on lève le pont; les crénaux se hérissent de soldats, l'étendard d'Angleterre s'élève sur le beffroi, et du haut de cette tour formidable, le léopard semble défier les lys d'or qui flottent sur les tentes françaises. Le héros des rives de la Sèvre va sur-le-champ reconnaître les positions des ennemis assiégés. Immobile sur ce roc qui descend au faubourg d'Ecquebouille, on le distingue facilement à sa blanche clamyde brodée d'or, à ses énormes gantelets et au casque de fer sans panache qui couvre sa tête majestueuse et s'arrondit autour de son front sévère ; on le reconnaît surtout à cette terrible épée sur laquelle il s'appuie calme et pensif. Bientôt il a tout vu, tout examiné ; il a pressenti la victoire.

Le voilà de retour au milieu de ses guerriers. Avec la pointe de son épée il indique au nord de la ville et du château, l'emplacement où doit être son camp ; des postes avancés, se tenant de distance en distance, entourent la forteresse ; des sentinelles veillent de tous côtés, et le bronze nouvellement formé à vomir le ravage et la destruction, est prêt à foudroyer ces remparts.

Cependant le jour s'abaisse sur l'horizon, la nuit suspend les apprêts des batailles, et tandis que des feux allumés de tous côtés jettent leurs lumières rougeâtres sur les coteaux et dans les vallées profondes qu'arrose le torrent de l'Yon, Ollivier, sous sa tente, se livre aux douceurs du sommeil. Déjà ses yeux s'appesantissent ; il lui semble que le sol tremble et s'agite sous lui ; il croit voir disparaître les grands arbres qui ombragent son camp, et son camp lui-même. Une surface unie à demi-éclairée par un crépuscule obscur, remplace les tentes des guerriers ; une femme telle que l'on représentait autrefois les Nymphes des fleuves, la Vendée, s'avance dans l'ombre, suivie de plusieurs autres Génies qui paraissent lui obéir : elle est d'une beauté douce et riante, une légère gaze verdâtre couvre à demi son sein, les plis onduleux de sa robe décèlent des formes si gracieuses qu'elles semblent plus qu'humaines. Son front est ceint d'une couronne de chêne et son bras porte un sceptre au haut duquel une fleur de lys brille comme une étoile du firmament. Ollivier surpris est attentif à tous ses mouvements ; elle avance en souriant, trace avec son sceptre de longues raies de feu qui soudain forment comme les rues d'une grande ville ; la Nymphe touche la terre, et des colonnes aux riches chapiteaux montent dans les airs ; sous ses pas vaporeux des arbres s'alignent, ombragent des places publiques, et derrière eux s'élèvent de beaux monuments. Satisfaite de son ouvrage, elle s'arrête au milieu de cette ville fantastique, et sa voix, comme un écho lointain apporté par un souffle léger, laisse tomber ces deux sons à peine articulés : « *Bour... bon...!* » Le héros se réveille, une sueur froide coule le long de ses joues basanées. Surpris de cette vision, il sort de sa tente, mais rien n'est changé ; ses guerriers dorment, les sentinelles se relèvent en silence, et les feux commençant à s'éteindre, projettent, par intervalle, leur lumière pâle et mourante sous les rameaux des arbres touffus qui protègent le camp. Le fier Connétable comprend alors que le sol foulé par ses pieds est appelé à de hautes destinées ; il s'en applaudit, et son cœur palpite de joie en pensant qu'il va lui-même y laisser un souvenir de sa gloire.

Le jour se lève radieux sur les hauteurs de Pouzauges, et la trompette appelle les guerriers aux combats ; le canon bat la

place et ouvre une brêche vers le Nord.
Aussitôt les fossés sont comblés; on apporte
les échelles, et les Français s'élancent à l'assaut. Les Anglais résistent avec opiniâtreté.
Long-temps la Victoire reste indécise, mais
un guerirer fend les rangs et s'avance sur
la brêche; aux coups terribles de sa hache
d'armes les Anglais ont reconnu cet Ollivier
de Clisson qu'ils ont surnommé le *Boucher*,
tant était large et sanglante la route jonchée
de morts qu'il avait coutume de s'ouvrir
dans leurs rangs. Aussitôt la trompette
sonne sur les remparts, le léopard d'Albion
descend du beffroi, la place est rendue et
les lys d'or flottent sur les crénaux antiques
du fort de la Roche-sur-Yon.

Depuis cette époque, la Roche-sur-Yon
devint une des innombrables possessions de
la maison de la Trémouille, ainsi que Talmont,
les Sables, Mauléon, appelé depuis Châtillon,
Tiffauges, Thouars et une foule d'autres
bourgs et villes du Bocage. Ce grand nom
de la Trémouille est la propriété de la

Vendée du moyen âge, et s'il est peu de nos châteaux que les grands hommes de cette famille n'aient possédés, il est aussi fort peu de beaux faits d'armes où leur nom ne se trouve mêlé, et presqu'aucune gloire nationale où ils ne se soient associés.

La Roche-sur-Yon passa ensuite à la maison de Bourbon et fut érigée en principauté. Nous trouvons un Charles de Bourbon, Prince de la Roche-sur-Yon, qui demeurait à Beaupreau, et suivit Charles IX aux Etats d'Orléans. Ce prince infortuné vint long-temps pleurer dans ces vieilles salles chevaleresques un fils unique qu'il aimait tendrement et qui s'était tué en tombant de cheval, dans une chasse où le jeune comte de Maulevrier, emporté par la fougue de la jeunesse, le conduisait trop rapidement au milieu des précipices de la Sèvre.

Sous ces arceaux, maintenant en ruine, ont donc séjourné tour-à-tour, ce que la France regarde avec orgueil comme ses plus grandes gloires. Depuis ce duc d'Athènes, tige de la Trémouille, ce Prince-Noir, vainqueur à Poitiers, les Ollivier, les ducs du Maine et d'Anjou, rois de Naples, jusqu'à cette maison royale de Bourbon, en qui sont venues se fondre toutes les gloires de la monarchie de Saint-Louis et de Henri-le-Grand.

A quelle époque fut détruite cette forteresse ? Nous n'avons, à cet égard, rien de certain. Elle fut occupée, prise et reprise du temps des guerres de religion. Charles IX, lors des Etats de Blois fit, dit-on, renverser plusieurs forts de cette contrée ; mais nous aimons mieux penser que ce fut Louis XIII qui, pour ôter aux malheureux disciples de Calvin toute place de refuge, fit raser presque tous les châteaux du Bocage. Quoi qu'il en soit, en 1793, des républicains se cantonnèrent dans ces ruines comme autrefois les Goths et les Vandales, dans celles du Colysée; mais leur Génie destructeur eut peu de peine à renverser ce qui restait de ce castel antique, car il n'était plus dès-lors qu'un monceau de débris.

Venez, Angéline, assister à la naissance d'une ville. Les temps sont arrivés où le songe d'Ollivier va s'accomplir; une époque d'horreur et de meurtre était passée; l'aurore d'un grand siècle se levait sur la France. Il y a à peine vingt ans que l'on décida qu'une ville devait être bâtie à la Roche-sur-Yon. Aussitôt, les autorités départementales, les administrations, les soldats font à la hâte leurs préparatifs; on part de Fontenay, on arrive, mais point de logements. Le Préfet s'établit dans une maison froide et humide, tandis que ses bureaux envahissent les greniers; le Général et l'Etat-Major sont heureux de pouvoir placer leur quartier-général dans une taverne, et la garnison élève à la hâte des cabanes de branches et de terre qui sont pour eux des casernes. Des ingénieurs, des ouvriers, des marchands arrivent de tous côtés : on se presse, on s'entasse dans les maisons de l'ancienne Roche-sur-Yon. Cependant l'équerre et le compas à la main, le Génie des Ponts-et-Chaussées commence ses travaux. A sa voix, sur ce même emplacement où quatre cents ans auparavant Ollivier de Clisson avait placé son camp, une foule d'ouvriers sont accourus ; la cognée abat les chênes antiques, la flamme dévore en pétillant les haies et les buissons touffus, tout s'empresse, tout s'agite ; ici l'on trace des rues, là des rocs volent en éclats ; plus loin on trace l'enceinte d'un modeste héritage; tandis qu'à côté le ciseau de l'Architecture fait monter vers les nues les colonnes d'un édifice public. Des promenades s'alignent, des hôtels s'élèvent ; voilà des rues, des boutiques, des temples, des palais, des routes ; l'activité anime tout : le magistrat, le guerrier, l'homme en place, l'artiste, le peuple circulent dans cette enceinte, et voilà une ville là où naguère des bois sombres étendaient leurs rameaux révérés.

Bourbon offre aujourd'hui l'aspect d'un faubourg de Paris, nouvellement bâti. La grande place disposée en carré long, plantée de promenades, et entourée de quatre lignes de monuments publics et de beaux hôtels ; on y remarque la Mairie et le Tribunal. La première bâtie à l'Italienne est d'un travail élégant et facile. Le tribunal est du genre grec et son péristile quoique très-simple a de la hardiesse et de la majesté. L'Eglise principale n'est pas encore achevée, et cependant l'œil se repose avec plaisir sur son élégant péristile. Dans l'intérieur, les colonnes méritent de fixer l'attention : les chapiteaux surtout sont d'un travail exquis: l'architecte en a puisé le dessin dans le grand ouvrage sur l'Egypte, mais nul doute qu'il n'ait surpassé son modèle. Oh ! combien on regrette que les deux tours de la façade soient si petites ! de loin, on les prendrait pour des cheminées, ce qui donne à ce joli temple l'air un peu mesquin ; au reste, elles sont ici parfaitement inutiles. Les tours ou clochers sont du genre gothique et ce temple est du genre grec. Nous doutons que ce mélange puisse être admis dans le beau idéal, il en détruit l'ensemble, et l'architecte est, comme le peintre et le poète, enfant des Muses et de l'Harmonie.

Derrière l'Eglise, au sud-ouest, sur une promenade plantée de peupliers, on trouve des halles bâties en briques ; les piliers arqués et formant un carré long, présentent à l'œil un massif élevé sur un socle de quelques marches et rappellent les monuments de Thèbes et Memphis. Cette place est entourée d'assez jolies maisons, mais il faudrait construire le côté qui est à l'ouest. Une troisième place qui, peut-être, serait la plus belle de toutes si elle était achevée, est celle de la Préfecture ; mais les côtés sud et nord restent encore à faire. Les hôtels qui font face à la Préfecture ont de l'élégance et ne deshonoreraient point les beaux quartiers de Paris. La Préfecture dont la cour est fermée du côté de la place, par une grille de fer, offre l'image d'un carré parfait. D'ici c'est tout simplement un hôtel, mais du côté du jardin c'est une jolie maison de plaisance. Malgré les frais énormes qu'elle a coûté, on peut lui reprocher, comme à l'Eglise, l'air un peu mesquin.

Il y a dans cette petite ville des casernes fort mal bâties, mais qui renferment une esplanade assez vaste pour y faire manœuvrer plusieurs régiments à la fois. On y trouve un hôpital assez bien dessiné et d'une construction tellement vicieuse qu'à tout moment il menace de tomber en ruine. Joignez à tous ces monuments huit ou dix hôtels épars çà et là, un lycée, une bibliothèque, des promenades, des terrains où l'on n'a point encore bâti, des rues annonçant la misère, plusieurs autres qui ne sont encore que tracées dans la campagne, et vous aurez une idée juste de Bourbon-Vendée; cette ville n'est encore que commencée.

Ici, l'on a réuni tout ce qu'il fallait pour bâtir des maisons, et forcer les Vendéens à y faire quelques voyages; mais on a oublié d'y fixer ce qui, seul, fait la prospérité des villes, le Commerce et l'Industrie. On n'y rencontre qu'une usine, encore est-elle insignifiante ; point de manufactures , point de branches de commerce qui vivifient , aucun spéculateur qui entreprenne, tout y est mort ; on dirait que l'on n'a voulu élever qu'une ville de passage : on n'y voit que des cafés et des auberges.

La population de Bourbon , forte de quinze à dix-huit cents âmes, est composée de fonctionnaires qui passent, de marchands venus de toutes les provinces de France, d'ouvriers que les travaux y attirent, de militaires qui restent peu, de quelques propriétaires, et en général de presque point de Vendéens. On trouve dans cette petite enceinte un mélange de costumes, de mœurs et d'opinions qu'il est impossible de rencontrer ailleurs. On peut dire du peuple de Bourbon-Vendée qu'il n'a pas encore de physionomie historique : c'est une colonie nouvelle transplantée au milieu d'un peuple ancien.

Telle est cette ville de quelques années, imposée à la Vendée par l'Empereur Napoléon, pour tenir en bride l'ardeur belliqueuse des vieux soldats de Charette, et accordée ensuite à ces mêmes Vendéens par Louis XVIII, pour prix de leur courage. Pour nous, qui ne cherchons, ici comme ailleurs, que la poétique des lieux que nous visitons, nous dirons que, par les forêts qui l'environnent, par la nature âpre et rude de ses coteaux, le caractère du peuple qui l'entoure et les mœurs des habitants qui s'y sont réfugiés, cette ville rappelle les premiers jours d'un peuple fameux, alors que le Tibre, roulant inconnu ses ondes solitaires, vit un farouche conquérant tracer avec la charrue l'enceinte d'un village qui devait être Rome. Mais si, d'un autre côté, on arrête ses regards sur ces monuments qui s'élèvent, sur ces arbres qui s'alignent, ces pierres que le ciseau des arts commence à décorer, ce peuple qui s'agite dans ces rues nouvelles, sur cette ville enfin sortant du milieu des bois, on croit voir Carthage apparaissant radieuse dans les déserts de la Lybie, alors que le pieux Énée la découvrit sur ses bords ignorés.

LETTRE XVIII.

Les Fontenelles,... (Vendée) 1828.

A une lieue de Bourbon-Vendée, sur la route des Sables-d'Olonne, on arrive à l'une de ces ruines séculaires qui rappellent le moyen âge : c'est à dire à l'abbaye des Fontenelles. Elle fut fondée en 1210, cent ans environ après la Grainetière, par Guillaume de Mauléon, Seigneur de Talmont, et par son épouse Béatrix de Machecoul. C'était alors l'âge des fondations religieuses. Bâtir et doter une abbaye, où de pieux cénobites chantaient nuit et jour les louanges de l'Éternel et veillaient sur les tombes des fondateurs, telle était à cette époque l'action la plus noble que pouvaient faire les familles illustres.

Le Seigneur de Talmont et sa femme Béatrix, ainsi que Jeanne de Thouars, leur fille, morte à l'âge de quatre à cinq ans, reposent encore dans l'Eglise des Fontenelles ; un même tombeau les renferme tous trois. Il est en marbre, et représente Mauléon et Béatrix, couchés sur leur mausolée; leur fille est assise à leurs pieds. Ce monument est dans l'Eglise, à gauche du chœur et dans l'un des parois intérieur du mur. Scévole de Ste-Marthe l'appelle un beau tombeau ; il est certain qu'il est aussi beau qu'il le pouvait être dans un siècle sur lequel le Génie de Michel-Ange n'avait point encore fait luire son flambeau. Cette sculpture gothique, brunie par le temps, imprime le respect et contribue à répandre, dans ce lieu dévasté, une vague et religieuse horreur. Cette ruine humaine, qui depuis six cents ans, repose sous ces vieilles ruines, se marie bien aux arceaux poudreux qui la recouvrent.

On y célèbre la messe une fois l'an, au mois de mai. Le peuple des environs s'y rend en pélerinage. Une tradition fabuleuse rapporte que la Dame qui a fondé cette abbaye avait le goût étrange de manger de la chair d'enfants nouveaux nés. Que s'entendant à cet effet avec son cuisinier, celui-ci les égorgeait et lui apprêtait cet effroyable mets : qu'un jour, pressé par ses remords, ce complaisant ministre de ses volontés, après lui avoir servi un jeune chien, au lieu de son propre fils qu'elle lui demandait, fut la trouver, et lui fit des remontrances tellement éloquentes qu'elle renonça à ses goûts dénaturés. On ajoute, qu'elle en fit une pénitence non moins singulière que ses monstreux appétits ; on dit qu'elle fit couvrir d'épines la route qui mène de Talmont aux Fontenelles, et voulut y aller pieds nus en pélerinage ; mais que, vaincue par la douleur, elle expira pendant ce trajet de quatre lieues de long.

On prétend qu'elle fut canonisée sous le nom de Sainte-Béatrix. Quoi qu'il en soit, le goût qu'elle avait pour les enfants n'est point encore passé, seulement il a changé de but, au lieu de les manger comme autrefois, la prétendue Sainte-Béatrix les guérit aujourd'hui. Cette croyance, répandue dans les campagnes engage une foule de personnes à conduire chaque année leurs enfants estropiés ou malades au tombeau de Béatrix. Là, pendant la messe, on les pose à demi-nus sur le marbre du tombeau ; le froid de la pierre tombale les saisissant subitement, fait faire quelques contorsions à ces innocentes créatures, et l'on crie au miracle ! Nous signalons ici cette singulière superstition, persuadé que loin de recouvrer la santé sur le mausolée de la Dame de Talmont, l'enfance n'y trouve que des maux, et souvent la mort.

Sans doute que cette croyance et le conte absurde qui en est la source, proviennent de la statue de Jeanne de Thouars, représentée sur ce tombeau. La Dame de Talmont ne fut connue que par ses talents : elle avait l'esprit cultivé, et nous avons encore de cette femme une lettre qui termine un différend entre l'abbé des Fontenelles et celui d'un autre monastère que Scévole appelle Turon-le-Majeur (*majorimonastérii Turon*).

L'ordre de Saint-Benoist fut d'abord établi aux Fontenelles, ensuite l'institut des canons réguliers de Cancellata, et enfin il fut réuni à la congrégation gallicane. Ce monastère compte, parmi ses bienfaiteurs, un comte d'Alençon, le fameux Connétable de Clisson, et René, Roi de Jérusalem et de Sicile.

Bien que l'on quitte les Fontenelles, sans beaucoup de regrets, on leur trouve cependant un aspect tout particulier et même propre au mélodrame. Quand on visite ces vieilles voûtes, on se croit transporté dans un de ces lieux propices aux apparitions, où, des Spectres traînant des chaînes, et des fantômes couverts de lambeaux ensanglantés reviennent chaque nuit faire leurs tournées lamentables. Cet autel en ruine, ces fenêtres en ogive aux vitraux brisés, ce tombeau gothique, ces escaliers tournants et sans rampes, aboutissant à de longs et ténébreux corridors, le silence profond, et l'aspect délabré de la nef que les rameaux des arbres du dehors rendent encore plus obscure, surtout quand les vents de l'hiver, sifflant tristement dans les ruines du Monastère, viennent par intervalle froisser les branches dépouillées contre les vitraux de la vieille Basilique, tout ici rappelle à l'imagination le siècle des esprits et des revenants. On dirait que nos Romanciers sont venus y rêver leurs effrayantes descriptions.

Il ne nous reste plus à visiter aux Fontenelles que la fontaine merveilleuse de la cour. Elle est située au milieu des ruines du Cloître, et son onde limpide sort goutte à goutte des fentes du rocher. Des savants ont pensé que la vénération que l'on avait et que l'on continue d'avoir dans ce pays pour les fontaines, n'est qu'un reste du culte que les anciens Agésinates rendaient à la Pluie; mais on n'honore parmi les fontaines

dont ce pays abonde que celles où la statue de la Vierge est placée. L'eau des Fontenelles a, dit-on, comme le tombeau de Béatrix, la vertu de guérir tous les maux de l'enfance, et l'on vient de fort loin chercher de cette eau consacrée. Approchons-nous de son étroite enceinte : un jeune homme de vingt et quelques années y est à genoux, il prie avec ferveur ; des larmes sillonnent ses joues. Nous nous gardons bien de l'interrompre ; au contraire nous nous joignons à lui et prions le ciel d'exaucer sa prière. Le voilà qui se relève, il puise de l'eau dans un vase de terre, le referme avec soin et le suspend à son cou, et, se prépare à s'éloigner ; adressons-lui quelques mots : «Vous paraissez
» avoir une peine secrète, jeune homme ;
» pensez-vous que l'eau de cette source puisse
» y porter un remède salutaire ? Cette eau
» seule ! répond-il, non... Mais la Vierge
» peut tout : elle est l'amie de ceux qui pleu-
» rent, et l'affliction a visité ma maison : mon
» enfant, ma fille est mourante ; la Vierge
» nous soulagera ». En disant ces mots un

rayon d'espoir brille dans ses yeux. Nous lui représentons que, la chaleur étant encore dans toute sa force, il vaut mieux attendre quelques heures que de se remettre en route sous un ciel brûlant ; nous l'invitons à s'asseoir avec nous sur l'herbe auprès de la fontaine, et à partager les fruits et le vin que nous avons apportés. Ce n'est pas sans peine que nous le décidons à accepter notre invitation. Son langage pur et soigné, ses manières nobles sans affectation, et quelques citations des poètes latins et français nous font juger que, sous sa veste noire et son chapeau rond, ce jeune homme cache une éducation plus cultivée que son costume ne l'annonce. Il devine notre étonnement, se prend à sourire et ajoute :
« Je vois Messieurs que vous êtes étonnés
» de trouver quelques traces de culture
» sous l'apparence d'une terre inculte ; mais
» souvent le simple batelet du pêcheur est
» orné pour porter l'un des grands du
» monde ; le lendemain il retourne au pauvre
» pêcheur et conserve pourtant ses orne-

» ments. La chaleur n'étant pas encore
» tombée, nous avons quelques moments à
» rester sous ce frais ombrage; je vous
» conterai, si vous le désirez, les événements
» qui ont occasioné la peinture. et l'or-
» nement du batelet du pêcheur. » Nous
l'en prions, et après quelques moments de
réflexion, il commence ainsi.

LETTRE XIX.

LES COLLIBERTS.

Avant de vous faire le récit du peu d'événements qui ont partagé toute ma vie, je dois vous faire connaître à quelle espèce de peuple j'appartiens. Je peindrai nos mœurs et nos usages; ils sont peu connus, même dans ce département dont nous faisons partie, et cependant ils méritent de fixer l'attention.

Je suis né Collibert : on donne ce nom à une classe d'hommes entièrement séquestrés des autres, dont la vie entière est consacrée à la pêche, et qui, fuyant toute société humaine, naissent, vivent et meurent dans leurs bateaux. Vrais habitants de l'onde, ils ne s'approchent de terre que pour y vendre le produit de leur pêche et acheter les choses nécessaires à la vie. Nous formons un peuple à part, et notre origine remonte aux premiers jours du monde. Lorsque Jules-César apparut sur les hauteurs de la Dive et de la Sèvre, nos ancêtres, connus sous le nom d'*Agésinates Cambolectri*, alliés de la nation des Pictes (*R*), occupaient tout le territoire compris depuis sous le nom de Bas-Poitou, et aujourd'hui devenu fameux sous celui de Vendée. Le conquérant Romain, n'osant pénétrer dans nos forêts, se contenta de nous supposer soumis, et passa outre. Notre capitale, chef-lieu de la cité, s'élevait au lieu où se trouve maintenant le bourg d'Aizenay, auquel nous avons donné notre nom. La chasse, la pêche et la guerre étaient les seules occupations des premiers Agésinates. Habitant sous des huttes peintes qu'ils transportaient à volonté, leurs villages étaient aussi mobiles que leur caractère était indomptable et farouche. Ils se couvraient de peaux de bêtes fauves, se teignaient les cheveux avec une couleur flamboyante, se tatouaient le corps et rendaient à la Pluie un culte d'autant plus redouté que c'était celui de la crainte; la Pluie est la plus mortelle ennemie des peuples pêcheurs et chasseurs.

Le voisinage des Romains, dans les plaines fertiles des Pictes, civilisa cependant un peu les sauvages Agésinates ; déjà quelques terres commençaient à se couvrir de moissons, les forêts voyaient s'élever, dans leurs ténébreuses retraites, quelques habitations faites de pierres taillées avec art ; une grande route gauloise traversa ce Bocage, jusqu'alors impénétrable, et le voyageur parti de Limonum put arriver à Durinum, remonter jusqu'au lac de Deas, et entrer dans l'opulente cité de Ratiaste, sans avoir couru le moindre danger. Ces progrès de la civilisation s'augmentèrent encore par la prédication du christianisme que le Bocage embrassa vers cette époque. Pour maintenir le caractère indocile et belliqueux des Agésinates, les Romains avaient cerné nos forêts par une ligne de forteresses dans lesquelles ils tenaient de fortes garnisons. De là naquirent Mallièvre, Mortagne, Clisson, Gétigné, Cugand, Boussay, Legé, Saint-Etienne-des-Bois, Bois-de-Céné, etc. Mais les légions renfermées dans ces forts, étant toujours aux prises avec les Agésinates, cherchaient sans cesse à quitter un pays contre lequel la Fortune de Rome venait échouer. L'Empereur Honorius, pour arrêter les courses des Bretons commandés par Conan, et attacher ses soldats à un sol qu'ils devaient défendre de tous côtés, donna à ces légions des établissements fixes dans leurs garnisons respectives, et leur accorda des priviléges et des franchises tels, que bientôt elles se trouvèrent aussi libres dans nos forêts que nos pères l'étaient eux-mêmes.

Parmi ces légions Romaines il en était une toute composée de Scythes ou Goths Theyphaliens. En arrivant dans nos contrées, ils commencèrent par s'emparer de toute la rive gauche de la Sèvre Nantaise; ils y fondèrent les villes de Mauges, Tiffauges, Herbauges et Pouzauges (*S*). Tiffauges, à laquelle ils donnèrent leur nom, devint leur capitale, et ils y établirent le chef-lieu de leur cité. Insensiblement ils s'étendirent dans le sombre Bocage, s'allièrent à ceux des Agésinates qui déjà connaissaient l'art de cultiver les terres, civilisèrent un grand nombre d'entr'eux, donnèrent à toute cette contrée le nom de Theyphalie, s'unirent à Clovis pour chasser les Romains et les Visigoths; et, quand les Theyphaliens et les Agésinates civilisés ne formèrent plus qu'un seul et même peuple, pour se débarrasser de ceux des anciens habitants qui menaient encore une vie errante au milieu d'eux, ils les chassèrent du Bocage, les acculèrent dans les marais qui longent l'Océan, et les confinèrent entre la terre ferme et les flots orageux. Dès-lors tout fut perdu pour nos pères! Le nom d'Agésinates fut effacé de cette contrée paternelle ; l'Esclavage les attendait sur la terre, la Liberté ne leur offrait que les vagues pour asile; ils repoussèrent la Terre et acceptèrent l'Océan pour patrie.

On nous donna le nom de Colliberts c'est-à-dire *tête libre*. Car satisfait de nous avoir dépouillés de nos forêts on nous laissa du moins la liberté; nous ne devînmes point serfs des conquérants, et nous devons leur rendre cette justice, qu'ils surent respecter notre infortune. Cependant, en errant au bord des côtes et dans les marais, nos pères avaient sans cesse la Patrie perdue sous les yeux : cet aspect, qui toujours rappelait à leur imagination un souvenir douloureux, inspira aux tristes Colliberts une haine implacable contre le genre humain. Leur caractère devint cruel et féroce, irascible et vindicatif; l'humanité même ne pénétrait que rarement dans leurs cœurs ulcérés. Long-temps après, ce peuple pêcheur errant dans les parages de la Teyphalie s'occupait de la pêche, quand les brigands du Nord, autrement appelés Normands, apparurent pour la première fois sur les côtes d'Aquitaine. Les Colliberts se retirèrent dans la Sèvre Niortaise. Poursuivis par ces Normands, ils les reçurent avec le courage du désespoir : une guerre d'extermination s'éleva entre les malheureux débris des Agésinates et les farouches guerriers de la Scandinavie. Ces derniers, vaincus dans plusieurs combats, cédèrent d'abord le sol mobile de l'Océan, mais ils revinrent avec une flotte innombrable, et firent d'horribles carnages de leurs vainqueurs. Le peu qui échappa au fer des barbares, se dispersa sur tous ces rivages, et ce ne fut que dans le creux des rochers et au fond des marais, qu'il trouva un asile inaccessible à ces féroces étrangers.

Depuis cette époque nous n'avons plus formé de corps de nation : nous avons erré autour des rivages paternels, cherchant dans les vagues le soutien d'une vie inconnue des peuples policés. On nous oublia : quelquefois seulement on nous désignait un monastère que nous étions tenus d'approvisionner de poissons, mais nous n'étions point la propriété des Seigneurs ; nous nous établissions où bon nous semblait. Quelques-uns même d'entre nous, à mesure que l'Océan en se retirant laissait quelques terres à découvert, s'y installaient sous des huttes semblables à celles de nos pères, ce qui leur fit donner le nom de Huttiers, qu'ils portent encore.

Telle est l'espèce d'hommes parmi lesquels je suis né. Depuis les premiers jours de l'exil nos mœurs n'ont point changé : elles sont encore les mêmes qu'au IVe siècle, et nos alliances resserrées entre nous ont jusqu'à ce jour perpétué à peu près, sans mélange, les malheureux restes des anciens *Agésinates Cambolectri.*

Je suis né dans le bateau de mon père, sur les vagues qui baignent l'ancien *Pro-*

montorium **Pictonum**, aujourd'hui la pointe de l'Aiguillon. La case étroite pratiquée à l'extrémité de cette longue barque, fut la chambre où je passai mes premiers ans. J'en avais quatre lorsque pour la première fois ma mère me porta à terre, chez un oncle qui habitait une des huttes du marais. Sa femme venait de mettre au monde une jolie petite fille, nous fûmes baptisés tous deux le même jour; on lui donna le nom de Loubette, et moi je reçus celui de Pierre, que je portais déjà. Nous passâmes deux jours dans la hutte de mon oncle ; j'admirais cette cabane dont la charpente de branchages et les murs de mottes d'herbes séchées au soleil, étaient pour moi, comme tout ce que je voyais alors pour la première fois, un sujet de surprise et d'étonnement.

De retour au bateau, mon père me remit entre les mains une petite perche ou rame que nous nommons Pégouille, et commença à m'apprendre à conduire un bateau ; mes légers efforts le faisaient sourire, et ma mère en m'embrassant prédisait qu'un jour je serais un habile marin. J'appris bientôt à connaître les vents, l'heure des marées, la place des écueils sous-marins; je nommais les diverses espèces de filets et savais quel était leur usage. Déjà je connaissais les endroits les plus poissonneux des parages vendéens ; j'y nageais avec adresse et commençais à aider mon père dans ses travaux accoutumés.

Un jour d'hiver, j'avais huit ans alors, la mer roulait à la côte des vagues semblables à des montagnes neigeuses; nous étions à l'abri dans la Sèvre Niortaise; la rive élevée au-dessus du bateau le garantissait des vents du nord; il eût été imprudent de sortir en mer par le temps affreux qu'il faisait. Nous avions tendu la voile devant la cabane du bateau, et là, assis autour de quelques mottes enflammées, nous nous félicitions d'avoir trouvé un asile contre les tempêtes. Mon père fumait, ma mère préparait notre repas, et moi, assis près du feu, je raccommodais gaîment un de nos filets; un coup de vent terrible fit tressaillir le navire. Mon père sortit pour voir s'il n'avait éprouvé aucun dommage. Mais bientôt je l'entendis m'appeler avec force : « Pierre ! Pierre ! à moi, vite !...... » Le son de sa voix nous fit pâlir. Je courus sur l'avant du bateau; mon père ôtait précipitamment sa veste : « A l'eau, vite à l'eau, me dit-il, vois-tu cette nacelle renversée qui flotte à la dérive, nage vers elle et la pousse au rivage; je vais sauver l'homme ! » Il n'en dit pas davantage, il s'était déjà élancé dans les flots. L'imiter, nager vers la nacelle, fut l'affaire d'un instant; mais combien j'eus de peine à la pousser à terre ; la violence du vent me couvrait à chaque moment de vastes lames d'eau. Cependant, je sentis le sol sous mes pieds; je retournai l'esquif, et montant dedans je parvins à l'amarrer à notre bateau. Mon père y arrivait en même temps que moi, traînant à la nage l'homme que le coup de vent avait précipité de la nacelle dans les flots.

C'était un Monsieur dont les habits annonçaient l'opulence. J'aidai mon père à le faire monter dans le bateau ; il était presque sans connaissance, ayant bu beaucoup d'eau salée. Ma mère alluma un grand feu, nous fit boire de l'eau-de-vie, et nous nous séchâmes pendant qu'elle faisait revenir à lui l'étranger que nous avions sauvé. Quand il fut bien remis, et ses vêtements bien secs, nous mangeâmes tous quatre. Le Monsieur pleurait de joie en pensant au danger qu'il avait couru ; ma mère et moi en faisions autant, de plaisir de l'avoir sauvé, et mon père, après son repas fini, sans témoigner ni peine ni plaisir, reprit sa pipe et continua de fumer.

La nuit approchait : l'étranger voulut partir pour se rendre à la ville voisine : « Bons Colliberts, nous dit-il, je vous dois tout, vous m'avez sauvé la vie. Je ne puis en ce moment vous témoigner toute ma reconnaissance ; mais je ne demeure pas loin d'ici, je reviendrai vous voir..., en attendant prenez cet or ; demain vous verrez que vous n'avez point obligé un ingrat. « Non, Monsieur, répondit mon père, gardez votre or, il nous est inutile ; nous ne vendons point nos services ; du reste, nous vous verrons toujours avec plaisir. » L'étranger lui serra la main, m'embrassa, descendit dans son batelet, fut à terre en un moment, et repoussant son canot vers le bateau : « Pierre, me cria-t-il, garde-moi ce batelet jusqu'à mon retour : c'est un nouveau service que tu me rendras, et pour te recompenser de ta peine, emploie-le toutes les fois que tu en auras besoin. » Il s'éloigna promptement en prononçant ces mots. Je saisis son batelet et le rattachai. Quant à l'étranger, depuis ce jour, nous ne le revîmes plus.

Oh! comme on jouit d'un doux sommeil, quand dans la journée on a fait un peu de bien ! Le lendemain le soleil se reflétait déjà dans les eaux, lorsque je sortis de la cabane du navire ; mon premier soin fut de regarder au batelet : il était comme je l'avais laissé la veille; mais, jugez de ma surprise, quand j'y trouvai un joli fusil de chasse à deux coups, un sac de plomb, un petit baril de poudre fine et une belle carnassière à bandoulière de maroquin vert. Un papier y était attaché; j'appelai mon père qui y lut ces mots : « *La Providence envoie ceci à Pierre, parce qu'il a fait hier une bonne action.* » Mon père fronça le sourcil, mais ne dit rien; je m'emparai de ces présents, et ne doutant point que ce ne fût un don du Ciel, je remerciai Dieu de ce qu'il daignait songer au petit Collibert. Je m'exerçai toute la journée à conduire le batelet confié à ma garde, et à tirer quelques oiseaux de mer. Je devins en peu de temps habile dans l'un et l'autre exercice. Tantôt dans ma nacelle je me jouais sur les flots, tantôt j'abattais au vol le canard sauvage, le vanneau plaintif ou le pluvier solitaire; tous les moments qui n'étaient point employés à la pêche étaient consacrés à la chasse. Un jeune chien, que nous avions élevé, et auquel j'avais donné le nom de

Morna, était mon compagnon fidèle, et m'apportait le gibier qui tombait soit sur la rive, soit sur les eaux. Un an s'était écoulé dans ces exercices, quand après une nuit noire et où la mer était houleuse, je trouvai dans le batelet de nouvelles munitions, un habillement complet et un petit chapeau ciré; « c'était encore, était-il dit, la Providence qui avait songé au petit Collibert. » Ma mère m'habilla dans ces nouveaux vêtements et me trouva charmant. J'étais déjà grand; j'entrais dans ma neuvième année, mes forces développées par un exercice continuel s'étaient augmentées, et je pouvais déjà seconder mon père dans ses plus rudes travaux.

Les fêtes de Pâques approchaient; nous nous trouvions dans les parages des marais mouillés. Depuis le jour de mon baptême nous n'avions point été visiter mon oncle; il fut décidé que nous irions passer les fêtes auprès de lui. Il nous reçut comme des parents chéris. Je revis Loubette : elle avait six à sept ans ; ses traits étaient charmants, sa petite taille bien proportionnée, et ses yeux noirs comme sa chevelure, étaient d'une douceur angélique. Je l'aimais de tout mon cœur : elle était ma cousine, nous étions à peu près du même âge, et nos sentiments étaient les mêmes pour tout ce qui nous entourait. Chaque jour je la portais dans mon bateau et la promenais sur les canaux qui coupent ces marais nouvellement formés par le retrait des eaux de la mer ; j'y faisais voler ma yole légère, et m'y asseyant auprès de Loubette, je jouissais du plaisir que lui causait cette promenade solitaire. Un jour entr'autres j'avais pris mon fusil, et voyant un vanneau partir du pré voisin, je l'abattis sur l'herbe. Loubette, habituée à l'explosion des armes à feu, ne fut point effrayée, mais quand Morna, qui s'était élancé à la nage, eut apporté l'oiseau qui se débattait encore, et l'eut laissé tomber aux pieds de Loubette, des larmes coulèrent de ses yeux. « Il souffre !... Pierre, me dit-elle, oh !

n'en tue plus comme cela, je t'en prie! »
Ce sentiment de pitié annonçait une douce
et profonde sensibilité. J'embrassai Loubette,
et lui promis de ne plus lui causer de peine,
mais aussi je sentis dans cet instant se glisser
dans mon cœur une sensation si douce que,
malgré ma grande jeunesse, l'image de ma
cousine ne m'a jamais quitté depuis. « Tiens,
lui dis-je, en la pressant sur mon cœur,
vois-tu cette arme, ces beaux habits,
cette carnassière, c'est la Providence qui
me les a envoyés, elle a soin de moi; de-
mandons-lui de nous protéger tous deux
et de ne jamais nous séparer. — Oui, Pierre,
demandons-le lui, car Dieu est bien puissant,
n'est-ce pas ? « Elle avait son bras passé
sous le mien, Morna était couché à nos pieds,
et la yole voguait lentement sur une onde
unie et limpide; nous nous mîmes à genoux
à côté l'un de l'autre. Loubette et moi joi-
gnîmes nos petites mains, et regardant le Ciel,
nous répétâmes ensemble cette courte prière:
« Oh! bonne Providence, protège les petits
» Colliberts, et ne les sépare jamais ! »

T

Nous nous relevâmes pleins de confiance, et un instant après nous rentrâmes à la hutte.

Les jours de fête finirent bientôt; nous nous rembarquâmes et continuâmes à pêcher sur la côte des Sables-d'Olonne, l'ancien *Secor-Portus* de nos pères. Nous y entrâmes une fois pour y vendre notre poisson. Jamais je n'avais vu de ville : c'était pour moi une chose toute merveilleuse. En entrant dans le port, j'admirais la belle digue en pierre qui, brisant la violence des flots, protège l'entrée des bâtiments ; je mesurais avec étonnement la hauteur des murs du vieux château d'Arondel bâti en face de la digue par les Anglais, et surmonté maintenant d'un Phare qui pendant la nuit montre les écueils aux navigateurs. J'étais si simple encore que je ne concevais pas pourquoi les hommes se donnaient tant de peine à tailler et entasser des pierres, tandis qu'il était si facile de construire de belles huttes, ou même de se mettre à couvert des injures de l'air, derrière les planches qui forment la cabane d'un bateau. Qu'ils sont à plaindre, me disais-je à moi-même, ceux qui sont obligés de se renfermer dans ces belles prisons! Ils ne s'endorment point au doux balancement des vagues; toujours ils restent au même lieu; et, s'ils en sortent, ils laissent après eux leurs pères, leurs mères, leurs meubles favoris, ils sentent l'absence; plus heureux nous emmenons tout avec nous : il y a dans le bateau du pauvre Collibert toute une Patrie !

Après avoir vendu notre pêche, nous retournâmes dans nos parages accoutumés, et nous y passâmes tout l'été. L'Hiver suivant nous vit revenir dans les eaux de la Sèvre Niortaise et y reprendre notre mouillage protecteur contre les vents neigeux qui bouleversent l'Océan. Chaque année, la Providence n'oubliait point de m'envoyer ses dons, et Loubette recevait aussi les siens à la même époque; notre prière était exaucée; le Ciel qui nous avait entendus prenait soin des petits Colliberts.

Un jour, c'était vers la fête de la Saint-Jean, nous avions pêché dans les mers qui baignent les belles digues de St-Michel-en-l'Herm. La pêche avait été heureuse; assis à l'extrémité du bateau, je regardais avec ravissement le Soleil se coucher majestueusement dans les flots; mon père, fatigué du travail de la journée, était rentré dans la cabane, et s'était livré au sommeil. La nuit devenait noire; on ne distinguait encore aucune étoile; le batelet attaché au bateau se balançait sur les flots au soufle d'une brise légère ; Morna dormait la tête appuyée sur sa patte au poil fauve, et pour charmer la soirée, je chantais ce cantique si connu des mariniers, *Ave Maris stella*, &c. Tout-à-coup il me sembla entendre le bruit d'une barque qui passait à côté de nous; Morna aboie et se lève; mais l'obscurité m'empêchant de voir autour de moi, et le bruit ayant cessé, je crus que ce n'était autre chose que le choc de la nacelle contre le bateau; je me rassurai et voulus me retirer dans la cabane, quand une voix lointaine, et comme venant du rivage frappa mon oreille : il me sembla distinguer ces mots : « Loubette pleure, Pierre, Loubette pleure ! » Morna tressaillit de nouveau et je n'entendis plus rien. Dans ce moment la Lune se leva et revêtit l'humide plaine de l'Océan de sa douce et pâle lumière. C'est un avis que me donne le Ciel, dis-je en moi-même ; ne le négligeons pas. Aussitôt je réveillai mes parents et leur contai ce que je venais d'entendre : « nous ne sommes qu'à quelques lieues de la hutte de mon oncle, leur dis-je, permettez-moi de m'y rendre; la mer est calme, le temps est au beau, je connais parfaitement toute cette côte; demain je serai de retour avant midi. Ils cédèrent à mes instances. Aussitôt, saisissant mes armes, j'appelai Morna et descendis dans la yole ; mais jugez de ma surprise quand sur le siége de la proue je vis au clair de la lune un sac plein de pièces d'argent. « Il est donc vrai, m'écriai-je en levant au Ciel des yeux remplis de reconnaissance : la Providence protège les petits Colliberts ! » Animé d'un courage surnaturel, je saisis ma rame légère, et l'esquif rasa les flots étincelants du reflet des étoiles et qu'éclairait de loin l'écume phosphorique des brisants du rivage. Morna était près de moi ; d'une main je tenais mon fusil appuyé sur le nez du batelet, et de l'autre je dirigeais l'aviron. Déjà la lune montée dans le ciel le plus pur éclairait de sa pâle lumière les rochers du rivage, la brise fraîchissait, j'avais froid; mais ces mots terribles retentissaient sans cesse à mon oreille : *Loubette pleure!* et plein d'un courage nouveau je hâtais ma course. Le jour se leva lorsque j'entrai dans les canaux du marais, et le premier rayon du soleil tombant sur les peupliers qui entouraient la hutte de mon oncle, me la fit apercevoir de loin. Il était grand jour quand j'y abordai. Morna bondit sur la prairie, et prit aussitôt le chemin qui mène à l'habitation de Loubette. J'attachai la yole au rivage, et, tenant l'argent d'une main et mon fusil de l'autre, je suivis Morna.

Loubette ouvrait la porte de la hutte, elle

essuyait ses yeux avec le coin de son tablier blanc. Aussitôt qu'elle m'aperçut elle accourut et vint se jeter dans mes bras. « La Providence, ma cousine, ne nous a point abandonnés, c'est elle qui, hier soir, m'a averti que tu pleurais et m'a donné cet argent ; qu'est-il donc arrivé ? — La Providence t'a donné de l'argent !... elle t'a averti, Pierre ! mais oui, je n'en puis douter !... » Elle éleva vers le ciel ses yeux inondés de larmes ; mais ces larmes n'étaient plus arrachées par la douleur, la reconnaissance les faisait seule couler.

J'entrai chez mon oncle, qui m'apprit que les dernières récoltes ayant manqué et ses plus beaux bestiaux étant morts par suite d'une maladie contagieuse, il n'avait pu payer le maître des terres qu'il tenait de ferme ; qu'un huissier était venu la veille mettre une saisie sur sa hutte, que tout ce qu'il possédait allait être vendu, et que les hommes ne lui laissaient pas même un air pur et libre à respirer ; qu'on parlait de le renfermer dans les prisons de la ville voisine jusqu'à ce qu'il ait soldé son débiteur. Mais quand il eut vu l'argent que le ciel m'avait envoyé, et que je lui eus raconté l'avertissement céleste que j'avais reçu cette nuit même, son étonnement fut au comble. « Pierre, me dit-il, il y a là-dessous quelque mystère que je ne saurais expliquer. Allons consulter M. le curé. » Ce doute, que témoignait mon oncle, pesait sur mon cœur : eh quoi ! disais-je à Loubette, pourquoi douter de la bonté de Dieu?

Nous fûmes au bourg; je racontai au bon Curé ce qui m'était arrivé depuis la veille, et j'y ajoutai le récit de tout ce que le ciel avait fait pour moi et pour Loubette. Le Pasteur, après m'avoir écouté en souriant, répondit à mon oncle : « Eh bien! mon fils, qu'a donc d'extraordinaire le récit de votre neveu? Croyez-vous que le Dieu d'Abraham soit aujourd'hui moins puissant qu'au temps d'Israël et des Prophètes? S'il vous protège, rendez-lui graces de ses faveurs; aimez-le, soyez juste, bienfaisant comme lui, et profitez de ses bienfaits. » Il nous congédia ensuite; et mon oncle courut chez l'huissier payer sa dette.

Je retournai au bateau et m'occupai de la pêche jusqu'à l'automne suivant. Vers ce temps-là mon oncle vint trouver mon père et ma mère, et s'enfermant avec eux dans la cabane, ils eurent ensemble un long entretien ; mon père s'emportait et parlait très-haut. Plusieurs fois j'entendis prononcer mon nom ; prêtant une oreille attentive, je compris qu'il était question de me faire étudier les sciences et que mon père s'y opposait. « Pourquoi, disait-il, en faire un Franc ? Sera-t-il plus libre, quand il sera soumis à des milliers de lois ? Sera-t-il plus riche, quand une foule de besoins qui lui sont inconnus viendront l'assiéger, et qu'il ne trouvera aucun moyen de les satisfaire ? Sera-t-il plus heureux, quand il vivra au milieu d'une foule d'hommes trompeurs, ingrats et méchants, aux caprices desquels il lui faudra ployer sans cesse ? N'est-il pas cent fois plus libre sur les vagues de l'Océan ?

Quand est-ce que ceux qui sont les plus forts viendront y tracer des limites à nos possessions ? Nous nous rions des vaines passions des hommes : les insensés ! ils se croient au port parce qu'ils sont sur la terre ferme, et les orages de leur cœur sont mille fois plus terribles que ceux de l'Océan. Qu'une loi impie leur enlève leurs enfants pour les dresser à ravager les nations, nous, plus heureux, entourés de nos affections les plus chères, nous dormons paisibles dans nos bateaux, pleins de confiance en notre mobile patrie sur laquelle personne ne règne, hormis la Divinité. L'Etoile des mers veille sur les jours du pauvre matelot, et le vieil Océan lui-même prend toujours soin de nous avertir long-temps d'avance des bouleversements de son empire. Nous sommes riches, car nous trouvons dans les vagues tout ce qu'exigent nos besoins. Ces récoltes que nous ne semons point ne sont jamais écrasées par la grêle ni détruites par l'intempérie des saisons. Nous ne sommes point poussés de pays en pays par les cruelles lois de la nécessité et de l'ambition. Ce bateau, quelque fragile qu'il paraisse, est un asile assuré qui ne nous manque jamais : nous y naissons, nous y vivons, nous y mourons, et si quelquefois nous changeons de parages, nous ne laissons rien derrière nous, nous emmenons tout ce qui nous est cher; la vague même ne garde aucune trace de notre passage. Nous sommes heureux car nous sommes libres ; les vices nous sont inconnus, parce que nous aimons Dieu, et que les hommes nous fuient parce que nous n'avons rien. J'étudiai aussi dans mon jeune âge, j'appris les sciences et cultivai pendant quelque temps les lettres et les arts; mais bientôt, désabusé de toutes ces vaines chimères, je me rappelai que j'étais l'enfant de la Liberté, et je revins au bateau de mes pères ».

Il cessa de parler ; mais mon oncle et ma mère insistèrent de nouveau : on parla à voix si basse, que je n'entendis plus que des sons inintelligibles.

Cette longue conférence finit enfin. Mon

père en sortant vint à moi et m'embrassa. Pour la première fois de sa vie une larme mouillait ses yeux : « Pierre, me dit-il, le ciel ordonne que tu te sépares de nous pour quelque temps. Tu vas connaître ce que les hommes appellent l'état de société ; bientôt, fatigué de ce qu'ils nomment Liberté, tu tourneras avec regrets tes yeux vers cette cabane qui t'a vu naître, vers ce bateau où pendant douze ans tu as vécu heureux avec nous. Tu ne l'oublieras point, je le sais ; mais rappelle-toi bien que nous ne quitterons pas ces parages ; aussitôt que le besoin de revoir le toit mobile de ton père pèsera sur ton coeur, reviens, Pierre, reviens : tous les Arts des hommes ne valent pas la Liberté des vieux Colliberts ».

Au reste, ajouta mon oncle, tu ne vivras pas loin de nous ; c'est chez le bon curé où nous fûmes l'autre jour que tu resteras : c'est lui qui se charge de t'instruire, et Dieu, dit-il, fera le reste.

Si quelque chose était capable de me faire

supporter le chagrin de m'éloigner de mes parents, c'était la certitude de vivre auprès de Loubette. Je ne sais même si cette pensée ne me fit pas envisager cette séparation comme agréable. Ma mère fit en pleurant un petit paquet de mes effets, y joignit quelques pièces de monnaie ; j'embrassai mon père qui déjà avait repris son impassibilité ordinaire ; je me jetai au cou de ma bonne mère, je descendis avec mon oncle dans le batelet, puis, saisissant l'aviron, je m'éloignai du bateau paternel.

En arrivant chez le Pasteur, j'entrai sans me faire annoncer : j'ignorais cet usage. Le Curé causait avec un homme qui, dès qu'il m'eut aperçu, s'enveloppa d'un grand manteau bleu, baissa son chapeau sur ses yeux et s'éloigna sans rien dire. Je ne vis point sa figure ; mais je crus remarquer qu'en sortant il m'examinait à la dérobée avec une attention toute particulière. La légèreté naturelle à mon âge, me fit bien vite oublier cette circonstance, et il ne m'en resta qu'un vague souvenir.

Le Pasteur me reçut avec cette bonté qui lui était naturelle : il m'installa dans une petite chambre qui devait être la mienne, et dès le lendemain mon plan d'études fut tracé. Je l'ai constamment suivi pendant les huit années que j'ai passées chez lui. Mon nouveau maître était un de ces hommes dont le savoir profond se cache sous la plus modeste simplicité, et dont l'âme douce et sensible se peint sur une physionomie franche et ouverte. Je m'attachai sincèrement à lui. Sa bibliothèque peu volumineuse, mais bien choisie, me fut ouverte, et je puis dire que je dévorai les ouvrages anciens et modernes qu'elle renfermait. Les Poètes fixèrent mon attention ; ceux surtout qui peignent la Nature devinrent mes compagnons favoris. L'Histoire m'intéressa d'autant plus que l'Univers pour moi s'était jusqu'alors borné aux côtes de l'Océan d'Aquitaine. Les idées confuses que m'avait données mon père sur les anciens habitants du Bocage, m'engagèrent à fouiller attentivement les historiens du Poitou, et je parvins à me former une idée assez nette de l'origine de mes compatriotes et de leur patrie primitive. Je ne vous parlerai pas davantage de mes études : elles n'eurent rien d'extraordinaire, et n'ont pas eu pour moi de résultats bien avantageux, comme vous le verrez bientôt.

Pendant les quatre premières années de mon séjour chez le respectable Pasteur, j'allais chaque soir voir Loubette, et lui rendais compte de ce que j'avais appris. Nous nous promenions ensemble dans les prairies voisines, et nous ne nous quittions point sans nous être promis de nous revoir le lendemain. Ce genre de vie était assez agréable, je ne pensais même pas qu'il dût jamais finir. Cependant un jour je cherchai inutilement Loubette dans la prairie ; je fus à la hutte m'informer du motif de son absence. Mon oncle m'apprit qu'elle était partie dès le matin même pour aller à la ville des Sables ; qu'elle y resterait comme pensionnaire pendant quelques années, pour s'instruire comme je le faisais moi-même ; qu'elle serait bien traitée dans le pensionnat qu'on lui avait choisi et qu'elle n'y manquerait de rien. Un volcan, qui se fût ouvert tout d'un coup devant moi, ne m'aurait pas causé de saisissement semblable à celui que me fit éprouver cette nouvelle. Je restai long-temps immobile, jusqu'à ce qu'enfin les larmes se frayant un passage, je pleurai amèrement. Mon oncle me dit à cet égard des choses fort belles sans doute, mais rien ne pouvait fermer la blessure profonde que cette séparation faisait à mon cœur. Je m'en retournai à la cure, et mon estimable Pasteur, qui vraisemblablement était dans le secret de la disparution de ma cousine, se garda bien de s'apercevoir de mon chagrin. Je n'allai plus que rarement à la prairie ; elle était déserte ! Je donnais tout mon temps à l'étude, et le temps passait plus vite. Je commençais à posséder assez bien la langue latine, j'avais lu et relu tous les livres du Curé ; souvent il me demandait si je n'avais pas de goût pour la médecine ou toute autre profession digne de donner, dans le monde, un état honorable et indépendant ; je répondais que je n'avais aucune idée fixe à ce sujet, et que j'y réfléchirais lorsqu'il en serait temps.

Je comptai enfin ma vingtième année. La vie que je menais était triste et monotone ; depuis que je ne voyais plus Loubette, tout m'était devenu indifférent. Quelquefois je repassais en moi-même le cours de mes premières années, je les regrettais ! Je devins sombre, taciturne, rêveur ; pendant des heures entières je me promenais seul au bord des larges canaux qui bordent chaque pré du marais ; un dégoût pour tout ce qui m'entourait s'emparait de mon esprit et de mon cœur. Je n'étais plus assez simple pour ne pas remarquer que sous le nom de Providence une main invisible avait influé sur toute ma vie ; mais quelle était-elle ? Ce n'était pas pour redevenir un simple pêcheur qu'on m'avait fait étudier, et cependant les habitudes de mon enfance revenaient avec plus de force que jamais ; le souvenir de Loubette se représentait à mon imagination avec plus de charmes. Vous le dirai-je enfin, messieurs, l'enfant du pêcheur soupirait après le bateau paternel. Je tremblais d'ouvrir mon cœur au bon curé, et cependant je mourais si je ne retournais au mobile foyer du pauvre Collibert.

Ces combats continuels altérèrent bientôt ma santé, le pasteur s'en aperçut, car un matin après le déjeûner, il me demanda si j'avais réfléchi sur la profession qu'il me convenait d'embrasser : « Vos études, ajouta-t-il, sont maintenant achevées ; il est temps de vous déterminer à quelque chose. » Je fondis en larmes à ces mots, et me jetant à son cou, je lui répondis que je n'avais rien encore de certain à cet égard, mais que le soir je lui donnerais une réponse définitive.

Je me rendis à la prairie ; une foule de réflexions amères m'assaillirent à la fois. Le discours de mon père à mon oncle me revenait à l'esprit. Je ne me déguisais pas qu'il avait porté un peu loin la comparaison de l'état social avec la liberté des Colliberts ; mais je trouvais aussi qu'il n'avait pas eu tout-à-fait tort. Enfoncé dans mes sombres réflexions, j'arrivai, presque sans m'en douter, à l'endroit où Loubette et moi, dans notre enfance, assis sur le banc de mon batelet, nous avions prié le ciel de ne nous séparer jamais. La vue de ce lieu renouvela des souvenirs déchirants : il y avait quatre ans que nous étions séparés ! Je m'assis sur l'herbe, et rappelant à ma pensée tous les instants que nous avions passés ensemble, je m'écriai : « Mon Dieu vous n'avez exaucé que la moitié de notre vœu! oh! Loubette, Loubette ! » En disant ces mots je baissais ma tête entre mes mains, et pleurais amèrement. Tout-à-coup une main légère s'appuie sur mon épaule, et une voix bien connue me dit avec une douce émotion : « ne pleure plus mon cousin, me voilà. » A cette voix, je retournai précipitamment la tête, c'était Loubette : je la pressai sur mon cœur ; c'était bien elle, oh ! comme elle était embellie ! Elle avait conservé l'élégant costume Sablais : sa coiffe de dentelle terminée en pointe et montée à larges barbes à tuyaux s'arrondissait autour de sa tête charmante; un manteau court orné d'une toison entière de brebis aux longues laines d'une blancheur éblouissante tombait sur ses épaules; un mouchoir des Indes aux couleurs les plus vives couvrait son cou ; une jupe de dessous d'étoffe rouge apparaissait sous son tablier de mousseline blanche , et son corset de drap bleu dessinait l'élégance de sa taille. « Comme tu es jolie , ma Loubette ! — Et toi Pierre, comme te voilà grand et beau ! — Ne nous quittons plus mon amie. — Oh! non, je le désire autant que toi. » En disant ces mots je l'embrassais, je serrais ses mains contre mon cœur, j'étais près de succomber à l'excès de mon bonheur. « Asseyons-nous , me dit-elle; tu avais l'air si triste tout à l'heure. Dis-moi donc, qu'est-ce qui te faisait pleurer? » Nous nous assîmes sur l'herbe au bord du canal, et je racontai tout ce qui m'était arrivé depuis quatre ans.

Loubette pleurait quand je lui disais tout ce que j'avais souffert de son absence : elle pâlit quand elle apprit que c'était ce soir-là même que je devais rendre réponse sur le choix de l'état que j'allais embrasser. « Rassure-toi, mon amie, me hâtai-je d'ajouter, je t'ai retrouvée ; rien, au monde, ne me séparera de toi. Je vais dire à Monsieur le Curé que de tous les états de la société aucun ne me convient mieux que celui de nos pères ; que je ne puis vivre sans toi ; qu'il faut qu'il nous marie. Nous retournerons au bateau paternel, nous travaillerons, et l'Amour et la Liberté nous suffiront. » Ce projet fit sourire Loubette, sa main resta dans la mienne, et la nuit vint que nous étions encore assis au même lieu. Je la ramenai à la hutte, et je retournai au Presbytère, le cœur rempli d'espérance et de joie.

Je n'attendis pas le souper pour ouvrir mon âme tout entière à mon digne Professeur. Je lui expliquai mes motifs, mes goûts, mes réflexions, le penchant que j'avais toujours eu pour Loubette, et la ferme résolution que j'avais prise de ne plus vivre que pour faire son bonheur et celui de mes vieux parents. Monsieur le Curé m'écouta avec bonté, me représenta les avantages que j'allais négliger en refusant un état honorable; il m'observa qu'un jour je me repentirais peut-être de n'avoir pas sacrifié mes goûts pour en contracter d'autres dignes d'un rang plus élevé; que si j'aimais ma cousine, je devais songer à lui préparer un avenir heureux et fortuné; il ajouta beaucoup d'autres raisonnements, mais je demeurai inébranlable. Vous le voyez, lui dis-je, je languis loin des lieux de mon enfance; je ne conviens point à cette vie sociale que vous vantez; l'air de l'Océan est mon élément, je ne puis m'en éloigner plus long-temps. « Eh bien ! mon fils, reprit-il, retourne donc au bateau du pauvre Collibert ! Enfant de la Liberté, citoyen des vagues orageuses, je ne te retiens plus : le bonheur peut bien être aussi sur tes flots écumants. »

Je partis quelques jours après pour retourner chez mon père; il me reçut avec affection, et me félicita du parti que j'avais pris de revenir à ma première profession. Je lui parlai de mon mariage avec Loubette: il y consentit sans peine, et dès le lendemain nous nous rendîmes chez mon oncle, qui nous mena chez le curé. Il y fut convenu qu'il célébrerait notre union le lendemain de la fête des Rois qui approchait, et qu'en attendant je resterais auprès de mes parents, et Loubette chez les siens.

La veille du jour fixé, mon oncle et sa famille vinrent au bateau. Loubette s'assit auprès de moi. Le dîner eut lieu dans la cabane autour du feu. Nos Parents convinrent que ma femme et moi resterions à bord pour aider mon père et ma mère déjà âgés, et que nous continuerions à vivre avec eux, selon l'usage antique de nos aïeux. Dès-lors ce frêle bateau qui m'avait vu naître, dans lequel j'avais passé les seules années heureuses de ma vie, ce bateau qui pour moi réunissait tout ce qu'ont de charmes et la patrie et l'habitude, allait devenir, auprès de Loubette, le temple de la Félicité.

Nous ne pouvions faire des noces brillantes, car nous étions pauvres ; nous n'invitâmes donc que notre petite famille. Quel fut notre étonnement, quand le lendemain au matin, lorsqu'on nous conduisit à l'église, à l'instant où sortant de l'Océan nous entrions dans les canaux du marais, non loin de la hutte de mon oncle, qui apparaissait comme une isle à demi-submergée s'élevant sur l'immensité des marais couverts d'eau, nous nous vîmes entourés tout-à-coup d'une foule de jolies yoles ! elles étaient décorées de guirlandes de feuilles de tamarin toujours vert et de rubans de mille couleurs. Tous les Colliberts des environs, dans leurs légères gondoles, en habits de fête et au son de la *véze*, nous escortèrent en pompe jusqu'à l'église. Les nacelles portant de quatre à six personnes voguaient rapidement deux à deux. Les femmes et les jeunes filles, le front ceint de couronnes composées de rameaux de pin résineux ou de branches de chêne-vert, faisaient retentir la plaine humide par leurs chants d'allégresse. Après la cérémonie, nous reprîmes nos nacelles, et quand nous fûmes rendus vis-à-vis de la hutte de mon oncle où l'eau montait à près de deux pieds de haut, ce qui n'empêchait pas de l'habiter en y introduisant les bateaux, nous trouvâmes d'autres gondoles parées comme pour une fête et remplies de mets excellents. M. le Curé était assis entre Loubette et moi; je lui témoignai ma surprise de tous ces apprêts : « Ne savez-vous pas, mon fils, me dit-il, que le ciel nourrit jadis bien plus de monde dans le désert de Sina. » Malgré la surprise où nous avait jetés cette fête inattendue, et dont l'auteur s'obstinait à rester inconnu, nous n'en partageâmes pas moins l'allégresse commune. Les yoles chargées de vivres passèrent de rang en rang ; chacun y prit des viandes, des pains et du vin ; on se rangea en cercle autour d'elles; toutes les nacelles se rapprochèrent, s'unirent, et formèrent comme une isle flottante ; les jeux et les chants rendirent cette journée aussi gaie, aussi folâtre qu'une fête sur l'eau peut le faire espérer. Vers le soir toutes les barques s'illuminèrent de feux de mille couleurs ; elles commencèrent à voguer tantôt de front, tantôt à la suite les unes des autres; décrivant mille évolutions : elles se croisaient, se mêlaient, s'éloignaient, se rejoignaient pour se séparer encore. La plaine liquide reflétait tous ces feux; on eût dit que le vaste sein de l'Océan s'était spontanément illuminé, et qu'il roulait ses vagues enflammées sur des sillons étincelants d'or, d'émeraudes et de saphirs.

On se sépara bien avant dans la nuit ; nous restâmes Loubette et moi seuls avec ses parents. Etant entrés dans la hutte, nous approchâmes le batelet du lit nuptial; nous nous y plaçâmes, et ma belle-mère, en ayant fermé les rideaux, chacun fut se livrer au sommeil. Je ne vous décrirai point cette première nuit de l'Hyménée : celui-là seul peut comprendre toute l'ivresse du bonheur, qui, après avoir long-temps aimé celle qui devait être la compagne de sa vie, possède enfin cet objet adoré de son cœur. Bercé au bruit des vagues qui venaient se briser contre les pieds de notre couche, tandis que le vent sifflait contre les planches de la hutte et ébranlait sa fragile charpente, le pauvre Collibert serrait sans crainte son épouse sur son cœur, et sur ses lèvres, comme à une coupe céleste, buvait à longs traits toute l'ivresse du bonheur et de l'amour.

Vers le point du jour, le Pasteur amarrait sa gondole à la porte de la hutte et nous invitait à le suivre en mer où, disait-il, mon père nous attendait ; nous lever et voguer à côté de lui jusqu'à la mer fut l'affaire d'un moment ; une dernière surprise nous y était préparée : non loin du bateau de mon père se trouvait un autre bateau-pêcheur beaucoup plus grand que le nôtre et nouvellement peint ; nous remarquâmes qu'il était muni de tous ses agrès : la *Providence* était son nom. La cabane en était deux fois au moins plus spacieuse que celle de mon père; de superbes filets de toute espèce étaient étendus sur le siége de la proue, et une large voile était pliée au grand mât. « Oh ! le joli bateau, s'écria Loubette en y montant ! » M. le Curé se prit à sourire et nous fit entrer dans la cabane : elle était toute meublée à neuf. Mon père s'y trouvait déjà avec ma mère ; mais que devins-je, quand je vis assis à leurs côtés le même homme au manteau bleu que j'avais entrevu le premier jour de mon installation à la Cure. Il me sembla de nouveau que je l'avais déjà vu quelque part. Il se leva dès qu'il nous vit entrer, et nous faisant asseoir autour de la table : « Pierre, me dit-il, ne vous rappelez-vous plus de cet étranger que vous aidâtes si généreusement à sauver des eaux glacées de la Sèvre, il y a douze ans? — Je sais le reste, Monsieur, je sais le reste, m'écriai-je ! c'est vous qui êtes cette Providence attachée à tous mes pas , n'est-ce pas, Monsieur ? dites-le, c'est vous ! » J'embrassais sa main , j'étais hors de moi.

Monsieur le Curé, vous étiez du secret, et vous me cachiez tout cela ! je me jetais au cou du bon Curé, j'embrassais l'étranger. « Tenez, mon oncle, cet argent que je vous portai, c'était Monsieur ; ..... l'instruction que j'ai reçue, cette nacelle, ces habits, ceux de Loubette..... c'est lui, voilà notre Providence ! cette fête d'hier..... — Oui, mes amis, interrompit l'étranger, vous aviez refusé ce que la reconnaissance m'imposait le devoir de faire pour vous ; il a bien fallu prendre un innocent détour pour vous forcer à recevoir quelque chose. D'ailleurs c'est bien en effet le Ciel qui a permis tout ceci ; Monsieur le Curé et moi n'avons été que les faibles instruments dont Dieu s'est servi pour récompenser votre généreux dévouement. Maintenant ne parlons plus de tout cela : vous êtes unis, le bateau de votre père est trop petit pour deux ménages, celui-ci est plus grand et plus commode ; il est à vous, mes enfants, c'est votre présent de noces. Vivez heureux ! quelquefois Monsieur le Curé et moi viendrons vous visiter, et la vue d'une union fortunée sera la plus douce récompense de vos vieux amis. » Loubette émue pencha son joli front sur mon sein, et ses yeux humides de larmes se tournèrent vers l'étranger et le bon Curé, qui y lurent tout ce que son attendrissement l'empêchait d'exprimer.

Après le déjeûner, ces deux hommes généreux nous embrassèrent, et nous serrant affectueusement la main, ils descendirent dans la gondole du pasteur et nous laissèrent au milieu des transports les plus vifs de la reconnaissance et de la joie.

Depuis cette époque, le bateau de mon père et le mien ont toujours pêché l'un à côté de l'autre. Nous avons étendu notre commerce, nous sommes devenus les plus riches pêcheurs de ces parages. Loubette m'a rendu père d'une petite fille: elle a tous les traits de sa mère, c'est vous dire assez qu'elle est jolie. Depuis un an l'air de la mer étant contraire à ma femme, nous nous sommes établis aux Sables d'Olonne ; chaque matin je vais rejoindre mon père, et je rapporte à la ville le produit de notre pêche ; Loubette se charge de le vendre aux marchands, qui le transportent jusqu'à Tours, Orléans et Paris.

Ma fille s'étant trouvée souffrante, je suis venu chercher de cette eau consacrée, qui, dit-on, a la vertu de guérir les maladies de l'enfance. Loubette et moi nous croyons que cela peut se faire par la bonté de Dieu, car mieux que personne nous savons que la Providence protège les petits Colliberts.

Tel fut le récit du jeune pêcheur. Nous vous l'avons transcrit, Angéline, parce que nous y avons trouvé la naïve peinture des mœurs étranges de cette classe d'hommes aussi peu connus en France, dont ils habitent les rivages, que dans le pays même dont les Teyphales ont dépouillé leurs aïeux. Nous y avons vu le tableau fidèle de ce peuple pêcheur et nomade, leur genre de vie, leurs fêtes, leurs mariages et leurs coutumes. Si l'on compare le peu de progrès qu'ils ont fait dans la civilisation, avec la marche rapide que tout y a fait autour d'eux, on peut les comparer à une vieille colonne celtique qui, bravant les siècles, serait restée debout à côté des colonnes élégantes d'un temple moderne. Quoi qu'en disent les auteurs qui les ont pris pour de stupides Cretins, il résulte de ce récit que nos Colliberts ne sont dépourvus d'aucunes de leurs facultés intellectuelles, qu'ils se croient plus heureux sous leurs huttes ou sur les flots de l'Océan, que les grands du monde dans leurs salons pompeux ; que rien ne peut les arracher à leurs marais et à leurs bateaux, et qu'enfin il ne leur manque, pour ressembler aux autres hommes, que de l'instruction et une Patrie. (*T*)

FIN DU TOME PREMIER.

La Vendée

POÉTIQUE ET PITTORESQUE.

LA VENDÉE

POÉTIQUE ET PITTORESQUE

ou

Lettres Descriptives et Historiques

SUR LE BOCAGE DE LA VENDÉE,

DEPUIS JULES-CÉSAR JUSQU'A L'ANNÉE 1791 EXCLUSIVEMENT.

PAR

CH. MASSÉ-ISIDORE,

AVOCAT A NANTES.

Orné de Paysages dessinés d'après nature.

Salve magna parens frugùm, saturnia tellus
Magna virùm ! tibi res antiquæ laudis et artis
Ingredior.........................
(VIRGILE, GEORGICON, LIB. II.)

Tome Second.

A NANTES,

DE L'IMPRIMERIE DU COMMERCE, CHEZ VICTOR MANGIN,

IMPRIMEUR ET ÉDITEUR.

1829.

LETTRE XX.

Les Lucs (Vendée), ... 1828.

En sortant des Fontenelles pour se diriger vers le bourg des Lucs (1), on trouve une telle quantité d'arbres, qu'en plein midi la route n'est plus qu'un berceau de verdure impénétrable au soleil le plus ardent. On voyage ainsi plusieurs heures de coteaux en coteaux, de vallées en vallées: continuellement on rencontre une colline qu'il faut gravir, un ravin dans lequel il faut descendre; au fond de chaque vallon coule un ruisseau qu'ombragent

---

(1) En latin *Lucus*, Bois consacrés aux Divinités.

des aulnes touffus, et que bordent des prairies dont l'herbe haute et épaisse roule en longues ondulations ses nappes émaillées. Chaque champ est entouré d'arbres de haute futaie, et fermé par des barrières appelées *Echaliers*, ce qui rend la marche fatigante et pénible quand on passe par le sentier tracé dans les champs qui côtoyent le chemin. Mais quand on suit le chemin même, on le trouve humide et arrosé d'une multitude de filets d'eau, qui, même dans le milieu de l'été, ruissellent en abondance au travers des rocs, parmi les mousses et les convolvulus qui décorent les sources limpides d'où s'échappent tous ces ruisseaux.

Quelquefois, comme pour se délasser du bocage, au détour d'un chemin, on se trouve sur de vastes landes. Les fleurs rouges des bruyères, mêlées tantôt à l'or pâle de l'ajonc épineux, tantôt au vert clair du genêt, forment une marqueterie aux plus vives couleurs. A mesure que l'on avance, on cesse d'apercevoir les arbres du Bocage, on ne voit plus qu'une mer de landes. Le Ciel s'élevant au-dessus comme une coupole immense peinte en bleu céleste et décorée de nuages étincelants de pourpre et d'or, semble être le dôme magnifique d'un temple gigantesque pavé en mosaïque, où le Dieu du jour passe superbe et majestueux en l'inondant de ses flots de lumière.

L'atmosphère enflammé n'est ici rafraîchi par aucun ombrage. Cependant ces landes ne sont pas comme partout ailleurs des terres impropres à la culture, des plaines qu'une croûte noirâtre couvre à peine : elles croissent dans des lieux jadis fertiles, mais que le manque de bras a contraint de laisser en friche. D'innombrables sillons apparaissent encore sous ces bruyères d'un pied de haut, et sont couverts d'herbages propres à la nourriture des bestiaux. Souvent on rencontre des cantons où croît en abondance une espèce de bruyère particulière à cette contrée : elle s'élève de quatre à six pieds au-dessus du sol. Assez ressemblant au genêt ses rameaux sont colorés d'un vert beaucoup plus tendre; ils ont la forme de ceux du pin, et ont dû donner le modèle de ces aigrettes artificielles que les dames mêlent aux tresses de leurs cheveux ; sa fleur d'un rose pâle est pyramidale, et fait peu d'effet. Cet élégant arbuste donne ici quelqu'ombrage ; les grands bœufs du pays, les moutons aux riches toisons et les jeunes bergères de ces landes se réfugient vers le milieu du jour à l'ombre de leurs mobiles portiques, et sous un ciel embrasé retrouvent ainsi quelques traces du Bocage.

Nous suivions la route dessinée au milieu de ces landes ; une terre noirâtre absorbait un peu la chaleur, lorsqu'au fond d'un bosquet naturel formé par plusieurs touffes de ces hautes bruyères, sur un gazon court et frais, nous aperçûmes une jeune paysanne assise ; un enfant de quelques mois suspendait à son sein ses petites mains potelées, et la jeune mère le regardait avec l'un de ces sourires célestes où se peint tout le cœur maternel. Devant elle, deux autres enfants de trois à quatre ans se jouaient sur l'herbe ; une nappe de toile blanche était étendue au milieu d'eux ; des fruits, du pain et du laitage, formaient le dîner champêtre ; des bestiaux couchés çà et là dans les sentiers environnants montraient leur poil fauve de distance en distance, et le chien fidèle, posté en avant sur la route, veillait au repos de la petite Colonie.

Une lieue plus loin nous trouvons les Lucs. Ce nom, mon amie, vous annonce déjà quelques monuments anciens : il signifie *Bois sacrés*. Mais était-ce aux Divinités d'Homère ou bien à celles des Druides que ces lieux étaient consacrés ? cette question nous semble assez difficile à résoudre. Les Lucs sont situés sur un endroit élevé ; mais nul vestige n'y retrace l'emplacement d'un temple dédié aux divinités du Polythéisme. Les pierres informes de granite y sont tellement multipliées, qu'on pourrait plutôt croire à l'existence en ce lieu de quelqu'antique monument Gaulois ; cependant nous savons que les Druides n'élevaient aucun Temple : chez eux, la Nature entière était la seule enceinte digne de la Divinité. Ce nom Romain *Lucus* signifie simplement un bois sombre et majestueux, consacré soit aux Nymphes, soit à ce dieu inconnu que les Grecs appelaient, sans pouvoir le définir, *Divinité du lieu*, ou *Pan*, qui signifie tout (1) : nom aussi vague que le sentiment qu'inspire à toute âme religieuse le calme et la solitude des bois.

Entre le bourg le plus grand, appelé le Luc, et le village appelé le Petit-Luc, on marche, pendant un quart-d'heure, entre des monceaux de pierres grisâtres ; on croirait au premier coup d'œil errer entre les débris d'une antique cité. Tous ces

---

(1) En grec Πᾶν. Le culte de Pan fut l'un des plus répandus tant en Europe qu'en Asie.

champs, tous ces chemins sont hérissés d'énormes pierres en forme de menhir ou de dolmen. Ces coteaux, où des fragments de granite restés debout comme des colonnes qui auraient été rongées par les siècles et ne conserveraient plus l'empreinte du ciseau, présentent à la vue étonnée, tantôt des scènes de ruines, des temples, des tombeaux, comme aux débris de Sybaris; tantôt ils rappellent ces hauts lieux dévastés où s'élevaient les colonnes informes des temples d'Irmensul. Ici tout est obscur, tout est vague, et c'est en vain qu'on interroge les feuillets de l'Histoire sur les annales de ces pierres du pouvoir ; les faits qui s'y rattachent, mystérieux comme l'avenir, se voilent de toute l'obscurité des âges, et n'ont laissé sur les pages de Mnémosyne que le souvenir de leur nom de *Bois consacrés*. Les innombrables débris qui jonchent les vallées et dominent les coteaux sont muets: pas la moindre inscription, pas le plus léger vestige ; les conjectures restent seules à l'antiquaire. Ces vastes landes qui environnent les Lucs, dénotent seulement, par les sillons innombrables que l'œil observateur y reconnaît de toutes parts, que dans le moyen âge toutes ces plaines, aujourd'hui couvertes de landes, étaient alors cultivées, et que de riches moissons y roulaient en longues ondulations l'or flottant de leurs épis. Les Lucs n'étaient donc pas sans importance. Il ne reste plus rien aujourd'hui de cette abondance de grains (*U*). Mais c'est ici que le poète et le peintre, amis de la belle nature, doivent venir promener leurs rêveries.

Une religieuse horreur répandue sous l'ombre de ces vallées, un soleil ardent embrasant toutes ces pierres grisâtres au haut de la colline, et les images fantastiques des temps passés, y remplissent l'imagination. Tout ici recèle le charme poétique inspirateur du Génie; tout nous dit que sur ces rocs sauvages peut de nouveau frémir la harpe de l'aveugle de Morven. Un peintre a-t-il besoin de ces aspects romantiques où, comme aux premiers jours de la France naissante, les eaux, les rochers et les bois se confondent mêlés ensemble; tantôt groupés en pyramides sur la cime des monts, tantôt courbés en berceaux mystérieux sur l'onde écumante qui se brise dans les vallées profondes? Qu'il vienne s'asseoir au milieu de ces roches pendantes, au fond de cette vallée ombreuse, auprès de ces chutes d'eau, et une foule d'effets pittoresques, d'études heureuses et charmantes, viendront soudain se disputer le droit d'occuper ses pinceaux.

LETTRE XXI.

La Forêt de Grâla (Vendée), 1828.

A DEUX lieues des Lucs, on rencontre les Brouzils, petit bourg ainsi nommé à cause des broussailles qui l'environnent : il peut être considéré comme le fond du Bocage. La physionomie de ces cantons a quelque chose de si rude que l'on serait tenté de croire que la nature y est restée telle qu'elle était au temps de Brennus et de César. A cinq cents pas du bourg, l'antique forêt du Grâla élève ses masses d'ombres et de verdure au-dessus de la contrée. Avec quel plaisir on pé-

nêtre sous ses riants portiques ! Une quantité
prodigieuse d'écureuils d'un beau brun habitent ses chênes touffus, et d'énormes
corbeaux d'un noir d'ébène, par leurs cris
rauques et sauvages, y troublent seuls le
silence de la solitude.

On conduit les Voyageurs au quartier de
la forêt appelé le Demi-Jour, au Chêne-
Chevreux, et aux ruines du Refuge.

Ce qu'on appelle le Demi-Jour, n'est
autre chose que l'une des plus belles futaies
qui soient en France; le jour y pénètre à
peine ; il serait difficile d'y lire. Le Chêne-
Chevreux intéresse davantage par sa position
isolée et les souvenirs qui s'y rattachent. Ce
chêne antique est situé à l'embranchement
de trois chemins infréquentés. On l'appelle
Chevreux, parce que les branches énormes
qui s'élèvent au-dessus de son tronc sécu-
laire, sont dépouillées de leurs rameaux,
tandis que les branches les plus basses étalent encore toute la fraîcheur de la jeunesse.

Une aventure assez singulière arrivée dans ce lieu romantique l'a fait passer, dans l'esprit du peuple, pour un endroit peuplé de Fantômes et fécond en apparitions effrayantes. Voici ce que l'on nous a conté à ce sujet :

Vers la fin du siècle dernier, un jeune homme des environs, après avoir passé la soirée à table, s'en retournait chez lui vers les onze heures et demie du soir. Il avait à traverser toute cette partie de la forêt. Sa tête échauffée par les vapeurs du vin était conduite assez rapidement par ses jambes avinées. La lune, dans son plein, versait sa pâle lumière sur la cime des arbres, et ses rayons pénétrant par intervalles à travers les branches, lui permettaient de distinguer assez clairement les objets. Il avançait en fredonnant quelques couplets bachiques, lorsqu'arrivé près du Chêne-Chevreux, il aperçoit distinctement, au pied de cet arbre, une grande femme vêtue de noir ; un voile de même couleur couvre son visage et tombe jusqu'à ses genoux : elle est immobile, et sa contenance altière a quelque chose d'imposant et de sévère. Le jeune homme, oubliant la prudence que l'heure et le lieu semblent commander, s'approche de cette espèce de fantôme, et lui propose de faire route de compagnie. Cette femme prend son bras et marche à son côté, sans proférer un seul mot. La volubilité des paroles du jeune homme avait eu tout le temps de se satisfaire, quand, à la jonction de deux chemins, la Dame noire le repoussant d'un bras nerveux, lève son voile, et laissant apercevoir son visage pâle et décharné, ajoute, d'une voix sépulcrale: « Voici ton chemin, et voici le mien. » Elle s'éloigne à ces mots, et son compagnon, saisi d'une terreur soudaine qui dissipe sur le champ les fumées du vin, arrive chez lui tout effrayé, plus pâle peut-être que la femme mystérieuse qu'il venait de rencontrer. En vain chercha-t-il depuis à découvrir quel était l'être surnaturel qui parcourait ainsi à pareille heure le sombre Grâla. Ce ne fut que long-temps après qu'une lettre écrite de Jersey lui dévoila ce mystère : cette lettre était de la Dame noire elle-même. Elle lui apprenait qu'elle n'était autre qu'une demoiselle de N***. Auteur involontaire d'un parricide, elle avait fui la vengeance des lois. Son père, homme violent et emporté, entrant un jour dans sa chambre, menaça de la frapper. Effrayée d'une menace qu'elle ne savait que trop ne devoir pas rester sans effets, elle s'élança vers la cheminée où deux pistolets étaient suspendus: elle en saisit un, et se tournant vers son père, le menace à son tour de se défendre s'il ne se retire. Malheureusement l'arme était chargée, le coup part et le père infortuné, baigné dans son sang, vient tomber mort aux pieds de sa fille. Que faire en un pareil moment?... Elle prend un parti devant lequel bien d'autres femmes auraient reculé. Elle s'empare du peu d'argent qu'elle peut trouver, se couvre de voiles lugubres, sort de la maison paternelle, et, sans confier son projet à personne, elle s'enfonce dans les bois, s'y cache pendant le jour, et ne marche que pendant la nuit. Après avoir erré de la sorte pendant près d'un mois, elle parvient à la côte de Bretagne, et s'embarque pour Jersey. C'est là que, pendant vingt années, elle expia dans les larmes les suites terribles de son imprudence. La lettre qu'elle écrivait à l'homme qui l'avait rencontrée au pied du Chêne-Chevreux avait pour objet de le prier d'obtenir de sa famille quelques secours dont sa vieillesse éprouvait un pressant besoin. On m'a assuré que cette infortunée vivait encore, et que chaque année on lui faisait passer une somme modique, à la vérité, mais suffisante à sa subsistance.

L'image de cette fille du repentir nous suivit au travers de la forêt jusqu'à l'endroit appellé *le Refuge*. Voilà les vestiges de cette ville champêtre que, pendant la guerre de 1793, le Grâla protégea sous ses rameaux hospitaliers. Des branches appuyées sur les troncs des arbres, et supportées par de forts piquets, formaient la charpente de chaque habitation; d'autres branches entrelacées et tapissées de mottes de gazon servaient de murs. Ces cabanes alignées sur plusieurs rangs présentaient l'aspect de rues pavées d'une herbe courte et épaisse. Au-dessus, les grandes branches des chênes touffus s'élevaient en dôme, et protégeaient la ville contre les ardeurs de l'été et les vents orageux de l'hiver. Chacun y avait transporté son ménage et ses provisions. Dans cette retraite impénétrable, on trouvait une église, des marchands, des boutiques ; de jeunes mères y élevaient leurs filles, de jeunes époux y serraient les nœuds de l'Hyménée; l'enfant venant au monde y recevait le baptême, et le guerrier mourant y était consolé par la Religion. De jeunes beautés s'y livraient aux plaisirs de leur âge ; les danses, les jeux et l'Amour animaient tous ces grands bois. Souvent ils étaient interrompus par le son lointain du bronze qui, tonnant sur les champs de bataille, venait retentir dans la profondeur de la forêt silencieuse. Hélas ! c'était peut-être un père, un fils, un époux que ce coup fatal venait d'atteindre ! A cette pensée douloureuse les cœurs se serraient,

D.

les yeux humides de larmes se tournaient vers le ciel, appui des malheureux, et l'on priait pour ceux qui n'étaient plus. Souvent encore l'ennemi rôdant autour de la forêt protectrice, répandait l'effroi dans cet agreste asile ; mais le danger passait, et le bonheur renaissait au milieu de cette riante colonie. On s'y trouvait heureux quoiqu'exilés du toit de ses pères et, solitaires au milieu de son pays incendié.

Les ruines de cette ville d'un moment existent encore ; mais la végétation qui s'en empare commence à les faire disparaître ; et, depuis le retour des Vendéens dans leurs maisons reconstruites, ces débris ne servent plus d'asile qu'aux oiseaux et aux écureuils de la forêt.

Adieu forêt paisible qui dans des jours de deuil et de carnage recueillit la vieillesse et l'enfance, le malheur et la beauté ! Puisse-tu, respectée du Bûcheron, protéger long-temps encore, sous ton ombrage hospitalier, les Amours et les jeux de tous ceux dont tu sauvas les mères. Puissent tes guirlandes de roses virginales, tes touffes de troëne et de chevrefeuille odorants enlacées au chêne patriotique, couvrir long-temps les tombes des guerriers qui reposent à l'ombre de tes antiques rameaux !

Tels étaient les vœux que nous formions en sortant des longues allées du Grâla, quand au détour d'un taillis, parmi les hautes herbes et les feuilles sèches, dans un lieu humide et infréquenté, nous fûmes témoins d'un genre de chasse tout particulier. L'appareil étrange et le singulier costume du braconnier nous arrêtèrent quelques instants à le considérer. Il chassait aux vipères, et, pour se garantir de leurs morsures, il s'était habillé d'un vêtement de cuir fauve qui le couvrait depuis les pieds jusqu'à la tête, ne laissant que deux étroites ouvertures devant les yeux. Il place d'abord sur des tisons enflammés une marmite de cuivre ou de fonte qu'il remplit avec du lait, puis il se retire à l'écart, et attend en silence. Bientôt l'odeur du lait attire quelques vipères, le chasseur s'en empare et les met dans une barrique ouverte au moyen d'une étroite soupape. D'autres vipères arrivent et ont le même sort. Enfin quand l'odeur du lait ne paraît plus suffisante pour attirer de nouveau gibier, le chasseur renverse le lait, replace sur le feu sa marmite et y jette l'un des reptiles qu'il a déjà faits prisonniers. Cet animal que le fer brûlant tourmente, pousse des sifflements aigus ; c'est alors le meilleur moment de la chasse : une multitude prodigieuse de vipères accourent aux cris de détresse de leur compagne, et le chasseur en a bientôt fait une récolte abondante. Quand il croit avoir épuisé le voisinage, il reprend sa marmite et va recommencer ailleurs la même cérémonie, jusqu'à ce que, satisfait de son butin, il puisse, en calculant le prix de la vente de ses vipères, juger qu'il a bien gagné sa journée.

Cette chasse n'est plus si commune qu'autrefois : elle est même assez rare aujourd'hui que la thériaque est beaucoup moins en usage ; mais elle est remplacée par la pêche des sangsues. On trouve souvent ici des malheureux dont le costume annonce des personnes venues des provinces voisines, et qui, penchés au bord des lacs et des ruisseaux, ne sont occupés qu'à pêcher ces petits amphibies, si précieux aux yeux des docteurs de nos jours.

Au reste, à l'exception de la vipère, on rencontre peu d'animaux venimeux, et nous pouvons ici dire avec Virgile :

.... Et jamais sur l'arène
Un hydre épouvantable à longs plis ne se traîne.
(Géorgiques, livre II.)

Les accidents sont même rares. La Bergère foule sans crainte les gazons du Bocage, et rêve en paix sous l'ombre des bois au berger qu'elle préfère.

Cette dernière pensée nous ramène naturellement aux amours simples et naïfs de la jeunesse Vendéenne. L'Amour n'est point ici couvert des ombres du mystère. Nul voile ne cache les secrets du cœur, et l'on ne rougit point d'aimer, parce que l'Amour y est nu comme la Candeur et vrai comme l'Innocence. Un tableau, digne du pinceau de l'Albane va prouver ce que j'avance.

Dans la prairie qui longe l'un des bords de cette petite rivière, une troupe de villageois qui ont fauché toute la journée, prennent gaîment leur repas du soir sous les grands aulnes qui bordent le ruisseau. A quelques pas d'eux, voyez, au pied de l'une de ces meules de foin qui s'élèvent en pyramides sur la prairie, ce couple amoureux assis à côté l'un de l'autre. Ce jeune cultivateur et sa naïve villageoise sont tellement occupés de leurs amours qu'ils n'ont l'air de prendre aucun intérêt à ce qui se fait autour d'eux. Le bras de la jeune fille est passé autour du cou de son amant qui la presse sur son cœur. Comme elle écoute attentivement les doux propos de son amant ! son mouchoir est un peu dérangé ; on devine que dans ses jeux l'Amour a tant soit peu défait sa modeste toilette. Tout le monde les voit, mais

qu'importe ? ils s'aiment, c'est si simple !....
Le repas des autres villageois s'achève; un
beau chanteur du village commence l'air
favori du canton : chacun prend la main d'une
des jeunes filles et se met en danse; le refrain de la ronde antique se répète en chœur.
Mais c'est en vain qu'autour des deux
amants les pas agiles frappent en cadence la
prairie dépouillée, ils restent immobiles :
qu'ils sont heureux d'être ensemble ! de se
le dire, de se le répéter; ils oublient que
déjà le soleil tombé sur l'horizon trace de
longs sillons de pourpre derrière les chênes
à l'occident, tandis que du côté opposé la
lune montre son disque d'or entre les cimes
des peupliers. Déjà les danses ont cessé, on
va se retirer chacun chez soi ; les parents de
la jeune fille l'ont appelée, elle quitte son
amant qui la suit. Il salue le père de la jeune
fille et en reçoit une poignée de main en signe
d'amitié. Il embrasse ensuite la mère avec la
plus douce affection, et puis, disant enfin adieu
à son amie, il s'éloigne en attendant qu'une
autre occasion les réunisse.

LETTRE XXII.

St-Georges-de-Montaigu.. (Vendée). 1828.

Je vous écris aujourd'hui, mon Angéline, du milieu d'une antique cité gauloise qui n'est plus qu'un méchant village. Ce lieu dévasté, d'où ma plume vous adresse ces lignes, fut jadis une ville opulente, et maintenant voilà que le voyageur passe indifférent au milieu des masures qui, pendant un quart de lieue, longent les deux côtés de la grande route de Nantes à Bordeaux.

Mais reprenons notre récit au point où nous l'avons quitté hier soir. Nous avons couché à Chavagnes, petit bourg qui n'a de remarquable qu'une position charmante, et ce matin le point du jour nous trouve côtoyant cette petite rivière limpide et transparente, au bord de laquelle soupaient hier au soir les joyeux villageois dont nous vous avons entretenue. Elle coule sous les épais et mobiles berceaux d'une multitude d'aulnes et de saules, au milieu des rocs solitaires; et des côteaux couverts de profonds taillis de noisetiers resserrent la route entre leur base et la rivière. Le bruit des eaux qui tombent à travers les rochers sur les chaussées des moulins, anime ces sites romantiques; et, quand les premiers feux du jour, sortant de derrière les monts, viennent à colorer tous ces arbres; que tous ces dômes de verdure sont humides de rosée, on les dirait étincelants de saphirs aux plus brillantes couleurs. La Suisse et l'Italie n'offrent que bien peu de temples aussi gracieux à la Muse des beaux paysages.

Après une lieue et demie de marche au bord de ces ondes si pures, nous retrouvâmes la grande route, et la monotonie de ce genre de chemin nous rendit bientôt à nos rêveries historiques.

A l'approche de Saint-Georges-de-Montaigu, les âges modernes disparurent de notre pensée; le prisme magique de l'imagination nous transporta tout d'un coup dans la Gaule primitive, à l'époque où les Phocéens répandaient le commerce et l'industrie depuis les murs de Massilie (1) jusqu'au fond de l'Armorique. Ces hardis commerçants devaient suivre cette même route. Je voyais passer à côté de moi des marchands Grecs, de la nouvelle Phocide, ou Romains de Narbonne, qui venaient à Durinum échanger les parfums de l'Inde et de l'Arabie contre le fer, l'étain et les tissus légers appelés *toiles d'ombres*, que l'on fabriquait ici. Cette ville de Durinum était le point central de tout le commerce de l'Aquitaine et de l'Armorique. A cette époque on rencontrait sans cesse sur cette même voie et les guerriers

---

(1) Aujourd'hui Marseille. Cette ville fut fondée par une colonie de Phocéens.

aux colliers d'or, aux casques étincelants, et les citoyens aux riches costumes ornés de fourrures; tantôt une troupe de jeunes Teyphaliennes dont les robes d'un lin couleur de neige, étaient bordées de pourpre, et dont les épaules d'albâtre et les seins voluptueux n'avaient d'autres voiles que leurs longues chevelures, partaient armées de l'arc et du carquois, pour aller chasser le sanglier du Grâla; tantôt le farouche Agésinate, immobile au pied d'un chêne isolé, apparaissait appuyé pensif sur son arme informe mais terrible, et ce fier enfant de la Liberté semblait regarder avec mépris ceux des siens que le commerce avait civilisés. Déjà j'apercevais les maisons peintes de la ville; les portes flanquées de tourelles s'ouvraient devant moi. Je traversais des rues populeuses qui s'étendaient sur les trois collines; j'admirais les quais élégants de ces deux rivières qui divisaient la ville en trois quartiers immenses. Je m'arrêtais sur les places publiques; je mesurais la hauteur des frontispices des temples; partout régnait le mouvement et l'activité ; enfin j'étais reçu chez un viel Agésinate qui me donnait l'hospitalité révérée dans ces temps si peu connus et pourtant presque aussi policés qu'aujourd'hui. (*V.*)

Telles étaient les rêveries qui nous retraçaient les âges évanouis, quand nous aperçumes les premières maisons, ou plutôt les premières masures du bourg de St.-Georges. Il est difficile de se figurer l'impression mélancolique que verse dans l'âme ce contraste d'une grandeur passée et de l'abandon présent. Oh ! combien à la vue de ces vestiges ignorés, dans un lieu qui fut une grande ville, l'homme se trouve peu de chose ! Horace venait-il de rêver sur des ruines quand il s'écriait : *Pulvis et umbra sumus ? Nous ne sommes qu'une poussière, qu'une ombre!* Le Génie seul est quelque chose, car il échappe au temps. Ces réflexions nous assaillirent en foule, et nous asseyant sur les degrés d'un calvaire en ruine qui se trouvait près de nous, nous continuâmes à nous retracer les événements qui ont successivement contribué à transformer Durinum en Saint-Georges-de-Montaigu.

La splendeur que cette ville partageait au IVe siècle avec Ratiaste, Herbadilla, Sigor et Limonum s'évanouit avec le séjour des Romains dans les Gaules. L'invasion des Francs détourna le commerce de l'Armorique et de l'Aquitaine. Lutèce et Tournay, où les conquérants tenaient leur cour, attirèrent seuls tous les regards, et l'établissement des Teyphales dans le nord du pays des Agésinates, fixant à Tiffauges le chef-lieu de la cité, acheva d'enlever à Durinum toute son importance.

Au commencement du Ve siècle elle n'était déjà plus qu'une ville indigente et sans renom, quand tout-à-coup le ministre d'un culte inconnu se présente à ses portes. Il se nomme Martin : une barbe majestueuse tombe sur sa poitrine, une robe de fin lin descend jusqu'à ses pieds, et une croix brille dans sa main. Il est né à quelques lieues de Nantes, sous les ombrages révérés de la sombre forêt du Silence. (1) Il annonce un Dieu qui soulage, une religion qui console. Aussitôt tous l'entourent et l'écoutent. Il raconte comment une ville coupable, la puissante Herbadilla, ayant refusé d'écouter ses paroles, venait à sa voix d'être engloutie sous les eaux. Au feu divin qui brille dans ses yeux, on reconnaît l'inspiration; on trouve sa morale sublime, on y croit : les temples des Idoles sont renversés, leurs simulacres sont brisés, et l'Etranger cherche en vain la place où fut brûlé un sacrilége encens; dans Durinum tout est chrétien, et ses longs malheurs sont presque oubliés.

Cependant cette population compte dans son sein des pauvres, des infirmes, des vieillards et des orphelins, tous forment cette portion de l'espèce humaine qui n'a d'autre appui que la religion; il fallait les protéger. A la voix de Martin, des pro-

---

(1) La forêt de *Wertaw*, c'est-à-dire *du Silence*, aujourd'hui Vertou.

tecteurs vont se consacrer à les servir. Ce Barde sacré vient de parler, et soudain deux couvents s'élèvent à côté l'un de l'autre. Le premier est pour les hommes, le second pour les femmes ; des hommes riches dotent bientôt après ces pieux établissements ; la Religion, comme un astre bienfaisant qui ramène l'abondance et la fertilité dans une contrée dévastée par les orages, se lève majestueuse sur l'antique Durinum, et répare tous ses maux. Dans ces temps reculés ces asiles religieux servaient tout à la fois, en temps de paix, d'églises, d'hôpitaux et de lieux de retraite ; et, en temps de guerre, d'asiles et de forteresses contre l'oppression des grands et la fureur des combats.

Martin venait souvent visiter ces deux couvents. Vers l'an 600, il y était venu, comme de coutume, quand une fièvre brûlante vint l'emporter à ses disciples. Consternés d'une telle perte, ils ensevelissent en pleurant sa dépouille mortelle dans un coffre de bois précieux et la portent à l'église. Mais voici qu'un autre peuple sorti de la forêt du Silence, et conduit par les moines de Vertaw, se présente aux portes de Durinum. Ce sont les concitoyens de Martin qui viennent réclamer son corps comme étant leur propriété. Ceux de Durinum réclament de leur côté ce noble et saint héritage que la Providence a pris soin, disent-ils, de déposer entre leurs mains. Les habitants de Vertou persistent dans leurs prétentions, et ceux de Durinum s'obstinent à conserver chez eux les restes précieux de leur apôtre. Toute la ville est en émeute; on s'irrite de part et d'autre; les armes étincellent dans toutes les mains, et, dès le point du jour suivant, le sang va couler autour de la dépouille mortelle de l'homme de paix.

Les moines de Vertou, gémissant de l'opiniâtreté des deux populations rivales qu'ils ont imprudemment excitées, croient devoir recourir à la ruse : ils profitent de la nuit, se glissent dans l'église, enlèvent la châsse qui renferme le corps de Martin, et l'emportent en silence. Quand l'aurore se lève au-dessus des monts d'alentour, déjà le cortége funèbre, entre, aux chants de l'hymne des morts, sous les rameaux solitaires de la forêt du Silence. Ce fut ainsi que la paix fut rétablie, et que Durinum perdit pour jamais les os de son Apôtre.

Trois siècles s'écoulent ensuite sans qu'aucun fait digne de remarque occupe les pinceaux de l'Histoire ; mais vers l'an 844, au moment où Louis le débonnaire, fils de Charlemagne, vient de descendre dans la tombe, Bégon, son gendre, duc d'Aquitaine et comte de Poitou gouverne cette Province ; Ramire, Guaiffre et Giraud, lieutenants de Lambert, usurpateur du comté Nantais, sont maîtres des Pays de Mauges, Tiffauges et Herbauges. Bégon, autrement appelé Bougon, souffrant impatiemment le voisinage de ces guerriers inconnus, et désirant refouler les Armoricains derrière la Loire, part à l'improviste des remparts de Bouguenais, château qu'il avait fait bâtir au bord de la Loire, à quelque distance de Nantes, et auquel il avait donné son nom. Ses troupes défilent sans bruit sur la voie Romaine qui du monastère de *Déas* conduit à Limonum ; elles arrivent vers le milieu du jour à Durinum, et s'y reposent un moment. Mais quel changement dans cette ville ! Ce n'est plus qu'un bourg de la Teyphalie, *Téophalgiæ vicus*; de son ancienne splendeur, il ne lui est resté que son nom, encore est-il défiguré et transformé en celui de *Durin*. Bougon, qui veut surprendre Guaiffre, presse sa marche, arrive au passage dangereux du Bléson, le traverse, gravit les rochers de la rive opposée, continue sa route, et entre avec la nuit dans Herbauges. On en vient aux mains dans le peu de rues qui restent encore de l'antique Herbadilla. Guaiffre surpris se défend à peine, et abandonnant la ville à son ennemi, se retire à Tiffauges auprès de Giraud, qui y commande. Ramire, autre lieutenant de Lambert dans le pays de Mauges, se joint à ses compagnons d'armes, et tous trois, partant de Tiffauges, se dirigent en silence vers le passage du

Bléson, pour surprendre leur ennemi. Ce pays étant couvert de bois sombres et touffus, il leur est facile de s'y cacher. Bougon, fier de sa victoire, après avoir pillé la ville, s'en revenait sans défiance. A l'aspect de ses troupes en désordre, ses ennemis le laissent, ainsi qu'une partie de son armée, passer le torrent dont l'onde écume et se brise au milieu des rochers. Ils l'attaquent ensuite à l'improviste et le mettent en fuite. Bougon lui-même, en combattant vaillamment, succombe dans la mêlée ; ses guerriers le reçoivent dans leurs bras, et l'emportent à la hâte vers Durinum.

Alpaïs, petite-fille de Charlemagne et épouse de Bougon, était restée à Durinum ; elle avait appris la veille le succès des armes de son époux, et ce jour est pour elle et pour toute la ville un jour de fête. Mais quel est ce cortége funèbre qui gravit lentement le rocher sur lequel s'élèvent au Nord-Est les faibles restes de la ville ?... D'où vient la tristesse que l'on aperçoit empreinte sur le front des guerriers qui l'accompagnent!... Les enseignes de Charlemagne qui naguères flottaient sur l'univers, aujourd'hui sont immobiles et déchirées. L'hymne de Roland qui, il y a deux jours, retentissait sur ces rochers et sur les rives tortueuses de ces deux rivières, a fait place à des chants lugubres. Les plumes brillantes qui flottaient hier sur les cimiers des casques, aujourd'hui brisées et abattues, annoncent le désordre du combat ; ces lances luisantes, dont l'éclat éblouissait, sont ternes et renversées. Le cortége approche ; six guerriers la tête nue portent le corps d'un héros : ses yeux sont fermés à la lumière, son front est encore menaçant, sa main pendante tient le tronçon d'une épée, et de son sein un sang noir s'échappe à chaque secousse. Cessez vos chants de victoire, jeunes Teyphaliennes, qui dansez sur la place publique la ronde antique de vos montagnes. La Princesse qui préside à vos jeux, la belle Alpaïs vient, à travers le léger tissu de son long voile semé d'abeilles d'or, de reconnaître le corps de son époux ; muette de douleur, elle est tombée évanouie entre les bras de ses femmes. Le temps presse, l'ennemi s'avance ; les portes du monastère se sont ouvertes, et l'infortuné Bougon est enterré à la hâte avec ses éperons et son cheval, fidèle compagnon de ses dangers. Bientôt Guaiffre arrive, altéré de vengeance : il traverse Durinum, et court s'emparer de Bouguenais, où il fixe sa résidence.

Bougon repose oublié sous les arceaux gothiques des vieilles voûtes du monastère. Aucune inscription n'y retrace la vie et les combats de ce héros malheureux ; mais chaque soir, à la lueur vacillante d'une lampe funèbre, une femme, vêtue d'une longue robe de deuil, la tête couverte d'un voile noir, vient s'agenouiller sur la pierre de la tombe : elle prie, et les noms de Bougon et d'Alpaïs montent unis ensemble au pied de l'Éternel.

Franchissons encore trois autres siècles, et vers l'an 1130, nous verrons Durinum, devenu possession des Rois d'Angleterre, perdre entièrement le peu qui lui reste de son ancienne splendeur. Son vieux château, ou citadelle, s'élevait sur la pointe d'un rocher baigné par le Petit-Maine, à une demi-lieue environ du confluent des deux rivières qui partageaient la ville en trois quartiers groupés sur trois collines. Des quais garnis de jardins et d'habitations longeaient la rivière et s'étendaient jusqu'au pied des murailles de la citadelle ; mais abandonné par le manque de population, tout ce quartier se trouvait presque désert, quand, sous le règne de Richard-Cœur-de-Lion, des Seigneurs Anglais, dont les noms sont restés inconnus, trouvant la ville trop loin de cette forteresse qu'ils avaient fait réparer, engagèrent la presque totalité des habitants à venir s'établir auprès du château, sur l'esplanade du côté du Nord. Ils y vinrent en grand nombre, et bientôt il s'y forma une nouvelle ville à laquelle on donna le nom de *Montagut*, à cause de sa position sur la cime de la montagne ; telle est l'origine du nom de Montaigu. Formée de la majeure partie de Durinum, elle s'augmenta à mesure que la première diminua, et quand, vers l'an 1461,

Charles, duc de Berri, frère unique de Louis XI, allant de Poitiers à Nantes, en suivant l'ancienne voie Romaine, passa par Durinum; il la traversa sans s'y arrêter, car dès-lors ce n'était plus que Saint-Georges-de-Montagut.

Durinum, ainsi tombé, eut pourtant encore, sous le nom de Saint-Georges, un beau moment; c'était au XVe siècle : le duc de Mercœur, à la tête des Ligueurs, assiégeait Montaigu, qui résistait avec opiniâtreté. Saint-Georges était trop voisin du théâtre de la guerre, pour n'être pas exposé aux courses et aux pillages des soldats du Duc. Tous les habitants indignés songeaient à prendre les armes, pour chasser cette armée de brigands, quand tout-à-coup, sur la route de La Rochelle, on entend retentir dans le lointain le son de la trompette guerrière. Dans un nuage de poussière on voit étinceler des casques et des cuirasses; le nuage poudreux approche ; on distingue les coursiers, on entend leur hennissement et le bruit de leurs pas; sur les casques des guerriers on distingue de blancs panaches flottant dans les airs. Après la cavalerie, on aperçoit les redoutables phalanges d'arquebusiers : ils marchent en ordre, et leurs files profondes couvrent les côteaux, comme une moisson hérisse au loin les guérets ; c'est Henri IV : on le reconnaît, et sa présence rassure tous les esprits.

Tandis que son armée entre à St-Georges, et que les chefs distribuent les postes et tracent le camp, d'autres bataillons arrivent du côté du midi ; on les aperçoit à travers les arbres qui couvrent la montagne voisine. Un guerrier armé de toutes pièces s'élance sur le pont, et son cheval fougueux en fait retentir les vieilles arches : c'est le chef des guerriers du Bocage, Latrémouille, suivi de ses vaillants capitaines et des braves phalanges Teyphaliennes.

Mercœur apprend l'arrivée du Héros. Il ne connaît déjà que trop bien les guerriers qu'il va combattre. L'effroi le saisit ; il fuit.

Les remparts imprenables de Clisson ne sont qu'à deux lieues; il s'y réfugie. Mais son oreille a cru saisir dans le soufle des vents le bruit de la marche des guerriers du Bocage; il ne se trouve plus en sûreté derrière ces remparts formidables ; il embarque à la hâte sur la Sèvre trois pièces de canon, les dirige sur Nantes, et s'efforce lui-même de s'y réfugier. Vains efforts !... cette terre de la Liberté, dont il a osé fouler le sol, a soif de sang et de vengeance. Henri sort de son camp, traverse Montaigu, s'attache aux traces du fugitif, arrive à Clisson, et Mercœur accélère sa fuite; Henri le poursuit sans relâche, ses guerriers dévorent la terre, les rives de la Sèvre, de la Moine et de la Sanguèse en sont déjà couvertes. Ils distinguent déjà les tours blanches de Saint-Pierre de Nantes; ils entendent les cris, les jurements et les blasphêmes des Ligueurs qui, pour entrer sur les ponts de la vaste cité, se précipitent en foule au pied de la vieille tour de Pirmil. Mais c'en est fait, il n'est plus temps de fuir. Déjà Latrémouille et ses braves, arrivant par l'autre route, ont franchi le village des Sorinières, et leurs cimetères étincelants ont commencé le combat. Henri attaque le faubourg Saint-Jacques ; le canon foudroie et renverse tout devant lui. Les fanatiques forcés des deux côtés se rangent en bataille, et une effroyable mêlée s'étend sur toute la ligne, depuis l'antique *Ratiaste* jusqu'aux coteaux de Saint-Sébastien. La Loire roule des cadavres ; des bataillons se heurtent et se culbutent sur les larges ponts ; le désespoir donne aux Ligueurs un courage nouveau pour eux. Tout paraît en feu : on dirait qu'un volcan immense vient de s'ouvrir au milieu des tourbillons de fumée, du cliquetis des armes et des cris des combattants. Tout-à-coup la masse énorme de la vieille tour de Pirmil levant, immobiles au milieu du carnage, ses vieux créneaux, frappée par les coups redoublés du bronze, s'écroule avec fracas, engloutissant sous ses ruines poudreuses les derniers Ligueurs qui défendaient encore le pont qu'elle domine (*X*). Mercœur est vaincu ; un silence de mort s'étend partout, et si par intervalle les cris des mourants se font encore entendre, ils sont couverts par les chants de victoire des compagnons du grand Henri.

Mercœur était en fuite sur la route de Vannes; Henri voulant, avant de le poursuivre, achever la conquête du Bas-Poitou, revient à Montaigu qu'il fait approvisionner, et ramène ses troupes victorieuses dans son camp de Saint-Georges.

Mais à peine est-il de retour que les braves du Bocage avec Latrémouille, tous couverts de sang et de poussière, arrivent de la bataille et entourent le Roi de Navarre. Sur cette place, ou plutôt cette large rue aujourd'hui environnée de décombres, le Héros les reçoit avec sa franchise guerrière accoutumée. Il les félicite de leurs nouveaux exploits, s'informe de leurs blessures, de leurs faits d'armes, et reconnaissant l'un après l'autre tous ses capitaines, il distribue à chacun la juste part de gloire qu'ils ont acquise dans cette mémorable journée. Le beau Roi de France entend quelques mouvements derrière lui ; il se retourne, et se voit tout-à-coup entouré d'une multitude de drapeaux conquis sur l'ennemi : au gré des vents ils flottent au-dessus de son jeune front ; il en est ombragé comme sous un dôme élevé par les mains de la Victoire.

Mais déjà le silence de la nuit remplace le fracas des batailles, et la lune se levant taciturne, derrière les bois du vieux castel de la Gétière, domine paisiblement la contrée.

Le surlendemain, le Roi quitte Saint-Georges, et, par une contre-marche habile, tombe sur Beauvoir, et achève ainsi de soumettre les Catholiques rebelles qui dévastaient le Bas-Poitou.

En vain chercherait-on quelques faits historiques relatifs à Saint-Georges, depuis le séjour qu'y fit le bon Roi, jusqu'aux jours héroïques de 1791. Les guerres de religion, qui durèrent encore quelques années, les ravages du temps, l'oubli et les flammes révolutionnaires ont achevé la ruine de l'antique Durinum, et quand à la suite de nos méditations historiques nous entrâmes dans ses rues désertes, elles n'étaient plus qu'un monceau de décombres.

La voilà donc cette fameuse Durinum, telle que le temps, les bouleversements des empires, et la féodalité nous l'ont laissée! Deux longues lignes de masures, les unes en ruines, les autres à demi-réparées, longent la route pendant un quart de lieue; une Eglise moderne assez propre, un cimetière délabré au milieu de la route, et les ruines de l'Eglise du vieux prieuré qui, à l'extérieur, ressemblent à celles d'une forteresse, voilà l'image fidèle de ces restes d'une grande cité. Mais la nature, qui se joue des révolutions humaines, y conserve encore toute sa fécondité. Saint-Georges est couvert de fruits et de riches moissons. Le peintre s'arrête toujours aux paysages charmants qu'étalent de tous côtés les rivages et le confluent de ces deux rivières romantiques ; le poète vient rêver au bruit de ces belles eaux, et l'historien, à côté de l'antiquaire, vient y chercher les faits mémorables des âges passés.

En entrant à Saint-Georges, nous demandâmes où passait l'ancienne voie Romaine, le tombeau de Bougon, les restes de l'ancien *Pomérium*, ou enceinte de la vieille ville, l'emplacement du camp du Béarnais. On ne nous comprit pas ; peu s'en fallut que l'on ne pensât que nous avions l'esprit dérangé, et, franchement, à l'aspect de cette ville déserte et de ces monceaux de ruines, nous fûmes prêt à le croire nous-même.

On nous enseigna cependant un homme qui cultivait les lettres, et qui depuis trente ans habitait au milieu de ces ruines. Nous y courûmes : car dans tous les pays les hommes qui aiment les Arts sont amis, même sans se connaître. M. M*** (*Y*) nous reçut avec la plus aimable cordialité. Il nous communiqua le fruit de ses recherches, et le produit des fouilles qu'il avait fait faire. Nous visitâmes ensemble l'emplacement où Bougon avait été inhumé; il l'avait retrouvé enterré avec son cheval; ses éperons étaient encore à ses pieds, et ses ossements gigantesques annonçaient un homme d'une stature colossale. Nous entrâmes dans l'Église du prieuré : elle était dévastée; néanmoins aux petits piliers groupés sous d'énormes cintres pleins, il nous fut aisé de reconnaître le genre d'architecture en usage sous les Rois de la seconde race. Nous suivîmes également l'ancienne voie Romaine : elle est encore apparente en quelques endroits, quoiqu'elle ait été labourée et soit maintenant couverte de moissons. Elle aboutissait au confluent des deux ruisseaux, à quelques pas du pont actuel. Nous longeâmes la rivière jusqu'au pied du château de Montaigu, et nous reconnûmes aux vestiges des vieux murs qui s'y trouvent encore, que ce quartier de la ville était celui qui conduisait à la citadelle : elle n'est plus aujourd'hui que le château de Montaigu.

Revenant ensuite à Saint-Georges, nous explorâmes les vestiges qui pouvaient nous indiquer l'enceinte de Durinum. Il nous fut facile de les reconnaître. Cette ville était située sur le coteau où se trouve aujourd'hui Saint-Georges, mais elle s'étendait encore de chaque côté sur le flanc des deux collines latérales, et le centre de la cité se trouvait ainsi partagé en trois parties égales par les deux rivières qui se réunissent au-dessous de la ville, et qui lui ont fait donner le nom primitif de **Durivum** (*deux ruisseaux*) dont on a fait depuis le nom de Durinum, et enfin celui de Durin.

Mais il est temps de finir cette lettre, Angéline; je ne vous parlerai ni de l'existence en ce lieu d'une ancienne *mansio* Romaine, ni des vases et autres produits des fouilles faites par M. M***; toutes constatent le séjour de vos pères en ce lieu. Demain nous nous dirigerons vers Tiffauges, et là encore nous retrouverons les traces de ce Peuple-Roi. Heureux si je puis enfin vous convaincre que cette contrée n'est point un pays étranger pour une Italienne, et que de grands souvenirs unis à toutes les grâces de la belle nature et des Beaux Arts, en font aujourd'hui la copie animée de l'antique et fertile Ausonie.

Vue des ruines du Château de Tiffauges
(Vendée poétique et pittoresque de Massé Isidore.)

LETTRE XXII.

Tiffauges (Vendée), ... 1828.

MAINTENANT nous allons continuer notre route vers Tiffauges, Torfou et Clisson. Là, nous retrouverons les confins de la Bretagne et la fin de notre moderne Italie. Si du moins la douce et sainte amitié nous y payait d'un sourire !

En avançant vers Tiffauges on laisse sur la droite les ruines du vieux manoir du Puy-Gréffier ; aucun fait historique ne s'y rattache. Cependant on montre aux voyageurs l'escalier tournant de ses ruines : c'est un ouvrage moderne en briques, et qui n'a rien de remarquable que sa petitesse et le peu de place qu'il occupe ; il devait être commode et très-solidement bâti malgré sa légèreté. Bien que ce soit là le seul reste de l'habitation incendiée, qui puisse attirer l'attention des amis de l'architecture, il n'en est pas moins vrai que le site que domine cette ruine ne pourrait qu'intéresser la Muse des beaux paysages. Le peintre y trouverait quelques charmes à promener ses regards sur le lac qui baigne le coteau où fut jadis Puy-Gréffier. D'autres coteaux couverts de bois, l'entourent de tous côtés, et au Nord la jetée du moulin anime et achève le tableau. Mais ce gracieux point de vue, dans un pays comme cette portion de la Vendée, n'est autre chose que ce que serait un arbre de plus ou de moins dans une vaste forêt ; c'est tout simplement un joli paysage dans une immense collection de paysages.

On laisse ensuite sur la gauche, la Bruffière, ancienne station Romaine. Ce souvenir est tout ce qui reste de son histoire.

Nous arrivons à Tiffauges par un soleil ardent; la terre embrasée semble rouler des vapeurs enflammées; un sol sablonneux, de vieilles ruines qui tantôt s'élèvent gigantesques au bord des précipices, tantôt se dessinent sur un ciel sans nuages; des arbres poudreux semés çà et là sur des rocs escarpés au pied desquels la Sèvre et la Crûme versent des eaux limpides qui tombent en cascades, et roulent sur des couches verdoyantes de végétaux aquatiques d'un beau vert; les maisons blanches de Tiffauges et ses belles et élégantes fabriques apparaissant éparses au milieu des arbres et des rocs : tel est le tableau magnifique et ravissant qui frappe la vue au premier aspect de la vallée profonde de l'antique Teyphale. Tout ici annonce que cette terre a été remuée depuis bien des siècles, par les révolutions de la Nature et par les passions des hommes. Les noms classiques de César et d'Adrien, le passage de Clovis et des Visigoths, les vieux souvenirs du Bas-Empire et ceux du moyen âge s'y mêlent aux souvenirs de la monarchie française; Tiffauges est gros des temps passés.

Tous les étrangers courent d'abord aux ruines ; elles méritent l'attention. Elles sont situées au nord de Tiffauges, sur une élévation qui sépare les hauteurs de la ville des rives de la Sèvre et de la Crûme ; elles embrassent une vaste étendue et couvrent l'emplacement qu'occupait autrefois la grande station Romaine.

La porte d'entrée conserve encore ses mâchicoulis et ses créneaux. Elle présente en face de la route son portail arqué en cintre plein, et surmonté d'une muraille de plus de douze pieds d'épaisseur. A l'orient de cette porte, cette même muraille flanquée de tourelles se dessine en arc au-dessus d'une prodigieuse élévation de terre et de rochers. La route qui passe au bas est dans cet endroit tellement resserrée entre cette élévation et les rochers où Tiffauges est bâti, que l'on se croirait transporté dans les ravins du Jura ou des Alpes, au pied de l'un de ces châteaux merveilleux décrits par l'Arioste. D'ici l'on remarque facilement les causes principales de l'abandon de cette forteresse : dominée au midi par les rochers de la ville, l'invention du canon a dû lui ôter toute son importance ; on pouvait de Tiffauges la foudroyer sans courir aucun péril. Mais suivons le circuit que forme la route dans les racines de ces masses granitiques. En débouchant au Nord, on s'arrête avec surprise ! Quelle majesté dans la Nature ! Ces deux fleuves qui bouillonnent à nos pieds, ces rochers épars, ces îlots couverts d'arbres et de fleurs, ces eaux si pures qui jaillissent et s'échappent de tous côtés, les arches élégantes de ces ponts, ces fabriques italiennes qui se montrent au milieu des arbres comme sorties par enchantement du sein des eaux, ces coteaux verdoyants qui des deux côtés montent en amphithéâtre jusques dans les nues, tandis que derrière nous les vieilles ruines pendantes montrant leurs arceaux couverts de lierre, se dessinent dans des nuages aériens. Oh ! mon Angéline, que n'êtes-vous ici : ce bruit, ce mouvement, cette nature magnifique, cette force de végétation, ces principes de vie qui animent ce tableau vraiment sublime, forceraient tes doigts légers à tirer des cordes de ta harpe quelques-uns de ces accents inspirés qui vont retentir jusques dans les profondeurs de l'immortalité !

Remontons aux ruines. En y entrant on trouve la première enceinte remplie de décombres. Le corps de bâtiments qui la sépare de la seconde cour, annonce une construction bien plus moderne que celle des murailles et des tourelles de la porte d'entrée. Là, devait être le Béfroy. En déblayant ces ruines, on pourrait y retrouver des chambres et des appartements bien conservés. Nous gravissions sur ces débris, à travers les ronces, les sureaux et les cerisiers sauvages, quand nous aperçûmes à quelques pas au-dessous de nous, dans un pan de mur tourné vers l'Orient, la fenêtre d'un cabinet isolé et à demi-masquée par les arbres qui croissent entre les décombres. Nous y parvînmes avec peine, en nous laissant glisser sur les branches. Nous n'y trouvâmes rien de remarquable; la porte qui communiquait aux autres pièces, était encombrée, mais l'intérieur de celle où nous nous trouvions, nous donna lieu de remarquer l'étonnante solidité de la maçonne; la croisée par laquelle nous étions entré, sculptée en forme de croix, portait l'empreinte des Arts du XIIIe siècle, et l'Antiquaire qui, comme nous l'avons déjà dit, lit à peu de chose près, sur le front des vieux monuments, l'époque de leur construction, pourrait faire remonter la date de celui-ci au temps de Saint-Louis ou de ses successeurs. Le nom de Barbe-Bleue imprimé sur ces ruines et resté dans la tradition, annoncerait que vers le XVIe siècle ces remparts ont appartenu au trop fameux Gilles de Retz. Cet infâme assassin aurait donc souillé ce séjour, et l'horreur que son nom inspire encore, après quatre cents ans, répand dans ces lieux un tel effroi, que le villageois n'oserait pénétrer dans ces ruines à la nuit tombante. Ce souvenir pique cependant la curiosité des voyageurs.

La seconde enceinte offre plus d'intérêt : elle s'étend depuis les douves qui baignent les édifices dont nous venons de parler jusqu'aux servitudes rurales, bâties tout nouvellement sur l'emplacement des murs qui séparaient cette seconde enceinte de la troisième. Ici devait être la cour d'honneur. A l'Ouest se trouvent les ruines du corps de bâtiment qu'habitait le seigneur du lieu. Incendié pendant les guerres de Religion du XVIe siècle, il ne reste plus aujourd'hui que les pignons des murs intérieurs ; leurs angles aigus s'élèvent au milieu des débris que couvrent les ronces. Du salon, la vue devait être d'une imposante majesté : elle donnait sur cette vallée profonde et spacieuse qu'arrose la Crûme ; elle était bornée au Nord et au Midi par deux longues draperies de rochers grisâtres entre lesquels s'étendent des prés couverts d'aulnes et arrosés par le torrent. A l'Est de cette esplanade se trouvait la chapelle du Château : elle était construite sur une ancienne chapelle souterraine dont les colonnes trop faibles, s'étant affaissées il y a quelques années, ont entraîné la chûte de la chapelle supérieure. Cet usage de bâtir des églises souterraines, remonte au IV⁰ siècle. Quel dommage que celle-ci ne nous ait pas été conservée ! que de souvenirs n'aurions-nous pas retrouvés dans cette obscure enceinte ! Les pierres tombales nous auraient donné les dates précises de bien des événements, et des modèles des vêtements de nos aïeux. Le genre d'architecture de ces colonnes, filles du Bas-Empire, nous aurait fait connaître les croyances religieuses du temps de leur construction, et l'état des arts en Teyphalie vers cette époque peu connue. Mais aujourd'hui le voyageur, en pressant sous ses pieds ces ruines souterraines, ne peut que se dire à lui-même : les ruines que je disperse avec mes pieds couvrent d'autres ruines ; je marche sur les siècles accumulés ; quatorze cents ans gissent ici.

Une arcade de la chapelle supérieure est restée seule debout. Sous son cintre en ogive garni de lierre, dont les mouvantes draperies tombent sur les rochers que baigne la Sèvre, on retrouve une de ces vues délicieuses que les peintres ne rencontrent guère, même en Italie.

La troisième enceinte est fermée au Nord par des fortifications qui rappellent le siècle du beau gothique secondaire, c'est-à-dire la fin du XIV⁰ siècle. En y entrant on trouve, à droite, une salle voûtée bien conservée : elle est décorée par de légers piliers, et sa voûte est coupée dans toute sa longueur par une aiguille dans laquelle l'ogive vient se perdre presqu'inaperçue. La fenêtre est profonde, et, comme dans la majeure partie des châteaux de ce pays, on y trouve de chaque côté deux larges pierres triangulaires servant de siéges. Les vitraux étaient supportés par deux jambages en forme de croix, selon l'usage des anciens preux revenus de la Palestine. On pense communément que cette pièce était un salon; mais sa position, au milieu des fortifications du Nord, nous porte à penser que c'était plutôt un corps-de-garde destiné à surveiller cette partie du château qui se trouve éloignée des forts du Midi et de la demeure du maître. En descendant l'escalier voûté et tournant que l'on rencontre à gauche de la porte d'entrée, on le trouve tellement obscur, qu'en plein midi une nuit profonde y règne sans obstacles. Il conduit d'abord à une pièce située sous celle dont nous venons de parler. Cette seconde salle qu'on dit avoir été la cuisine, est souterraine du côté de la cour; mais du côté du Nord elle se trouve encore à plus de cent pieds au-dessus des rives étroites de la Crûme, qui se brise dans un précipice au pied de la tour. A deux pas, en face de la cheminée de cette chambre, il existe une ouverture carrée à fleur de terre : on pense que c'était un puits ; mais outre qu'il eût été difficile de mettre un puits dans cet endroit, il y eût été parfaitement inutile ; car un corridor voûté et faiblement éclairé par d'étroites meurtrières conduit de cette chambre à la rivière, et remonte ensuite aux autres fortifications. Si l'on descend dans ce prétendu puits, on se trouve dans un réduit humide et ténébreux, qui ne reçoit de jour que par cette ouverture ménagée au milieu de la voûte. Ce n'était donc là qu'un de ces cachots terribles où l'on déposait les prisonniers.

En continuant à descendre l'escalier, on arrive à une poterne qui donne sur la Crûme, au pied de la tour où sont renfermés les logements que nous venons de visiter. De là l'œil tourne autour de cette masse de granite dont la teinte rougeâtre se dessine majestueusement sur les teintes grises et vertes du paysage qui l'environne. La fraîcheur et la jeunesse qui colorent cette tour, en imposent tellement à l'imagination, qu'on la prendrait pour un ouvrage de nos jours, tant les formes en sont belles et régulières. De sa base on aperçoit, sous ses pieds, les cimes des arbres qui croissent dans le fond du ravin où bouillonne le torrent ; la vue est effrayante. Remontons l'escalier tournant et ne nous arrêtons que sur la plate-forme. Au-dessous de cette plate-forme règne un corridor voûté, demi-circulaire, et construit en beau granite qui semble taillé d'hier. Un banc massif occupe le côté droit et prend la moitié de cet étroit corridor; l'autre moitié est percée à jour en forme de meurtrières. Les soldats devaient y combattre assis, et parfaitement à couvert. Le jour ne pénètre que par ces meurtrières, et pour passer par ce corridor on est obligé de poser le pied sur les pierres longues et étroites qui les séparent, en sorte que lorsqu'on y marche et que l'œil plonge entre ces pierres dans le précipice au-dessus duquel elles semblent suspendues, on se sent saisi d'effroi : on se trouve élevé à plus de quatre-vingts pieds au-dessus de l'abîme. Au bout de ce corridor une poterne conduit sur la plate-forme de la tour, et là, au milieu d'une perspective immense, peut-être même unique par son inconcevable beauté, la vue embrasse toute l'étendue des ruines.

En balayant tous les édifices renfermés dans la seconde et la troisième enceinte, nous croyons y retrouver l'emplacement du camp des Romains. Cet immense plateau entouré de tous côtés par des précipices, était pour eux un *castrum* imprenable, et cette position avantageuse ne devait point échapper à l'œil clairvoyant de ces maîtres du monde. Il est certain que Tiffauges était leur quartier-général au temps du Bas-Empire, et que nulle part ailleurs la nature ne leur eût offert un plus bel emplacement.

LETTRE XXIV.

Tiffauges....*Suite*... (Vendée) 1828.

De retour ce matin sur la plate-forme des fortifications dont nous vous parlions hier, nous contemplâmes long-temps la vue magnifique qu'étalaient autour de nous la scène imposante des ruines et la grandeur majestueuse du paysage. Assis sur une pierre tombée de la maçonne, au milieu des grandes herbes et à l'ombre des cerisiers sauvages poussés dans les décombres, nous évoquâmes les âges passés, et les événements dont ces lieux ont été le théâtre se présentèrent successivement à nos yeux.

Avant la conquête de l'Occitanie par les Romains, nous voyons d'abord la jeune Gauloise à la blonde chevelure venir au bord des eaux ; elle y dépouille sa robe blanche et légère bordée d'un fil de pourpre ou décorée d'hermines; et plongeant dans les ondes elle se joue dans leur cristal humide, et ressemble à la fraîche divinité de ces beaux lieux. Tantôt un vieux Druide, le front ceint d'une branche de chêne, vient s'asseoir sur ces rochers, et là, seul et pensif, il médite en présence de la divinité, dont la nature vivante et animée de ces lieux solitaires, est à ses yeux le plus beau de tous les temples. Tantôt un jeune chasseur, poursuivant le daim ou le chevreuil sous les arbres d'alentour, apparaît franchissant ces torrents, tandis que ses chiens font retentir de leurs aboiements les échos des montagnes et mêlent leurs voix bruyantes au bruit majestueux des eaux.

Mais tous ces souvenirs des premiers âges disparaissent bientôt devant nous comme perdus dans un horizon lointain et vaporeux ; vers l'an de Rome 696, l'Histoire commence à dissiper la nuit des temps, et à la lueur de ses premiers rayons paraît en ces lieux un guerrier au front chauve ; l'aigle romaine le devance : c'est César. Il s'arrête sur le plateau que couvrent aujourd'hui les ruines qui nous entourent. Ce sol est vierge, et les huttes peintes des Gaulois-Agésinates n'y ont point été réunies. Le conquérant considère cette position ; mais à peine sa vue a-t-elle plongé dans la vallée, qu'il se rappelle les ombrages de Lucrétile et les cascades du riant Tibur. Les troupeaux de bœufs aux larges cornes qu'il aperçoit épars dans les prairies lui retracent ceux du Clytumne ; tout ici lui présente l'image de sa patrie, et plein de ce doux souvenir, il fait sur le champ tracer avec la charrue l'enceinte d'un camp. Des fortifications romaines hérissent les bords de cette rivière inconnue qu'il nomme *Tibre de la terre des ondes*, d'où l'on a fait le nom de *Tèbre*, et enfin celui de *Sèvre* (**Z**).

Pendant qu'une partie des guerriers est

occupée à fortifier ce nouveau *castrum*, le vainqueur des Gaules appelle Crassus, un de ses Lieutenants : « Tu vois, lui dit-il, cet espace » immense qui s'étend entre cette rivière, » l'Océan et le pays des Barjônes (1); prends » quelques-unes de mes légions, et vas sou- ». mettre cette contrée à l'aigle du Capitole.

Crassus part ; il se dirige vers les mines fécondes de la Ferrière et le Promontoire des Pictes. Mais il rencontre un pays tout merveilleux. Il semble que récemment sorti de dessous l'Océan qui le couvre encore à demi, il ait été envahi par des forêts prodigieuses ; des monts qui se succèdent les uns aux autres, des lacs larges et profonds, une multitude de plantes gigantesques, des rouches, des roseaux couvrent ce sol nouvellement abandonné par les eaux. Les soldats s'étonnent de trouver à l'occident de la Gaule un pays si nouveau pour eux. Une population étrange se lève à leur aspect :

---

(1) Ancien nom des premiers Poitevins.

les Romains contemplent avec étonnement ces hommes à demi-sauvages : leur stature est colossale ; ils sont à moitié couverts de peaux de bêtes fauves ; leurs visages sont peints, et une longue chevelure noire tombe sur leurs larges épaules ; ils n'ont que des armes légères, mais elles portent la mort. A mesure que les légions Romaines avancent dans ce sombre Bocage, elles ne rencontrent que des arbres et des buissons ; mais chaque buisson cache un guerrier, et derrière chaque arbre est, pour eux, la mort. Point de villes, point de villages ; quelques cabanes faites de branches et de terre peinte s'offrent seules à leurs regards inquiets : souvent un nuage d'ennemis se montre sur les coteaux d'alentour, les Romains y courent ; mais, comme par un pouvoir magique et surnaturel, tout a disparu ; un invisible, un infatigable ennemi s'attache à tous leurs pas. Cernés de toutes parts, les vainqueurs de l'univers tombent en foule, mordent en expirant un sol fait pour la liberté ; pour la première fois l'Aigle Romaine est contrainte de fuir devant cette Vendée des premiers âges (*AA*).

Le Lieutenant de César revient au camp; cette fois il n'y ramène pas la Victoire, mais seulement les restes de ses légions. Cependant le vainqueur des Gaules est appelé vers la belliqueuse Armorique; avant de quitter ces lieux, il ordonne qu'une voie romaine soit ouverte de *Limonum* (1) à *Condivicnum* (2), en suivant les rives de la Sèvre, afin de renfermer entre cette ligne militaire et l'Océan, le peuple imdompté devant lequel l'Aigle Romaine venait d'échouer.

César, en partant, avait laissé des troupes dans le *castrum* du Tibre d'Aquitaine ; mais sans cesse aux prises avec les Agésinates, elles sortaient peu de derrière leurs retranchements, et s'y trouvaient prisonnières. L'an de Rome 716, un nouveau général romain vint essayer d'achever l'ouvrage commencé par César. L'Aigle romaine menace de nouveau le terrible Bocage ; elle y passe sans laisser de traces de son empire. Agrippa, qui

---

(1) Poitiers.
(2) Nantes.

commandé cette seconde expédition, établit ici son quartier-général ; à sa voix, la route romaine projetée par César, se dessine sur les rochers qui bordent la Sèvre ; de deux lieues en deux lieues des stations romaines hérissent ces coteaux, et, comme une chaîne formidable, renferment tout le Bocage entre elles et les côtes de l'Océan..

Dix années s'écoulent au milieu de ces travaux. En 727, César-Auguste, qui régnait sur le monde, envoie de nouvelles légions pour dompter les fils de la Liberté, et conquérir le Bocage. Mais tout est en feu dans l'Aquitaine, et depuis les Pyrénées jusqu'aux rivages de l'Océan d'Albion, tout court aux armes. Messala commande les Romains : il vient à Tiffauges ; un chantre de l'Amour accompagne ses pas, les Nayades du fleuve entendent chaque soir ses accents mélodieux ; les sons de sa lyre résonnent dans la vallée silencieuse, et les noms charmants de Tibulle et de Délie animent les échos de ces rivages. Messala vainqueur, reprend la route de Rome, et le chantre de la douce élégie, retourne avec lui fouler les gazons de Lucrétile et de Tibur (*BB*).

Cependant les anciens Rois des Pictes, unis aux Agésinates, se maintiennent dans le Bocage, et les stations romaines passent un siècle entier dans une alternative continuelle de revers et de succès (*CC*).

Cent quarante ans après l'apparition de César dans les Gaules, un de ses successeurs, Adrien, qui voyageait dans son Empire, c'est-à-dire dans l'univers, allant de Nantes à Poitiers, s'arrêta au *castrum* de Tiffauges. Là, se tenait le receveur-général des impôts de la province. La pourpre romaine brilla donc de tout son éclat dans ces murs aujourd'hui détruits, et n'y a laissé de son passage d'autres vestiges que quelques pierres inconnues !

Mais hâtons-nous d'arriver à la grande époque où la gloire va de nouveau briller sur cette contrée.

L'an 400 de Jésus-Christ commence à luire sur les débris chancelants du trône des Césars. Le faible Honorius ne peut plus défendre le gigantesque empire des maîtres du monde. Déjà Conan-Mériadec, premier Roi Breton, s'est déclaré indépendant, et après avoir ceint son front du diadême, il obient de l'Empereur la concession de l'Armorique. Ce héros conquérant commence le premier à détruire l'ouvrage des Romains. Il sort de Nantes, sa capitale, passe la Loire, s'empare du pays de Tiffauges, y porte le fer et la flamme, et ravage toute la contrée. Pour la première fois le Tibre d'Aquitaine voit avec effroi des ruines sur ses bords dévastés. D'un autre côté, Euric, Roi des Visigoths, ayant envahi toute l'Aquitaine, depuis la Loire jusqu'aux Pyrénées, s'est fait céder cette immense étendue de pays à titre de Souveraineté (1). Le Bocage n'avait pas plus reconnu les Visigoths que les

---

(1) Ce traité étant simulé ou arraché à Honorius, il paraît que ce prince ne livra point le Poitou, mais qu'il le conserva quelques temps encore.

Romains; Guittard, dernier Roi des Pictes, réfugié chez les Agésinates, défendait la Liberté, tantôt contre les Romains, et tantôt contre les Bretons et les Visigoths; les montagnes et les forêts de cette contrée voyaient pour la première fois l'univers conjuré contre l'indépendance de leurs habitants. Artus-le-Grand, jugeant de tels hommes dignes de lui, vint les attaquer, et fut vaincu.

En vertu du traité passé entre Honorius et les Visigoths, l'Empereur Romain devait aider ses nouveaux alliés à s'emparer de la Haute-Aquitaine, et la mettre à couvert des invasions de Conan. Honorius, à cet effet, envoie de nouvelles garnisons romaines dans les lieux où sont aujourd'hui les bourgs de Mallièvre, Mortagne, Clisson, Gétigné, Cugand, Boussay, Legé, Bois-de-Céné, St-Etienne-du-Bois et Tiffauges, qui reste comme auparavant le quartier-général de toutes ces stations. Mais ces Romains sont inquiets et agités : ils ne marchent dans cette contrée qu'avec un secret effroi; ce redoutable

Bocage, qu'ils doivent contenir, est encore, comme au temps de César, peuplé d'une population guerrière qu'il faut combattre et repousser à chaque instant. Ils n'y restent que malgré eux, et avec cette répugnance, mère du dégoût, qui ne mène point à la Victoire. Honorius, pour les attacher au sol qu'ils doivent défendre, leur donne dans ces stations des établissements fixes, et des franchises telles qu'ils se trouvent bientôt aussi indépendants que les habitants eux-mêmes. L'air de la Liberté est contagieux ; bientôt il change dans ces Romains, le caractère du guerrier en celui du citoyen. Ces fiers conquérants traitent avec les naturels du pays, s'unissent avec eux par des alliances, et ne sont bientôt qu'un même peuple.

Vers l'an 475, un des successeurs d'Honorius, l'Empereur Népos, confirme la cession de toute l'Aquitaine déjà faite aux Visigoths ; les légions romaines qui tiennent garnison à Poitiers, reçoivent ordre d'évacuer la ville et de la remettre aux Visigoths. Parmi ces légions, il en est une toute composée de *Scythes* ou *Goths-Teyphaliens*; ne pouvant revenir à Rome dont l'ennemi la sépare, elle tourne les yeux vers cette contrée voisine, où la nature du pays et le caractère indomptable de la population, mélange de Romains et d'Agésinates, leur fait espérer de pouvoir encore se défendre long-temps, ou tout au moins d'y vivre libre. Elle part de Poitiers avec ses vieillards, ses femmes et ses enfants; les jeunes guerriers les escortent, et l'aigle romaine qui les devance, les guide au milieu des rochers de la Sèvre. Toute la légion devenue colonie, arrive au quartier-général; elle y plante ses enseignes, et s'établit au midi sur le sommet d'un coteau, en face et à cent pas de la citadelle. Une ville s'y forme; par une douce réminiscence de la patrie primitive, ils donnent à cette cité nouvelle le nom de Teyphale, dont on a fait Tiffauges, et toute la contrée prend le nom de Teyphalie.

Ces nouveaux venus sont reçus par les

anciennes légions Romaines, les Pictes fugitifs et les vieux Agésinates, comme des amis qu'une même cause à défendre doit unir; le sombre Bocage leur est ouvert, et pendant vingt-deux ans la fusion de ces peuples différents d'origine, s'opère à la faveur de la religion chrétienne qu'ils embrassent presque tous.

La nouvelle Teyphalie, restée seule indépendante au milieu des vastes ruines de l'empire, conserve à l'abri de ses forêts impénétrables, ses mœurs, ses usages, son culte et sa Liberté, idole favorite des peuples belliqueux.

Alaric, Roi des Visigoths, veut bientôt achever de conquérir cette partie de l'Aquitaine, mais les fiers habitants de cette belle contrée s'apprêtent à le repousser ou à mourir. Tout-à-coup la Renommée vient semer le bruit dans les montagnes de la Teyphalie, qu'un peuple nouveau, les Francs, amis de la gloire et de l'indépendance, conduits par un jeune héros chrétien nommé Clovis, viennent de franchir la Seine, et s'avancent en conquérants vers l'Aquitaine. Ils apprennent que ces guerriers Francs ont une taille élevée, une voix formidable, qu'une longue chevelure tombe sur leurs épaules blanches comme l'ivoire; qu'ils sont armés d'une francisque et combattent à côté de leurs femmes qui, les bras et les seins nus, le reste du corps couvert d'une robe noire, marchent à côté de leurs époux, et sont intrépides comme eux sur les champs de carnage. A ces récits merveilleux, l'habitant du Bocage est saisi d'un noble enthousiasme; il s'écrie : « Ce peuple est digne de nous, courons vers lui ! »

Des envoyés partis du Bocage se sont rendus près de Clovis; un traité d'alliance est conclu (1), et dès que le jeune monarque des Francs apparaît sur les rives de la Vienne, la Teyphalie entière se lève terrible : ses

---

(1) C'est le fameux traité de 497. Voir la note (*DD*) à la fin du volume.

guerriers sortent de toutes leurs forêts, ils franchissent la Sèvre, et courent chercher les Visigoths jusqu'au fond du Poitou.

Déjà leurs vaillantes cohortes, précédées de l'Aigle romaine, approchent de cette plaine que, long-temps avant, une Prêtresse druidique, saisie d'un enthousiasme prophétique, avait surnommée *La voix de la bataille* (1). Là, les tentes des soldats d'Alaric viennent s'offrir aux yeux des Teyphales; son camp se déploie devant eux dans cette plaine immense, et par derrière, ils distinguent dans le lointain, celles des guerriers de Clovis. Tout-à-coup une colonne de feu qui luit à l'orient semble descendre du ciel sur l'église cathédrale de Poitiers, et briller dans les nuages comme un sinistre météore. A ce signal qu'il attend, Clovis, certain de l'arrivée des Teyphales ses alliés, commence le combat.

---

(1) *Vox gladii* ou *Vogladenses Campi*: *champs de la voix de la bataille*, dont on a fait depuis le nom de *Vouillé*. La bataille qui s'y livra entre Clovis et Alaric est connue de tout le monde.

Alaric, pressé d'un côté par les Francs, et de l'autre par les Teyphaliens, lutte en désespéré contre le double ennemi qui l'attaque et le combat à la fois; furieux, couvert de sang et de poussière, au milieu du carnage de ses soldats, il fend les rangs et marche droit à Clovis; tous deux se cherchent et se rencontrent, leurs glaives se croisent, un combat terrible tient long-temps la victoire indécise entre ces fiers rivaux; mais c'en est fait, Alaric blessé d'un coup mortel, tombe et roule dans la poussière, abandonnant à la fois la victoire et l'empire, et son glaive et la vie. Les Visigoths, dont on fait un horrible carnage, tombent de tous côtés, et sur le champ de bataille même l'Aigle Teyphalien, né sur le Capitole, s'unit aux lys d'or de la France. Les guerriers du Bocage saluent Clovis du nom de Roi; désormais ils vont s'honorer eux-mêmes du beau nom de Français, et le Génie de cette France nouvelle, applaudissant à la réunion de ces deux vaillantes nations, étend en souriant son aile glorieuse sur les rives enchantées de la Sèvre et du Liger(**DD**)!

Clovis, reconnaissant du service que ses nouveaux sujets venaient de lui rendre, leur laissa les franchises accordées par Honorius, et leur confia la défense de l'Aquitaine contre les courses des Armoricains.

LETTRE XXV.

Tiffauges... Suite.... (Vendée). 1828.

Deux siècles s'écoulent dans une paix profonde : la Teyphalie, occupée à repousser hors du Bocage ceux des Agésinates qui n'avaient point encore prêté l'oreille à la voix de la civilisation, ne figure plus dans les annales de l'histoire. La nuit épaisse qui couvre les VIe et VIIe siècles nous dérobe les événements qui se succèdent à Tiffauges. Sans doute que Charlemagne et ses successeurs, qui venaient souvent à *Théowald*, ville et château royal situés dans le voisinage (1),

---

(1) Aujourd'hui Doué en Anjou.

visitèrent aussi les rives de la Sèvre, mais il ne nous est rien parvenu de certain à cet égard.

Vers l'an 843, des peuples sortis des cavernes du nord viennent surprendre et saccager la ville de Nantes. Ils remontent la Sèvre, embrasent toutes les villes de la Teyphalie, et chargés d'un butin immense, ils se retirent en laissant derrière eux des monceaux de ruines et des champs couverts de cadavres. On revient dans ses foyers, on les reconstruit; la forteresse romaine, déjà deux fois détruite, est rebâtie, et le temps qui répare les maux, ramène à Tiffauges le bonheur et l'abondance.

Cent ans plus tard, en 943, Guillaume, comte de Poitou, par un traité conclu avec Alain Barbe-Torte, duc de Bretagne et vainqueur des Normands, cède toute la Teyphalie au comté Nantais.

En 1119, les vicomtes de Thouars possèdent Tiffauges. C'est le moment des croisades : chaque Preux revenu de la Terre-Sainte veut entourer son château de fortifications semblables à celles qu'il se rappelle avoir vues en Palestine ; cette architecture sarrazine doit un jour rappeler à la postérité les lieux et les beaux jours de sa gloire ; et d'ailleurs, ces souvenirs d'Antioche et d'Ascalon, sans cesse présents à ses yeux, rempliront un jour son âme d'un noble orgueil, et charmeront sa vieillesse oisive et solitaire. Cette pensée occupe les vicomtes de Thouars : ils font disparaître le peu qui reste encore des fortifications Romaines ; et celles que nous avons sous les yeux s'élèvent à leur place. (1) Si l'antiquaire regrette les premières, le poète s'en console ; l'ouvrage des Romains n'était qu'un monument de servitude, tandis que les tours et les créneaux modernes sont des monuments de valeur et de gloire.

---

(1) Il faut cependant en excepter la muraille flanquée de tourelles qui joint la porte d'entrée ; elle nous a semblé d'architecture romaine. M. le vicomte de Walsh, dans ses *Lettres Vendéennes*, paraît être de notre avis.

En 1214, Pierre de Dreux, Duc de Bretagne, ayant appelé en France Jean-sans-Terre, assassin du jeune Arthur son neveu, Philippe-Auguste, pour venger ce jeune prince, paraît sur les rives de la Sèvre, à la tête de la première armée française permanente qu'on ait encore vue. Il ravage tous les alentours de Tiffauges, et laisse partout les traces de sa vengeance et de la fureur des combats.

Dans le siècle suivant, les Vicomtes de Thouars font bâtir à l'ouest de la seconde enceinte des fortifications, le château de plaisance dont les débris lèvent encore aujourd'hui leur front majestueux au milieu des ronces, et sous une forêt de plantes grimpantes qui, de leur faîte, tombent comme une vaste draperie jusques dans la vallée profonde qu'arrose le torrent de la Crûme.

En 1430. Un jeune prince taciturne et soucieux, la tête couverte d'un bonnet de feutre où l'on distingue une bonne-vierge de plomb, se présente aux portes du Château : c'est le fils du Roi de France. Il est reçu, et quelques jours après cet enfant royal, qui déjà présage qu'il sera un jour Louis XI, s'éloigne des tours menaçantes du vieux castel et se rend à Clisson.

Mais le bruit des fêtes se fait entendre de tous côtés ; la famille des Latrémouille étale à Tiffauges une cour digne des Rois ; François II, Duc de Bretagne, séjourne à Clisson ; il aime Antoinette de Magnelais, veuve de Villequier, qui habite Chollet; et Tiffauges, situé entre Clisson et la demeure de cette jeune beauté, voit sans cesse arriver et repartir les Dames et les Héros qui se rendent aux fêtes de Clisson. Toutes les rives de la Sèvre sont couvertes de Belles aux gracieux sourires, aux galants équipages et aux riches atours ; de vaillants Preux se rendant aux jeux et aux tournois de la prairie des Guerriers, chevauchent à leurs côtés, et tous ces rochers romantiques retentissent des chants joyeux des Troubadours et des Ménestrels; les journées y sont consacrées aux plaisirs, et les nuits y sont pleines de mystères et d'amours. Ici l'étranger rencontre à chaque pas des jeux et des danses; toute la brillante chevalerie du XIVe siècle donne à ces salles un éclat qu'elles n'avaient jamais eu, et les vieux arceaux de Tiffauges s'étonnent d'entendre retentir au lieu du bronze des batailles, les doux soupirs de l'Amour et les accents de la joie et du bonheur : ici la paix et l'or du riche entretiennent l'abondance ; la Nature y verse à pleines mains ses trésors, et l'antique Teyphalie ressemble à ces îles fortunées de Paphos et de Gnide, où la beauté règne en Souveraine, sous le ciel voluptueux des belles mers de l'Hellénie.

Venez fils des Muses et des Arts, la Teyphalie, dès cette époque, va vous offrir tout ce qui anime le Génie. Des vallées non moins riantes que celle de Tempé ; des belles, rivales d'Armide et d'Herminie ; des Héros qui ne le cèdent en rien aux Guerriers d'Homère et du Tasse; de royales amours, des mœurs plus poétiques encore; et tandis que, sous ces bois mystérieux, au bord de ces eaux limpides, au sein de ces rochers, dans ces grottes, près de ces fontaines, le poète retrouve tout à la fois le souvenir des fiers triomphateurs du Capitole, et les fêtes brillantes de nos aïeux ; sa main, qui déjà soulève un coin du voile de l'avenir, lui laisse apercevoir l'urne funèbre de Torfou (1). Oh! quel est celui qui peut rester muet, quand, en promenant ses regards sur ces vallées retentissantes, il rencontre à chaque pas des scènes dignes des pinceaux de Virgile; ici, ce sont des groupes de villageois qui charment leurs travaux rustiques en chantant la ronde antique, ou contant leurs naïves amours; là, de galants écuyers errent sous l'ombrage, s'exerçant, auprès des jeunes suivantes, aux jeux guerriers de la chasse et des tournois; les Latrémouille, les Vendôme, les Vivonne, et mille autres foudres de guerre, viennent déposer ici leurs armes étincelantes et deviser de prouesses et d'amours. On dirait que la Teyphalie, par un charme magique, a tout-à-coup été transformée en un de ces

---

(1) Voir la lettre suivante.

jardins fantastiques où Mars était l'heureux prisonnier de Vénus.

Un siècle s'écoule au milieu de ces fêtes; un Vidâme de Chartres, de la maison de Vendôme, possède l'antique cité des Teyphales. Tout d'un coup un nuage obscur s'étend d'un coin à l'autre de l'horizon; sinistre météore, il porte dans ses flancs un monstre gigantesque, le Fanatisme !... A son aspect, les Jeux et les Amours effrayés se sont enfuis loin des rives de la Sèvre; Mars seul y est resté. Sa voix formidable appelle les batailles, et quand la Ligue, fille hideuse du XVe siècle, apparaît dans Tiffauges, elle trouve ses vieux créneaux hérissés d'armes menaçantes et fidèles encore aux successeurs de Clovis.

Champigny commande dans Tiffauges pour le Roi. Une trêve est conclue; néanmoins l'artificieux Duc de Mercœur, par de belles promesses, engage cet infidèle commandant à lui livrer la place. Champigny se laisse séduire et ouvre aux ligueurs les portes du château. Cependant la France entière a salué le Grand

Henri du nom de Roi ; Mercœur, cessant d'être rébelle à son Prince, obtient son pardon, et Champigny est sommé de rendre la place. Il sort de Tiffauges ; sa femme court à Angers se jeter aux pieds du monarque, et demander grâce ; mais elle est enceinte, la route a épuisé ses forces ; l'aspect de Henri la saisit de frayeur ; et pendant qu'elle tombe suppliante aux genoux du Roi, les douleurs de la maternité se font sentir d'une manière pressante ; le bon Roi qui sourit et pardonne, n'a que le temps de la faire transporter chez elle.

Tiffauges respira pendant le règne de ce bon Prince. Quand après lui, un prêtre-ministre, fameux par de grands crimes et de grandes actions, Richelieu, eut ranimé les torches d'un Fanatisme incendiaire, Tiffauges fut long-temps un rempart protecteur pour les malheureux disciples de Calvin ; mais enfin ils succombèrent, et l'incendie vint changer en ruines ces redoutables remparts (*E E*).

Ainsi furent détruits en seize cents et

quelques, ces monuments des XIe et XIIe siècles; mais les souvenirs des temps passés n'y sont point effacés; celles de ces pierres qui ont été taillées par les mains des maîtres du monde, suffisent pour attirer l'Antiquaire; les grands souvenirs qui s'attachent à ces décombres, intéressent l'Historien, et la Nature sublime de ces bords inspire le Poète et l'ami des beaux Arts.

Vue de la Vallée de Tiffauges.
(*Vendée poétique et pittoresque de Massé-Isidore.*)

LETTRE XXVI.

Vallée de Tiffauges... (Vendée).... 1829.

On quitterait Tiffauges avec trop de regrets, si la plaine immortelle de **Torfou** n'en était à deux pas.

Nous nous dirigeons vers le nord par cette route resserrée entre les deux rochers sur lesquels s'élèvent d'un côté les ruines du Château, et de l'autre les maisons de la ville. Cette ancienne voie romaine est arrosée par des fontaines qui s'échappent entre les fentes des rochers ; elle rappelle les chemins de la Suisse et de l'Appenin. Nous fûmes profondément ému en pensant que nous, pauvre inconnu, du Génie de l'histoire nous foulions aussi cette poussière qu'autrefois de grands Empereurs ont fait remuer, et sur laquelle ils ont passé comme nous. Ils ne sont plus eux-mêmes que de la poussière!

Nous franchissons la Sèvre sur un pont dont les arches en ogives font un bon effet dans le paysage. Ici comme à Clisson, on a bâti à l'italienne toutes les maisons nouvelles; et ces fabriques d'une élégance et d'une blancheur merveilleuses, semées sur ces rochers au milieu des arbres et des fleurs de toutes les nuances, contrastent avec l'âpreté de ces masses granitiques. Combien leur aspect est rude et sévère! Tandis qu'à nos pieds, dans le fond du vallon, les eaux bouillonnent parmi les prés et les rocs, une forêt d'aulnes touffus et de saules argentés étalent aux yeux le plus vaste comme le plus riant de tous les tableaux!

Pour la seconde fois nous nous arrêtons à contempler ce magnifique paysage. C'est ici, ma charmante amie, qu'il faut nous fixer; entre ces vestiges glorieux de la valeur romaine et cette plaine héroïque de Torfou, monuments séparés par dix-huit siècles, dont l'un commence l'histoire, et l'autre la termine. Oh! combien tu aimeras cette étroite vallée, où César, Agrippa, Messala et Adrien se sont reposés, où Tibulle a fait retentir la plaintive Elégie, où l'Aigle du Capitole a conduit les guerriers Romains, ces Teyphales fondateurs de Tiffauges; où tant de belles et de héros ont séjourné! Nouvelle Cinthie, viens fouler les rives de cet Anio retentissant! Dans ces rochers il reste encore assez d'espace pour y construire le toit modeste de deux amants. Viens parcourir avec moi toutes ces retraites mystérieuses; ici, comme à Tivoli, l'air est embaumé du parfum des fleurs; les tapis de verdure y sont émaillés d'hyacinthes, de pervenches, et la fraise des bois y rougit à nos pieds. Aucun de nos regards ne tombera sur un point du paysage, qu'il ne rencontre un des beaux aspects de l'Italie. Quand, partout ailleurs, la chaleur du jour embrasera l'atmosphère, ou, quand les vents de l'hiver ébranleront les chaumières, à l'abri dans ce vallon, nous nous rirons des feux de l'été comme des fureurs de l'Aquilon. Je dépouillerai chaque matin la corbeille de Flore pour parer ton front charmant, ce front où s'empreint une céleste douceur : vers midi, mollement assis sur ces mousses solitaires, penchés l'un vers l'autre, nous prêterons l'oreille au bruit majestueux des eaux ; tantôt nos pinceaux imiteront la nature, tantôt ta voix mélodieuse prolongera dans la vallée sa suave et touchante harmonie. Chaque soir nous relirons ensemble les annales des âges évanouis, et quand près l'un de l'autre nous prolongerons, à la pâle clarté de la lune, nos douces rêveries, nous croirons voir le Génie des souvenirs descendre du milieu de ces ruines, et venir tout pensif s'asseoir à nos côtés.

AVANT de quitter la vallée de Tiffauges, il nous reste à visiter les fabriques de papiers, et à parcourir les jardins du Coubouros.

Le lit de la Sèvre, au milieu des rochers dont les masses prodigieuses se montrent çà et là sous des forêts d'arbres de toutes les teintes et de toutes les nuances, présente à l'œil une foule de chutes d'eau dont l'industrie laborieuse du Vendéen a su tirer parti. Le génie de l'homme a contraint ici la Nymphe du fleuve à fabriquer elle-même, avec les eaux limpides de son urne, ces feuilles légères, ces papiers qu'Annonay, Antières (*FF*) et Angoulême s'empressent d'offrir au Dieu des arts pour y consigner ses immortelles révélations.

Deux usines se présentent à la fois à nos regards : l'une étant copiée sur l'autre, nous ne nous occuperons que de celle que nous apercevons à l'est du pont, et dont les maisons blanches, bâties à l'italienne, se montrent à demi au milieu des aulnes et des peupliers qui se balancent dans le fond de la vallée. On gravit le coteau par un chemin étroit et escarpé, mais tellement ombragé que l'on y peut en plein midi braver les ardeurs du soleil.

Le bruit des cascades qui retentissent de tous côtés couvre celui des mécaniques, et les voix solennelles de la Sèvre nous annoncent que nous sommes sur le point de rencontrer quelques grandes conquêtes du Génie. Oh! mon Angéline, permets-moi de te transporter en imagination dans les lieux que nous parcourons! viens, que ton bras léger s'appuie sur le mien pour gravir ces rochers; que ton oreille soit frappée du bruit des eaux; entrons dans la papeterie de MM. Girard père et fils. Nous y sommes reçus par une famille aux mœurs simples et patriarchales : avant toute autre chose, on y offre aux voyageurs l'antique hospitalité. Viens t'asseoir dans ce modeste salon d'où la vue embrasse le cours du fleuve; vois comme cette belle nappe d'eau coule avec majesté entre les forêts qui des deux côtés de son cours l'ombragent à demi. Viens voir se former d'elles-mêmes ces feuilles blanches et légères sur lesquelles ces lettres mêmes vont bientôt être imprimées! Déjà le mouvement cadencé des roues et des cylindres se fait entendre; courons à la papeterie. Ici l'onde est le premier et presque le seul ouvrier; cet énorme cylindre perpendiculaire avec ses cent bras délaie la pâte blanche et fine qui, tombant de cuve en cuve, s'y purifie et blanchit encore. Là, comme d'une fontaine mystérieuse, cette pâte liquide jaillit sur une longue toile tissue de légers fils de cuivre dont le mouvement horizontal égoutte, sèche et étend la pâte; elle arrive ensuite entre deux nouveaux cylindres garnis de laine qui, la pressant entr'eux, la rendent au dernier cylindre sur lequel devenu papier, elle s'applique, l'embrasse, et, comme une toile de perkale d'une finesse et d'une blancheur admirables, s'y roule mille et mille fois. Le Papetier, les bras croisés, surveille seulement l'ouvrage de l'onde; on dirait un vainqueur qui d'un coup d'œil satisfait contemple sa victoire sur la Nature asservie.

Oh! prodige de l'Art! ce qu'ailleurs vingt ouvriers, avec le travail le plus assidu, ne pourraient obtenir, un homme seul l'obtient ici sans peine; quarante rames d'un papier rival de celui des Vosges, naissent par jour sur chaque cylindre des ateliers de la vallée de Tiffauges! Pourquoi faut-il que ce tableau, si glorieux pour le Génie de l'homme, soit obscurci par une réflexion pénible sur les préjugés de cette même espèce humaine. Le croirait-on? Si les Libraires et les Imprimeurs de la capitale annonçaient un ouvrage imprimé sur papier Vendéen, l'ouvrage ne serait pas acheté ; « que peut-on faire de bon dans la Vendée ? » s'écrierait-on de toutes parts ; heureusement que la ruse vient au secours de la défaveur: on donne aux papiers de la Sèvre le nom étranger de *Papier fin satiné des Vosges*; chacun alors le croit fabriqué dans les Vosges, l'admire, achète le livre, et la Nymphe de la Sèvre qui sourit de pitié, n'en applaudit pas moins à la ruse de l'Imprimeur (**GG**).

Nous demandons au jeune homme qui paraît diriger les travaux, s'il est l'inventeur de cette ingénieuse mécanique.

« Non, monsieur, nous répond-il avec
» modestie, nous n'avons fait que la per-
» fectionner. J'appris dès ma jeunesse l'état
» de *Papetier*; je voyageai, et fis ce qu'on
» appelle *mon tour de France*. Je visitai,
» tout en travaillant, nos plus célèbres fa-
» briques. J'entendis un jour vanter les
» papeteries à cylindres du Royaume des
» Pays-Bas, j'y courus. Mais j'étais étranger,
» je m'aperçus bientôt que l'on se méfiait
» de moi. Je m'empressai donc de saisir
» mon crayon et de copier les rouages et
» l'ensemble d'une des mécaniques ; pris
» sur le fait, n'étant encore qu'à moitié
» de mon dessin, je fus renvoyé. Malgré
» la surveillance dont j'étais l'objet, je
» parvins cependant plusieurs fois à me
» glisser de nouveau parmi les ouvriers ;
» j'achevai ainsi de prendre à la hâte tous
» les renseignements dont j'avais besoin, et
» fier de ma conquête, j'accourus l'offrir à
» mon pays. Mes premiers essais ne furent
» pas heureux ; le désir de réussir me
» donnait seul du courage ; je redoublai

» d'efforts, et après bien des peines je suis
» enfin parvenu, non-seulement à imiter, mais
» même à perfectionner mon modèle. »

Nous quittons avec peine ce bon jeune homme, pour aller de l'autre côté de la Sèvre visiter les magnifiques jardins du Coubouros. Oh! mon Angéline, que n'ai-je les pinceaux du Tasse ou de l'Arioste! je peindrais dignement cette petite portion de mon pays, où M. le Marquis de La B*** s'est efforcé de retracer les jardins chantés par les Poètes! Les siens ont cependant quelque chose de plus sévère : en les parcourant, on se rappelle de préférence les rives de l'Eurotas ombragées de lauriers-roses; les bosquets poétiques d'Alcine et d'Armide sont plus voluptueux, ceux du Coubouros ont plus de grandeur et de majesté.

M. le Marquis de La B*** a su s'élever au-dessus de vains titres dont il n'a pas besoin; il aime les Artistes et les beaux Arts. Français et Vendéen, il a compris tout ce que ce double titre impose à quiconque est digne de le porter : la gloire, la richesse et la civilisation de son pays ont occupé tous ses moments. Il accueille les peintres, les poètes et tous les hommes à talents ; lui-même cultive la Muse de l'Histoire, et les jardins du Coubouros ressemblent souvent à cette Académie d'Athènes, où les philosophes venaient retremper dans des conversations savantes, leur imagination fatiguée de créer des chefs-d'œuvre.

Si ses jardins ne sont pas encore ouverts au public, ils le sont du moins à tous les enfants des Muses. Le Coubouros est une jolie *villa* italienne, bâtie dans le goût le plus moderne. Comme le Parc-Soubise, il remplace une vieille habitation gothique, flanquée de tours et de murailles chevaleresques, incendiées pendant la guerre de 1793. Nous n'avons pu retrouver aucun des souvenirs historiques qui se rattachent à ce vieux castel. Il n'a dû devenir l'habitation du maître que lors de la destruction de la forteresse de Tiffauges, dont les ruines dépendent encore aujourd'hui du Coubouros (*HH*).

Parcourons ces jardins plantés avec goût, où le genre Anglais se mêle au genre Français ; on a pris à tâche de marier ici la Nature embellie de Kent avec l'ordre régulier de Lenôtre. Ces jardins s'étendent sur le coteau qui longe au Nord la rive escarpée de la Sèvre ; la Monotonie, fille du Ciseau de Lenôtre, s'y cache sous une multitude d'arbres toujours verts, qui rappellent le printemps au milieu des frimats. Par ces sentiers ombragés et peuplés de statues, nous pouvons errer long-temps avant que l'espace ne nous manque : c'est ici la Nature, mais la Nature ornée de tous les prestiges de l'Art, et la douce rêverie s'y présente de tous côtés, confondue avec les ornements de la magnificence. Arrêtons-nous à la terrasse qui termine les jardins. D'ici, l'œil embrasse une des vues les plus sévères et tout à la fois des plus gracieuses qu'il y ait en Europe.

Le terrible Montanvert et ses campagnes de glaces n'y viennent point effrayer l'imagination, les chutes du Rhin et du Niagara n'y étourdissent point les oreilles de leurs continuels mugissements ; mais cette longue draperie de rochers qui forme le fond du tableau, ces bruyères aux fleurs d'un rouge de poupre, et l'or pâle de ces genêts mêlés aux arbrisseaux qui s'échappent de toutes les veines de ces rochers; ce fleuve qui, tombant de près de dix pieds de haut, fait entendre sa voix semblable au murmure des vents dans les forêts; cette onde tantôt blanche d'écume, tantôt paisible et s'étendant en nappe étincelante au fond de ce long et vaste bassin ; ces innombrables reflets de lumière qui étincellent dans les eaux; ces deux rives couvertes de verdure et d'arbres odorants sous lesquels l'ombrage le plus frais invite au repos et à la méditation ; ce moulin champêtre qui à gauche commence le tableau; cette usine italienne qui le termine à droite, et ces vieilles ruines pendantes qui s'élèvent au-dessus du paysage et lui donnent une inconcevable grandeur; tout ici captive agréablement la vue, et enflamme l'imagination du poète et du dessinateur.

Mais il est temps de quitter les belles allées du Coubouros ; Torfou n'en est qu'à deux pas, et déjà nous apercevons la blanche colonne dont le front immobile s'élève au-dessus des noirs sapins qui l'environnent.

Lith. de Charpentier Pere, pl. Nantes
Poitou 19 Septembre 1793.

LETTRE XXVII.

Torfou,..... (Vendée) 1828.

De plus graves tableaux vont passer sous nos yeux ; voici le cippe funèbre de Torfou. Avançons dans ce bois de pins, de cyprès et de sapins. Dans cet endroit quatre grandes routes coupent ce bois lugubre en quatre portions égales ; à l'embranchement de ces routes, dans une enceinte sablonneuse et circulaire, s'élève une colonne de granit ; autour de l'entablement du chapiteau on lit en lettres de bronze ce souvenir immortel :

Torfou, 19 *Septembre* 1793.

Vers le milieu de la colonne, faisant face aux quatre grandes routes, des couronnes de chêne, également en bronze, entourent les noms des héros que la victoire couronna dans cette journée, Bonchamps, Charrette, D'Elbée et Lescure. Chaque nom fait face au côté par où ces illustres chefs arrivèrent sur le champ de bataille. Le socle n'est point encore revêtu de ses marbres et de ses inscriptions; le chapiteau lui-même attend encore son urne cinéraire couverte d'un voile de deuil et couronnée de lauriers; mais le souvenir de la sanglante journée que rappelle ce monument, les champs d'alentour jonchés d'ossements humains, et par dessus tout l'aspect sombre et solitaire de ces arbres de deuil, tout ici pénètre l'âme d'une religieuse horreur.

Pendant que nous contemplons ce monument, la chaleur nous contraint à nous asseoir sous ces cyprès; et dans un lieu si propre à la méditation, une rêverie profonde s'empare bientôt de nos pensées.

C'est donc ici, nous disons-nous, que deux grandes armées ont combattu. Il y a quelques années, au milieu de cette plaine immense, l'intrépide et brillante armée de Mayence se déployait sous ses drapeaux tricolores; de l'autre côté, du haut de ces rochers, descendaient les files profondes des guerriers Vendéens. Les Mayençais, sous une forêt de baïonnettes, éblouissaient les yeux par la richesse de leurs uniformes et se déployaient au son des instruments et des tambours belliqueux; les Vendéens au contraire mornes et taciturnes, vêtus de noir, armés de mousquets et autres armes de toute espèce, s'avançaient en silence, et déployaient leur front de bataille entre Tiffauges et la place qu'occupe aujourd'hui ce monument funèbre. Pour l'armée de Mayence, la gloire est tout et le trépas n'est rien; déjà de nombreux exploits ont signalé son courage, et ses premiers succès sont pour elle le gage d'une victoire assurée. L'armée Vendéenne au contraire, ne marche qu'au milieu des flammes qui dévorent son pays; le désespoir est dans son cœur et la soif de la vengeance altère ses lèvres. De part et d'autre, d'intrépides généraux courent de rang en rang; on les distingue à leurs panaches flottants; ils encouragent et animent leurs soldats : « Vainqueurs de Mayence, » dit Kléber, souvenez-vous de vos premiers » exploits »! — « Vendéens, dit de son côté le » Héros du Bocage, c'est ici qu'il faut vaincre » ou mourir; nous sommes entourés par » l'incendie, il n'y a plus de retraite pour » nous. » Et en effet, un cercle immense de flammes embrase l'horizon et projette entre les deux armées une lueur effrayante semblable au crépuscule des enfers.

A la clarté de cet épouvantable incendie, les deux armées sont en présence. Jamais elles ne se sont rencontrées, et toutes les deux, à la vue l'une de l'autre, restent un moment immobiles de surprise et d'admiration (1). Elles se considèrent en silence;... silence de mort semblable à celui qui précède la foudre! Tout-à-coup le bronze retentit de toutes

---

(1) Chateaubriant. Notice historique.

parts; les détonations du canon, le roulement des feux de file couvrent les cris des mourants; un nuage de fumée que sillonnent de longues raies de feu, la poussière qui s'élève sous les pas des chevaux, malgré les feux lugubres de l'incendie, enveloppent tout le champ de bataille et dérobent à la vue l'horrible carnage qui jonche la plaine; par intervalle on aperçoit de profondes colonnes qui, prolongeant la ligne et rencontrant d'autres colonnes ennemies, étendent au loin la nuit mêlée d'éclairs qui nous cache les combattants. Kléber, Dubayet, Beycer et Canclaux, montés sur des chevaux fougueux, donnent partout l'exemple à leurs guerriers ; Charrette et l'Escure se multiplient; le premier court de tous côtés, il anime, il presse, il encourage ; l'avantage reste incertain ; mais vains efforts ! le nombre l'emporte, la Vendée consternée voit ployer ses soldats : ils reculent, et déjà un cri de victoire échappe aux Mayençais. Tout-à-coup le bronze retentit derrière eux; un nouveau nuage de poussière et de fumée se lève à l'horizon, et de ses flancs ténébreux, comme du large cratère d'un volcan immense, le fer et le plomb mortels s'échappent et ouvrent une route sanglante au milieu des rangs Mayençais. C'est Bonchamps, c'est d'Elbée avec trente mille braves; ils débouchent par le chemin qui mène à Monfaucon; ils s'élancent sur l'armée ennemie avec la rapidité de l'éclair, et déjà ses rangs sont rompus. A ce signal qu'ils attendent, les soldats de Charrette s'arrêtent, et reviennent au combat. Kléber voit tomber tous les siens, mais la retraite est presqu'impossible, l'incendie qu'ils ont eux-mêmes allumée les cerne de toutes parts; l'ennemi les entoure; il n'a plus qu'une resource pour disputer encore un moment la victoire, l'habile général la saisit d'un coup d'œil, il commande, et toute l'armée se forme en bataillon carré; dans ses flancs qui s'entr'ouvrent, le bronze vomit mille trépas; un cercle de feu les environne, et plus terribles qu'ils n'avaient jamais été, les Mayençais semblent un rempart ardent. Déjà les cris de *charge à fond* s'élèvent de tous les rangs vendéens; trois fois la cavalerie s'est élancée sur le front terrible des Mayençais, et trois fois un feu meurtrier l'en a repoussée ; enfin tous s'ébranlent à la fois, tous se précipitent sur cette masse imposante; les rangs mayençais sont rompus ; la Vendée entière est au milieu d'eux; on se fusille à bout portant, on se culbute à la baïonnette, on se prend corps à corps, désormais la tactique est inutile ; au milieu des cris, des jurements, des blasphêmes, dans une mer de feu, cent mille combattants se disputent un pied de terrain ; l'armée de Mayence est vaincue, elle fuit vers Clisson. La Vendée avec un feu terrible la suit pas à pas. Le pont du village de Boussai peut sauver ses débris, mais il faut y arrêter l'ennemi ; Kléber appelle Schouardin: « Vois-tu ce pont, » lui dit-il, prends ta compagnie et va t'y » faire tuer. — J'y cours, général, répond Schouardin. » En effet, il y vole, arrête l'ennemi, s'y fait tuer avec tous ses braves, et sauve ainsi les débris de l'armée. Paix au moderne Léonidas !...

Le feu a cessé, quelques coups se font

seuls entendre épars çà et là dans le lointain, le calme renaît ; quelle vaste hécatombe couvre la plaine ! tirons le voile sur ce champ de carnage..... Respirons la brise embaumée qu'exhalent ces pins solitaires qui, trente-cinq ans après cet immortel combat, versent sur mon front l'ombre de leurs rameaux épais.

Comme ils sont tristes et mélancoliques les souvenirs qui assiègent le voyageur sur un lieu célèbre par une grande bataille ! comme ce bruit, ce mouvement, cette fureur des combattants retentit encore dans l'imagination, au milieu du murmure des vents qui agitent les cimes lugubres de ces arbres de deuil ! Après tant d'années, la nature n'a pu effacer les vestiges de ce combat fameux ; la végétation ne croît qu'à regret sur cette plaine ardente, et l'ombrage n'y présente aucune retraite aux joyeux cultivateurs ; un silence morne y règne seul, une inconcevable tristesse s'empreint sur ces sillons desséchés, et la population même n'a reparu qu'à peine sur cette plaine solitaire et dans ces landes à demi-cultivées.

A la vue de cette colonne funèbre, un regret s'élève dans l'âme du Vendéen : il voudrait que sur le pont de Boussay un simple obélisque annonçât aussi le dévoûment sublime de Schouardin ; on pourrait y lire cette simple inscription :

LA VENDÉE,
Admirant tout ce qui est grand, tout ce qui est beau, a élevé ce monument à Schouardin, son ennemi.
Paix aux Braves !

C'est à la Vendée seule qu'il appartient d'élever cet obélisque ; mieux que personne elle doit savoir apprécier un noble et généreux dévoûment.

Adieu, plaine célèbre de Torfou, et vous Guerriers immortels qui l'avez rendue témoin de vos exploits ! Héros de mon pays, dormez en paix ! une auréole impérissable couvre vos mausolées, et le brave qui passe auprès de vos tertres funèbres, en y effeuillant quelques branches de lauriers, donne un souvenir à vos ombres généreuses. Il salue avec respect cette terre de la liberté à laquelle vous avez mérité qu'un conquérant donnât le nom de Terre des Géants, et qu'un Monarque législateur la décorât du beau nom de *sol classique* de *l'honneur et de la fidélité*.

Aujourd'hui, qu'elle a perdu ses anciennes franchises, elle ne lève plus au-dessus des autres provinces un front énorgueilli de sa vieille indépendance; mais elle s'en console, car elle a donné la main aux braves d'Austerlitz, d'Iena et de la Moscowa : tous ne sont plus qu'un peuple de frères. La Vendée partage avec la France entière cette douce et sainte liberté qui, à la voix de nos Rois, s'est levée sur la Patrie; fière de nos modernes institutions, elle a retrouvé, sous les règnes de Louis XVIII et de Charles X, les beaux jours de l'antique Teyphalie, et ses cris de guerre ont fait place à des chants d'union, de bonheur et d'Amour.

LETTRE XXVII.

Clisson.... (Vendée). 1828.

Nous entrons, à la nuit tombante, dans les rues étroites et inégales de Clisson. C'est donc ici que le génie des beaux Arts a reproduit toutes les merveilles de la moderne Italie! ces temples fameux que les curieux de toutes les nations vont visiter à Tivoli?... les voilà : ces ruines séculaires que l'antiquaire aime à fouiller?... elles sont à deux pas d'ici ; ces belles eaux, ces cascades retentissantes semblables à celles chantées par Horace et décrites par Dupaty?... elles murmurent sous la fenêtre où nous allons reposer. Déjà la lune, revêtant de sa douce lumière les rochers qui sont devant nous, pénètre entre les rameaux des sapins et des mélèses, et glisse un de ses pâles rayons entre les colonnes blanches du temple de la Sibylle. Que le murmure lointain de toutes ces cascades se prolonge majestueusement dans toute la profondeur des vallées! quelle fraîcheur délicieuse on ressent dans ce moderne Tibur, à cette heure surtout où la brise embaumée du parfum des fleurs semble une vapeur légère mêlée à l'air que l'on respire! Je conçois maintenant, Angéline, pourquoi, dans ces allées mystérieuses, les Poètes aiment à rêver aux Olivier de Clisson, aux François II, Duc de Bretagne, à Louis XII et Anne son amante, au grand Henry, à la belle Sein-de-Lys, aux Abailard et Héloïse, aux Lemot et aux deux Cacault; tous ont laissé dans ces lieux des souvenirs qui ne le cèdent en rien à ceux que l'on aime à retrouver à Tivoli, et c'est environné nous-même de toutes ces grandes ombres poétiques, qu'au bruit solennel des eaux de la Sèvre et de la Moine nous cherchons un sommeil vraiment enchanté.

Le soleil est déjà depuis quelques heures sur l'horizon, quand nous nous réveillons encore tout fatigué de notre journée de la veille. Notre premier soin est de nous informer du vertueux pasteur de Trémentine. Fidèle au rendez-vous, il est à Clisson, nous dit-on, depuis plusieurs jours, mais il sort dès l'aurore et ne rentre que vers midi. Nous sommes d'autant plus contrarié de cette circonstance, que renouveler connaissance, quand on s'estime mutuellement, c'est, chacun de son côté, retrouver un ami.

Espérant le rencontrer, nous prenons un *cicérone* et courons à la *villa* Valentin. Cette élégante fabrique italienne (1) n'est

---

(1) Il ne faut pas entendre ici, par *fabrique*, une usine telle qu'une forge, une filature, etc. On appelle fabrique, en terme d'architecture, une de ces compositions idéales créées par l'imagination des poètes, et dont les peintres ont enrichi eurs tableaux. C'est à ce genre d'architecture poétique, et pour ainsi dire digne de la féérie, qu'on a donné le nom de *fabriques italiennes*, parce que c'est en Italie qu'on a d'abord essayé de le réaliser.

autre chose qu'une copie des *villa* de Rome, de Naples et de Florence. Ses hautes terrasses, tantôt formées de légers piliers couverts de pampres, tantôt se dessinant en arcades et cintres pleins, s'élèvent au-dessus les unes des autres et viennent au premier aspect frapper les yeux des voyageurs. Les briques rouges qui marquent les cintres de ces arcades se marient bien à la blancheur éblouissante des murs et des piliers ; comme ces vases et ces statues remplissent bien le vide que ces piliers laissent entr'eux ! L'oranger odorant et le grenadier aux fleurs rouges se mêlent aux feuilles de vigne qui couvrent toutes ces terrasses et versent tout à la fois sur le front des promeneurs, l'ombre, le frais et la suave odeur de leurs fleurs parfumées.

Mais laissons tous ces vases couronnés de guirlandes de roses, toutes ces statues entourées de jasmins et de chèvrefeuilles ; entrons sous cet élégant péristyle qui conduit aux appartements du principal corps de logis ; montons ces belles marches ; passons sous ces colonnes, et reposons-nous dans ces appartements tapissés de plâtres d'un goût exquis. Voilà la demeure d'un homme riche, mais d'un Sage. L'opulence n'y verse point l'or et les pierreries ; un goût pur et délicat y mêle seul la noble et gracieuse simplicité des beaux Arts à tous les charmes de la belle nature. Par ces portiques, les parfums qui s'exhalent de ces masses d'arbres odorants plantés tout à l'entour, charment l'odorat, tandis que la vue de ces jardins présente d'ici l'ensemble le plus délicieux. Allons parcourir ces allées sablonneuses. Voilà le Mercure de Thermisandre ; il est sans doute pressé de remplir quelques messages, car il quitte la terre. Voilà l'Amour enfant ; il pleure et ses larmes ne touchent personne, il y a plus de malice que de douleur dans l'expression de sa figure. Passons tous ces siéges, ces serres, ces arbres étrangers, ces bancs sous l'ombrage ; arrêtons-nous à ce joli boudoir qui termine l'allée.

Il est bâti sur l'extrémité d'une roche

pendante, et domine au midi la vallée profonde qu'arrose la Moine ; les cimes d'une multitude de beaux maronniers s'agitent et murmurent au-dessous de la fenêtre de ce petit temple ; la vue plonge entre leurs vastes branches, et ne s'arrête qu'au fond du précipice, où l'œil fatigué de l'éclat du jour se repose avec plaisir. Ce précipice n'a rien d'effrayant : les gazons qui le tapissent sont si voluptueux ! les sentiers qui serpentent sous ces masses d'arbres invitent si bien le voyageur à s'y reposer ! les touffes de roses, de jasmins et de clématites, qui s'échappent de toutes les fentes de ces rochers, répandent dans l'air que l'on respire un tel parfum que l'âme se sent comme entraînée aux pensées mystérieuses et aux rêves d'amour. Gnide et Paphos devaient offrir aux adorateurs de Vénus des retraites comme celle-ci. Eh ! c'est d'un boudoir dédié aux Grâces qu'on aperçoit ce séduisant précipice !

Sortons de ce lieu ; pour nous, Angéline, il y manque quelque chose. Descendons ces rochers ; égarons-nous sous le mobile ombrage de ces arbres odorants. Voici la Moine : elle serpente sous les riants bosquets qui la couvrent à demi ; tour-à-tour elle se montre, disparaît, et se remontre encore. Comme ses eaux sont limpides ! en cet endroit elles sommeillent ; à cent pas plus loin, elles tombent, écument et bouillonnent. Mais voici un léger esquif attaché au rivage ; notre guide nous invite à nous y asseoir, et nous voguons au milieu d'une armée de jolies plantes aquatiques, dont les feuilles d'un vert tendre, et les fleurs rouges ou blanches, jaunes ou bleues émaillent toutes ces belles eaux. Arrêtons-nous au milieu du fleuve, en face de cette petite île plantée d'arbres de mille nuances différentes, et entourée de fucus, de roseaux et de convolvulus. Située au fond d'un bassin circulaire et presqu'entourée de coteaux escarpés dont les grands arbres balancent tout à l'entour leurs innombrables rameaux, on la prendrait pour cette retraite des Nymphes de la Lybie, où le pieux Enée vint aborder après l'orage !

Dans un golfe enfoncé, sous de sauvages bords,
S'ouvre un port naturel, défendu par une île,
Balancé par les vents, des bois ceignent son front,
A ses pieds le flot dort dans un calme profond,
Et des arbres touffus, l'amphithéâtre sombre,
Prolonge sur les eaux la noirceur de son ombre.
(Delille, Enéide, liv. 1er.)

Nous avons vu l'île de Jean-Jacques Rousseau, à Ermenonville, et mettant à part le souvenir du grand homme, nous préférons celle-ci.

Débarqué sur l'autre rive, nous gravissons le coteau, par de sombres sentiers. Là, des marches et des rampes faites de branches sèches, nous aident à parcourir ces routes ténébreuses. Des vases, des statues apparaissent çà et là. Voilà Diane : elle marche, ses nymphes éparses à l'entour vont sans doute sortir de ces bois, car déjà les chiens haletant les devancent sur la pelouse fleurie.

Ces riants jardins se prolongent sur les deux rives de la Moine ; une foule de grottes, de chutes d'eau y viennent à chaque pas s'offrir aux yeux du voyageur ; mais d'autres jardins, d'autres temples, des ruines même nous appellent. Quittons l'élégante *villa* Valentin et ses frais ombrages, en répétant avec Virgile :

« *Quis me gelidi nemoris sub ombrâ sistet?* »
« Qui me ramènera sous l'ombre de tes bois? »

On nous conduit au temple de la Sibylle. Cette imitation du temple primitif est située sur la rive gauche de la Sèvre, et sur l'emplacement d'une petite chapelle, dédiée à St-Gilles. Il domine le paysage. Quatre colonnes corinthiennes forment son frontispice; elles s'élèvent sur un socle massif et carré, et supportent un large cintre orné de sculptures ; au-dessus monte une corniche dont la légèreté égale le fini du travail. Rien de plus pittoresque que la position de ce beau monument : assis sur d'énormes quartiers de roches grisâtres, un bois sombre et touffu l'environne de trois côtés; la façade seule se montre à nu au-dessus des sapins, des mélèses et des saules pleureurs qui depuis sa base et entre les rochers descendent en amphithéâtre jusqu'à la Sèvre. Ce temple apparaît à l'œil surpris comme jeté au milieu des grandes déchirures de la nature, sur des portions de rochers que les fortes commotions des volcans auraient entassées pêle-mêle pour lui servir de fondements. Entrons dans ce temple... il est fermé ; trois grands hommes y reposent et leurs tombes attendent le marbre funèbre qui doit redire à la postérité tout ce qu'ont fait pour ces beaux lieux les Lemot et les deux Cacault. Honneur à votre mémoire, grands hommes de mon pays ! vos lauriers n'ont point été cueillis sur les champs de batailles, mais les beaux Arts vous les ont décernés ; vos bienfaits vivront dans les souvenirs des hommes ; vos noms brilleront de tout leur éclat à côté de ceux des héros de cette contrée, et le religieux silence qui entourera vos mausolées ne sera troublé que par les pas de ces voyageurs respectueux, que l'Ange de l'immortalité attire toujours aux tombeaux de tous ceux qui furent grands et généreux.

Nous restons long-temps sous cet élégant

péristyle; appuyé contre une colonne, nous ne pouvons nous lasser de contempler le tableau magnifique que le cours de la Sèvre déroule à nos pieds. A gauche les ruines du manoir d'Olivier montent dans les airs toutes chargées de leur vieille architecture ; au bas se dessinent les arches du pont, et par derrière les maisons italiennes de Clisson se groupent sur les deux rives. En face de nous, de l'autre côté de la Sèvre, la *villa* Lemot se montre tout entière assise sur des masses de rochers couverts de vignes. Les délicieux ombrages de la Garenne s'étendent au midi, tandis qu'à droite l'aiguille de Cléopâtre monte dans les nues, et que des arbres semés avec profusion dans les rochers nous laissent entrevoir à demi les longues salles du Musée Cacault. Il faut s'arracher de chaque endroit où l'on s'arrête. Heureux celui qui, libre de tous soins et de toute inquiétude, peut venir ici jouir de ce repos occupé dont parle Horace, de ce *dulcis et florentis oti*, que les poètes cherchent toujours et ne rencontrent hélas presque jamais!

En continuant notre marche sur ce même côté de la Sèvre, nous arrivons, à travers un bois de sapins, à une colonne isolée qui fait face à la *Villa* Lemot : elle supporte le buste du bon Roi, d'Henri IV. Ce monument est d'autant mieux placé que ce fut en cet endroit que ce Prince vint camper lorsqu'il assiégea Clisson. Sa tente s'éleva dans cet emplacement, et son front victorieux se reposa dans le lieu même où son buste en bronze s'élève aujourd'hui. Oh! combien l'intérêt augmente quand on s'aperçoit que ce buste est le modèle de celui de la statue équestre d'Henri IV, sur le Pont-Neuf à Paris! Que de Parisiens passent journellement auprès de ce chef-d'œuvre de notre sculpteur célèbre, sans se douter que ce fut sous les ombrages vendéens que ce premier de nos statuaires créait le monument dont ils sont si fiers! Ce buste est la première idée, le premier jet du génie qui enfante un chef-d'œuvre. Une pensée profonde nous semble avoir dirigé M. Lemot dans le choix de cet emplacement: ses descendants ne pourront un jour sortir de leur élégante *villa*, qu'ils n'aperçoivent tout à la fois, et le plus beau de leurs titres, et le mausolée de celui qui les leur a conquis : le chef-d'œuvre et la tombe de leur père ; la gloire et l'immortalité.

A quelque distance de cette colonne, au milieu d'un bois d'arbres funèbres, on rencontre un obélisque copié sur la fameuse aiguille de Cléopâtre à Memphis. Ce monument a été élevé sur le sol vendéen, à la mémoire des guerriers qui ont illustré cette riche contrée. Modèle de simplicité et d'élégance, cet obélisque imprime au paysage qui l'environne une teinte de mélancolie et de tristesse qui, tout en rappelant de grands souvenirs, fait rêver profondément.

Voici le Musée Cacault ; là, tous les chefs-d'œuvre de l'Italie furent accueillis dans un moment où Mars bouleversait la terre ; les frères Cacault moururent, et leur héritage fut dispersé. Les salles où tous ces bronzes, ces marbres, ces plâtres, ces tableaux et ces gravures se sont reposés, sont maintenant désertes ; et, comme ce Roi de la Grèce antique, elles n'ont plus d'autre gloire que le souvenir de l'asile qu'elles ont offert aux Muses.

Il eût été difficile de mieux choisir l'emplacement d'une chapelle gothique : en voici une qui s'appelle *Toute-Joie* ; on rapporte qu'un Seigneur de Clisson, se promenant avec sa femme dans ce lieu solitaire, y reçut la nouvelle du premier fait d'armes de son fils. Tous deux en furent tellement émus, que levant au ciel leurs yeux mouillés des larmes de la reconnaissance, ils s'écrièrent : « *Toute-Joie* vient de vous, Seigneur ! » Depuis, cette chapelle a pris, dit-on, le nom de *Toute-Joie*. Ce petit monument gothique fait un bon effet dans le paysage : au milieu des beaux monuments de notre âge, il semble un témoin des temps passés qui serait resté debout comme pour assister à la gloire des âges modernes.

Déjà nous sommes loin de Clisson ; redescendons la Sèvre dans une de ces barques légères qui glissent sur ses eaux froides et limpides, nous nous arrêterons au pied du vieux château. Mais voici d'autres barques qui remontent le cours du fleuve : à l'ombre des guirlandes de feuilles qui décorent ces gondoles, des troupes de jeunes gens et de jolies voyageuses aux élégantes parures viennent ici chercher le plaisir et le frais: tout-à-coup une douce harmonie se fait entendre ; écoutons les innombrables échos des rochers de chaque rive qui répètent la barcarolle de Fiorella : *Pauvres napolitains, la mer est belle*, etc...,.. Plus loin, dans d'autres gondoles, d'autres musiciens font entendre l'air charmant de : *Heureux climat! beau ciel de l'Italie*, etc...... Nous passons auprès de ces groupes aimables et folâtres, et leurs chants mélodieux frappent encore nos oreilles, quand le batelier amarre l'esquif au pied des tours sombres et gigantesques du vieux manoir d'Olivier.

Nous descendons sur le rivage, et passant sous l'arche d'une porte antique nous gagnons l'escalier rapide et sans rampe qui conduit à la principale porte d'entrée ; nous le gravissons en répétant ces vers de Cérutti que nous trouvons gravés sur une de ces murailles féodales :

> J'ai gravi, mesuré ces ruines sublimes ;
> Mon cœur s'en est ému ! de nos vaillants ayeux
> Tout y représentait les tournois magnanimes ;
> Ils semblaient reparaître et combattre à mes yeux :
> J'entendais sous leurs coups retentir les abîmes ;
> Juge de leurs combats, idole de leur cœur,
> Du haut des tours la dame admirait le vainqueur.
> Casques et boucliers, cuirasses gigantesques,
> Cris d'armes, mots d'amour, devises de l'honneur,
> Cartels pour l'infidèle ou pour le suborneur,
> Tout garde sur ces murs vraiment chevaleresques
> La mémoire d'un siècle où l'épée, où la foi,
> Où la galanterie étaient la seule loi !

La principale porte d'entrée ainsi que les murs et les tours qui l'accompagnent offrent un bel effet d'architecture sarrasine : copiés fidèlement sur les fortifications du château de Césarée, en Palestine, ils sont tout à la fois ce qu'il y a de plus intéressant et de mieux conservé dans cet immense monceau de ruines. Lorsqu'on passe sur ces

vieilles arches presque aériennes, on ne peut s'empêcher d'admirer la hauteur, la légèreté et la régularité des créneaux qui hérissent ces remparts : Là s'abattait le pont-levis, les deux tours situées aux deux extrémités de cette ligne de fortifications ont leurs meurtrières ouvertes sur le pont, les boulets de canon qui en sortaient venaient se croiser ici, et l'ennemi devait être moulu avant d'avoir atteint le pied des machicoulis :
« son plan est irrégulier, dit M. Lemot (1),
» mais cette irrégularité est moins l'effet
» du terrain, que celui d'une combinaison
» savante qui en défendait l'approche et la
» sape ; les boulets de canon échouaient
» contre des murs de seize pieds d'épaisseur
» fondés sur un roc de granite. La principale
» porte du côté de la ville est masquée par un
» bastion ; cette porte du plus beau caractère
» d'architecture mauresque est accompagnée
» de hautes murailles qui se prolongent jus-

---

(1) Notice historique sur Clisson, attribuée à M. le Baron Lemot.

» qu'aux tours qui en flanquent les extré-
» mités, et ces belles lignes produisent l'effet
» d'une superbe décoration théâtrale. »

En entrant dans la première cour, on trouve à gauche un bastion dont les combles en ruine sont ombragés par de grands ormes ; tels que de vastes panaches les rameaux de ces arbres gigantesques se courbent au-dessus de ces portes arquées tantôt en cintre plein et tantôt en ogive. Ces fenêtres étroites, ces tourelles qui, suspendues en l'air, semblent appliquées aux vieux murs, la ténébreuse horreur qu'entretiennent ici ces tilleuls plantés symétriquement, l'air délabré des hautes murailles qui les environnent, et cette odeur de ruines qu'on respire à une aussi grande élévation, tout ici fait du *Bastion aux ormes* l'un des lieux les plus romantiques qui jamais aient inspiré le poète et le décorateur.

Dans la seconde cour, la porte du donjon avec ses masses de lierre et ses arceaux chevaleresques fait encore un effet singulièrement pittoresque. Les ruines des palais de Néron, celles du Colysée à Rome, et de la *villa* Adriana à Tivoli, ont plus d'étendue sans doute; mais outre, que quant aux charmes des aspects, elles sont égalées par les ruines que voici, le souvenir des farouches Césars ne verse point dans un cœur français des émotions aussi douces que celles qu'y font naître les souvenirs laissés dans ces lieux par les belles et les héros qui les ont habités.

Oh! combien cette émotion devient grave et mélancolique, quand, en entrant dans cette troisième enceinte, on s'arrête au pied de cet arbre de deuil! Sous ce cyprès planté par la main pieuse de Lemot, fut jadis un puits large et profond, on l'appelait le *Grand Puits*. Là, quatre cents et quelques Vendéens, femmes, enfants, vieillards, furent jetés tout vivants. Ils venaient d'être découverts par quelques traîneurs de l'armée de Mayence; ils s'étaient réfugiés dans le haut de ce grand bâtiment que voilà derrière nous, à l'ouest de cette même cour; ils s'y cachaient depuis quelques jours; un peu de fumée qui s'élevait au-dessus des murailles les trahit. On les fait sortir de leur retraite par cette poterne qui ouvre sur le revers intérieur des fortifications; ils descendent, mais qu'en faire? Déjà leurs pères, leurs frères, leurs époux victorieux s'avancent au milieu de leurs maisons en flammes; déjà l'étendard de Clovis s'élance vers les tours du vieux castel; il n'y a pas un moment à perdre. Un soldat indique le grand puits, tout autre genre de mort eût été trop long; aussitôt on les y précipite, et ces victimes, sans défense, tombent pêle-mêle dans l'effroyable gouffre!.... il en est presque comblé...! Ah! sans doute ce ne fut pas Kléber qui ordonna cet horrible assassinat, sa grande ame en eût frissonné d'horreur: Kléber fut un héros! Le gazon jeté comme un voile sur leurs dépouilles mortelles est arrosé des larmes de tous ceux qui viennent visiter les décombres solitaires du vieux castel. On dit qu'un petit agneau blanc, appartenant au gardien de ces ruines, vient quelquefois sur le soir paître l'herbe sur cette vaste tombe, et la douce crédulité se plaît à retrouver, dans ce symbole d'innocence et de candeur, l'ame d'un de ces petits enfants qui là sont tombés sur le sein de leurs mères. Appelés à la vie par l'Amour, ces douces créatures en ont été repoussées par le Crime. Paix à leurs mânes, et honte éternelle à leurs bourreaux ! (*II*).

Oh ! quand est-ce donc enfin que les hommes profiteront des terribles leçons que l'histoire leur donne sans cesse ? Quand est-ce que, frémissant d'horreur à la vue des effroyables excès auxquels se porte l'esprit de parti, ils le repousseront loin d'eux ? Oh ! mon Angéline, si jamais un fils suspendu à ton sein,...., toi-même, ... un gouffre comme celui-ci !.... Fuyons, fuyons ces ruines, le cœur y bat à peine ! Adieu, demeure antique, loin de moi tes aspects chevaleresques, tes lierres, tes *lais* et devises d'amour, ce puits a détruit tout l'enchantement. En vain en sortant on nous montre l'humide et vaste cachot où fut détenu longtemps l'infortuné Jean V, Duc de Bretagne; en vain on nous fait remarquer ces crochets de fer suspendus à la voûte, et où la justice humaine...... Adieu, vieux castel, je sens que j'ai besoin de respirer un air plus pur, et de fouler les gazons de la Garenne.

Réunissez dans votre imagination, Angéline, tout ce que peuvent offrir de suave, de frais et de gracieux les riantes vallées de Tempé, les rives délicieuses de l'Arno, les bords enchantés du lac de Genève, les eaux écumantes et limpides des *villa* d'Est et Borghèze, les sites sévères des Apennins et les bosquets parfumés d'Amathonte et d'Italie, et vous aurez une idée juste et vraie des rives peu connues que nous allons parcourir. Naguère, ces lignes auraient passé pour de l'exagération; mais aujourd'hui que les étrangers viennent en foule visiter ces bords, que le Dieu des Beaux-Arts y rassemble, chaque année, les poètes et les peintres, que le premier de nos sculpteurs les a embellies; depuis que les chefs-d'œuvre de l'Italie s'y sont reposés, on commence à croire qu'il n'est pas impossible de trouver, sous le ciel de cette sombre et terrible Vendée, une Nature non moins belle que celle chantée par les poètes, et des souvenir de héros qui ont laissé loin derrière eux tout ceux qu'ont créés les poétiques imaginations de Virgile et d'Homère.

Viens, Angéline, viens, égarons-nous sous ces touffes de troënes et de lilas, foulons ces tapis de gazons dont les fleurs semblent paver en mosaïque toutes ces salles de verdure. Voilà la statue d'Esculape; il médite. Plus loin c'est Cicéron; écoutons-le, car il va parler. Sous cet épais ombrage, voilà une chaumière; quel est l'homme simple qui l'habite ? elle est déserte; la mort aurait-elle passé devant cette cabane ?

Le pauvre en sa cabane où le chaume le couvre
Est sujet à ses lois,
Et la garde qui veille aux barrières du Louvre
N'en défend pas les Rois.

(Malherbe.)

Un troupeau erre à l'entour; sans doute que

chaque soir une main amie prend soin de le rassembler.

Au milieu de cette pelouse, sous les rameaux des chênes, j'aperçois un monument qui porte l'empreinte des siècles : c'est une antique Divinité gothique ; ce buste a donc reçu bien des hommages? Aujourd'hui ce n'est plus qu'une pierre, mais elle a été rongée et noircie par le temps, elle a survécu à vingt générations.

En descendant sur le flanc du coteau, nous marchons entre des rocs énormes, par des sentiers sablonneux qu'ombragent à la fois le vert mélèse des Alpes et le pâle peuplier d'Italie; le lentisque d'Andalousie s'y mêle au saule-pleureur venu de Babylone, et le maronnier de l'Inde y croît, étonné de marier ses rameaux à ceux du catalpa d'Amérique. Des branches de rosiers courant d'un arbre à l'autre, suspendent de tous côtés leurs guirlandes parfumées. D'ici l'on aperçoit, de distance en distance, le cours de la Sèvre ; elle réflète le long de ses rives les coteaux enchantés qui, prolongeant leurs ombrages mystérieux sur son humide cristal, laissent entrevoir dans les eaux des forêts renversées et un ciel inconnu ; quand une brise légère vient agiter tous ces bois; qu'au doux parfum des fleurs, au murmure des feuillages, ces forêts balancent leurs cimes touffues au-dessus du miroir des eaux, on dirait que ces forêts souterraines s'agitent à leur tour, et que la Nymphe du fleuve vient tout-à-coup d'animer les jardins fantastiques de son humide empire.

Côtoyons cette rivière dont les eaux limpides doublent à nos yeux les merveilles des paysages qu'elle arrose. Au détour d'un sentier rocailleux, on se trouve en face d'une grotte naturelle formée par d'énormes quartiers de rochers : ils s'avancent au-devant du coteau et semblent soutenus par les troncs de deux chênes; mais l'œil effrayé du poids de leur masse est bientôt rassuré, car il est facile de voir qu'ils tiennent aux rochers du coteau. L'enceinte de cette grotte solitaire est garnie d'un banc dont les pierres ajustées sans art, paraissent avoir été jetées là par le premier venu. A quel usage fut consacré cet asile mystérieux ? quels souvenirs s'y rattachent ? Comme ce lieu semble triste et sauvage ! Mais voici sur cette roche une inscription rongée par les mousses et les lychens :

> Héloïse, peut-être, erra sur ce rivage:
> Quand, aux yeux des jaloux, dérobant son séjour,
> Dans les murs du Palet, elle vint mettre au jour
>   Un fils cher et malheureux gage
> De ses plaisirs furtifs et de son tendre amour.
>   Peut-être en ce réduit sauvage,
> Seule, plus d'une fois, elle vint soupirer
> Et goûter librement la douceur de pleurer ;
>   Peut-être, sur ce roc, assise,
>   Elle rêvait à son malheur !
> J'y veux rêver aussi, j'y veux remplir mon cœur
>   Du doux souvenir d'Héloïse.

A ces noms d'Héloïse et d'Abailard, nous nous rappelons que cet amant si malheureux et si célèbre, reçut le jour à quelque pas d'ici, au bourg du Palet : les ruines du château de Bérenger son père existent encore, et des tombes sont aujourd'hui placées dans la salle où Héloïse mit au monde

> Ce fils cher et malheureux gage
> De ses plaisirs furtifs et de son tendre amour.

Nous nous asseyons quelques instants sur ce banc rustique; un exemplaire du *Voyage pittoresque dans le Bocage de la Vendée* (1) se trouve près de nous; nous l'ouvrons, et après avoir remarqué le peu d'exactitude du dessin de Thiénon, représentant cette même grotte d'Héloïse, nous lisons avec le plus vif intérêt la page suivante :

« Cet homme (Abailard) si célèbre par
» son savoir, ses amours et ses infortunes,
» amena Héloïse au Palet lorsqu'il l'eut
» enlevée de chez le chanoine Fulbert, pour
» la soustraire au ressentiment de cet oncle

---

(1) C'est cette même notice historique sur Clisson attribuée à M. le Baron Lemot.

» jaloux et barbare. Mais obligé de quitter
» cette retraite paisible pour retourner à
» Paris où l'appelaient ses nombreux dis-
» ciples, le soin de sa gloire et de sa
» fortune, Abailard confia à sa sœur, sa
» chère Héloïse et le gage précieux qu'elle
» portait dans son sein. Elle accoucha au
» Palet d'un fils d'une si rare beauté qu'elle
» le nomma *Astralabe*, c'est-à-dire, astre
» brillant ; mais l'absence de celui qu'elle
» adorait rendait moins vifs pour elle les
» doux plaisirs de la maternité. Son âme
» expansive et brûlante était livrée sans
» cesse à une inquiète et sombre mélancolie
» qu'elle ne parvenait, sans doute, à dissiper
» qu'en venant, sur les bords de la Sèvre,
» rêver à l'objet de sa tendresse, et soupirer
» après son retour. Sept siècles se sont
» écoulés depuis cette époque, et les noms
» d'Abailard et d'Héloïse embellissent tou-
» jours ce délicieux rivage. On interroge
» avec une curiosité avide ces roches éter-
» nelles et ces grottes mystérieuses qui
» furent les témoins discrets de leurs peines

» et de leurs plaisirs. On se reporte à ces
» temps reculés où ces amants vinrent dans
» cette solitude enchanteresse se confier
» mutuellement leurs vives inquiétudes; on
» croit les voir s'égarer sous ces riants
» ombrages, et s'abandonner à toutes les
» inspirations de l'éloquence, à tous les
» charmes de la nature et à toutes les
» énivrantes illusions de l'Amour. »

Mais la journée s'avance, il faut quitter cette grotte si chère aux Amours. A peine avons-nous marché quelques pas que nous voilà en présence d'un énorme rocher qui s'élève nu et isolé au milieu des chênes aux larges rameaux; sa hauteur qui étonne, surprend cependant beaucoup moins que la force volcanique qu'il a fallu pour le placer là. Ce n'est, après tout, qu'un bel accident de la nature; on admire peu ce qui, par des souvenirs, ne parle point au cœur, et cette roche serait muette, si une main habile n'y eût gravé ce beau vers de Delille:

Leur masse indestructible a fatigué le Tems.

A quelques pas plus loin un monument d'un autre genre attire nos regards ; c'est un tombeau sculpté dans le goût antique, avec cette modeste inscription :

. . . . Et in Arcadiâ ego !
Et moi je fus aussi pasteur dans l'Arcadie !

On a critiqué ce monument parce que, ne renfermant rien, il n'a point cette puissance de rêverie que la mort seule donne à la tombe. Pour nous, il nous semble qu'après toutes les émotions gracieuses que cette moderne Arcadie vient de nous faire éprouver, un tombeau véritable ferait sentir à l'ame un contraste trop rude, une secousse trop violente ; c'est assez de ce tombeau imaginaire : il suffit pour rappeler à des pensées doucement rêveuses ; en passant auprès, on se reporte à cette pensée d'Horace :

« Hâtons-nous vîte de jouir! demain peut-être hélas! nous ne serons plus! »

A peine avons-nous le temps de faire cette réflexion, que déjà nous voilà dans un autre monde. Entre les arbres qui croissant çà et là le sur flanc du coteau descendent jusqu'à nous, et ceux qui bordent la Sèvre, on marche par un chemin sinueux et ombragé, tapissé d'un gazon frais et court; dans les intervalles que les arbres laissent entr'eux, au milieu du clair-obscur de l'ombre, nous distinguons tantôt une chute d'eau, tantôt un pont rustique jeté sur des rocs noircis; parmi les arbres, au milieu desquels les flots tombent et se brisent, on aperçoit un moulin dont le bruit cadencé se mêle au bruit de la Sèvre. Tous ces coteaux sont semés de jolies fabriques aux terrasses couvertes de fleurs; et des isles entre lesquelles les flots se reposent tout noirs d'ombre, semblent appeler les Nymphes à ces bains mystérieux auxquels on a donné le nom de Bains de Diane.

Nos yeux se fixent sur des quartiers de rochers arrondis qui s'élèvent isolés au milieu des ondes, quand à notre gauche nous nous trouvons presqu'appuyé contre une colonne milliaire antique : elle est en granite et s'élève noircie par le temps, sur un morceau de roc rongé de mousse; une double inscription latine nous apprend que César et Adrien ont passé par cette voie Romaine en allant de Nantes à Tiffauges. Les noms de César et d'Adrien dans ces lieux ! quoi, comme à Tibur, ces maîtres de l'Univers sont venus se délasser sous ces ombrages! Voilà encore l'un de ces blocs de pierre taillée qui servaient aux Chevaliers Romains pour monter à cheval.

Le Poussin dessinait à Rome les paysages de Clisson; ils étaient présents à sa mémoire, même au milieu de ceux de Tivoli ! Quel singulier rapport, quel étrange point de contact ont donc entr'elles ces deux vallées bien qu'éloignées l'une de l'autre de plus de quatre cents lieues ?

On est fatigué d'admirer, on passe presqu'indifférent devant les Bains de Diane et les isles charmantes autour desquelles l'onde écume, bouillonne et s'enfuit; on ne s'arrête que sous la voûte du temple de Vesta.

Nous y entrons en même temps qu'un Plâtrier italien : il est né dans la campagne de Rome; à peine a-t-il jeté les yeux sur les rochers qui descendent depuis la base du temple jusqu'à la cascade, qu'il s'écrie : « Tivoli....! Tivoli!... » Il n'en dit pas davantage; sa voix est émue, ses yeux mouillés de larmes : c'est la Patrie absente dont il retrouve un fidèle tableau..... Ce jeune étranger nous assure que ce temple est copié sur celui de Vesta, à Tivoli; qu'il est seulement un peu plus petit. La base de celui-ci est un massif circulaire au milieu duquel s'ouvre une voûte en ogive aiguë. C'est de dessous cette voûte que les étrangers peuvent contempler le paysage admirable qui se déroule devant eux. Un Peintre de l'école de Rome (1) était en ce moment à

---

(1) M. Perrault, venu à Clisson pour quelques jours, y passa huit mois et en remporta de charmants paysages,

peindre cette perspective, et nos yeux se portant tour-à-tour du modèle sur la copie et de la copie sur le modèle, nous laissèrent indécis sur le choix. Au-dessus du soubassement du temple de Vesta règne une galerie formée par seize belles colonnes ; leur entablement soutient la coupole qu'un Architecte avait d'abord couverte en ardoises, mais que M. Lemot prit soin de faire recouvrir en tuiles rouges. L'intérieur du temple est fermé. Ce joli monument est d'une élégance et d'une légèreté admirables ; placé sur la croupe d'un coteau, il se dessine sur des arbres d'un vert rembruni, et couronne une masse ou plutôt une pyramide gigantesque de rochers grisâtres entassés au hasard par les secousses des volcans. Ces rochers rappellent ceux accumulés par la main des Titans, lorsque, dans les plaines de la Thessalie, ils amoncelèrent Pélion sur Ossa et Olympe sur Pélion.

---

peints d'après nature. La vue prise du temple de Vesta et celle de la *Villa* Valentin font tout à la fois honneur au peintre et aux lieux qui lui en ont fourni le modèle.

Dans le bas, la Sèvre se brise en cascade écumante ; on voit ses bouillons neigeux écumer parmi tous ces rocs d'un noir d'ébène ; l'eau s'échappe en mugissant, et toute blanche d'écume s'engloutit sous une forêt de saules, de platanes, de peupliers et de mille autres arbres d'Italie. Derrière cette chute d'eau le canal large et limpide de la Sèvre présente jusques dans la profondeur de la perspective sa surface unie et presqu'immobile. Des deux côtés les coteaux s'étendent chargés de jolies fabriques italiennes, et, au milieu, la barque alongée du Pêcheur vendéen, arrêtée à vingt pas du précipice, repose l'œil fatigué d'errer sur ce paysage enchanteur.

Temple de Vesta à Clisson.

LETTRE XXVIII.

Clisson (Vendée), ... 1828.

La chaleur est étouffante ; plusieurs étrangers et moi descendons du temple de Vesta et allons nous asseoir à l'ombre, au bord de ces ondes écumantes ; nous y lisons ceux des vers de Colardeau dans lesquels respire la peinture énergique des poétiques amours d'Abailard et d'Héloïse. Nous les lisons à l'endroit même et sous les mêmes ombrages où tous deux sont venus méditer et s'aimer ; mais bientôt on s'informe des événements dont ces beaux lieux ont été le théâtre, et le prisme magique de l'imagination, nous reportant aux premiers jours du monde, nous commençons le récit suivant :

Près d'un demi-siècle avant Jésus-Christ, ces lieux n'étaient pas même peuplés. De profondes colonnades de forêts ténébreuses, des rochers incultes et un fleuve impétueux donnaient à ces lieux un aspect si rude et si sévère que les peuples des environs, les *Lemovices Armoricani* à l'ouest, les *Angevins* au sud, et les *Agésinates* à l'est, le laissèrent inculte et inhabité pour servir de frontières entre les trois nations : c'était la coutume des peuples de ce temps; à peine quelque chasseur osait-il y pénétrer pour chercher sa proie dans les cavernes, entre les rochers et les précipices.

Quand Jules-César parut dans les Gaules, toutes les nations d'alentour coururent aux armes pour défendre leur antique Liberté. Une lutte sanglante s'éleva entre les Romains et les fiers enfants de l'Armorique. Le conquérant se rendit au camp de Crassus, son Lieutenant, dont les tentes s'élevaient au milieu des plaines de l'Anjou ; de là, marchant vers la vaste cité des Namnètes, il passe à Tiffauges et vient à Clychia. Sans doute qu'alors de grands bois s'élevaient à la place des vieux créneaux du château. Cependant cette position imprenable n'échappe pas au général romain. Auguste, son successeur, fait tracer la voie romaine allant de Poitiers à Nantes; elle passe au pied de ce roc formidable ; une forteresse s'élève sur sa cime, et les casques dorés de ces maîtres du monde, leurs armes étincelantes, les aigles du capitole brillent pour la première fois sur les premiers créneaux qu'ait encore vus la Nymphe de la Sèvre. Une garnison, comme une sentinelle vigilante, est placée dans ces murs et surveille tous les mouvements d'une indocile Liberté. Non loin de Clychia ils élèvent un temple à Palès, Divinité des prairies et des travaux rustiques, d'où l'endroit a pris le nom de Palet. Ce fut là que naquit Abailard.

Adrien vient se reposer à Clychia ; mais nul vestige n'y retrace son passage.

A l'époque où Conan fonda le royaume de Bretagne, les légions d'Honorius viennent occuper toutes les forteresses qui hérissent les rochers de la Sèvre : ils y sont libres, et quand leurs frères d'armes les Teyphales contraints de céder l'Aquitaine aux Visigoths, viennent chercher sur ces rives désertes une patrie et la liberté, tous ces guerriers romains, unis aux Agésinates, jettent d'un commun accord les fondements d'une république toute guerrière, et Clychia devient une division de la Teyphalie. Mauges et Herbauges en font également partie. Clovis paraît bientôt. Salué Roi par les Légions Romano-Teyphaliennes, il ne prend de la royauté que le nom, et laisse à la contrée ses lois, ses usages et sa fière indépendance.

Sous les faibles successeurs de Charlemagne les Normands remontent la Loire, se répandent par milliers dans les campagnes, ravagent et embrasent tout ce qui se trouve sur leur passage ; Clisson, pour la première fois, se change en un monceau de ruines ;

mais bientôt revenu du premier moment d'effroi, la Teyphalie court aux armes, l'Aigle des Césars sort de son aire ; autour d'elle les guerriers du Bocage, guidés par des oriflammes couleur de neige se rassemblent sous ses ailes ; les Normands sont vaincus, et la paix vient réparer tous les maux.

Des créneaux gothiques remplacent la forteresse romaine de Clychia, et servent de berceau aux premiers barons de Clisson : le nom de Teyphalie se perd dans la nuit des âges, celui de *Marches communes de Bretagne de Poitou et d'Anjou*, leur succède, et Clychia (autrement Clisson) n'est plus que la Roche-Forte.

Les croisades entraînent les guerriers de France vers les ruines du Jourdain. Olivier Ier, possesseur de l'antique Clychia, après maints exploits, a vu sa bannière féodale flotter sur les murs de Césarée. Il revient dans son manoir de la Roche-Forte, et pour éterniser la mémoire de ses lointains faits d'armes, il fait élever, sur le modèle de celles de Césarée, les fortifications menaçantes dont voici les ruines. Ces rivages, qui reproduisent aujourd'hui la poétique Italie, retraçaient alors les rives du Jourdain, et quand les pélerins, revenant de visiter le tombeau du Sauveur et retournant dans leurs foyers, passaient par la Roche-Forte, et que guidés par le fanal allumé sur le donjon du château, ils s'en approchaient sur le soir pour y demander l'hospitalité, trompés par la ressemblance, ils se croyaient reportés par quelque Fée malfaisante aux portes de Césarée, et y rentrer de nouveau par la porte de la tour des Pélerins.

Vers cette époque, au XIIe siècle, le drapeau de Philippe-Auguste apparaît sur ces créneaux nouvellement bâtis, où la vengeance du meurtre du jeune Arthur l'avait appelé, et dont la victoire lui avait ouvert les portes.

Quelques années après Olivier 1er, que l'on appelle alors le Vieux à cause de son grand âge, reçoit derrière ses murailles un de ces rois dont la mémoire est immortelle parce qu'ils s'élèvent au-dessus de leur siècle : Louis IX, encore enfant et déjà conduit au milieu des batailles par la Reine sa mère, entre à son tour sous les voûtes chevaleresques de Clisson. De grands intérêts y sont réglés, et après avoir séjourné quelque temps dans ces salles somptueuses, le jeune Roi des Lys s'en éloigne et se rend à Ancenis.

Jean Ier, duc de Bretagne, s'empare de plusieurs châteaux appartenant à Olivier ; mais à l'aspect des hautes murailles de celui de Clisson, ses troupes effrayées se révoltent, et le Duc se retire confus d'avoir échoué.

Bientôt commence dans l'antique Armorique une guerre longue et terrible entre la maison de Montfort et celle de Blois. L'une et l'autre prétendent à la couronne ducale, et tous les seigneurs de Bretagne se partagent entre ces deux compétiteurs. Olivier II succède à son père, et embrasse la cause de Charles-de-Blois ; mais ses trois fils se partagent entre les deux concurrents. Garnier de Clisson l'aîné meurt, et le Génie de l'histoire grave sur sa tombe le titre glorieux de l'un des plus hauts barons comme des plus braves chevaliers de son temps. Olivier III succède à son père et fait marcher à la victoire les drapeaux de Charles-de-Blois.

Cependant un jeune enfant se joue aux rives de la Sèvre, et déjà ses jeux enfantins annoncent que ce quatrième baron de Clisson sera quelque jour un héros. Jeanne de Belleville, sa mère, est près de lui ; elle porte elle-même sur son front quelque chose d'héroïque. Quel est ce message ?... elle pâlit, son visage respire l'indignation, et son regard a pris quelque chose de sublime! Olivier, son époux, accusé de trahison, vient, par une cruelle injustice, de périr sur un échafaud dans les murs de Paris. Jeanne ne s'abandonne point aux larmes, elle respire la vengeance ; à la tête de ses amis et de ses vassaux, elle jure à Charles de Blois une guerre à mort. Elle assiége et emporte d'assaut les villes et les châteaux d'alentour; point de grâce pour les vaincus, tous sont égorgés; ses drapeaux ensanglantés portent partout la terreur et l'effroi. Une armée formidable s'avance à sa rencontre; Jeanne arme des vaisseaux, et l'Océan est le théâtre de ses nouveaux exploits. Son fils Olivier IV est auprès d'elle; il croit en âge au milieu de ces scènes de carnage, et déjà son jeune bras s'est rougi vingt fois dans le sang de ses ennemis. Mais c'en est fait, Montfort l'emporte, il est reconnu Duc de Bretagne : le bruit des armes cesse, et Olivier vainqueur rentre au château de ses pères. Il est l'ami du jeune Duc, ils sont du même âge, ils ont combattu ensemble, tous deux doivent le jour à deux intrépides amazones; mais Olivier, trop confiant, est trompé par son ami : il quitte sa cour, et se voue au service de la France. Uni au grand Duguesclin, on les voit l'un et l'autre mener les défenseurs des Lys de

K

victoire en victoire : devant leurs enseignes triomphantes, les soldats d'Albion fuient épouvantés, et le Léopard consterné, à l'aspect des Lys étincelants, abandonne en rugissant nos fortunés rivages. Duguesclin meurt, Olivier lui succède : nommé connétable de France, par le choix des plus braves, son nom devient immortel; la Patrie reconnaissante salue en lui le grand Olivier de Clisson, et le montre avec orgueil à la postérité.

Combien son souvenir grandit ces débris! Quel puissant intérêt il attache à ces salles en ruine où si souvent il suspendit les enseignes d'Angleterre et éleva les trophées d'armes conquis par son bras victorieux! Le souvenir des grands hommes possède un charme puissant : il attire la postérité aux lieux qu'ils ont habités; le temps qui ronge leur demeure peut en effacer la trace, mais l'Histoire, plus forte que le temps, y imprime l'immortalité.

Depuis la mort du Connétable de Clisson,

son château n'est plus la demeure habituelle de ses enfants. Marguerite, sa fille, mariée à Jean de Blois-Penthièvre, fils du compétiteur de Montfort au Duché de Bretagne, habite Chantoceaux. Cette femme, dévorée d'ambition, engage ses trois fils à enlever le jeune Duc de Bretagne Jean V et son frère Richard, pour s'emparer du Duché. L'enlèvement réussit au pont de la Troubarde; les deux Princes captifs sont traînés de prison en prison, de château en château, et enfin renfermés dans la tour qui s'élève à droite de la principale porte du château de Clisson. Cette demeure glorieuse se trouve tout-à-coup changée en un repaire du crime, et pour la première fois la félonie ose se montrer dans le séjour de l'honneur. Bientôt la vengeance foudroie Chantoceaux ; tous les Seigneurs de Bretagne irrités de l'attentat des Penthièvre, courent aux armes; leurs bannières féodales flottent autour des vieilles murailles de Chantoceaux : le siége est long et meurtrier, mais enfin la Victoire se déclare en faveur des vengeurs de l'innocence.

Les Penthièvre sont contraints de relâcher leur proie; Chantoceaux est rasé : ses maîtres, déclarés traîtres et félons, sont dépouillés de leurs biens et fuient loin d'une contrée où déjà l'on dresse leurs échafauds. Jean V, remonté sur le trône, donne à son frère Richard ce même château de Clisson où naguère il avait partagé sa captivité. Ce nouveau maître paraît au pied des remparts, et après une légère résistance, les troupes qui défendaient Clisson en ouvrent les portes, et Richard y fixe sa demeure. La vie de Richard est longue, elle dure 80 ans : ses enfants sont dotés au loin, et quand la mort vient le frapper, son château resté sans maître, est réuni au domaine de la couronne ducale.

Mais voici que de nouveaux jours de gloire vont briller sur les créneaux d'Olivier Ier.

La race de Jean V est éteinte; le trône est dévolu aux enfants de Richard. François, IIe du nom, comte d'Etampes, fils aîné de Richard, comte d'Etampes et de Vertus, revient en Bretagne, s'assied sur le trône, et fixe sa demeure dans ce même château de Clisson qu'il aime parce qu'il y est né. On le voit bientôt parcourir ces vieux créneaux et les faire réparer. Près de lui marche la Comtesse d'Etampes sa mère, et cette fille aimable et spirituelle, si célèbre sous le nom de Valentine de Milan; viennent ensuite la jeune Duchesse sa femme, Marguerite et Magdeleine ses sœurs, Catherine d'Etampes, aussi sa sœur, mariée au prince d'Orange, et non moins célèbre par sa beauté que par son esprit et ses vertus. Avec quelle émotion cette heureuse famille, réunie aux lieux où s'écoula son enfance, se promène sur ces gazons fraternels, revoit ces belles ondes et retrouve partout des souvenirs qui, pour eux, se marient aux premiers jours de la vie.

Toute cette cour, brillante de jeunesse et de beauté, appelle les fêtes et les tournois. Déjà la prairie voisine en est devenue le rendez-vous. Les Amours ont revêtu les casques des Guerriers, partout brillent l'or et les riches parures; les Troubadours et les Ménestrels, mêlés aux Paladins et aux Héros, accourent de tous côtés ; on n'entend plus sur ces rivages enchantés que doux propos de vaillance et d'amour. Le jour, l'éclat des armes annonce les tournois; le soir, mille Beautés foulent en cadence tous ces gazons, et les nuits sont ici comme à Paphos, pleines de mystères et de Plaisirs ! Au milieu des jeux de la prairie, on remarque Antoinette de Magnelais veuve de Villequier, et nièce de la belle Agnès Sorel; elle n'est pas moins belle que sa tante, et tous les cœurs ont éprouvé le pouvoir de ses charmes : une douce modestie relève encore sa grâce enchanteresse, et dans ses yeux charmants chacun cherche le coup d'œil de préférence. Mais quel est ce beau Chevalier qui, resté inconnu, a remporté la palme de l'adresse et du courage ? C'est aux pieds d'Antoinette qu'il dépose le prix du tournois. Il a le droit d'obtenir d'elle un baiser, la belle rougit en l'accordant....! Mais quel feu soudain coule dans ses veines? Pour la première fois elle connaît l'Amour, et celui qu'elle adore, ce beau Chevalier qu'elle aime autant qu'elle en est aimée, c'est le Prince, c'est François lui-même. Hélas! ce royal amant est enchaîné déjà par les nœuds de l'Hyménée : plus d'espoir pour la triste Antoinette! son cœur est pur, et cependant l'Amour est si doux!... Ces bois mystérieux, ces ondes bouillonnantes sont d'abord les témoins de ses soupirs et de ses pleurs; bientôt ils vont être les confidents discrets de ses plaisirs. Quatre enfants lui devront le jour, et dans ces asiles délicieux, les souvenirs de François et d'Antoinette s'uniront à ceux d'Héloïse et d'Abailard.

Vainement le Mystère accompagne les Amours! Quelque solitaires que soient les grottes de ces rochers sauvages, l'œil perçant de la jalousie n'en pénètre pas moins l'obscurité. La Duchesse, instruite des amours de son époux, en reçoit, dans le cœur, une blessure si profonde, que s'abandonnant à la douleur, elle descend lentement dans la tombe, quoiqu'elle ne soit encore qu'à la fleur de ses ans. François n'a point d'enfants de ce premier mariage; pressé par le vœu de ses sujets, il contracte de nouveaux nœuds. La chapelle du château se pare de toutes les pompes nuptiales, et l'amant d'Antoinette donne sa main souveraine à la charmante Marguerite de Foix, dite *sein de lys*. Cette nouvelle Beauté vient à son tour mêler ses grâces à celles dont la Nature a décoré ces douces retraites, et les Plaisirs en la voyant saluent leur nouvelle Divinité. Deux Princesses naissent de ce mariage, Anne qui doit un jour succéder à son père, et la douce et sensible Isabelle. Elles grandissent sous l'aile maternelle, et quand après quatre lustres accomplis, la renommée de leurs charmes s'est répandue dans toute l'Europe, la cour de Bretagne redevient une seconde fois le rendez-vous des Jeux et des Plaisirs.

Parmi les vaillants Chevaliers que les fêtes amènent à Clisson, il s'en trouve un dont le nom est illustre. Au respect dont on l'entoure, on reconnaît le Duc d'Orléans, l'héritier du trône de France. En considérant attentivement ses traits empreints de la plus touchante bonté, on devine avec émotion qu'un jour ce jeune Prince sera Louis XII. En voyant la Duchesse, il est ébloui de l'éclat de sa beauté; en voyant Isabelle, il est touché de sa grâce et de sa douceur; mais ses yeux se sont reposés sur la Princesse Anne, et soudain tous les feux de l'amour se sont allumés dans son cœur. Désormais l'image de cette beauté chérie le suivra partout. Eh! que lui importe la gloire! le trône même n'a plus de charmes pour lui; c'est aux yeux d'Anne seule qu'il veut paraître grand: il fera plus, il s'enrôlera sous ses drapeaux et défendra vaillamment sa couronne. Cet amour qui prend naissance sous les arceaux gothiques des salles du château, grandira et s'augmentera au milieu des jeux de la prairie des Guerriers. Ce sera sous ces arbres mêmes qui ombragent encore aujourd'hui nos fronts, que ce royal amant obtiendra l'ineffable sourire qui décèle un tendre retour, ce sourire qui, s'échappant des lèvres de la vierge timide, vient apprendre à celui qui l'aime combien à son tour il est aimé.

C'en est fait, désormais pour Anne et Louis l'Amour n'éteindra plus son flambeau qu'avec la vie. Mais que de larmes ils verseront, jusqu'au moment où leurs cœurs confondus dans une douce ivresse, recevront le prix de leur constance !

Déjà la guerre rugit autour de la contrée : les Plaisirs effarouchés abandonnent ces fortunés ombrages, et le drapeau de Charles VIII, Roi de France, flotte sur le vieux donjon du castel de Clisson. Il appartient alors au fils aîné d'Antoinette de Magnelais, que le Duc François son père a créé Baron d'Avaugour et Comte d'Etampes; mais François lui-même descend dans la tombe. Anne, saluée Duchesse de Bretagne, monte sur le trône, et élève à son père ce beau mausolée que créa le Génie de

Michel-Colombe et qu'exécuta son ciseau (1). La nouvelle souveraine de Bretagne, vivement pressée par Charles VIII, est contrainte de lui donner sa main. Reine de France, elle vient avec son illustre époux revoir encore une fois ces lieux si chers à son cœur. Oh ! combien elle dut être émue en revoyant ces bois où naguère elle avait connu celui qu'elle aime ! Pourquoi faut-il qu'une politique impérieuse l'ait contrainte à élever entre elle et lui une barrière insurmontable ?... Belles ondes qui bouillonnez à nos pieds, rochers insensibles aux douleurs des hommes, vous qui fûtes seuls témoins de ses douleurs, vous le fûtes aussi du courage héroïque avec lequel elle étouffa les murmures de son cœur déchiré !

Huit ans s'écoulent; l'Amour qui pendant ce temps, pour Louis et Anne, avait voilé

___

(1) Ce monument est connu à Nantes sous le nom de *Tombeau des Carmes*, et se trouve aujourd'hui dans la sacristie de Saint-Pierre de Nantes.

son flambeau d'un crêpe de deuil, reparaît tout-à-coup aux rives de la Sèvre : Anne, veuve du Roi Charles, est dans les bras de son amant; elle est l'épouse du bon Louis XII, elle vient avec lui revoir ces lieux où pour la première fois leurs cœurs se sont entendus : toutes leurs peines sont oubliées, et la Sèvre, pour la troisième fois, cache sous les ombrages mystérieux de ses rives le bonheur de deux illustres Amants.

Avançons de quelques années ; Clisson n'est plus une demeure royale, et cependant voilà qu'un Roi de France, père des Lettres et des Arts, un Roi qui sait tout perdre, hors l'honneur, François Ier, vient y chercher des souvenirs. Une jeune et belle Reine, Eléonore, est avec lui, et l'Amour sans doute les égare plus d'une fois dans ces sentiers ténébreux où tout leur parle encore de tendresse et d'amour.

Mais le temps des grandeurs s'est évanoui pour Clisson. Le premier signal de sa chute est l'arrivée dans ses murs d'une Reine toute noire de crimes, et de son fils encore tout dégouttant du sang de ses sujets, Médicis et Charles IX. Il semble qu'avec eux la malédiction du Ciel soit entrée dans cette antique demeure, pour la punir d'avoir donné asile à ces deux scélérats couronnés; depuis cette époque, Clisson n'a plus fait que décliner.

Une guerre impie et sacrilége désole le Bocage, dont les habitants viennent d'embrasser la doctrine de Calvin. Des tigres, marchant au nom d'une religion sainte qui les désavoue, viennent, le fer et la flamme à la main, forcer des hommes libres à changer leur croyance; et, sous prétexte de les convertir, cherchent à les asservir à leur orgueilleuse théocratie. Vains efforts! ils sont repoussés loin de cette terre sacrée, et vont porter ailleurs leurs tortures et leurs bûchers.

La Ligue éclate bientôt après: le Duc de Mercœur place les ligueurs qu'il commande dans le château de Clisson ; les murailles en sont encore imposantes, et toute la bravoure du grand Henri vient échouer devant ces remparts formidables. L'année suivante, Mercœur est expulsé de Clisson; en vain il tente de le reprendre, il échoue à son tour : contraint d'implorer la clémence du grand Monarque, il reçoit son pardon, et sort de notre belle France que son ambition n'avait que trop long-temps ensanglantée.

Trois cents ans s'écoulent depuis. L'abandon et la solitude laissent tomber en ruine cette forteresse du XIIe siècle. Les maîtres qui ne la visitent que rarement n'y font point leur séjour, et seule avec ses souvenirs, elle semble n'attendre que l'incendie de 1793 pour s'écrouler de toutes parts avec la monarchie de Clovis (1).

Pendant ce récit fait sur le bord de la cascade, au pied des rochers où s'élève le temple

---

(1) Elle appartenait alors à la maison de Rohan-Soubise.

de Vesta, le ciel s'était obscurci par degrés, et tout annonçait un orage. Nous nous levons, et reprenons le chemin de Clisson, remettant au lendemain à visiter la *Villa*-Lemot et la vue magnifique que l'on découvre du haut de ses terrasses. Déjà de rapides éclairs sillonnent les nues au-dessus des tours du vieux castel, leur pâle lumière brillant entre les colonnes blanches du temple de la Sibylle se reflète dans le canal de la Sèvre dont la surface unie présente par intervalle l'aspect d'une nappe de feu. Nous pressons le pas, car les coups de tonnerre commencent à retentir sous ces feuillages que pas un souffle n'agite, et les rochers se renvoyant les détonations solennelles de la foudre, donnent au paysage qu'un demi-jour éclaire à peine une inconcevable grandeur.

En arrivant, on nous sert un dîner que la promenade avait assaisonné d'avance. Parmi les étrangers de diverses nations réunis dans la salle, nous apercevons le Pasteur de Trémentine, et après avoir renouvelé connaissance, nous nous mettons tous deux à table en nous félicitant d'avoir été exacts au rendez-vous.

On ne nous avait point trompé : les voyageurs sont aussi bien traités à Clisson que dans les plus grandes villes de France; le pain y est tout aussi beau qu'à Paris, le vin est d'une qualité supérieure à celui des restaurants de cette capitale. Le gibier, la volaille, les légumes, les fruits sont ici en abondance et succulents; la viande est la même qu'à Paris : n'est-ce pas de cette contrée qu'on l'y envoie ? Les voyageurs retrouvent à Clisson les temples d'Epicure placés à côté des bosquets de Paphos; ce sont les voluptés de Baïes au milieu de toutes les grâces que la Nature étale à Tivoli.

Au dessert, la conversation devint générale; on parla des trois hommes célèbres qui ont, en quelque sorte, fait Clisson ce qu'il est aujourd'hui; ce souvenir parut frapper vivement le Pasteur de Trémentine : une

larme coula le long de ses joues basanées, et ce fut lui qui nous apprit l'histoire moderne de ce moderne Tibur. « Après la guerre
» de 1793, nous dit-il, un peintre Nantais,
» Pierre Cacault, revenant d'Italie, osa le pre-
» mier pénétrer dans cette partie de la
» Vendée. Il n'y trouva pas un être vivant,
» pas une maison debout. Des poutres à
» demi-brûlées, des pierres, des ronces cou-
» vraient toutes les rues dont on n'apercevait
» plus aucune trace ; toute la ville n'offrait à
» l'œil consterné qu'un vaste champ de dé-
» combres, et nulle voix humaine n'en trou-
» blait le morne silence. Mais la haine des
» hommes n'avait pu dépouiller ces rives
» désertes de leurs délicieux paysages, et
» leur aspect inattendu enflamme l'imagina-
» tion de Cacault : il ne veut plus quitter ces
» lieux, il s'établit dans une maison incen-
» diée. Exposé à toutes les injures de l'air,
» il saisit ses crayons, des études char-
» mantes naissent en foule sous ses doigts,
» sa vie entière ne suffirait pas pour épuiser
» cette mine féconde en points de vue déli-

L

» cieux; son parti est pris, il se voue à la belle
» Nature qui l'environne, il se fixe à Clisson,
» y attire son frère, Ambassadeur à Rome,
» et la première maison qui relève son front
» au milieu des ruines, est un Muséum. »

Bientôt un prodige semblable à celui qui éleva les murs de Thèbes, s'opère à la voix des deux Cacault.

Les restes infortunés de la population de Clisson cédant aux avis des deux frères, reviennent à Clisson, ils le reprennent; mais quel tableau déchirant!... chaque famille s'est réunie, un vuide affreux se fait apercevoir dans chacune d'elles : là, une mère revient seule; ses fils, son époux ne reviendront plus! ici, un vieillard appuyé sur son bâton, cherche en vain sa jeune famille, elle a toute disparu; plus loin, des enfants demandent leur mère et ne la trouvent point; quel est ce Vendéen qui appuyé sur son fusil reste pensif en contemplant les décombres de sa maison?

Sa femme, ses filles.... où sont-elles ? Des larmes coulent le long de ses joues basanées, le désespoir est dans son âme, il veut retourner à l'ennemi ; mais les deux amis des Arts font entendre des paroles consolantes : on tourne vers le ciel un de ces regards qui disent tout, et chacun cherche au milieu des débris l'emplacement ou fut le toit de ses pères.

Grâce au zèle et aux bienfaits des deux Cacault la ville se rebâtit insensiblement ; une immense collection de tableaux des plus grands maîtres, des plâtres excellents, des gravures et des statues qu'ils ont apportés d'Italie, rangés dans les vastes salles du Musée, attirent à Clisson une foule d'Etrangers, et y ramènent bientôt l'abondance et le commerce. Ainsi les merveilles de l'Italie exilées des ruines de Rome, et réfugiées aux ruines Vendéennes de Clisson, ont rebâti cette ville, comme les murs de Thèbes le furent autrefois par les accords harmonieux d'Amphion.

« Hélas! Messieurs, ajouta le Pasteur, pourquoi faut-il que l'homme qui fait le bien meure comme celui qui fait le mal! Ces deux bienfaiteurs de mon pays ne sont plus; une partie de leur Muséum a été transportée à Nantes, le reste a été dispersé, et Clisson n'a conservé que leur souvenir et les salles où ces chefs-d'œuvres ont reçu l'hospitalité.

« Un émule de Michel-Ange, notre moderne Praxitèle, digne ami des deux Cacault, était venu s'établir auprès d'eux; Lemot, il y a quelques mois, consolait encore ces rivages. Ce premier de nos statuaires jetait ici de tous côtés les monuments que créait son génie, et lui-même n'est plus !..... Il repose à côté de ses deux amis, et leurs noms, qui restent seuls, s'unissent maintenant aux noms célèbres qui ont laissé tant d'immortels souvenirs dans ces beaux lieux. »

LETTRE XXIX.

Clisson (Vendée), ... 1828.

Pendant le récit que nous faisait hier à table le pasteur de Trémentine, je remarquai dans ses traits une altération qui ne lui était pas ordinaire ; il semblait que sa figure, laissant tout-à-coup cette douceur angélique qui caractérise si bien le ministre du Dieu de l'Evangile, venait de prendre un air triste et fier, semblable à celui de ces hommes à grand caractère qui long-temps ont bravé l'adversité : « Eh quoi ! me
» disais-je à moi-même, cet homme au

» front si calme, dont les lèvres connaissent
» à peine ce que c'est que le sourire, et dont
» le cœur est aujourd'hui pétri de tolérance
» et d'humanité, cacherait-il dans le fond
» de son âme quelques-unes de ces passions
» vives et ardentes qui laissent de bonne
» heure des traces profondes sur la figure
» humaine..? Aurait-il éprouvé quelques-
» unes des vicissitudes de la vie ? » Cette
pensée m'occupa pendant le temps que nous
restâmes à table, mais les Anglais ayant
demandé du *Punch*, les autres étrangers
s'étant retirés, le Pasteur et moi nous
nous levâmes et regagnâmes les bois de la
Garenne.

L'orage était dissipé : les nuages épars
laissaient apercevoir les derniers rayons du
soleil couchant ; l'occident étincelant de
pourpre et d'or reflétait autour de nous
une teinte surnaturelle semblable à ces
demi-jours de la campagne de Rome tels que
les peintres aiment à les reproduire dans
leurs tableaux. « Vous le voyez, me dit le

» Pasteur, qui tout en regardant cette belle
» scène marchait pensif à côté de moi,
» souvent le soir d'un jour d'orage est
» encore le soir d'un beau jour!... Ce
» souvenir des trois hommes célèbres qui
» naguère ont embelli ces lieux, m'a rap-
» pelé d'autres souvenirs : il en est souvent
» des réminiscences données à ceux qui
» ne sont plus, comme de ces secousses
» inattendues qui ébranlent l'homme jusque
» dans ses entrailles. — Eh quoi ! mon ami,
» passez-moi ce terme, repris-je avec vivacité,
» de pénibles souvenirs pèseraient-ils encore
» aujourd'hui sur votre cœur ? auriez-vous,
» par vous-même, connu l'adversité ? Rap-
» pelez-vous qu'aux ruines de Mallièvre,
» en me donnant rendez-vous à Clisson,
» *vous m'avez assuré que dans ces lieux,*
» *si chers aux Amours, nous trouverions*
» *une petite place pour l'Amitié* ; peut-être
» est-il vrai qu'épancher ses chagrins dans
» le sein d'un ami ce soit les affaiblir. — Les
» affaiblir, reprit-il avec un sourire qui
» avait quelque chose d'ironique, non ; il

» est de ces douleurs que la Religion seule
» peut adoucir : elle seule a su placer
» l'Ange de l'espérance à côté de la tombe,
» et déguiser la laideur de la mort sous
» l'emblême d'un sommeil de courte durée.
» Mais n'importe, notre connaissance s'est
» faite à la faveur de l'hospitalité qu'on a
» été heureux de vous offrir sous le toit
» de mon père ; nous avons causé ensemble,
» nous nous sommes estimés; le nom d'amis,
» né dans nos cœurs, s'est échappé de nos
» lèvres ; je vous instruirai des malheurs
» qui ont assailli ma jeunesse, et puisque
» vous cherchez à connaître la contrée qui
» tous deux nous a vus naître, mon récit
» vous sera de quelque utilité. Je peindrai
» les mœurs Vendéennes telles qu'elles ont
» été sous l'empire, et ces détails, qu'ont
» omis presque tous les écrivains modernes,
» ne vous paraîtront peut-être pas sans
» intérêt. »

Tout en continuant notre promenade, nous avions passé la *Villa*-Lemot; déjà nous arrivions à cet endroit du bois où s'élève la colonne milliaire. L'allée tortueuse que nous suivions conduisait au temple de Vesta; je proposai d'y monter. « Non, me répondit le Pasteur, ce temple est trop solitaire, à cette heure surtout il n'y passe personne; asseyous-nous au bord de ce sentier : j'aime les hommes, et les lieux où je ne les vois point m'intéressent peu. » Je compris alors que l'homme de paix préférait les endroits fréquentés parce qu'il y trouvait plus souvent occasion de faire du bien. Je n'insistai plus, et nous nous assîmes sur le quartier de roc couvert de mousses où s'élève la colonne de César et d'Adrien.

La lune se levait à notre gauche au-dessus du temple de Vesta; de l'autre côté de la Sèvre, en face de nous, les colonnes blanches du temple de la Sibylle, dominant l'amphithéâtre de rochers au-dessus desquels elles s'elèvent, se dessinaient sur des nuages de pourpre et d'or qui étincelaient à l'occident; à notre droite, dans le fond du tableau, les vielles tours du manoir d'Olivier élevaient dans les airs leurs créneaux colorés par les derniers feux du jours, tandis que leur base et le pont de Clisson commençaient à s'effacer dans les ombres du soir ; la barque du pêcheur voguait silencieuse sur la surface unie du fleuve, et le chant mélancolique du rossignol venait de commencer à se faire entendre, quand au sourd murmure des cascades de la Sèvre, le Pasteur de Trémentine commença ainsi son récit.

LE RÉFRACTAIRE.

Le sort de l'homme sur la terre ressemble à celui d'un voyageur qui, partant le matin du toit paternel, s'avance au hasard par les chemins qui s'offrent devant lui, et marche sans savoir dans quel endroit, à la nuit tombante, il ira reposer sa tête fatiguée. Si quelqu'un m'eût dit, il y a vingt ans, que j'étais destiné à consacrer la moitié de ma vie au service des autels, je n'aurais point ajouté foi à ses paroles, et cependant le Ciel l'avait ainsi ordonné (1).

---

(1) Cette nouvelle est historique, l'auteur n'a fait que changer les noms des lieux et ceux des personnages. Elle a été réellement racontée au pied de la colonne milliaire, à Clisson.

Depuis la lutte sanglante que ce pays soutint en 1791, nous n'avons pas toujours habité sur la rive gauche de la Sèvre. J'avais dix ans quand la guerre fut terminée; mon père et moi revînmes à la métairie que vous connaissez entre Saint-Laurent et Mallièvre; nous l'avions cultivée de père en fils, depuis plusieurs siècles, nous y étions nés, c'est assez vous dire que ce toit modeste était pour nous comme celui de nos pères. Nous n'y trouvâmes que des masures portant encore l'empreinte de l'incendie, et des ruines où déjà le lierre et les ronces commençaient à se cramponner. Nous y avions laissé ma mère, une aïeule et deux sœurs en bas âge : elles avaient toutes disparu, et ces lieux, où nous avions passé tant de jours heureux, ne nous offraient plus qu'une morne solitude. Nous fondions en larmes en pensant aux personnes chéries que nous ne retrouvions plus; nous nous assîmes pendant quelques heures sous le gros chêne, où, dans le temps de la moisson, nous avions si souvent pris gaîment tous ensemble notre repas du soir, et quand la nuit fut venue, nous nous mîmes à genoux et priâmes Dieu pour celles que nous venions de pleurer. Tel fut le retour du Vendéen.

Il fallut nous éloigner de ces débris désormais inhabitables; mon père prit une autre métairie sur la rive droite de la Sèvre, et nous vînmes demeurer dans la paroisse de Trémentine. C'est là que s'écoula ma jeunesse, et que de douloureux souvenirs ont à jamais fixé mon séjour.

J'étais bien jeune encore, néanmoins je secondais mon père dans tous ses travaux : quatre ans de combats continuels avaient développé mes forces et formé mon caractère ; le malheur est la grande école du genre humain. Mon père se remaria ; sa nouvelle épouse devint bientôt mère de deux enfants : elle était sage et laborieuse, le Ciel bénit notre travail, en peu de temps l'abondance reparut autour de nous, et le bonheur ne dédaigna pas de revenir habiter notre nouvelle demeure.

Je n'avais que seize ans quand, pour la première fois, je vis Marie, la fille du vieux Jacob; son teint était blanc comme le lait; ses yeux bleus se mariaient à ses joues non moins vermeilles que la rose de nos buissons; son regard avait quelque chose de céleste, et sa taille élancée et légère ressemblait à celle que l'on a donnée aux belles statues de l'Ecole Grecque. Elle connaissait toute l'économie du ménage, ses doigts maniaient habilement l'aiguille et le fuseau; en un mot, Marie remplaçait auprès de son père, la mère qu'elle avait perdue. Telle était ma jeune amie; elle habitait avec son père le bourg de Trémentine, et les champs de la métairie qu'ils tenaient de ferme étaient voisins des champs de la nôtre.

Le caractère du vieux Jacob était un singulier mélange de bonté et de superstition. Il croyait fermement à l'existence des *Revenants*, il en voyait même, disait-il, toutes les nuits, et convaincu de cette folle idée, il s'entretenait régulièrement tous les soirs avec eux. De là vient, que dans le pays il passait pour *sorcier*, et qu'aucun garçon ne se fût avisé d'épouser la belle Marie. Pendant le jour, c'était un excellent homme que le bonhomme Jacob ; tous les habitants de Trémentine l'aimaient et le respectaient ; les enfants même recherchaient sa compagnie parce qu'il les caressait et jouait avec eux; mais le soir tous l'abandonnaient : c'était l'heure mystérieuse à laquelle commençait son commerce avec les démons, et l'on redoutait plus encore ces derniers qu'on n'estimait le bonhomme Jacob.

La guerre, au bruit de laquelle j'avais été élevé, m'avait de bonne heure désabusé de tous ces contes absurdes ; et, bien qu'aujourd'hui même encore un homme qui passe pour sorcier trouve difficilement à marier ses enfants, je n'en allais pas moins dès-lors chez Jacob, consacrer à sa fille toutes mes longues soirées d'hiver. Pendant l'été, nous avions soin, Marie et moi, de travailler dans ceux de nos champs qui se trouvaient les plus rapprochés. Tantôt je l'aidais dans son travail, tantôt elle venait m'aider à son tour; nos petites provisions étaient mises en commun, et quand nous entendions sonner midi, tous deux assis sur l'herbe, à l'ombre des chênes épais, nous prenions gaîment notre frugal repas. Le soir je la reconduisais jusque chez elle, et nous nous disions adieu, en nous promettant de nous retrouver le lendemain. J'étais l'ami, le confident de Marie; je n'avais, de mon côté, aucun secret pour elle. Charles, me disait-elle quelquefois avec un de ces regards qui pénètrent au fond du cœur: « Charles, je t'aime bien! » et sa main pressait la mienne, elle essuyait la sueur de mon front avec le coin de son tablier, puis, s'appuyant sur mon épaule, elle me regardait en souriant...... Nous étions heureux, car nous nous aimions avec toute la candeur de l'enfance, avec toute l'innocence des champs.

Nos parents applaudissaient à notre mutuel

attachement, et mon père qui s'était habitué à voir Marie au milieu de nous, la regardait déjà comme sa fille : « Charles, » me disait-il quelquefois le dimanche en » revenant du bourg, j'ai rencontré Marie ; » cette jolie enfant, écartant de son front » sa large mante, m'a fait en passant une » courte et gracieuse révérence, il y avait » là quelque chose pour toi. Si tu avais » vu sa coiffe de mousseline brodée de den- » telle, comme elle s'arrondissait avec grâce » autour de son visage ! son mouchoir et » son tablier rouges de Cholet, comme » ils étaient d'une propreté parfaite ! tu » auras là, mon ami, une bonne ménagère, » une femme jolie et sage comme était ta » pauvre mère ; puissiez-vous être tous » deux plus heureux que nous ne l'avons » été ! » Et puis ses yeux devenaient humides en pensant à ma mère, à mes sœurs ; mais ma belle-mère venait par de tendres soins dissiper ces tristes souvenirs, et la gaîté renaissait bientôt parmi nous.

Qu'elles passent vîte les premières années de l'innocence et de l'amour!... c'est la saison des fleurs précédant celle des orages! Déjà Marie et moi nous avions atteint notre vingtième année, nos pères convinrent de nous unir; ils se tendirent la main en signe d'un consentement mutuel, et le jour de notre union fut fixé. Chacun s'occupait déjà des apprêts qui devaient embellir cette heureuse journée, quand, pour la première fois depuis la guerre, la conscription reparut dans nos contrées. Cette nouvelle vint porter le deuil au fond de nos hameaux. Nous autres Vendéens nous aimons le métier des armes, mais nous aimons plus encore notre fortuné pays : nous y trouvons tout en abondance, qu'avons-nous besoin d'aller mourir ailleurs? Je fus appelé, et le sort qui semblait me sourire parut d'abord me favoriser, j'obtins un bon numéro. Mais hélas! nous ignorions encore que ce qu'on appelait *le tirage* n'était qu'une vaine formalité, et que les numéros sortant de l'urne funeste ne devaient servir qu'à régler l'ordre du départ. De vils Préfets, rampant aux pieds d'un conquérant, se jouaient comme lui des lois les plus saintes : pour faire leur cour à ce maître et servir leurs propres intérêts, ils envoyaient sous ses drapeaux plus d'hommes qu'il n'en demandait lui-même... Tirons le voile sur ces crimes désormais oubliés; ils ne sont pas restés impunis : ces despotes modernes ont eu le sort de tous ceux qui foulent aux pieds les lois des Empires; les peuples, auxquels le ciel remet souvent le soin de leur propre vengeance, se sont levés contre eux, ils ont été frappés de la foudre, et ont disparu comme Romulus, au milieu d'une tempête.

Je revins chez moi, certain que rien ne s'opposait plus à mon bonheur; on hâte les préparatifs de notre union; déjà la parure de ma jeune amie est achetée, et les publications sont commencées. Tout-à-coup mon père reçoit ma feuille de route, avec ordre de me faire partir sur-le-champ. A ce terrible message, nos projets s'évanouissent,

la douleur de ma famille, les larmes de Marie, mon propre désespoir, tout rallume dans mon cœur cette soif de vengeance que dix ans de paix avaient presque éteinte. Je cours à mon mousquet; ce fidèle compagnon de mes premiers périls pouvait encore devenir fatal entre mes mains. Morne et bouillant de colère, j'étais assis près de la table, ma tête était appuyée sur l'un de mes bras, et de l'autre je tenais mon arme meurtrière; ma feuille de route était restée déployée devant moi : mon père y jette un regard; le mot *loi* frappe ses yeux; « la loi! s'écrie-t-il; Charles, qu'allons-
» nous faire ? nous avons, en déposant nos
» armes, juré obéissance aux lois; nous se-
» rions coupables, mon fils, il faut partir. »
En disant ces mots il me presse dans ses bras, mon visage est inondé de ses pleurs, et ma colère se dissipe à la voix de mon père.

Il fallut donc se résigner. Il arriva bientôt ce funeste jour du départ! j'embrassai mon père pour la dernière fois, et pour éviter de faire à Marie de trop pénibles adieux, je me détournai des routes battues et rejoignis le grand chemin par des sentiers infréquentés. Hélas! c'était en vain! Marie m'attendait à la sortie des bois. Notre premier mouvement fut de nous jeter dans les bras l'un de l'autre; nos soupirs se mêlaient aux battements redoublés de nos cœurs. « Asseyons-nous, me dit-elle; » ses jambes fléchissaient sous elle. Au moment où je déposais sur l'herbe mon petit sac de toile, elle y glissa, sans rien dire, la bourse qui contenait ses modestes épargnes; puis, s'abandonnant à sa douleur, elle enlaça son bras autour de mon cou, son joli front se pencha sur ma poitrine, et elle pleura amèrement sans pouvoir proférer une seule parole. Enfin, faisant un effort sur elle-même : « Adieu! Charles, reprit-elle, adieu! compagnon chéri de mon enfance; je ne cesserai point de t'aimer;..... un jour tu reviendras et tu retrouveras ta pauvre Marie sage et fidèle! » Elle dit, et comme saisie d'un mouvement convulsif, elle s'arrache de mes bras, s'éloigne précipitamment, et disparaît dans le chemin ombragé qui mène à Trémentine.

Absorbé par la douleur, je restai long-temps à la même place. Quelques heures après, jetant un dernier regard sur cette vallée où j'avais connu le bonheur, et rappelant tout mon courage, je me levai avec vivacité, et marchai à grands pas vers la ville.

En arrivant, le désordre de mon âme était peint sur ma figure; néanmoins je me présentai, avec plusieurs autres jeunes gens, devant les autorités civiles et militaires. On nous fit long-temps attendre avant de s'occuper de nous. Je remarquai un vieillard aux cheveux blancs qu'on me dit être le Maire de la ville. Il nous regardait avec intérêt; j'entendis même qu'il disait à voix basse à l'un des officiers qui se trouvaient près de lui : « Ces pauvres jeunes gens me font de la peine, et cependant si l'on se contentait d'exécuter les lois, on les laisserait dans leurs familles qui en ont besoin ; le nombre voulu par la loi n'est-il pas déjà parti ? de quel droit appelle-t-on ceux-ci ?... — Il en faut, répondit brusquement l'officier. » Cette conversation ne fut pas perdue pour moi : « Eh quoi ! me disais-je à moi-même, serait-ce au mépris des lois qu'on m'enlève à mes foyers ? Est-ce que le caprice ou la volonté d'un homme suffit pour en arracher un autre à sa famille ? Serais-je victime de la violence et de l'injustice ?...... » Ces réflexions m'occupèrent long-temps. Enfin on nous confia à l'un des militaires présents dans la salle, et on lui donna ordre de nous conduire à Metz où se trouvait le dépôt de notre régiment.

On nous fit partir dès le lendemain matin ; il fallut reprendre cette même route que j'avais parcourue la veille, et quand nous approchâmes de l'endroit où je m'étais assis avec Marie, je sentis un froid mortel qui, circulant dans mes veines, m'ôtait la force de marcher. Je me traînais lentement à la suite de mes compagnons d'infortune ; les paroles du Maire me revenaient à l'esprit ; la vue de ces lieux me fit éprouver un mouvement de rage et de colère qui tout-à-coup ranima mes forces ; et, quand j'aperçus au dessus des arbres les toits rouges et les maisons blanches de Trémentine, ne me connaissant plus, n'écoutant plus rien, je m'élançai au travers des taillis qui bordaient la route ; je courus à l'aventure pendant plus d'une heure, franchissant les haies, les fossés, ne suivant aucun chemin battu, hors de moi, respirant à peine, et comme possédé par le double démon de l'amour et de la liberté.

Bientôt mes forces épuisées ne me permirent plus de continuer cette course pénible ; je m'arrêtai devant un ruisseau large et profond, et là, succombant à la violence des passions qui fermentaient dans mon sein, je tombai sans connaissance sur l'herbe qui croissait entre les arbres d'une vaste futaie.

Je ne sais si je restai long-temps dans cet état d'insensibilité; mais quand je revins à moi, je me trouvai au bord d'un ruisseau, dans un lieu tellement couvert par de grands chênes, que je fus tenté de croire qu'aucun homme n'avait encore pénétré jusques-là. Après m'être désaltéré, je m'assis sur un rocher qui s'élevait au milieu des feuilles sèches, sous les arbres qui couvraient cet asile inhabité. De pénibles réflexions m'assaillirent en foule : je ne vis d'abord que la honte d'avoir déserté, le danger de ma position, les poursuites dont j'allais être l'objet, les cruels traitements qui m'attendaient, la nécessité de me tenir constamment caché dans ces lieux solitaires, et l'incertitude de l'époque à laquelle je pourrais être rendu à ma famille, à Marie; mais ensuite, reprenant insensiblement le courage et la fermeté qui distinguent le caractère Vendéen, je finis par me rassurer. D'autres idées m'arrivèrent en foule; « Eh! quoi, me disais-je, on n'avait pas le droit de m'arracher à mes foyers, et moi je n'aurais pas celui de résister à l'oppression ?.... Pour m'opprimer on a foulé aux pieds les lois de mon pays, et moi je serais coupable en n'obéissant pas ?... Non, ma conscience est tranquille ! loin d'être criminel, je donne l'exemple aux vrais amis de l'indépendance et de la liberté. Eh ! que fais-je après tout, sinon ce que doit faire quiconque est asservi, je me défends. Que peut-il m'en arriver ?... on me fera mourir !... » A cette pensée, le froid sourire du mépris dut se montrer sur mes lèvres, car je sentis comme un baume bienfaisant couler dans mon sein, et me levant avec impétuosité, je m'écriai : « la mort..? Eh bien ! qu'importe, je suis libre ! » J'aurais dans ce moment déclaré la guerre à toute la France, et seul, défié l'univers. Cependant peu à peu l'agitation de mes sens se calma ; j'éprouvais un pressant besoin de dormir; l'épuisement de mes forces ne rendait ce besoin que trop naturel; j'appuyai ma tête sur mon sac, et m'endormis profondément.

Le soleil était au milieu de sa course

quand je me réveillai; le pain de munition qu'on m'avait donné pour la journée, me fournit un dîner bien frugal sans doute, mais qui dans cette circonstance n'en n'était pas moins délicieux.

Mon premier soin fut de reconnaître les lieux dans lesquels je me trouvais. Il me fut aisé de m'apercevoir que la vaste forêt de Vesin étendait autour de moi ses noires colonnades. Quelques métairies ne devaient pas être éloignées de ma retraite, et je n'étais guère à plus d'une lieue de Trémentine. De retour à l'endroit où je m'étais arrêté, une douce rêverie s'empara de mon imagination : « si Marie, me disais-je, consentait à venir habiter avec moi ces bois infréquentés ! j'y éleverais une cabane dans laquelle nous attendrions ensemble un temps plus heureux. La gendarmerie n'ose encore pénétrer dans ces immenses forêts, et quand bien même elle y pénétrerait, nous nous enfoncerions de plus en plus dans le sombre Bocage; ne connais-je pas tous les détours de ces bois, et les cultivateurs ne nous donneraient-ils pas l'hospitalité ? Les secours que nous tirerions de chez nos parents, et le gibier dont ces bois abondent, ne suffiraient-ils pas à nos besoins? » Ce projet versa dans mon sein un soulagement qui, mieux encore que le sommeil, ranima mes forces épuisées.

Comme tout paraît facile quand on aime! comme une jeune imagination ne prévoit guère d'obstacles à tout ce que l'Amour lui inspire! Déjà mes yeux cherchent un emplacement propre à construire notre agreste hermitage : ils s'arrêtent sous cette même futaie, c'est là que le ciel m'a conduit; Marie viendra s'asseoir avec moi sur le bord de ce ruisseau ; nos journées s'écouleront dans les plus doux entretiens; et la nuit, quand sa tête reposera sur la mousse desséchée (*KK*), je veillerai près d'elle, et rien ne troublera son repos. Ce soir même je lui ferai part de mon projet, elle y consentira; je reviendrai tout préparer pour l'amener ici, et nous consacrerons cet asile à l'Innocence, à l'Amour et à la Liberté.

Mais laissons ces consolantes illusions; elles ne se réalisent jamais, et pourtant elles ont cela de bon qu'elles charment le malheur et consolent l'infortune.

Il me fallait revoir Marie et lui faire part de mon projet. Je ne balançai point : profitant des dernières heures de la journée, et me glissant furtivement derrière les haies et les buissons, j'arrivai, sans être vu, à la demeure du vieux Jacob; elle était déserte, le père et la fille étaient encore dans les champs, occupés à leurs travaux accoutumés. J'entrai facilement, car, pendant le jour, on ne ferme guère sa porte à clef: ce serait insulter à la foi publique qui veille sur l'humble héritage du pauvre laboureur. Je déposai sur la table la petite bourse de Marie, et déchirant la feuille blanche de la reliûre de son livre d'église, j'y écrivis le lieu et l'heure d'un rendez-vous; refermant ensuite la porte, je m'éloignai promptement et regagnai à la hâte la lisière des bois.

Vers le coucher du soleil, Marie rentrait chez elle avant son père; ses yeux rouges à force d'avoir pleuré donnaient à penser à tout le monde. Quelle fut sa surprise lorsqu'elle aperçut sur la table, à côté de sa bourse, le billet où j'avais écrit ces mots: *Au tombeau de Larochejacquelein, ce soir à neuf heures!* Elle reste un moment indécise;... doit-elle accepter un rendez-vous...? les convenances, la crainte de son père, et surtout la peur de faire parler d'elle la retiennent un instant; mais enfin l'amour l'emporte sur toute autre considération; résolue à tout risquer pour revoir celui qu'elle aime, elle attend l'heure fixée, et quand l'horloge vient lentement sonner neuf heures, elle sort de chez elle, et s'achemine vers le tombeau du Général Vendéen.

Je crois vous avoir déjà dit que le pays

était encore à cette époque rempli d'anciennes histoires de fantômes et de revenants, que les aïeux avaient jadis racontées à leurs enfants, et les enfants à leurs fils. Une jeune fille sortant la nuit[1], à une heure indue, pour aller trouver son amant au tombeau d'un grand homme, ne devait pas être bien rassurée; aussi la timide Marie n'avançait-elle qu'en tremblant; l'amour seul lui donnait de l'audace. La lune dans son plein allongeait à ses pieds les ombres de la forêt, et les cimes des arbres à demi-dépouillées de leurs feuilles, rendaient par intervalle de sourds frémissements assez semblables au bourdonnement des Esprits. Déjà la jeune villageoise approchait du chêne élevé qui couvre le tertre du héros: c'est là que Charles doit l'attendre; elle y porte les yeux, et distingue, au clair de la lune, un grand fantôme blanc assis immobile au pied du tertre funèbre. Elle s'imagine voir l'ombre de Larochejacquelein veillant auprès de sa tombe; tremblante, éperdue, elle veut fuir, mais ses membres sont glacés par la frayeur, elle ne peut faire un pas, ses forces l'abandonnent, elle pousse un cri d'effroi, et tombe évanouie.

A ce cri que je viens d'entendre, je m'élance vers l'endroit d'où il est parti; je trouve Marie étendue sur l'herbe; la pâleur de la mort couvre son visage, ses yeux sont fermés, ses lèvres sont fortement serrées, son sein est froid, et les battements de son cœur semblent être arrêtés. Je la soulève, la pose sur mes genoux, et m'efforce de la rappeler à la vie. C'était moi que l'infortunée venait de prendre pour une ombre sépulcrale! Sans prévoir la frayeur que j'allais lui causer, j'avais, pour n'être pas reconnu dans des lieux si voisins de chez moi, fait un large manteau du peu de linge qu'on m'avait donné pour ma route, et c'était ce funeste déguisement qui avait effrayé ma timide amante.

Je m'accusais de son malheur, je lui prodiguais tous les soins que je pouvais imaginer; mais le temps s'écoulait, et Marie restait toujours évanouie. Enfin, ne sachant plus quel parti prendre, oubliant mon propre péril, j'enlevai doucement mon amante sur mes bras, et, chargé de tout ce que j'aimais, je regagnai Trémentine.

Cette nuit-là Jacob avait oublié les revenants : il ne savait ce que sa fille était devenue; livré à l'inquiétude, il n'avait pu se livrer au sommeil. Onze heures venaient de sonner, assis sur le seuil de sa porte solitaire, les yeux mouillés des larmes qu'il essuyait avec ses doigts tremblants, il attendait encore, quand, tout-à-coup, dans le clair-obscur de l'ombre, il aperçoit au loin, sur la route, quelque chose qu'il ne peut définir; la nature semble l'avertir que cet objet qu'il considère est celle qu'il attend avec tant d'impatience. J'approche, il me reconnaît ainsi que sa fille; pour lui, quel étrange mystère! je lui eus bientôt tout expliqué. Il ne gronda pas, ce n'était pas le moment; il fit respirer à Marie l'odeur de quelques plantes aromatiques; il lui prodigua ses soins, et bientôt elle reprit ses sens.

Les premiers instants furent consacrés à l'amour et à la tendresse paternelle ; mais quand une fois Jacob eut été rassuré sur le sort de sa fille, il tourna vers moi des yeux où la tendresse et la crainte se peignaient tour-à-tour. « Malheureux jeune homme, » me dit-il, que vas-tu devenir ? tu as » donc refusé d'obéir à la loi ? Sais-tu les » peines portées contre les réfractaires ?... » Oui, répondis-je, je les connais, mais je » ne puis vivre loin de Marie, et s'il faut » mourir, que du moins ce soit auprès » d'elle ! » Je lui fis part alors de mes projets, de mes espérances, de la résolution que j'avais prise de vivre dans les forêts jusqu'à ce qu'un jour plus heureux me permît de revenir passer ma vie entre mon père et lui. « Et toi, Marie, m'écriai- » je, tu ne me quitteras plus, tu viendras » habiter ma retraite, nous serons ensem- » ble, nous serons heureux ! — Insensé, » reprit Jacob, tu ne penses donc pas à » la réputation de Marie ; oublies-tu que » votre mariage est impossible ?...—Eh ! que

» deviendrait mon père ? » me dit Marie en tournant vers moi ses yeux encore appesantis. Ce mot seul me fit mieux comprendre que tout le reste l'extravagance de ce que je proposais. « Pardonne, ô Marie ! » m'écriai-je, l'Amour m'égare ; mais du » moins, tu viendras quelquefois dans ma » retraite ; je serai ton guide, ton appui, » ton protecteur ; toi, de ton côté, tu m'a- » vertiras des dangers qui menaceront mes » jours ; le silence des bois n'aura rien » d'effrayant pour toi ; tu le sais, le respect » suit toujours la femme que l'on aime. » Marie ne répondit point, mais sa main pressa la mienne : c'était en dire assez. Ivre de joie, j'embrassai Jacob, je l'appelai mon père ; je serrai Marie contre mon cœur, et certain de la voir quelquefois, il me sembla que désormais je ne pouvais plus être malheureux.

Il était plus que temps de regagner la forêt : l'aurore allait se lever, je pouvais être reconnu ; d'ailleurs je voulais passer chez mon père, le revoir encore une fois, prendre mes armes et quelques provisions. Je quittai donc Marie, et le cœur plein d'espérance je courus vers le toit paternel.

Le jour commençait à poindre quand j'entrai dans la maison; déjà toute ma famille était à table, et prenait, avant d'aller travailler aux champs, le premier repas du matin. Mon père avait l'air triste et soucieux; mon aspect inattendu l'interdit, et son front devint sombre et sévère. « Charles, » d'où venez-vous, me dit-il ? » Il me fut impossible de répondre, car ma belle-mère, ma jeune sœur et mon frère étaient déjà dans mes bras. Ces douces étreintes de famille m'arrachèrent des larmes ; et mon père lui-même parut vivement ému ; il ajouta en adoucissant le ton de sa voix: « Malheureux, tu trembles donc de voir » l'ennemi de la France ? les drapeaux sous » lesquels on t'appelle sont, je le sais, » d'une autre couleur que ceux sous les- » quels nous avons combattu, mais il n'en

» sont pas moins aujourd'hui les nôtres.
» Sont-ce là les exemples que je t'ai don-
» nés ? Que dirait notre brave Général s'il
» vivait encore ? il te repousserait, et moi
» je rougirais d'être père d'un enfant qui
» craint de marcher à l'ennemi de son pays. »
Je lui racontai ce que j'avais entendu dire
au Maire de la ville, je lui fis sentir l'injustice
dont j'étais victime, je lui parlai du penchant
invincible qui m'attachait à Marie, à ma
famille ; je lui fis part du genre de vie que
j'allais embrasser, et de l'espoir que je conser-
vais de voir bientôt arriver un temps plus
heureux. « Dites-moi, mon père, ajoutai-je,
en lui prenant respectueusement la main,
vous souvenez-vous du jour où, pour la
première fois, la loi impie, qui m'enlève
à tout ce qui m'est cher, parut dans nos
contrées ? était-ce aussi par la crainte de marcher à l'ennemi que vous fîtes serment de vivre
libre ou de mourir ? Vous étiez des milliers
ensemble à lutter contre la tyrannie et l'oppression, moi je suis seul ; et cependant je ne
crains pas de déclarer la guerre à quiconque

osera troubler mon repos. Je serai digne
de vous : un Vendéen sait mourir, mais du
moins qu'il meure auprès du toit de ses
aïeux, sur cette terre sacrée que nous avons
tant de fois arrosée de notre sang ! » A ces
mots, mon père me regarda d'un air moins
sévère, il s'informa des lieux où j'allais me
retirer, et me vit prendre mes armes sans
proférer une seule parole. Je l'embrassai;
il m'ordonna de ne pas trop m'enfoncer dans
les bois, afin de recevoir plus facilement
les secours dont j'aurais besoin; je le lui
promis, et m'éloignai précipitamment.

Déjà j'étais loin du toit paternel; la vaste
forêt de Vezin étalait autour de moi ses
longues allées de chênes antiques, et seul
dans ces lieux infréquentés, je me trouvais
heureux, car je n'étais pas loin de Marie.
Le gibier qui pendant la guerre s'était multiplié d'une manière étonnante, m'assurait
une nourriture saine et facile (*LL*); la
métairie de mon père et celle de Jacob
devaient me fournir du pain, mes vête-

ments pouvaient me servir long-temps encore ; et, pour reposer ma tête et me mettre à l'abri des injures de l'air, il ne me fallait qu'une cabane, encore pouvais-je m'en passer: quand on a comme nous grandi à la lueur des coups de fusils, on craint peu l'intempérie des saisons.

Telles étaient mes réflexions, lorsque j'arrivai dans la partie de cette forêt où je m'étais arrêté le jour précédent. Cet endroit était entouré d'une vaste étendue de taillis et de grands arbres; aucun sentier ne se montrait entre les buissons ; j'étais sur une petite esplanade, dominée au nord par un coteau couvert de ronces et de chênes antiques ; à cent pas au midi, une épaisse futaie couvrait à demi le ruisseau limpide dans lequel je m'étais désaltéré; en un mot, tout contribuait à dérober cet asile aux regards pénétrants de la gendarmerie, et je résolus d'y fixer ma demeure sauvage.

Je me mis sur-le-champ à l'ouvrage;

mais, imprévoyant comme on l'est à vingt ans, je n'avais aucun des ustensiles nécessaires à l'exécution de mon projet. Je ne parvins ce jour-là, qu'à construire avec des feuillages une de ces cabanes dont on se sert dans le pays pour prendre des oiseaux, genre de chasse qu'on appelle *la pipée* (*MM*). Le lendemain je me réveillai dès l'aurore; à cette première heure du jour la rosée pénétrant à travers les vêtements, fait éprouver un froid glacial et rend le sommeil impossible. Je courus à la métairie voisine, où j'étais connu; on m'y prêta tout ce dont j'avais besoin, et de retour dans la forêt, je continuai mon entreprise de la veille. L'espoir de voir bientôt mon amie sous cette cabane, me donnait un courage surnaturel. A l'aide d'une forte palissade faite de piquets pressés les uns contre les autres, je parvins à renfermer l'espace que laissaient entre eux quelques troncs d'arbres; et de larges mottes de gazon appliquées à l'extérieur et sur la charpente légère de la toiture, m'offrirent bientôt un asile impénétrable aux vents et à la pluie. Dans cette enceinte, d'autres piquets beaucoup plus petits renfermèrent l'espace où devait être ma couche; je recueillis une grande quantité de mousse, (elle abonde dans ces bois,) je la fis sécher au soleil, et la mettant entre ces piquets, j'en formai un lit moins somptueux sans doute que ceux qu'inventa le luxe et l'opulence, mais tout aussi favorable au sommeil. Quelques souches d'arbres de diverses grosseurs et d'inégale hauteur, abandonnées dans les dernières coupes de la forêt, me tinrent lieu de table et de siéges; et quand après deux jours d'un travail assidu je me trouvai installé chez moi, je me crus le souverain de l'univers.

Oh! qu'il était doux cet air que je respirais! c'était celui de l'indépendance. « Là, me disais-je, sur ce siége, Marie viendra s'asseoir, elle y sera près de moi, nous serons heureux, car nous serons seuls au désert. » Insensé! je ne pensais pas même que cette terre sur laquelle j'avais élevé ma demeure ne m'appartenait pas. Cependant il faut rendre justice aux maîtres de cette forêt : loin de me repousser hors de leur propriété, ils fermèrent les yeux sur mon usurpation ; des secours m'arrivèrent même quelquefois de leur part, et je ne m'en étonnais point, ils avaient eux-mêmes été malheureux !

Me trouvant installé dans ma nouvelle demeure, j'éprouvai le besoin de revoir Marie. Je pris mon fusil, et sur la brune, suivant des sentiers presqu'infréquentés et à peine tracés sous des forêts de genêts épais (*NN*), je me dirigeai vers Trémentine. J'arrivai chez Jacob dont le jardin touchait aux champs qui joignent les bois : j'entrai sans frapper. Marie jeta un cri en me voyant, et fut aussitôt dans mes bras ; son père me tendit la main ; je mangeai tout en leur racontant le travail qui m'avait occupé pendant les trois jours qui venaient de s'écouler ; j'indiquai à Marie le chemin qu'elle devait prendre pour venir, avant le lever du soleil ou pendant la nuit, me donner des nouvelles et m'apporter quelques provisions. Je la quittai avant le jour pour entrer chez mon père; il m'apprit que déjà la gendarmerie s'était mise à ma poursuite, et que je courais les plus grands dangers. Je ne demeurai donc que peu d'instants dans la maison paternelle; je repris la route des bois, et rentrai dans mon humble réduit au moment où le soleil commençait à blanchir la cime des arbres.

Tant que durèrent les recherches de la gendarmerie, je restai constamment enfermé, ne sortant que la nuit, et n'osant même à cette heure m'écarter de ma retraite silencieuse. Je passais le jour tantôt à tisser des paniers, tantôt à lire une vieille bible que j'avais apportée; souvent même je dormais pour réparer le sommeil de la nuit dont j'avais passé le temps à la chasse. Je n'osais me servir d'armes à feu, leur explosion eût pu me faire découvrir; j'allais seul, et, me glissant au travers des halliers, je tendais des rêts aux lièvres et aux lapins qui fourmillaient alors dans nos bois; j'attirais à l'aide d'une lumière les perdrix qui se nourrissaient en troupes innombrables dans nos champs; et souvent je me trouvais si bien approvisionné de gibier que, ne sachant plus qu'en faire, j'allais le porter dans les métairies voisines; on m'y avait pris en amitié, et l'on m'y avait surnommé le *Réfractaire.*

Marie à cette époque venait rarement à la forêt : on aurait observé ses démarches et lon eût pu suivre ses pas. Cependant je la voyais arriver de temps en temps : elle m'apportait toujours quelques provisions nouvelles; moi je lui donnais en retour ce que ma chasse m'avait procuré de meilleur. Combien les promenades nocturnes que nous faisions ensemble avaient de charmes et d'attraits! quand elle arrivait toute humide de rosée, que déposant à terre le panier d'osier que je lui avais fait, elle appuyait son bras sur mon épaule et me disait en souriant : « Bonjour, mon Charles bien aimé »; j'étais heureux dans ma misère, car je contemplais son joli visage, je pressais son front contre ma poitrine, et me trouvais comme énivré de bonheur et de joie.

Souvent, assis près d'elle sur la pointe d'une roche isolée, caché sous sa large mante noire, je sentais son cœur battre contre le mien ; et, si la nuit était sombre, si la brise des hivers agitait les boucles de ses blonds cheveux, et les rejetait sur mon visage, si le bruit du vent dans les arbres nous dérobait nos paroles, nous jouissions de ce deuil de la nature ; il était en harmonie avec les pensées tristes et rêveuses qui agitaient nos cœurs !

Il est pour ceux qui s'aiment de ces mots sans suite qui valent mieux que les plus beaux discours. Une fois, c'était l'hiver, j'avais reconduit Marie jusque sous l'une de ces allées de tilleuls où, le dimanche, les filles du canton vont se livrer aux jeux de la soirée ; nous nous étions reposés sur une large pierre, la nuit était obscure, nous trouvions si doux d'être ensemble que nous ne nous apercevions pas d'un givre neigeux qui tombait sur la contrée; nos vêtements en étaient tellement couverts qu'ils ressemblaient à des glaçons, et cependant nous étions silencieux et rêveurs; à peine quelques mots échappaient de nos lèvres :—« Marie !... — Charles !...— quand serons-nous unis ?... » et de nouveau nous gardions le silence. Oh ! muette et céleste éloquence de l'Amour, quels souvenirs tu laisses dans la vie !

Nous étions seuls Marie et moi, nul témoin indiscret ne pouvait recueillir nos paroles ni divulguer nos actions, et cependant la vierge de Trémentine était sans crainte auprès de son amant. Il y a dans l'Amour toute une Religion; et, si par fois l'on cesse d'aimer, le cœur n'est plus qu'un temple vide dépouillé de son idole. Un jour, nous étions parvenus jusque sur des hauteurs d'où l'on découvrait le clocher gothique d'une église peu éloignée, c'était un dimanche; les sons mourants de la cloche venaient lentement expirer sur les

rochers d'alentour; il nous était facile de reconnaître à la rapidité des vibrations de l'airain religieux, les différentes cérémonies de la messe que l'on célébrait alors, et appuyés tous deux contre le tronc d'un arbre, nous les suivions attentivement. Au moment de la consécration, un mouvement involontaire nous fit l'un et l'autre tomber à genoux; Marie saisit ma main, et la pressant contre son cœur : « Prions ensemble, me dit-elle à voix basse; » et ses lèvres murmurèrent ces mots : « O mon
» Dieu ! seul appui des malheureux, unis
» deux infortunés que tu créas l'un pour
» l'autre ! protége celui que tu m'as destiné
» pour époux; et si, dans ta sagesse, tu
» nous refuses le bonheur sur la terre, qu'un
» jour au moins, dans un autre monde !...
» Charles, ajouta-t-elle, en tournant vers
» moi des yeux mouillés de larmes, il est
» une autre vie où les hommes qui nous
» séparent aujourd'hui n'auront plus de pou-
» voir sur nous.... là, du moins, nous serons
» unis ! » Avec quelle ferveur nous priâmes tous deux ! La fille timide, sans presque espérer être jamais plus heureuse, s'était,

depuis long-temps, vouée à celui que son cœur avait choisi; « tôt ou tard, se disait-elle, il faudra bien que nous soyons heureux! » Tant il est vrai que l'Amour a quelque chose de religieux et de solennel.

En descendant de la colline, Marie marchait pensive, quand au détour d'un chemin nous rencontrâmes le convoi d'une jeune fille; le cercueil était recouvert d'une toile non moins blanche que la couronne virginale faite de roses et d'immortelles qu'on y avait déposée; à cette vue Marie tressaillit, une pâleur soudaine couvrit ses belles joues, et s'appuyant fortement sur mon bras, « Charles, me dit-elle, quelle rencontre!
» ô Dieu! quel funeste présage (*OO*)!
» n'importe, mon ami, toujours à toi; à toi
» pour toujours! »

D'autres fois nos promenades avaient lieu à la pâle clarté de la lune, nous marchions entre les troncs des arbres; nous roulions, avec nos pieds, les feuilles sèches dont l'automne avait jonché la terre; l'heure silencieuse de la nuit, et la solitude des bois, nous entraînaient bientôt dans des rêveries douces et profondes. Une fois entr'autres notre promenade s'était prolongée jusqu'à cette première heure du matin qu'un proverbe trivial sans doute, mais du moins expressif, appelle *entre Chien et Loup*, nous arrivâmes, au sortir de la forêt, sur une vaste lande où se trouvait une des garennes que j'avais coutume de mettre à contribution; l'idée me vint de faire assister Marie à cette chasse matinale. Ces petits animaux chantés par Lafontaine, s'étaient réunis sur une pelouse émaillée de serpolets aux fleurs rouges, une brume légère couvrait la terre humide, et les timides acteurs de cette scène champêtre se livraient à mille jeux divers; ils couraient, allaient et venaient parmi le thym et la rosée, se jouaient sur la prairie, et de temps en temps dressaient l'oreille pour écouter: ils semblaient interroger jusqu'au souffle du vent, afin de n'être pas surpris par l'ennemi. La ressemblance du sort de ces hôtes de la forêt avec ma destinée actuelle, n'échappa point à Marie, et je vis une de ses larmes couler le long de sa joue. L'infortunée me cachait sa tristesse, et je n'appris que long-temps après le motif qui faisait couler ses pleurs. Depuis mon séjour dans les bois, Marie et son vieux père passaient chaque jour plusieurs heures à gémir sur mon sort.

Plus d'un an s'était écoulé de la sorte, quand Jacob tomba malade et fut enlevé à la malheureuse Marie. Restée seule, elle trouva un asile chez mon père : ma famille n'était-elle pas la sienne ? La gendarmerie avait ralenti ses recherches, et je paraissais en être oublié. Pendant le jour, j'allais travailler tantôt dans les champs de la métairie de mon père, tantôt dans ceux des fermes voisines. Le soir, à la faveur des ténèbres, je me glissais sous le toit paternel ; là, près de Marie, entre mon père, ma belle-mère, mon frère et ma jeune sœur, je passais encore des moments heureux : à la lueur des flambeaux de résine, assis sur

la large pierre du foyer, je tressais l'osier
en panier, ou la rouche entre mes doigts
s'arrondissait en *paillon* (1), Marie broyait le
chanvre ou le lin; l'un de nous chantait la
chanson du pays, ma belle-mère préparait
le souper, et mon père assis devant le feu,
dans l'angle du foyer, apprenait à ma jeune
sœur ces premières prières que les enfants,
Anges protecteurs de la famille, adressent à
Dieu. Chaque soir, pour terminer ce pieux
exercice, Sillette (vous savez que c'est le
nom de ma sœur), debout entre les jambes
de mon père, joignait ses petites mains, et
levant les yeux vers le Ciel elle répétait :
« Mon Dieu, protégez mes parents, mon
» frère Charles et Marie : je vous en prie,
» mon Dieu, nous vous aimons bien.. ! »
Puis elle venait nous embrasser, et Marie la
portait dans son lit, où bientôt elle trouvait
le sommeil profond de l'innocence. Nous
soupions ; ma belle-mère et Marie nous

---

(1) Genre de panier fait en forme d'auge, dont on se
sert pour faire lever la pâte, avant de la mettre au four.

servaient. Quelquefois assise près de moi, cette dernière, appuyée sur mon épaule, partageait ma modeste portion à laquelle elle joignait la sienne. « Charles, me disait-elle, te
» souviens-tu des repas que nous faisions en-
» semble dans les champs, quand mon pauvre
» père!.... » et puis ce souvenir faisait couler ses larmes ; alors mon père l'attirait auprès de lui, et la pressant sur son sein :
— « Marie, lui disait-il, ne suis-je pas
» aussi ton père?... » Mais pourquoi rappeler tous ces souvenirs ? il suffit de vous dire qu'après le souper, craignant d'être surpris, je me retirais dans la forêt où je trouvais à mon tour un sommeil exempt d'inquiétude et à l'abri de tout danger.

D'autres jeunes gens, réfractaires comme moi, vinrent me trouver, ils se réunirent autour de mon modeste asile, et adoptèrent le même genre de vie que moi; à quelques alertes près, nous ne fûmes que rarement inquiétés. Le *Réfractaire* était connu dans tout le pays, et dès que quelque péril me menaçait, ainsi que mes compagnons d'infortune, dès que la gendarmerie paraissait en force, nous étions prévenus par des signaux convenus d'avance. Tantôt les meuniers dont les habitations sont situées sur des hauteurs, attachaient à l'extrémité des ailes aériennes de leurs moulins, des branches d'arbres garnies de feuillage, et par la rapidité de leurs mouvements, ces ailes présentaient de loin l'aspect d'une roue; tantôt les enfants, courant aux églises des villages voisins et se suspendant aux longues cordes des cloches, sonnaient lentement trois coups semblables à ceux du tocsin d'alarme; Souvent un de ces mêmes enfants accourait vers nous pour nous informer du nombre et de la force de nos ennemis (**PP**); alors deux des nôtres, comme des sentinelles avancées, se plaçaient à chaque extrémité de la grande route, et veillaient en silence à la sûreté de leurs camarades; enfin, quand malgré toutes ces précautions la gendarmerie, suivant des routes détournées, osait pénétrer jusqu'à nous, tous réunis, et les armes à la main, nous disputions notre indépendance;

malgré nous le sang coulait; hélas! c'était du sang français!...

Ce fut dans une de ces circonstances, que, poussés de forêt en forêt, nous vînmes jusqu'à Clisson. M. Cacault pleurait alors la mort de son frère; il nous reçut avec cette bonté compatissante qui formait le fond de son caractère. Nous avions souffert des privations de toute espèce; le généreux Peintre Nantais pourvut à tous nos besoins; le lendemain nous lui fîmes nos adieux, et il nous fit donner des vivres pour quelques jours. Cet homme vertueux nous appelait *les Fils de la Liberté*; quand on vint lui demander le nombre et la force de notre petite troupe, qu'on s'informa du chemin que nous avions pris, sa bouche fut muette; le Génie de l'humanité avait posé la main sur les lèvres du grand homme, il se tut, tourna le dos, et s'occupa des Beaux-Arts.

Mais j'approche de l'instant où le sort de ma vie allait être décidé; ce souvenir m'arrache encore des larmes!

C'était au printemps, je rentrais un jour pour déjeûner sous le toit paternel, je n'apercevais point Marie; mon père était triste, et ma belle-mère remplissait dans le ménage les soins dont Marie avait coutume de se charger. Je la demandai; l'air consterné de tous ceux qui m'environnaient me glaça d'effroi; « se serait-elle éloignée? m'écriai-je » à l'instant. — Non, mon fils, me répondit » mon père; mais accablée par les chagrins, » épuisée par ses courses nocturnes dans » la forêt, elle est en proie à une fièvre » brûlante, un délire continuel trouble sa » raison; c'est toi qu'elle appelle et demande » sans cesse. Le médecin qui l'a visitée n'a » pas l'air bien rassuré sur son sort, et » tu nous vois tous affligés. » Je restai d'abord immobile de surprise et de douleur, ensuite je courus à la couche funèbre de l'infortunée; une sueur froide coulait sur ses joues décolorées, ses yeux annonçaient l'égarement de son esprit, et sa main constamment appuyée sur son front, indiquait assez que c'était là le siége de la douleur,

Je restai trois jours auprès d'elle, et quand la raison lui fut rendue, la pauvre Marie touchait au terme de sa vie ; elle mourut dans mes bras, et mes lèvres unies à celles de mon amante ne pressèrent bientôt plus qu'un corps inanimé.

Je ne versai point de larmes, un sombre désespoir me rendait muet et immobile ; je regardais Marie. On m'a dit depuis que j'allais, que je venais, que je m'asseyais auprès d'elle; que j'étais comme insensé. Je me souviens à peine du jour funèbre où le vieux curé de Trémentine vint au-devant de la dépouille mortelle de celle qui seule m'avait attaché à la vie. Tout ce dont je me rappelle, c'est qu'à la nuit tombante je me rendis dans le cimetière de Trémentine; là, je m'arrêtai près d'une tombe dont la terre venait d'être nouvellement remuée ; un secret pressentiment me disait que c'était celle de Marie. Je me mis à genoux, je priai long-temps. Me relevant ensuite, je m'assis sur une tombe voisine, et pleurai amèrement ; ces larmes soulagèrent et ma tête brûlante et ma poitrine oppressée. Le silence de la nuit, la pâle lumière de la lune qui éclairait à demi les tombes et les ifs funèbres du cimetière ; cette dépouille mortelle de la Vierge de Trémentine qui, étendue à mes pieds sous un peu de terre, ne devait plus ouvrir la bouche pour me répéter ces mots favoris : « Charles, mon » ami, je t'aime bien ! » En un mot, tout ce qui m'entourait, joint à ce vide du cœur et du cerveau que l'on ressent après avoir beaucoup pleuré, entraîna bientôt mon esprit vers des pensées religieuses ; l'immortalité de l'âme vint s'offrir à moi, et l'espérance de revoir bientôt Marie dans un monde plus heureux, me donna presque de la joie. « Elle habite, me dis-je à moi-même, un séjour tout autre que celui-ci ; un jour, et ce jour n'est pas éloigné, je l'y reverrai, nous y serons réunis pour ne plus nous séparer. O Marie ! ma compagne chérie, si du moins je pouvais ne plus quitter le petit espace où tu reposes ! si ma tombe pouvait un jour être creusée auprès de la tienne..! Mais non, tu vas languir abandonnée! le vieux pasteur de Trémentine veillera seul sur toi; et moi, proscrit, errant, fugitif...! mais cependant, pourquoi n'y veillerais-je pas moi-même? pourquoi ne consacrerais-je pas aux autels les restes d'une vie qui désormais ne peut plus intéresser personne...? Pourquoi ne demanderais-je pas à venir conduire le troupeau des fidèles de Trémentine? De ma fenêtre, je verrais tous les jours l'endroit où repose Marie; je vivrais près de tout ce qui reste d'elle sur la terre; je planterais autour de sa tombe quelques cyprès et autres arbres de deuil; chaque soir et chaque matin je viendrais méditer sous leurs rameaux, ils me parleraient de Marie; elle serait là, près de moi, ce serait presqu'être ensemble; et quand l'heure solennelle du départ serait sonnée, je reposerais près de Marie, et mon âme irait s'unir à la sienne dans les vastes profondeurs de l'éternité. » Ces réflexions m'absorbèrent long-temps; au point du jour je me sentis un courage inconnu, la pensée de l'immortalité semblait me dérober la mort qui gissait à mes pieds, et ne voyant plus que les joies de l'éternité et ces lieux de bonheur et de paix dans lesquels Marie m'appellerait encore son amant, je rouvris mon cœur à l'espérance ; mon parti fut pris sur-le-champ, et voyageur dans la vie, j'aperçus enfin le lieu de repos où, sur le soir, pélerin fatigué de l'existence, je devais aller reposer ma tête inanimée.

Il faut en convenir, celui qui nie l'immortalité de l'âme, n'a jamais prié sur la tombe de ceux qu'il aima ; ou plutôt, il n'a jamais aimé personne !

Je retournai près de mon père, et lui fis part de ma résolution ; il l'approuva, et je courus au séminaire voisin me consacrer au service de ce Dieu qui récompense d'un verre d'eau donné en son nom. Depuis, ma douleur s'est adoucie, car il n'est pas de chagrins que la religion ne console, et le temps calme bien des peines ! J'ai obtenu la cure de Trémemtine ; chaque matin, au lever de l'aurore, je me rends près de la tombe, sous les arbres que j'ai fait planter; ma première prière se fait toujours près de celle que je dois retrouver bientôt, et, tout en faisant le plus de bien qu'il m'est possible, j'attends l'instant qui doit me réunir à Marie.

Le pasteur cessa de parler; plus d'une fois pendant ce récit des larmes avaient coulé de ses yeux. Nous nous levâmes et regagnâmes Clisson, d'où je vous adresse, Angéline, cette lettre qui sera sans doute l'avant-dernière; après-demain je quitterai cette belle contrée pour retourner auprès de vous. Puisse, en me revoyant, celle que j'aime aussi plus que tout au monde, me payer d'un doux sourire! Puisse-t-elle, convaincue qu'il existe à l'ouest de la France une contrée non moins belle, non moins riante que cette Italie qui l'a vue naître, consentir enfin à venir y chercher auprès de moi ce bonheur que depuis long-temps semblent nous promettre et l'Amour et l'Amitié!

LETTRE XXX ET DERNIÈRE.

A M. D'AVANNES.

Clisson..... (Vendée), 1828.

C'EST à toi, aimable compagnon de mon enfance, que j'adresse cette dernière missive : Ma charmante Angéline, cette séduisante Italienne à qui j'adressai toutes mes autres lettres, elle est ici ; la voilà près de moi, près de celui qui ne la quittera plus.

Ce matin, je venais d'achever de crayonner l'histoire du curé de Trémentine ; je me disposais à envoyer cette longue lettre à mon amie, quand plusieurs étrangers avec lesquels j'avais passé hier la journée, vinrent me proposer de les accompagner sur la route de Nantes : « allons, me disaient-ils, au devant de l'élégant *Omnibus* appellé *l'Héloïse*. Nous visiterons les ruines de la maison d'Abailard, et nous verrons quels seront les nouveaux curieux que le désir de connaître Clisson nous amènera. »

Je cédai à leur invitation ; un secret pressentiment me disait que cette journée allait être une des plus belles de ma vie, et soit faiblesse d'esprit, soit illusion religieuse, soit enfin réalité, je crois à ces serrements de cœur tristes ou joyeux, qui viennent nous annoncer l'avenir : ils trompent bien rarement.

La matinée était magnifique ; nous marchions entre des vignes en fleurs ; les roses vermeilles de l'églantier, les touffes de chèvrefeuille, et les masses de genêts aux fleurs d'or bordaient la route et mêlaient leur suave odeur à l'air pur du matin. Déjà nous apercevions le bourg du Palet, quand nous nous arrêtâmes au pied du modeste obélisque qui orne le *Pont-Cacault* (**QQ**). C'est à cet homme généreux qu'on est redevable de ce pont, il l'a fait construire à ses frais, et le Département reconnaissant y a élevé cet obélisque pour éterniser la mémoire de ce bienfait. Pourquoi faut-il que des ennemis de tout ce qui fut grand, de tout ce qui fut beau, aient, d'une main impie, brisé l'inscription qui, sur ce monument, rappelait le souvenir de cette généreuse action du peintre nantais? Comment se fait-il que sous un gouvernement ami des arts, on n'ait pas encore réparé l'outrage que l'ignoble jalousie de quelques gens obscurs et orgueilleux n'a pas rougi de faire aux mânes du grand homme qui les avait éclipsés?

Nous courons aux ruines de la maison de Bérenger, père d'Abaillard. Elles sont situées derrière l'église, à vingt pas de la grande route. Cette maison devait être un manoir fortifié : on reconnaît encore au nord, des restes de tours et de murailles qui s'élèvent au-dessus de la riante vallée que fertilise le torrent de la Sanguèse. Le sommet de cette ruine est couvert de vignes; des ronces pendent en longues draperies sur les murs épais qui les supportent; les éboulements qui, du faîte, retombent jusques dans le fond du vallon, sont couverts d'herbe et de genêts fleuris; on dirait que vers une époque très-reculée le Génie de la destruction, posant sa main formidable sur les combles de ce vieux castel, aurait, en les pulvérisant, livré à Palès ces remparts féodaux. En effet, cette divinité des prés et des champs est venue s'asseoir sur l'héritage de l'amant d'Héloïse, et l'humble cultivateur y recueille aujourd'hui ce jus divin qui si souvent inspira les Chantres de l'Amour.

Au moment où nous cramponnant aux branches des vignes, nous nous apprêtons à descendre de ces ruines, nous apercevons à nos pieds un emplacement carré entouré de murs. Là devait être la salle d'honneur ; là, sans doute, Héloïse fut reçue par la sœur de son amant ; peut-être même est-ce dans cette salle qu'elle devint mère ! aujourd'hui, cette salle n'est plus qu'un cimetière, et des tombes s'élèvent à la place où Héloïse donna la vie !.. Nous nous retracions les scènes de tristesse et de volupté dont cet étroit espace avait été le théâtre ; nous trouvions un singulier contraste entre ces tombes et ces souvenirs d'amour. C'était encore un tableau de l'Albane : autour de nous, dans la vallée, des bois, des prairies ; sous nos pieds, des ruines ; devant nous, des Amours, et puis la Mort !.....

Tout-à-coup un bruit de chevaux et de voiture roulant sur les cailloux qui ferrent la route, attira notre attention ; c'était l'*Héloïse* : elle était remplie de Voyageurs, et s'était arrêtée un moment. Nous nous en approchâmes ; mais que devins-je, quand à l'une des portières je reconnus les traits charmants d'Angéline ? je ne me trompais pas, c'était bien elle!... Courir à la voiture, faire ouvrir la portière, inviter Angéline à descendre et la presser sur mon cœur, tout cela fut l'affaire d'un moment : « Mon » ami, me dit-elle en souriant, je viens » juger par moi-même de la fidélité de vos » récits. » Elle s'appuya sur mon bras, et laissant la voiture continuer sa route, nous regagnâmes à pied les rues de Clisson.

Pendant cette première promenade, nos cœurs étaient si pleins, nous avions tant de choses à nous dire, que nous gardions presque le silence, et d'ailleurs nous n'étions pas seuls ; mes compagnons de voyage marchaient autour de nous, et leurs yeux se portaient sans cesse sur Angéline. Elle s'en aperçut, et baissant le voile léger qui couvrait son large chapeau de paille d'Italie, elle resta pensive et comme indifférente à la conversation dont pourtant elle ne perdait pas un mot.

Du côté de Nantes, l'entrée de Clisson n'a rien de remarquable ; Angéline cherchait partout des yeux ce riant Tibur que je lui avais annoncé, elle n'en trouvait pas même l'ombre ; mais quand en descendant vers la *Villa*-Valentin elle aperçut tout-à-coup les maisons à l'Italienne et les belles fabriques jetées çà et là dans les rochers, ses yeux devinrent humides, deux larmes coulèrent à la dérobée. « Voilà bien, me dit-elle, à voix
» basse et tout en pressant mon bras contre
» son cœur, voilà bien les maisons de mon
» pays !... »

Nous nous mîmes à table ; notre longue course devait avoir aiguisé l'appétit, et cependant Angéline et moi ne pouvions rien prendre ; on attribua cette abstinence forcée à la fatigue du voyage, et on ne s'aperçut pas que le premier moment du bonheur est comme le premier instant de la douleur : il rassasie !

Le déjeûner ne fut pas long, et cependant

il me sembla qu'il ne finirait jamais. Enfin on se leva de table; Angéline prit mon bras, et nous portâmes nos pas vers la *Villa*-Lemot. Déjà nous apercevions la claire-voie de la porte d'entrée ; une maison Italienne se trouvait à notre droite, c'était un hôpital ; le tronc destiné à recevoir les offrandes des Voyageurs était devant nous : « Aux bords de » l'Arno, me dit Angéline, je passais sou- » vent dans mon enfance devant un mo- » nument à peu près semblable à celui-ci ; » j'avais coutume d'y laisser toujours quelque » chose. » En prononçant ces mots, elle s'était approchée du tronc, et ses doigts y laissaient en effet tomber *quelque chose*. Bonne Angéline, non moins sensible que belle !.....

Nous entrons dans la riante *Villa*, nous gravissons le coteau par le chemin tortueux et sombre qui conduit aux terrasses; Angéline paraissait préoccupée d'une pensée profonde; son sein agité soulevait rapidement la gaze qui le couvrait à demi; son bras tremblait sous le mien ; la brise rejetait son voile sur ma figure, et cette marche silencieuse avait je ne sais quoi de vague et de mélancolique comme le moment qui précède et celui qui suit le bonheur. Elle semblait pressentir que pendant cette promenade il allait être décidé du sort de sa vie.

Je n'étais guère moins tremblant qu'elle; cependant je surmontai cette faiblesse, et pressant doucement sa main dans la mienne :
« Angéline, lui dis-je, vous rappelez-vous
» qu'au moment où je quittai l'antique ca-
» pitale de l'Armorique, vous me dites
» ne vouloir donner votre cœur et votre
» main qu'à celui qui vous ferait rencontrer
» et habiter en France une contrée non moins
» belle que votre riante Italie; l'image de votre
» patrie absente était, disiez-vous, nécessaire à
» votre bonheur. Vous voilà sur cette terre
» féconde en fruits et fertile en souvenirs ;
» sur cette terre où la Nature a semé tant

» de paysages dignes de l'Italie; sur cette
» terre que j'ai cherché à vous dépeindre,
» et dont pourtant je n'ai fait qu'effleurer
» l'histoire et les beautés. Si je n'eusse craint
» de fatiguer votre attention, combien j'au-
» rais pu étendre mes récits ! que de
» choses j'ai passées sous silence! Une foule
» d'autres souvenirs de gloire et d'amour
» auraient encore pu être évoqués de la
» nuit des temps, et bien d'autres ruines
» historiques auraient occupé mes pinceaux.
» Que de souvenirs doux et gracieux les
» bosquets de Réaumur, riant héritage d'un
» grand peintre de la Nature, nous auraient
» rappelés! Avec quel vif intérêt nous aurions
» parcouru ces débris historiques de l'an-
» tique castel de Talmont, demeure des la Tré-
» mouille et où repose ce Tristan, célèbre pa-
» ladin chanté par les Poètes. Nous aurions pu
» décrire beaucoup d'autres champêtres pa-
» lais, délicieuses *villa*, qui toutes ont été ou
» consacrées à l'Histoire par les grands per-
» sonnages qui les ont habitées, ou dédiées

» aux Amours par les grâces et la beauté de
» leurs jeunes Souveraines. Tels sont ce
» frais et moderne Landebaudière où le nom
» de Larochejaquelein est venu succéder à
» celui de Boisy; ce Boistissando dont les
» allées d'orangers furent plantées par l'un
» de nos célèbres mécaniciens et auquel ce
» beau séjour appartenait; ce Nesmy dont
» l'élégante architecture se marie si bien à
» la verdure des grands bois qui l'envi-
» ronnent et dont l'image se reflète dans
» les eaux limpides qui baignent ses terrasses
» et ses belvédères; ce château de Mauléon
» (aujourd'hui Châtillon) qui, malgré ses
» pilastres et ses jardins modernes, conserve
» encore les souvenirs qu'y ont laissés tant d'il-
» lustres capitaines et de femmes célèbres du
» moyen âge; tant d'autres enfin qui s'élèvent
» de tous côtés, soit au bord des lacs, soit
» dans les vallées, soit sur les coteaux, dispu-
» tant tous d'élégance, de richesse et de
» magnifiques points de vue. Si ce n'eût été
» assez de tous ces monuments nous aurions

» pu vous entretenir de la fécondité de cette
» contrée fameuse, énumérer ses produc-
» tions, parler de son commerce, de son in-
» dustrie, des grands hommes qu'elle a vus
» naître. Nous vous aurions montré la Ven-
» dée nourrissant Paris et plusieurs autres
» villes de France; nous serions restés muets
» d'étonnement à la vue des innombrables
» troupeaux de bœufs qu'elle envoie chaque
» semaine dans les gras pâturages de la vallée
» d'Auge, et de la prodigieuse quantité de
» grains qu'elle exporte jusques dans les pro-
» vinces les plus reculées; nous aurions admiré
» la finesse et la blancheur de ses laines
» rivales de celles d'Espagne, la beauté de
» ses toiles de lin connues sous le nom de
» *toiles de Chollet*, le nombre et la qua-
» lité des mouchoirs aux vives couleurs
» que l'on fabrique partout ici et qui ne le
» cèdent en rien à ceux de Madras; ses mines
» de fer, d'argent, de plomb, d'antimoine, de
» houille, l'abondance du sel dans ses ma-
» rais, ses forêts profondes approvisionnant

» les chantiers de Brest, Nantes et Toulon.
» Nous aurions vu ce peuple industrieux
» appeler autour de lui l'instruction et les
» beaux arts, élever de tous côtés des usines,
» des fabriques et des manufactures; s'adon-
» ner à l'agriculture, au commerce, et faire,
» à l'aspect de ses nombreuses sucreries,
» pâlir le Créole des Antilles au milieu de
» ses esclaves découragés et sans travail.

» Il eût fallu pour couronner ce rapide
» tableau vous montrer Nantes notre seule et
» vraie capitale; vous auriez vu cette Reine
» de la Loire, assise comme une autre Ve-
» nise au milieu de ses lagunes, accueillir les
» pavillons de toutes les nations de l'univers.
» Nous aurions contemplé avec admiration
» l'affluence des étrangers qui s'empressent
» sur ses quais nombreux et magnifiques,
» l'élégance de ses monuments, les innom-
» brables palais que l'or du commerce y élève
» de toutes parts, la régularité de ses rues,
» la beauté de ses places publiques, la

» richesse et l'éctat de ses boutiques, la
» majesté de ses temples; ses Musées, ses
» Académies, ses colléges, ses bibliothèques,
» ses promenades, ses colonnes triomphales,
» et par-dessus tout, cette douce urbanité
» d'un grand peuple qui se trouve heureux
» et fier d'être à la fois éclairé, libre et
» Français. »

Pendant que je parlais, Angéline, les yeux baissés, écoutait en silence. Nous étions rendus sur les terrasses qui se dessinent en cintre devant le péristile de la *Villa*; m'arrêtant tout-à-coup, je l'invitai à jeter un coup d'œil sur la scène imposante qui comme une superbe décoration théâtrale se déployait devant nous : la Sèvre dans le fond du vallon promenait lentement ses ondes à demi-voilées par les arbres et les rochers; à droite, les arches du pont se dessinaient sur l'humide cristal du fleuve; les maisons italiennes de la ville apparaissaient sur les rochers et contrastaient par leur blancheur

Vue de Clisson, prise des terrasses de la Villa Lemot.
(Vendée poétique et pittoresque de Massé-Isidore.)

avec les ruines grisâtres du vieux château d'Olivier; le temple de la Sibylle présentait en face de nous ses belles colonnes, et celle de Henri IV apparaissait au milieu des mélèzes et des sapins; à gauche, l'aiguille de Cléopâtre montait isolée dans les nues, tandis que les bosquets de la Garenne avec leurs masses de fleurs et leurs brises parfumées, en terminant le tableau, ramenaient la vue jusqu'à l'élégante *Villa* dont les pilastres, les portiques et le belvédère s'élevaient avec majesté derrière nous.

Angéline contemplait cette belle scène, et prêtait l'oreille au bruit des cascades qui retentissaient de tous côtés. Son cœur était ému; elle resta long-temps pensive et comme indécise, mais enfin se tournant vers moi : « Voilà bien Tivoli, me dit-elle, » j'ai retrouvé l'Italie !... » En prononçant ces mots, ses yeux rencontrèrent les miens, sa main resta dans la mienne, un céleste sourire m'apprit que nous étions d'accord et qu'enfin l'Amour et l'Hyménée allaient nous voir tous deux encenser leurs autels.

ÉPILOGUE.

C'était ainsi, qu'en parcourant des villes d'origine romaine, j'essayais de tirer quelques sons de la lyre délaissée du vieillard d'Ascra.

J'ai voulu décrire cette belle contrée qui m'a vu naître, ce pays de *forte* et d'*imposante* mémoire presqu'inconnu des peuples lointains; j'ai voulu le venger des calomnies de ses détracteurs. L'Amour de la Patrie n'a pas seul guidé mes pinceaux, la Vérité s'est constamment assise à mes côtés, et je n'ai point fermé l'oreille à ses sévères avertissements. Si quelquefois des tableaux trop poétiques pour la majesté de l'Histoire ont un instant embelli mes récits, du moins n'ont-ils jamais été l'effet d'une imagination mensongère: je n'ai fait que peindre la Nature telle qu'elle est aujourd'hui, telle qu'elle a dû être aux diverses époques dont j'ai crayonné l'Histoire, les mœurs, les costumes et les usages. Quelques personnes peut-être m'accuseront d'exagération, mais celles qui connaissent les lieux que nous venons de visiter, conviendront avec moi que je suis resté au-dessous de mon sujet; cependant, mon but sera rempli, si la haine et la jalousie cessant enfin d'insulter à la gloire d'un pays devenu justement célèbre, n'obtiennent plus que le sourire dédaigneux du mépris. Puisse désormais l'Etranger qui viendra visiter ce sol sacré, puissent tous les Français détrompés par mes récits, s'écrier avec nous à l'aspect de cette belle contrée :

« Salut grande mère des fruits, terre de Saturne,
» grande en hommes ! »

« *Salve magna parens frugûm, Saturnia tellus*
» *magna virûm.* »

(Virgile Georgicon, lib. II.)

FIN.

NOTES
JUSTIFICATIVES
DU
PREMIER VOLUME.

NOTES JUSTIFICATIVES

DU

PREMIER VOLUME.

(*A*). = Antiquités de Commequiers et d'Avrillé qui remontent au temps des Goths.

Ces antiquités ne sont autre chose que des pierres à demi-dégrossies au marteau. Celles de Commequiers ont la forme d'une table et passent dans le pays pour un ancien autel de Druides ; celles d'Avrillé sont plantées en ligne droite et situées à certaine distance les unes des autres. M. de La Serrie en conclut que dans ce lieu, dont le nom (*Avrillé, Aurillé, Aurélius*) rappelle les maîtres du monde, il exista au temps de César un camp romain. D'un autre côté voici ce qu'en dit notre savant et estimable auteur de l'*ancien et nouveau Poitou*, M. Dufour :

« J'avais au premier coup d'œil pris pour des Lew, les *pierres-dehout* que je remarquai dans une étendue de deux milles environ, le long de la grande route actuelle de *Luçon* aux *Sables d'Olonne*. Mais, en examinant plus attentivement ces singuliers monuments, dont je retrouvai ensuite quelques-uns comme groupés, je reconnus qu'ils ne pouvaient être classés parmi les cippes itinéraires des anciens Gaulois. J'appelle l'attention des antiquaires sur ces précieux restes d'une assez haute antiquité. Le bourg d'*Avrillé*, situé sur le sommet d'une petite colline, à une forte lieue de la mer, paraît former le centre de la ligne où sont placés ces monuments, dont la matière est un granite très-dur à mica noir très-peu abondant. On le nomme *grison* dans le pays, et on n'observe dans le voisinage aucune carrière de la même espèce. Ces *pierres-debout* se trouvent presque toutes plus ou moins rapprochées du grand chemin, quelquefois isolées, le plus souvent réunies au nombre de trois à quatre. Leur forme n'est point uniforme : quelques-unes affectent la figure d'un prisme carré, aplati, à sommet pointu ; d'autres sont rondes et coniques. Toutes sont brutes, et paraissent avoir été seulement comme dégrossies au marteau. La hauteur et l'épaisseur de ces masses granitiques n'ont également rien de bien constant : leur base comporte sept à huit pieds de large, tandis que leur élévation varie de dix à vingt pieds. On en remarquait particulièrement trois dans le jardin de l'auberge qui avait pris la dénomination des *Trois Piliers*. La plus belle et la plus régulière, quoiqu'un peu penchée sur sa base, était parfaitement conique, m'a-t-on assuré, et s'élevait à une hauteur de trente pieds. On les a cassées depuis quelques années. A l'exception de celles-ci, toutes les autres que l'on trouve rassemblées, sont plantées parallèlement sur les points les plus élevés, et sur une ligne qui paraît à peu près droite, au premier aperçu. Je parlerai de ce monument dans *l'Histoire de Poitou*, que je me propose de publier. (Dufour, *ancien et nouveau Poitou.*) »

Nous ne pouvons admettre l'opinion de M. de La Serrie parce qu'elle ne repose sur aucun fondement ; l'auteur de l'ancien et nouveau Poitou ne se prononce pas à l'égard de ces singuliers monuments, mais il dit ailleurs, en parlant des autels prétendus druidiques : « Les antiquités qu'on nomme *Druidiques* sont toutes des monuments Gothiques, et les Keltes, d'après la description de leurs mœurs par Diodore de Sicile et d'autres écrivains, n'avaient aucune espèce de monuments. » (*Pink, loc. dict.*, p. 112 et suiv.)

D'où il résulte que l'érection des pierres d'Avrillé ne remonterait tout au plus qu'au temps des Goths, c'est-à-dire vers la fin du Bas-Empire, époque à laquelle une colonie de Goths-Oloniens vinrent dans ces parages fonder la ville d'Olonne. Ce sentiment nous paraît assez probable. Cependant *Boucher*, dans ses Annales d'Aquitaine, nous apprend que, de son temps, c'est-à-dire au 14e siècle, on avait conservé l'usage d'élever une grosse pierre en mémoire de chaque bienfait obtenu du Gouvernement. Voici ce qu'il rapporte à ce sujet :

« Les deux foires anciennes sont l'une à la mi-carême, et l'autre au mois d'octobre, qu'on appelle *pierre-levée* parce que lorsque ladite foire fut octroyée, en mémoire d'icelle, une pierre ou roche fut enlevée, comme on le voit encore hors ladite ville du côté du pont à Loubert audit Poitiers. » (an 1478)

Cette coutume, qu'aucun auteur n'a jamais révoquée en doute, nous explique le motif de l'érection de bien des pierres dites *pierres-levées* ; il serait peut-être bon de n'aller pas chercher plus loin l'origine de pareils monuments.

(*B*). = L'ancienne ville Ségora ou Ségor aujourd'hui Mortagne.

L'emplacement de Sigor, Segor, ou Segora paraît douteux à M. Dufour. Il nous semble qu'ici notre savant antiquaire n'a rencontré juste qu'à moitié.

La voie romaine partant de Limonum (*Poitiers*) pour aller à Condivicnum (*Nantes*), passait effectivement Breuil-Chaussée première *Statio* sur cette route, et continuait jusqu'à Mallièvre ; là elle se divisait en deux branches, et passait d'abord, à droite, par Mortagne, Tiffauges et Clisson, et ensuite à gauche par le Mont-Mercure, Herbauges, (*les Herbiers*), Durinum (*Saint-Georges de Montaigu*) descendait à Deas (*Saint-Philbert de Grand-Lieu*) et remontait plein nord jusqu'à Ratiaste (aujourd'hui Rezé), ou au Portus Namnetum (*Nantes*.) L'existence première de ces deux voies romaines nous paraît indubitable, et voici pourquoi : les bourgs de Mallièvre, Mortagne, Tiffauges et Clisson n'étaient d'abord que d'anciens *castrum* romains qui, de deux lieues en deux lieues environ, formaient une longue ligne de forteresses destinées à contenir et renfermer dans leurs impénétrables forêts les naturels indomptables de cette contrée ; il était indispensable que tous ces *castrum* eussent une voie ou chemin pavé pour communiquer entr'eux, c'est l'avis d'Ogée dans son Dictionnaire historique et géographique de la Bretagne, c'est aussi celui de M. Lemot dans sa notice historique sur la ville et le château de Clisson. S'il nous est permis de donner notre avis après ces grandes autorités, nous dirons que le quartier-général de toutes les stations romaines étant établi à Tiffauges, que les Empereurs romains passant par Tiffauges et Clisson, pour aller d'Angers à Nantes, qu'Adrien parti de Nantes pour aller à Poitiers ayant aussi suivi un grand chemin qui passait à Clisson, il est évident qu'il existait une voie qui conduisait à Poitiers en longeant la rive de la Sèvre où se trouvaient bâtis les principaux forts de cette ligne militaire.

Quant à celle de ces voies romaines qui passait par le Mont-Mercure, les Herbiers et S.-Georges de Montaigu, M. Dufour nous paraît avoir découvert en cela une vérité incontestable. Voici quelques observations que nous avons faites sur les lieux, et qui nous paraissent confirmer pleinement l'existence de cette voie.

En partant du Breuil-Chaussée, elle ne pouvait traverser la Sèvre qu'au pied des fortifications romaines de Mallièvre, c'est donc de ce *castrum* qu'il faut partir; laissons la voie romaine qui montait à Mortagne, elle est reconnue, suivons celle qui conduisait au Mont-Mercure. De Mallièvre au Mont-Mercure on n'en reconnaît aucune trace ; mais en suivant la route qui de ce même Mont-Mercure mène aux Herbiers, on trouve la partie du chemin qui a été nouvellement réparée beaucoup plus basse que l'ancienne route. On a creusé la nouvelle sur une partie de la première, en sorte que pendant près d'un quart de lieue on reconnaît dans le flanc des montagnes qui s'élèvent à droite, de longues lignes de pierres en forme de pavés larges et carrés qui dans des siècles très-reculés ont évidemment été une voie ou chemin pavé. Le ciment qui paraît avoir été destiné à unir ce pavé se détache de dessous et ressemble à un granite rougeâtre qu'on aurait à demi-pilé. Ces longues lignes de pierres sont à quelques pieds sous le sol ; elles paraissent avoir été couvertes à la longue par l'éboulement des terres ; et de vieux chênes d'une grosseur prodigieuse, des ronces, etc., forment au-dessus une haie touffue ; nous avons entr'autres choses, remarqué un chêne centenaire dont les racines gigantesques, après avoir pénétré entre les pierres, ont fini par embrasser un énorme bloc de cette maçonnerie, qu'elles tiennent encore enlacé.

Il était impossible que cette voie se dirigeât ailleurs que vers les Herbiers : effectivement la tradition rapporte qu'il existait un chemin pavé qui passait au midi de cette ville, derrière les ruines du château de l'Etang du Hère ; qui de là traversait les Bois-Verts, passait au bourg ou Castel de la Barottière, venait aboutir au passage dangereux de la Forte-Cuillère, où périt Bougon Duc d'Aquitaine (ainsi que nous le verrons plus tard); franchissait à cet endroit le ruisseau du Bléson qu'on a maladroitement confondu avec la Boulogne; se dirigeait sur St-Georges de Montaigu, de là au monastère de Déas, et remontant au nord, arrivait à Ratiaste ou Nantes. Nous avons encore reconnu des traces évidentes de l'existence de cette voie à St-Georges : nous en parlerons en rendant compte des fouilles faites dans les ruines de cette ancienne ville ; il suffit de dire ici que le peu de largeur de cette voie nous a fait penser qu'elle n'était point une voie romaine, mais simplement une route gauloise ferrée à l'instar de celles des Romains.

Nous nous sommes trop étendu peut-être sur ces deux chemins publics, nous aurions dû prouver de suite que notre Mortagne actuel n'est autre chose que l'ancienne Sigor; mais il nous a paru indispensable pour l'intelligence de toutes les notes qui vont suivre, et notamment de celles qui serviront de preuves justificatives au second volume, de bien faire connaître avant tout au lecteur la direction que suivaient autrefois ces deux routes.

Nous avons placé l'ancienne Sigor ou Ségora à Mortagne, parce que d'abord, nos plus anciennes cartes de Bretagne l'ont ainsi placée; nos devanciers étant plus près des événements que nous ne le sommes, ayant eux-mêmes copié sur des cartes qui de leur temps étaient déjà fort anciennes, il nous a semblé qu'il ne fallait pas, sans les plus puissants motifs, rejeter leurs assertions. Ensuite les laines de Ségora étaient connues dès les premiers temps du Bas-Empire, et celles de Mortagne sont encore aujourd'hui les plus belles de France; enfin la Table Théodosienne qui a évidemment omis une station dans la nomenclature de celles qui se trouvent entre Poitiers et Nantes, place Ségora à XXXIII lieues Gauloises de Poitiers, ce qui ne conduirait qu'à Bressuire, ou mieux à Breuil-Chaussée, première *Mansio* (1); mais du Breuil-Chaussée à Nantes, elle n'en cite plus aucune, il faudrait donc qu'il n'y eût qu'une journée de marche; or il est impossible

---

(1) « On appelait *Mansio*, le bourg ou village où l'on couchait après une journée de marche, ce qui revient à peu près à ce que nous appelons *étape*. La *Statio* était ordinairement un fort où l'on se reposait un jour ou deux; c'est ce que nous appelons *séjour*, en parlant de troupes en marche. ».

qu'un homme à pied aille de Bressuire ou du Breuil-Chaussée à Nantes dans sa journée. Il y a donc erreur ; rétablissons les positions géographiques, et nous trouverons facilement le mot de l'énigme.

En passant par la voie romaine qui longeait les rives de la Sèvre, il y avait de Poitiers à Nantes trois journées de marche ; la première *mansio* devait être aux environs de Breuil-Chaussée (Bressuire n'existant pas alors) : la Table Théodosienne a omis de parler de cette localité ; la seconde mansio était Ségora aujourd'hui Mortagne, et la troisième était au *Portus Namnetum* (Nantes.) Entre ces trois localités la distance est à peu de chose près, la même, et si l'on considère que de Mortagne à Nantes on ne trouve effectivement qu'une journée de marche, distance égale à celle qu'indique la Table Théodosienne, on restera convaincu que l'emplace- de Ségora a été bien saisi par nos anciens géographes bretons, et que cette ville n'est autre que notre Mortagne actuel.

L'erreur où sont tombés nos savants antiquaires à cet égard provient de ce qu'ils ont constamment oublié ou rejeté l'existence de la voie romaine qui joignait entr'elles les stations des rives de la Sèvre ; ils ont toujours appliqué la nomenclature de la Table Théodosienne à l'autre voie qui passait par les Herbiers et Saint-Georges, alors il leur était impossible de se rencontrer avec ladite table qui ne fait même pas mention de cette route, tandis que s'ils eussent pensé à la grande voie romaine de la Sèvre, ils auraient facilement recounu l'erreur, et rétabli les positions géographiques dans leur emplacement nécessaire et naturel.

(*C.*) Les farouches Agésinates.

Les Agésinates étaient un peuple d'origine Keltique ou Celtique. On distinguait dans la Gaule deux peuples de ce nom : le premier habitait aux environs de Narbonne et on le distinguait par le nom d'*Atlantici*, le second habitait une grande partie du pays connu sous le nom de Vendée, on le surnommait *Cambolectri*; il possédait le territoire compris entre les rivières de la Sèvre-Niortaise, la Vendée, la Vie et une grande partie de la Sèvre-Nantaise. Le savant d'Anville a cru retrouver leur nom dans celui d'*Aizenay*, petit bourg qui fut jadis un des trois Archidiaconés de l'évêché de Luçon. Pline l'ancien représente les Agésinates-Cambolectri comme alliés des Pictes, mais on ignore quelle espèce d'alliance unissait ces deux peuples. Ce qu'il y a de plus certain c'est que jamais le Bocage n'a été peuplé par les Pictes, et qu'entre ces derniers et les habitants du Bocage il y a toujours eu une très-grande différence de mœurs, d'usages et de caractères. Les divisions territoriales que font les souverains peuvent bien changer les noms et les limites, mais les circonscriptions mises par la nature et les mœurs n'en restent pas moins les mêmes, et le Bocage est un exemple frappant de cette vérité.

Pour donner plus de clarté à cette note, nous ne pouvons mieux faire que de citer notre savant Dufour qui, le premier, s'est occupé à débrouiller l'origine des divers peuples qui sont venus s'établir dans cette riche contrée ; voici son opinion à cet égard :

« Quant aux *Agésinates Cambolectri, Pictonibus juncti*, dit Pline (1), nous trouvons dans la Gaule deux peuples du nom *Agésinates*, assez éloignés l'un de l'autre : les *Cambolectri*, sur la frontière du Poitou, et les *Atlantici* dans la Narbonnaise. On ignore s'ils différenciaient

---

[1] « *Hist. nat.*, L. IV, C. XX. Ces mots de Pline, *Pictonibus juncti*, ne présentent aucun sens positif. Cette union de deux peuplades n'existait-elle que depuis la conquête romaine, par suite de l'organisation politique de la Gaule, ou lui était-elle antérieure? Je serais assez porté à adopter cette dernière hypothèse ; et je pense qu'on pourrait alors supposer que les *Pictones* et les *Agésinates*, étant deux faibles peuplades, d'origine Keltique en principe, avaient dû naturellement se lier entre elles d'une manière assez étroite pour se soutenir contre de nouveaux empiétements de la part d'un peuple puissant (les *Lemovíces*), d'origine différente,

d'origine, ou s'ils n'étaient simplement que deux branches d'un même peuple. Nous sommes portés à croire que les *Agésinates Cambolectri* occupaient tout le terrain compris entre les rivières de la Sèvre-Niortaise de la Vendée, du Vic, et partie de la Sèvre-Nantaise. L'abbé Longerue et le P. Hardouin les placent, à la vérité, dans l'Angoumois ; mais d'Anville retrouve leur nom dans celui d'*Aisenai* ou d'*Azenais*, un des trois archidiaconés de l'ancien diocèse de Luçon (1). D'ailleurs le territoire de l'évêché d'Angoulême n'est réclamé par aucun peuple. Les savants sont assez généralement d'accord qu'il faisait vraisemblablement partie de celui des *Santones* (2), avant que l'empereur qui, vers l'an 400 (3), fit dresser la notice des *cités* de l'Empire, élevât presque tout-à-coup *Incolisma* (Angoulême) à la dignité de capitale d'un peuple d'Aquitaine, sans qu'on

qui s'était déjà emparé, par la force, d'une portion de leur ancien territoire, et les avait refoulés et circonscrits dans un espace fort resserré, d'où on pourrait encore les chasser de nouveau. »

[1] *Notic. des Gaul*, p. 40 ; *Géograph. anc.*, T. 1, p. 80.

[2] Vide *la Carte de la Gaule dans son état au temps de la conq. par César, la Géor. anc. du même d'Anville*, T. 1, pag. 79.

[3] *Frer. OEuvr.*, T. V, p. 165, 326 et suiv. En 401, suivant *D. Maur. Hist. de Brest.*, T. 1, note XV, p. 884.

puisse découvrir ni les commencements de cette *cité*, ni les différentes phases de sa grandeur politique. Au surplus, il n'y aurait pas de motif suffisant pour ne pas attribuer le territoire du diocèse d'Angoulême aussi bien aux *Ambilatri* limitrophes des *Santones* et des *Pictones*, qu'aux *Agésinates Cambolectri*. Nous ne savons point également si le territoire de ceux-ci n'était dans le principe qu'un démembrement de la cité des *Pictons* (1). Faut-il les envisager comme *in fide*, sous la protection, ou comme *clientes*, sous le vasselage de ces derniers, ainsi qu'on voyait quelques peuples de la Keltique figurer l'un à l'égard de l'autre ? Dans ce dernier cas, ces clients étaient-ils vis-à-vis de leur patron, dans une position semblable, ou approchant de celle des peuples *Socii*, envers les Romains ? » (Dufour, *ancien et nouveau Poitou.*)

(D). L'hyménée l'avait uni à la belle et tendre Agnès.

Nous avons ici suivi la tradition locale, mais nous devons dire que cette origine du nom de Mortagne nous

---

[1] « Hauteserre (*Rer. Aquit.*, L. 1, C. XIV. 69), explique ainsi les expressions de Pline *Pictonibus juncti, id est Pictonibus contermini, vel potiùs pars Pictonum.* Ce n'est là qu'une opinion particulière, qui n'est étayée d'aucune preuve, et je persiste dans dans la mienne. »

paraît au moins douteuse ; d'abord parce qu'elle n'est attestée par aucun historien, ensuite parce que malgré toutes nos recherches, nous n'avons jamais rencontré le moindre vestige du prétendu tombeau d'Agnès, et enfin parce qu'il existe en France plusieurs autres villes du nom de Mortagne et qu'il serait absurde de leur donner la même origine. Le nom de Mortagne nous semble provenir de la langue anglaise et ne signifier rien autre chose qu'une montagne escarpée et fatigante à gravir ; cette dénomination ne remonterait alors qu'au temps de la domination anglaise, c'est-à-dire au 13° siècle. Au reste ceci s'accorderait avec nos vieilles cartes bretonnes qui, avant le règne d'Eléonore et de son fils Richard Cœur-de-Lion, donnaient encore à cette petite ville son ancien nom de *Sigor*.

(*E*). Tels que halles, promenades ou fontaines.

Nous sommes loin d'attribuer cet état de choses à l'insouciance de l'administration départementale, nous sommes au contraire convaincus qu'elle fait à cet égard tout ce qu'elle peut faire ; mais nous pensons d'un autre côté que l'oubli dans lequel on laisse une foule de petites villes de France qui, comme les Herbiers, pourraient devenir florissantes, provient du changement continuel des Préfets et surtout de la manie ministérielle qui fait toujours choisir des Administrateurs étrangers aux pays qu'ils sont chargés d'administrer. Une Préfecture ne semble être qu'un poste d'attente, où chaque fonctionnaire est campé provisoirement. Il lui est impossible, dans le peu de temps qu'il y reste, de connaître par lui-même le pays dont l'administration ou plutôt la prospérité lui est confiée. L'amour sacré de la patrie ne remue guère le cœur d'un homme étranger : il ne se considère que comme un passager ; pourvu qu'il administre tant bien que mal jusqu'à ce qu'il ait obtenu une Préfecture d'un meilleur rapport, il est content et satisfait. Une autre cause, c'est le choix vicieux d'un grand nombre de fonctionnaires secondaires qui, sortis de l'école d'Ignace et des congrégations, repoussent avec horreur toute amélioration. Les progrès de l'industrie les offusquent, la prospérité publique les étouffe, et les mots d'industrie, de liberté légale, de tolérance religieuse, de perfectionnement des beaux arts, seules et véritables sources de la prospérité publique, sont pour eux des objets de terreur et de haine. Espérons qu'une loi communale et départementale remédiera bientôt aux vices de l'état actuel des choses, et fera disparaître les abus que nous venons de signaler. Mais revenons aux Herbiers.

La situation de cette ville dans le centre et la contrée la plus fertile du Bocage réclame l'attention de l'administration. Sa position éloignée de Bourbon-Vendée exige, pour l'intérêt du pays, qu'on y établisse une sous-préfecture et un tribunal ; l'abondance des fourrages permet d'y placer en garnison plusieurs escadrons de cavalerie ; la richesse des productions agricoles, les nombreuses usines qui s'y élèvent de tous côtés, les mines que l'on exploite aux environs, ses belles carrières de granite, les nombreux et superbes troupeaux qui errent dans ses vallées, ses laines magnifiques, et les toiles renommées qui s'y fabriquent : tout, en un mot, aux Herbiers, fait sentir la nécessité d'établir en cette ville une école secondaire ou Athénée industriel. Mais au lieu de ces établissements indispensables à la prospérité du pays, qu'a-t-on fait pour les Herbiers ?... rien. On vient de construire une halle ; on eût pu en faire tout à la fois un monument utile au commerce et un ornement pour la ville, il n'eût fallu pour cela que donner quelques fonds perdus à aligner des arbres autour de la Préfecture de Bourdon-Vendée, et sous lesquels personne ne se promène, faute de promeneurs. Bien loin de là, les habitants des Herbiers ont été contraints de s'imposer pour avoir les fonds nécessaires, encore a-t-il fallu batailler près de deux ans avant d'obtenir la permission de bâtir. Une grande route était projetée pour aller de Poitiers à Nantes ; la ligne droite et la topographie des lieux commandaient impérieusement de la faire passer par les Herbiers et de là à Clisson, ainsi que l'avaient fait les Gallo-Romains du Bas-Empire, ce qui n'eût fait pour le département qu'une longueur de sept à huit lieues et eût donné un débouché immense à toutes les productions des deux Sèvres et du Bocage, on a préféré la faire passer par les rochers de la Sèvre où elle est inexécutable et ne sert à rien. Une église était aux Herbiers plus que suffisante pour une population de dix-huit cents âmes ; on en a fait réparer une seconde située à côté de la première, tandis qu'à moins de frais on eût, entre ces deux églises, sur l'emplacement de l'ancienne Herbauges, pu planter un mail servant de champ de foire, ce dont on éprouve un pressant besoin. La foire se tient dans les rues et les places publiques ; et ces jours-là il est impossible de circuler au milieu d'une foule de personnes et entre une multitude de bestiaux de toute espèce sans courir les plus grands dangers.

C'est ainsi qu'avec des Préfets qui ne font que passer, qui ne connaissent point les besoins et les ressources des localités, qu'avec des fonctionnaires choisis en grande partie parmi les ennemis de tout perfectionnement moral ou industriel, un des plus beaux pays qui soit en France reste presque stationnaire, que le développement de son industrie, les dons du sol et les avantages de la civilisation n'y pénètrent qu'à l'insçu des fonctionnaires.

(*F*). Les sombres forêts des Lemovices Armoricani ;

Les *Lemovices Armoricani* paraissent avoir été une colonie des *Lemovices* qui habitaient et dont les descendants habitent encore le Limousin.

R

Voici selon Dufour quelle pouvait être, par aperçu, l'étendue du territoire occupé par les *Lemovices Armoricani*. « Nous pensons, dit-il ; qu'il se trouvait borné au nord par la Loire, *Liger fluvius* ; à l'est, par la rivière de Laion, *Ladio*, qui faisait la limite du *pagus Andegavus* suivant d'Anville ; au midi, par les *Agesinates Cambolectri*, dont ils pouvaient être séparés par la rivière de Vic ; et à l'ouest par l'Océan. »

(*G*). La Sèvre et la Boulogne.

Bien que nous ayons donné une toute autre origine au nom de Sèvre dans une des lettres suivantes, il n'en est pas moins certain que dans la langue des Romains on appelait cette rivière *Suavedria*. En décomposant ce nom on y retrouve ceux de *suave* et de *adria*, *rivière ou rivage suave*. De *suavedria* on aura fait par corruption le nom de *Sèvre* qui lui est resté ; on rencontre si communément tant de noms locaux ainsi défigurés ou plutôt francisés que cette explication nous paraît toute naturelle.

Quant à la Boulogne, petite rivière qui terminait à l'ouest le territoire des *Agesinates Cambolectri*, et les séparait des *Lemovices Armoricani*, son nom provient de deux mots Keltiques *Aoun*, ou *Aon*, *peur, frayeur*, et *Poul, fosse* ou *gouffre*. La Boulogne bien qu'assez rapide ne mériterait cependant pas cette dénomination, si l'on ne supposait que vers une époque très-reculée elle n'eût tombé dans un gouffre ou précipice très-profond, et que cette chute n'eût été assez forte pour inspirer la terreur. En effet, en suivant le cours de ce ruisseau qui, l'hiver devient un torrent impétueux, on trouve qu'elle se jette dans le lac de Grandlieu, le traverse et continue sa route jusqu'à la Loire. Si rapprochant ensuite de cette circonstance, les traditions locales qui rapportent qu'autrefois ce lac fut une vallée profonde, habitée et cultivée, que des poutres et des toitures de maisons surnagent encore aujourd'hui quelquefois sur les eaux du lac, on sera tenté de croire que c'était dans l'endroit où la Boulogne tombait dans cette vallée profonde que se trouvait cette chute d'eau. Sans doute que la masse de l'eau et la hauteur de la chute avaient creusé un précipice dans lequel les flots s'engloutissaient avec fracas ; sans doute encore que les habitants, à la vue de la profondeur de leur vallée et des hauteurs qui l'environnaient, étaient continuellement dans la crainte de la voir à tout moment couverte et engloutie par les eaux ; il ne fallait pour cela qu'une forte inondation, qu'un tremblement de terre, ou tout simplement un affaissement du sol que l'eau devait, à la longue, miner par dessous. Il était facile de prévoir cet événement, puisqu'effectivement il a eu lieu et que ce vallon n'est plus qu'un lac de six à sept lieues de circonférence. Après cette explication, ce nom de *Rivière du précipice* donné à la Boulogne ne paraîtra plus étonnant et peut même jeter un grand jour sur l'engloutissement ou l'inondation dont on ne peut douter que le lac de Grandlieu ait été le théâtre.

(*H*). *Herbadilla*, ville de l'Herbe, les Herbiers.

En plaçant l'ancienne Herbauges ou Herbadilla aux Herbiers, nous renversons toutes les idées reçues qui placent cette antique cité dans le lac de Grandlieu, près de Nantes; il nous faut donc entrer ici dans une explication longue et raisonnée de notre système à cet égard. En conséquence nous allons extraire d'abord des auteurs anciens tous les passages dans lesquels il est question d'Herbadilla; ensuite nous séparerons de toutes ces différentes citations ce qu'il y a d'évidemment fabuleux, et n'en conservant que ce qu'il s'y trouve de positif, nous ferons l'application de l'histoire à la topographie des lieux, et nous prouverons jusqu'à l'évidence que cette cité fameuse d'Herbadilla n'est autre chose que les Herbiers actuels.

Voici d'abord ce qu'en dit Dom Lobineau, dans la vie de Saint-Martin de Vertou.

« Martin avoit fait de très-heureux progrès dans les études, surtout dans celles de l'Écriture-Sainte, avant que d'être fait Diacre ; et comme il avoit du talent pour la prédication, il fut d'abord emploïé à ce ministère apostolique. Il honora cette grande fonction par une sainteté de mœurs qui répondoit à celle de sa doctrine, de sorte que son Evêque, qui connoissoit ce que l'on pouvoit se promettre de lui, crut devoir le faire travailler à la conversion des infidéles qui restoient encore dans le voisinage de Nantes, où s'étaient établies depuis long-tems plusieurs familles païennes de nations différentes qui habitoient le païs d'au-delà de la Loire, qui étoit de la province d'Aquitaine et du diocese de Poitiers, trop éloigné de la ville Episcopale d'où il dépendoit pour profiter des soins qu'il eût été nécessaire que les pasteurs naturels eussent donnez à ce peuple idolâtre.

» On dit donc, qu'au lieu même où se voit à présent le lac de Grandlieu, les anciens Nantois avoient bâti une ville, qu'ils avoient nommé Herbadille, ou Herbauges, à cause de la grande quantité d'herbes marécageuses que produisoit le fond, et que ce fut en ce lieu, que la situation rendoit très-fort et presque inaccessible, qu'ils se refugiérent lorsque Jules-César, après avoir châtié la révolte de ceux de Vannes, fit raser la partie méridionale de la ville de Nantes, qui pour lors étoit, à ce qu'on prétend faussement, au-delà de la Sévre, au lieu qu'on nomme pour cela Razé, ou Rezé. On ajoûte à cela, que ces anciens Nantois s'étant beaucoup multipliez dans leur nouvel établissement, leur ville devint si grande, si riche, et si peuplée, qu'elle étoit une des plus florissantes des Gaules, et que l'abondance de toutes sortes de biens que le commerce de la rivière de Loire y apportoit, en rendit les habitans orgueilleux, insolens, débauchez et par conséquent fort éloignez de la Religion Chrétienne. On dit encore, qu'on adoroit à Herbauges une statuë de Jupiter toute d'or, et que les idoles de Mercure, de Diane, de Vénus, d'Hercule et de Mars, y étoient aussi reverées avec beaucoup de superstition, sans qu'on eût jamais pu faire connoître la verité à ce peuple, qui avoit conçu tant d'aversion et de mépris pour l'Evangile, qu'il n'en vouloit pas même recevoir les Prédicateurs, ni avoir aucune société avec ceux qui en faisoient profession; de sorte qu'ils ne venoient même jamais à la ville de Nantes. Ce fut là, à ce que l'on raconte, où Saint-Felix, dont le zele s'étendait au-delà des bornes de son diocèse, envoïa son Diacre Saint-Martin persuadé que personne n'étoit plus propre à cette mission, et que s'il n'y réüssissoit pas, on pourroit croire désormais que le salut de la ville d'Herbauges seroit desesperé. Saint-Martin, continuë-t-on, se mit aussi-tôt en devoir d'obéïr, et quelque sujet qu'il eût de croire qu'il ne feroit aucun fruit, quelques travaux qu'il prévît pour lui, quelques persecutions qu'on lui pronostiquât, il s'embarqua sur la Loire, descendit jusqu'au lieu où la rivière de Tenu se décharge dans ce fleuve, et la remontant, il arriva par la bouche de la Bologne dans la ville d'Herbauges, où personne ne voulut le recevoir, qu'un pauvre homme nommé

Romain, chez qui il demeura pendant tout le tems qu'il fut dans cette ville.

» Ce fut inutilement, à ce que porte la fable, qu'il y prêcha pendant plusieurs mois les grandes veritez de la Religion Chrétienne ; ce peuple impie et voluptueux ne les voulut point croire. En vain Martin ménaça ces pécheurs obstinez, des jugemens de Dieu qu'ils continuoient d'irriter par leurs abominations et par leur endurcissement ; on se mocqua de tous ces discours, comme de folles visions et de blasphêmes impies ; on le méprisa, on le maltraita, et il ne put jamais convertir qui que ce fût, que son hôte et la femme de son hôte, à qui Dieu ouvrit misericordieusement les oreilles du cœur, comme pour les recompenser de la charitable hôpitalité.

« Saint-Martin, continuë-t-on, infiniment affligé du peu de fruit de ses prédications pensoit serieusement à quitter cette ville, pour retourner à Nantes ; et rien ne l'empêchoit d'en prendre la derniere résolution, que la crainte qu'il avoit que l'amour-propre n'eût quelque part à son chagrin, et que son indignation ne fût l'effet d'un zéle trop impatient et trop précipité. Ne sachant, dans cette agitation de pensées, à quoi se déterminer, il tomba dans un grand abbatement. Enfin une voix du ciel l'avertit de se retirer au plus tôt de la ville d'Herbauges, dont les habitans avoient comblé la mesure de leurs iniquitez, et que le tems de sa destruction étoit arrivé. Martin comprit à ces paroles qu'il n'y avoit point de tems à perdre, et tirant son hôte et son hôtesse, avec quelque violence, de cette nouvelle Sodome, il leur donna le même avis que les Anges donnérent à la famille de Loth en pareille occasion. A peine étoient-ils tous trois à quelque distance de la ville, que le Saint, suivant trop son ressentiment, leva les mains et les yeux au ciel, pour prier Dieu, qu'il lui plût de ne différer pas davantage le châtiment des rebelles, et de leur faire enfin souffrir la juste punition qu'ils meritoient; et dans le moment même, comme si Dieu n'eût attendu que le suffrage de son serviteur, pour l'execution de l'arrest, la ville d'Herbauges fut abîmée tout d'un coup, et une prodigieuse quantité d'eau sortant des entrailles de la terre, couvrit la ville, et noïa tous les habitans.

» Voilà comme on raconte la fable, à laquelle on ajoûte, pour la rendre plus conforme à l'histoire de la ruïne de Sodome, que la femme de Romain n'aïant pu s'empêcher de tourner la tête, lorsqu'elle entendit le fracas que fit l'écroulement subit des maisons et des temples, fut changée, au même instant, en une statuë de pierre. Enfin, comme si ce prodigieux évenement ne suffisoit pas seul pour relever assez la gloire et le pouvoir miraculeux de Saint-Martin, un des Legendaires ajoûte, dans un livre de ses miracles, composé depuis celui de sa vie, qu'il a fait abîmer bien d'autres villes et villages, pour de pareils crimes, et qu'entr'autres une grande ville nommée Sarlebie est devenuë de même un grand lac qui porte le même nom, et est le tombeau liquide de tous les habitans qui, comme ceux d'Herbauges, méprisèrent insolemment les saintes prédications de Martin.

» Quand on n'auroit point d'autres raisons, pour rejetter tout ce recit, que l'affectation étudiée d'orner la fable des mêmes circonstances que la Sainte Ecriture rapporte dans l'histoire terrible de la ruïne de Sodome et des autres villes consumées par le feu du ciel, c'en serait assez pour convaincre que le conte de la submersion d'Herbauges n'est qu'une pure fiction faite à plaisir sur ce divin original; et il est même aisé de reconnoître, que le premier qui s'est mêlé de l'écrire, l'a fait sans jugement, puisqu'après avoir dit que Saint-Martin entreprit le voïage de Rome, pour faire pénitence de la faute qu'il croïoit avoir commise en demandant à Dieu la punition de cette miserable ville, il écrit ailleurs que Martin en a depuis bien fait submergé d'autres ailleurs, ce qui signifie que depuis sa pénitence il est souvent retombé dans la même faute.

» Mais on prouve bien efficacement la fausseté de cette chimere, par les reflexions qui suivent. Premiérement, excepté les Legendaires, qui n'ont écrit que depuis les courses des Normans, aucun auteur n'a fait mention d'une ville nommée Herbadille ou Herbauges, qu'on suppose pourtant avoir été si grande et si florissante. Cesar qui a écrit très-exactement le détail de ses expeditions, n'a point parlé de cette prétenduë moitié de la ville de Nantes située dans une province différente de celle où auroit été l'autre moitié. Il n'a point dit qu'il ait fait raser cette partie de Nantes ; expédition d'où l'on tire sottement l'étymologie de Rezay.

« Enfin ce conquerant de toutes les Gaules n'auroit pas laissé un si grand nombre de rebelles se cantonner et former une republique au milieu des terres de l'Empire. L'étymologie d'Herbauges est aussi ridicule que celle de Rezai. Ce ne sont point les *herbes* qui ont donné l'origine au nom d'Herbauges, ç'a été la mauvaise prononciation et la corruption de celui d'*Arbatilicum* qui se trouve dans Grégoire de Tours aux endroits où il parle de ce canton. Il vivoit du tems que l'on dit que la ville d'Herbauges fut abîmée, et cependant, lui qui ramassoit si curieusement tous les évenemens merveilleux de son tems, n'a jamais parlé de cette ville ni de sa ruïne ; il ne parle d'*Arbatilicum* que comme d'une contrée de Poitou dans laquelle étoit situé le bourg qu'il nomme *Becciacum*, que nous croïons être le bourg de Boüay assez près du lac de Grandlieu ; et, ce qui est à remarquer, il ne fait mention de ce païs que pour rapporter un miracle qui y étoit arrivé. La submersion d'une grande ville, arrivée au même lieu, et de son tems, eût bien été un autre miracle digne de son attention. Il n'est pas le seul qui parle d'Herbauges, non comme d'une ville, mais comme d'un canton de païs. L'auteur de la Vie de Saint-Alain, cité par M. du Chêne ; Ademar dans sa chronique; l'histoire de la translation de Saint-Philbert, de l'isle de Herio, au monastère de Deas par Hermenter; la permission accordée par l'Empereur Loüis-le-Débonnaire à l'Abbé Arnoul, demeurant au monastère de Deas; le Cartulaire de l'Abbaïe de Saint-Cyprien de Poitiers; en un mot, tous ceux qui ont fait mention d'Herbauges n'en ont jamais parlé que comme d'une contrée. On doit ajouter à cela, que Fortunat, qui vivoit au même tems, qu'on suppose que cette ville subsistoit encore, et qui a cherché toutes les occasions imaginables de loüer Saint-Felix, n'a pas dit un mot de la submersion de cette ville, accident cependant qui eût fourni une belle matiere d'éloges pour celui par les ordres duquel Saint-Martin auroit été envoïé annoncer l'Evangile à cette ville si florissante. Nous devons considérer aussi, que rien n'est plus contraire à l'esprit de J. C. et à la conduite que sa grace inspire à ses veritables disciples, que des mouvemens de vengeance contre ceux qui ne veulent pas se soumettre à l'Evangile ; et nous devons rejetter comme des fables, tous les miracles qu'on attribuë à des mouvemens de colere ou de ressentiment. Enfin, pour peu que l'on considere la situation du lac de Grandlieu et des marais qui l'entourent, la profondeur de la riviere de Bedoigne, ou Boulogne, qui y entraîne avec elle les eaux de la Loigne, et toute la disposition du païs, on verra bien qu'il n'y a rien que de naturel dans ce grand amas d'eaux. On ne nie pas qu'il ne se puisse faire, par des voïes qui n'ont rien de miraculeux, que quelque montagne, ou quelque pièce de terre s'abîme, et que des eaux remplissent les lieux que les terres occupoient; et il nest pas même fort difficile d'en rendre raison. Outre les exemples anciens, on en a plusieurs nouveaux qu'il est inutile de rapporter ici. Ce n'est donc pas tant par l'impossibilité absolue du fait, qu'on en nie l'évenement qu'à cause du peu d'apparence de l'histoire, de son opposition à l'esprit de l'Evangile, du tort que ce récit fait à la veritable gloire de Saint-Martin, et du manque de preuve, sans quoi l'histoire même n'a pas plus d'autorité que la fable. Car on compte pour rien les oüi-dire du peuple, qui ne craint pas d'assurer qu'on a quelquefois pêché dans le lac de Grandlieu des meubles et du bois de charpente. Et supposé même que cela fût vrai, pourquoi recourir à des ruïnes d'onze cens ans, pendant qu'il se peut faire tous les jours, que les rivières de Lognon, de l'Issoire, de la Bologne et de la Loigne, qui s'y rendent, y entraînent quelque morceau de charpente enlevé sur leurs bords dans leurs inondations, ou que quelques ruïnes de moulins renversez par la violence de leur cours y aient été roulées? » (*Dom Lobineau, Histoire des Saints de Bretagne*).

Voici maintenant ce que rapporte la chronique nantaise, *Chronicon Namnetense.*

« *Lambertus* autem qui hæc omnia qui perpetrarat comitatum Nanneticum invadens militibus suis distribuit, scilicet *Gunferio* nepoti suo regionem Herbadillam,

Rainerio metallium, *Giraldo* Theophalgiam, quæ omnia illis jure hæreditario concessit. Adversus quos *Bego* post interitum *Renaldi* dux Aquitaniæ factus, qui supra ripam ligeris recenter non longe ab urbe Nannetis Castellum construxerat et nomen suum imposuerat (1), insurgens, ab his regionibus voluit eos omnino abigere. Qui ex improviso primum in Herbadillam cum multitudine militum aggrediens, Gunferium minime invenire. Res etenim illa bene sibi innotuerat post cujus redditum Gunferius advocatis fossiis suis Rainerio et Gerardo sibi in auxilium, furtive equitans consecutus est illum juxta vada (2) Blesonis fluminis transeuntem. Et cum media jam pars militum vada transierat, cucurrit Gunferius cum impetu magno super ultimam aciem et plurimis in illo certamine interfectis fugavit omnes inter quos Bego dux Aquitanorum fugientes cecidit interfectus: cujus corpus sepultum est apud (3) Durenum Theophalgiæ vicum. Gunferius veniens ad castrum Begonis cœpit illud et habitavit ibi donec Normanni nec post multo tempore II vice iterum per Ligerim remeantes, ad urbes ripis finitimas devastandas longa statione castrorum captum violenter concremaverunt. » (*Chronicon Namnetense*)

Ecoutons l'historien Travers dont le précieux manuscrit est sous nos yeux:

---

(1) Bougon-Bouguenais.
(2) La Boulogne.
(3) Turin, Durin ou Durinum.

« Saint-Martin de Verton brilloit dans une autre extrémité du diocese. Saint-Felix évêque de Nantes l'emploïa d'abord aux fonctions de l'apostolat et ensuite aux exercices de la vie solitaire et cenobitique. Il était né dans une ville de la Neustrie qui est la ville de Nantes. *Locus sacri ejus exortus Nustriæ fuit urbs quæ Namnetis dicitur.* L'eveque Felix l'aïant ordonné Diacre, l'envoïa, disent quelques legendes prescher la foi et la pénitence à Herbadille ou Herbauges, ville à deux lieues de la Loire, bastie, dit-on, par les habitans fugitifs de Nantes du tems de Jules-Cæsar dans des marets inaccessibles aux troupes de ce conquerant, Cæsar les vouloit perdre, pour avoir secouru ceux de Vannes contre lui. (*C'est un conte, Cæsar ne perdit pas les autres citez qui avoient secouru les Vannetois.*)

On prétend que ce peuple endurci se mocqua des discours du saint Missionnaire, et qu'en punition la ville fondit dans les eaux vers l'an 554, selon M. Baillet, ou vers l'an 580, ainsi que Dom Ruinart et le père Longueval l'assurent; mais nous ne trouvons pas ce fait, dit le dernier, assez bien appuïé pour oser le garantir. Le Reverend Pere auroit pu dire la même chose des autres faits qu'il paroist recevoir. Ils ne sont appuïez d'aucun monument certain, la ville d'Herbauge excepté, où Saint-Amand Evêque de Mastrict naquit l'an 589, cinq ans apres la mort de Felix, et dont le village d'Herbauge, sur le bord de Grandlieu dans la paroisse de Saint-Marc de Coutais, conserve encore le nom, si plustost il n'est pas la ville même devenuë village.

Les auteurs de la vie de Saint-Martin donnée par Dom Mabillon dans son premier siècle benedictin où l'on trouve tous ces faits et une ville d'Herbadille, ont écrit apres les ravages des Normans, trois à quatre siecles depuis la mort du Saint, tems trop eloigné pour ecrire avec exactitude, lorsque les traditions étoient confuses par le long séjour des Normans à Nantes, la ruine entiere de Vertou, et la dispersion de ses moines. Les circonstances dont on l'accompagne le detruisent. On suppose une ville maritime et marchande que son negoce de mer et sur la Loire avoit enrichie considerablement que les eaux de mer engloutirent pour avoir meprisé les prédications du Diacre Martin. (1) Ce recit ne peut convenir à Herbadille, pour la situation dans la seconde Acquitaine à deux lieues de la Loire, il ne convient pas plus au lac de Grandlieu, situé dans les terres et distant de la mer de cinq à six lieues.

» Fortunat, Evêque de Poitiers, et Gregoire de Tours, auteurs contemporains, qui devoient être tres-instruits de ces evenemens les ont ignoré. Fortunat les devoit savoir, il étoit ami de Felix et il n'oublie rien dans ses vers de ce qui pouvoit servir à sa gloire. Gregoire

---

(1) Quæ urbs Herbadilla ab incolis dicta sigerinis seu marinis mercibus referta, rerum opulentarum pœnitebat copiis... Insequitur ultio, terraque subsidens rimis fatiscit patulis, et mare peruntia ejus absorbet mœnia procellis. Brev. Nann., niss... mediæ ætatis.

de Tours ne devoit pas l'ignorer, il avoit eu de longs entretiens avec l'Eveque Felix, et l'abbé Senoch né et elevé dans le bourg de Tifauge contigu et adjacent au païs d'Herbauge, qui voioit souvent Gregoire de Tours, l'auroient certainement instruit de tant de faits si éclatans et merveilleux. On ne les rapporte pas dans une vie du Saint extraite d'un legendaire de l'Eglise de Nantes au moins du XI° siecle, et d'Argentré dans son histoire de Bretagne liv. 1ᵉʳ dit n'avoir trouvé aucune preuve de ces faits. Je croirois plutost que Rezai à peu de distance du lac de Grandlieu et dans le païs d'Herbauge, qui étoit un port considérable du Poitou, dont l'on voit encore des ruines, aiant été renversé par un debordement d'eaux dans un des siecles suivans a donné lieu a la fable d'Herbauge. Ce port etoit riche par son commerce de mer et sur la Loire. *Quelques-uns même veulent qu'il soit le port Sichor ou le port de Poitou.*

Tous les divers pelerinages de Saint-Martin dans les païs étrangers qui suivirent l'évenement d'Herbauge ne sont peut-être pas plus certains. Il visita, dit-on, les plus celebres monasteres pour s'instruire et s'edifier, et etant de retour au païs Nantois, il s'enfonça dans les lieux les plus sombres de la forest de Dumen pour y mener une vie solitaire et cachée. Son merite le fit bientost connoître, et lui fit un grand nombre de disciples. Il bastit en l'honneur de Saint-Jean l'Evangeliste un monastere à deux lieues de Nantes dans un lieu appellé Vertou, et il y établit une regle qu'il avoit apportée de delà des Alpes. Le père le Cointe met cette fondation à l'an 565 et sous un autre institut que la regle de Saint Benoist ; mais si l'on s'arrette au sentiment de ceux qui mettent la ruine d'Herbadille à l'an 580, la fondation de Vertou ne peut gueres être avant l'an 590 quelques années apres la mort de Saint-Felix.

Saint-Martin bastit aussi deux monasteres à Durin aujourd'hui Saint-Georges de Montaigu, un pour les hommes, un pour les femmes, et un troisieme monastere à Ansion, presentement Saint-Jouin de Marnes, et gouverna dit-on jusqu'à 300 moines. Il mourut fort agé, et Dieu attesta la sainteté de son serviteur par plusieurs miracles. L'Eglise de Nantes honore sa memoire le 24 octobre. Baronius dans ses notes sur le Martyrologe au 24 octobre confond notre saint avec Saint-Martin abbé de Xaintes et disciple de Saint-Martin de Tours. Gregoire de Tours fait mention de Saint-Martin abbé de Xaintes, il n'a point connu celui de Vertou, et il est fort incertain, si c'est lui ou l'abbé de Xaintes, ou un autre Saint-Martin abbé à Vertou sur le mont Massico dans la terre de labour dont Ferrarius dans ses notes sur le Martyrologe romain nous parle qu'Usuard au 24 octobre et Adon au 12 novembre ont inseré dans leurs Martyrologes, et si l'on attribuë point au Saint-Martin de Nantes, beaucoup de choses qui peuvent convenir à Saint-Martin abbé dans la forest de Dume proche la ville de Brague et ensuite Evêque de cette ville dans l'ancien roïaume de Galice, il vivoit precisement dans le tems que Saint-Martin s'enfonça dans la forest de Dume *in Dumensi sylva* proche Nantes.

Saint-Amand qui dans la suite fut si fameux par ses missions naquit, l'an 589, à Herbauge village du territoire de Nantes à deux lieuës de la Loire sur la gauche dans un canton qui faisoit alors partie de la seconde Acquitaine comme etant du ressort du Bas-Poitou. Le comte Serein son pere etoit seigneur du lieu, c'est-à-dire comte d'Herbauge. Baudemond disciple du saint et qui ecrivit sa vie vers l'an 680 que la memoire des faits n'etoit pas encore perduë, ne dit rien qui puisse favoriser le recit d'une ville d'Herbauge fondue dans le lac de Grandlieu, du vivant, si le fait étoit veritable, du comte Serein seigneur du lieu d'Herbauge selon Baudemond, et tous ceux qui ont ecrit la vie de Saint-Amand. *Cette preuve est forte contre l'opinion commune de la ville d'Herbauge engloutie.*

Lambert distribua aussi les gouvernemens du Comté de Nantes au-delà de la Loire, à ceux qui l'avoient le plus et mieux servi dans ses usurpations, et qui pouvoient l'aider à se maintenir à Nantes, par l'interest qu'ils avoient eux-memes à se conserver dans leurs establissemens. Il donna le comté d'Herbauge (païs de Rais), à son neveu Gunferius, le païs de Tifauge (aujourd'hui les marches du Poitou), à Girard; et celui de Mauge (aujourd'hui Saint-Florent le vieux), à Reinier.

Ces territoires avoient pour bornes, la riviere de Laion qui tombe dans la Loire au-dessus de Mont-Jean, jusqu'à la rivière dite en latin *Irumna* et à Pierre-Feinte, et Ariac, et le fleuve le Say qui se jette dans la mer vers l'isle de Ré : *sicut ipsi pagi terminant id est a flumine* (Laion) *in ligerim descendente usque ad Irumnam* (L'Evre) *flumen et Petram-fictam* (Pierre-fitte) *et Ariacum et flumen Ledii* (le Lai) *quod in mare occidentale decurrit.* (Chronicon Namnetis.)

Il est fait mention du palais de Pierre-Feinte dans un diplome de Pepin l'an 13 de l'Empereur Louis-le-Debonnaire, rapporté à la page 192 de l'histoire de Tournus. La diplomatique de Dom Mabillon nous donne aussi une charte de Carloman fils de Louis-le-Begue, vers l'an 880, où l'on parle du palais de Pierre-Feinte. M. Leblanc dans son Traité des Monnoies *page 46*, dit que la position de ce lieu est fort incertaine. On la met surement dans le Bas-Poitou, aux confins du diocese. Le lieu de Pierre-Feinte faisoit encore un des debornemens du Comté de Nantes l'an 950, du temps d'Alain Barbetorte Duc de Bretagne et Comte de Nantes.

Les trois Comtes etablis par le Comte Lambert à Herbauge, Tifauge et Mauge dans le Bas-Poitou incommodoient fort le Comte Begon, c'etoit un Seigneur de distinction qui avoit épousé Hildegarde, fille de l'Empereur Louis-le-Debonnaire. Charles-le-Chauve dont il étoit beau-frere l'avoit fait Comte de Poitiers, apres la mort du Comte Regnauld. Begon resolut de chasser les trois Comtes et de commencer par Gunferius. Celui-ci averti à tems evita sa rencontre et manda secretement Reinier et Girard qui l'aïant joint aussitôt avec leurs forces, attaquerent Begon lorsqu'il passoit la riviere de Boulogne un peu au-dessus du lac de Grandlieu le defirent et le tuerent. Gunferius vint aussitôt attaquer le chateau que le Comte de Poitiers avoit basti proche Nantes sur les bords de la Loire et auquel il avoit donné son nom de Begon, il le prit et y fit sa demeure jusqu'au second ravage des Normans qui l'an 853 y mirent le feu. On ne sait point où etoit le chateau de Begon; si on ne le place à Raisé, lieu tres-propre à arrester les courses de Lambert dans le Poitou, et des Normans sur la Loire.

Nous trouvons dans la Chronique de Nantes tous ces faits. Dom Lobineau qui l'a cru tout-à-fait perdue a taché de la rétablir, sans y avoir tout-à-fait réussi. Dom Martene et Durand en ont publié un grand fragment sous le nom de Fragment de l'Histoire de Bretagne. Il commence à la premiere année du regne de Charles-le-Chauve. Pierre-le-Baud cite souvent nôtre Chronique, mais il n'en cite rien avant l'an 841, et ce qu'il en rapporte ne passe pas le onzieme siecle.

Il falloit que les premiers cahiers et peut-être les derniers fussent déjà perdus. Dom Lobineau n'a point connu le fragment donné par ses confrères. » (Travers, *Histoire manuscrite de Bretagne.*)

Nous aurions pu citer plusieurs autres auteurs qui ont écrit et parlé de la ville d'Herbauges, mais ces trois historiens suffisent. Il convient d'abord d'examiner s'il est vrai qu'Herbauges ait existé; nous verrons ensuite quel devait être son emplacement, et enfin nous prouverons que cette cité antique n'est autre que la ville actuelle des Herbiers.

L'existence d'une ville portant le nom d'*Herbauges*, d'*Herbadilla*, d'*Herbadille* est-elle constatée ?

Dom Lobineau pense qu'Herbauges n'a jamais été qu'une contrée et non une ville; mais ce savant bénédictin ne donne ici que son opinion et ne l'étaie que sur l'étymologie du mot Herbauges qu'il soupçonne provenir par corruption de celui d'*Arbatilicum*. Cette origine du nom d'Herbauges est trop vague, les deux noms sont trop différents pour nous en tenir à une pareille version. Travers, de son côté, et M. Dufour du sien, semblent se réunir à l'opinion de Dom Lobineau, non par le motif d'une semblable étymologie, mais bien parce qu'ils ont senti, comme Dom Lobineau lui-même, l'impossibilité de voir dans le lac de Grand-Lieu l'emplacement de cette ville, et en effet c'est une erreur qu'il est facile de détruire. Si les Savants, qui ont discuté si longuement à cet égard, avaient avant tout bien étudié les localités, ils auraient bientôt été tous convaincus de l'impossibilité d'un pareil emplacement. Ils se seraient demandé comment il a pu se faire qu'Herbadilla, chef-lieu de la cité du pays d'Herbauges, ait été située dans une contrée qui n'en porte pas même le nom, tandis que celle qui le portait et le porte encore, se trouvait placée dans la Teyphalie, entre Tiffauges et Pouzauges? Comment cette ville d'Herbadilla, engloutie sous les eaux au temps de Saint-Martin de Vertou, a-t-elle pu, quatre cents et quelques années après, être prise et saccagée par Bougon, duc d'Aquitaine et petit-fils de Charlemagne? Comment ce même Bougon, parti du château qu'il avait fait bâtir au bord de la Loire, et qui porte encore son nom, *Bouguenais*, a-t-il pu, en suivant la voie romaine qui conduisait à Durinum, passer par ce même Durinum pour aller attaquer une ville située à moitié de son chemin sur cette même route? Comment a-t-il pu (en supposant toujours Herbauges dans le lac de Grand-Lieu) revenir à son château de Bouguenais, et être attaqué et tué au passage de la Boulogne qui n'est point sur cette route? Comment enfin a-t-il pu être enterré à Durinum, à quatre lieues de l'autre côté de Grand-Lieu?... Ces contradictions sont trop évidentes pour arrêter un seul moment l'historien ou l'antiquaire. Tout l'embarras provient donc de la place assignée à Herbauges dans le lac de Grand-Lieu; cependant, d'un autre côté, des historiens contemporains parlent d'Herbauges. Trois chroniques anciennes et recueillies par Dom Maurice, dans ses *Preuves de l'Histoire de Bretagne*, disent positivement qu'il exista une ville d'Herbauges et racontent les faits qui s'y sont passés. Tous les Légendaires qui ont écrit la vie de Saint-Martin de Vertou parlent d'Herbauges, et ils vivaient après les excursions des Normands, c'est-à-dire quatre siècles seulement après Martin de Vertou ; d'autres Légendaires qui existaient sous les rois de la première race, c'est-à-dire au cinquième siècle, en écrivant la vie de Saint-Amand, le font naître à Herbauges, ville d'Aquitaine; enfin nous trouvons que Saint-Sénoch était né à Tiffauges, bourg de la Teyphalie, *adjacent et limitrophe* du territoire d'Herbauges. Enfin la chronique nantaise affirme positivement que Bougon, créé duc d'Aquitaine après la mort de Raynald, surprit et pilla Herbauges. La chronique dite *Briocheuse* affirme la même chose, et une troisième sans nom d'auteur que nous soupçonnons être celle d'Albert de Morlaix, raconte l'engloutissement de cette ville, fable grossière quant à ses détails, mais qui n'en constate pas moins l'existence et l'engloutissement d'une ville nommée Herbauges. Le Légendaire qui rend compte de la translation du corps de Saint-Philbert parle aussi d'Herbauges. Ce qui donne plus de poids à tous ces témoignages, c'est que ces historiens ont écrit à diverses époques, dans des endroits différents, sur des évènements qui n'ont aucun rapport entr'eux ; et, sans se connaître, que tous sont d'accord sur l'existence d'Herbauges ou Herbadilla. Quand un fait nous parvient à travers quatorze siècles par tant de voies différentes, il nous semble que vouloir révoquer ce fait en doute c'est vouloir renverser l'histoire de fond en comble et douter de tout. L'existence d'Herbauges est donc incontestable ; il ne reste plus qu'à trouver son emplacement.

Nous ne tiendrons point compte de la tradition sur laquelle divers auteurs ont placé Herbauges dans le lac de Grand-Lieu, parce que nous venons de voir l'impossibilité d'un tel emplacement ; nous nous bornerons à recueillir toutes les données typographiques que les historiens nous ont laissées à cet égard. La Chronique Nantaise, celle de Saint-Brieuc, &c., et tous les autres auteurs s'accordent à dire que cette ville était placée sur la rive gauche de la Loire, à une journée de marche de *Bouguenais*, château bâti par Bougon au bord de la Loire, et auquel il avait donné son nom ; que pour aller à Herbauges, il fallait passer le torrent du Bléson ; qu'Herbauges n'avait pas été détruite entièrement au temps de Saint-Martin, c'est-à-dire au cinquième siècle, puisque 400 ans plus tard Bougon s'en empara et la pilla ; que le Bléson se trouvait entre Saint-Georges de Montaigu (Durinum) et Herbauges, puisque ce Duc d'Aquitaine ayant été tué au passage de ce torrent, ses soldats l'enterrèrent à la hâte à Durinum, avant que Guaiffre qui les poursuivait y fût arrivé. L'historien Travers qui a puisé à d'autres sources, nous apprend qu'*Herbadilla* était située dans les forêts de *Du-Men* ou du *Men*, et que son territoire était *adjacent et contigu* de celui de Tiffauges, patrie de Saint-Sénoch. Dom

Lobineau nous dit que le pays où était situé Herbauges était habité depuis long-temps par plusieurs familles payennes de nations différentes (1), et qu'on y adorait *particulièrement* Mercure.

Essayons maintenant de découvrir d'après ces données l'emplacement véritable de cette ville.

Les plus anciennes chroniques, en citant les villes de la Teyphalie, placent toujours Herbauges entre Tiffauges et Pouzauges; elles disent Mauges, Tiffauges, *Herbauges* et Pouzauges. En suivant la ligne droite de latitude, cette série géographique est exacte : nous trouvons entre Tiffauges et Pouzauges, la ville des Herbiers, dont le nom est la traduction fidèle des mots Herbauges, Herbadilla, *Ville de l'Herbe*, *les Herbiers*, dont le territoire était adjacent et contigu du territoire de Tiffauges. Si nous cherchons ensuite, dans la chronique de Saint-Martin, les traits distinctifs qui peuvent faire reconnaître Herbauges, nous y verrons qu'on y adorait Vénus-Aphrodite et Mercure. Autour du lac de Grand-Lieu, nous ne trouvons aucuns vestiges des temples de ces idoles; aux Herbiers, au contraire, ils se trouvent tous. La tradition seule y parle de Vénus Aphrodite; mais le temple de Mercure y est encore, et la montagne sur laquelle il est situé porte son nom et s'appelle Saint-

---

(1) Les Agésinates, les Lemovices, les Scythes-Teyphaliens, les Goths Olonniens, et les Gallo-Romains des rives de la Sèvre.

Michel-Mont-Mercure. Herbadilla ne fut point engloutie en entier, puisqu'elle existait encore au temps de Bougon; sous le règne de Charles-le-Chauve, il n'y eut de submergé qu'un quartier de la ville seulement. Si c'eût été dans le lac de Grand-Lieu, la ville eût été entièrement détruite, car il n'en reste aucun vestige. L'auteur de la vie des Saints de Bretagne dit également qu'il n'y eut qu'une partie de la ville d'engloutie, ceci se retrouve à point nommé aux Herbiers. Entre la ville actuelle et le faubourg appelé le Petit-Bourg, s'étend une prairie vaste, profonde et marécageuse, qui, dans le XVII° siècle, était encore un lac; ses eaux bourbeuses exhalaient une odeur insalubre, il fut desséché, et la prairie actuelle, dont le sol n'est qu'un composé de sédiments de rouches et de roseaux, est encore remplie de fondrières; la boue y bouillonne, et présente en plusieurs endroits l'aspect de cratères ou gouffres souterrains. Sur les deux côtés de cet immense affaissement, deux églises, dont l'architecture remonte aux premiers siècles de la monarchie, ont été construites en face l'une de l'autre, et par les déchirures du sol et les maisons groupées autour de chacune d'elles, il est facile de voir que le Petit-Bourg et la ville n'en faisaient qu'une seule, et que, dans des temps très-reculés, une violente secousse ou tremblement de terre a dû les séparer en engloutissant tout le cœur de la ville. Au XIV° siècle, les Herbiers étaient encore fortifiés; Scévole de Sainte-Marthe les désigne sous le nom d'*Op-*

pidum (ville forte), et, dans le XV°, D'Aubigné décrit le siége qu'ils soutinrent contre les Ligueurs. Tout ce que les chroniques disent d'Herbadilla convient donc parfaitement aux Herbiers, et nullement au lac de Grand-Lieu.

Nous ajoutons à ces preuves de l'engloutissement d'une partie des Herbiers, que le résultat des fouilles qui y ont eu lieu les ont pleinement confirmées. Il y a quelque temps, en creusant au bord de la prairie, qui naguère était un lac, on a découvert un grand nombre de tombeaux faits en forme d'auges, et composés de chaux et de coquillages : tout le monde sait que ce genre de sépulture remonte à une antiquité très-reculée. En continuant les fouilles dans la direction d'une église à l'autre, on a découvert une maison à deux étages, ensevelie à quatre pieds sous le niveau du sol. Chaque chambre était carrée, remplie d'une boue fine et noire comme celle qui se forme par le dépôt des eaux. Chaque étage était carrelé en petits carreaux octogones d'une brique très-rouge. Dans l'étage qui devait être le rez-de-chaussée, on a trouvé une boutique complète de forgeron : des fourneaux, tenailles et autres ustensiles. Ainsi l'on ne peut plus maintenant douter qu'il y ait eu, dans l'emplacement des Herbiers, un effroyable engloutissement.

A Saint-Georges-de-Montaigu, l'ancienne *Durinum*, les fouilles faites par l'un de nos antiquaires, M. Montaut, ont prouvé jusqu'à l'évidence l'existence, en ce lieu, d'une ancienne *mansio* romaine, et le tombeau de Bougon s'y est retrouvé. L'expédition et la mort de ce Duc d'Aquitaine sont donc également des faits certains.

Voyons maintenant si, en plaçant *Herbadilla* aux Herbiers, toutes les chroniques anciennes se trouvent en harmonie avec la topographie des lieux.

Nous avons vu qu'elles étaient inadmissibles en supposant Herbauges dans le lac de Grand-Lieu ; en plaçant cette ville aux Herbiers, tout va se concilier. Bougon part de Bouguenais ; il prend la voie romaine au monastère de Déas (Saint-Philbert-de-Grand-Lieu), la suit jusqu'à Durinum, où il fait reposer ses troupes, continue ensuite sa marche sur la même voie qui conduisait, non comme aujourd'hui aux quatre chemins, mais en droite ligne aux Herbiers. Rendu au passage que la chronique appelle *Blesonis*, du Bléson, qui n'est pas la Boulogne, mais bien le torrent de Bléson, aujourd'hui *Blévron* ou *Bévron*, entre Saint-Georges et les Herbiers, il le franchit avec peine. Ce passage, dominé par le château appelé aujourd'hui la Forte-Cuillère, est effectivement dangereux: il est hérissé de rochers escarpés au travers desquels l'onde écume et se brise, il n'y a point de pont ; et, sur la rive nord, il faut gravir entre les rocs à pic, ce qui doit nécessairement occasioner du désordre dans une armée qui en effectue le passage. Suivant toujours la voie romaine, Bougon dut effectivement arriver aux Herbiers à nuit close. Il s'empare de la ville et s'y retranche après l'avoir livrée au pillage. Guaiffre, lieutenant de Lambert, comte de Nantes, parvient à s'échapper à la faveur de la nuit, et se retire auprès de Giraud, qui, de son côté, commandait à Tiffauges. Ramire, autre lieutenant de Lambert dans le pays de Mauges, se joint à ses compagnons d'armes, et tous trois, partant de Tiffauges, se dirigent en silence vers le passage de Bléson. Ce pays étant alors couvert de bois sombres et touffus, il leur est facile de s'y cacher en embuscade. Bougon, fier de sa victoire, revenait chargé de butin, et sans défiance. A l'aspect de ses troupes en désordre, ses ennemis laissent passer le torrent à une partie de son armée ; ils l'attaquent ensuite à l'improviste et mettent ses soldats en fuite. Bougon lui-même est tué dans la mêlée ; ses soldats l'emportent vers Durinum, et l'y enterrent à la hâte.

La tradition raconte, qu'en cet endroit eut lieu dans un temps très-reculé un combat entre de grands seigneurs du pays; que l'un d'eux y fut tué. On dit qu'ayant été acculé jusques sur le bord du précipice, son cheval sentant la terre lui manquer, donna en tombant un tel coup de pied sur la pente du rocher qu'il y laissa l'empreinte de son fer : les Paysans des environs la montrent encore aux Etrangers. Cette tradition est évidemment fabuleuse en ce qui concerne l'empreinte du pied du cheval de Bougon, mais elle n'en constate pas moins le genre de mort de ce chef, et ce qu'il y a de plus concluant, c'est que dans les fouilles faites à Saint-Georges, on a retrouvé Bougon enterré avec son cheval, ce qui prouve qu'ils avaient péri tous deux. Le squelette de Bougon avait encore ses éperons aux pieds. Nous reviendrons sur ce sujet dans la note relative à Saint-Georges-de-Montaigu.

Guaiffre, poursuivant les fuyards, passe par Durinum et Déas, et, s'emparant à son tour de Bouguenais, y fixe sa résidence. L'historien Travers en plaçant Herbauges dans les forêts *Du-Men* confirme encore l'identité de cette ville avec les Herbiers actuels. On a voulu dans le nom *Men* trouver le nom d'une forêt, c'est une erreur, il n'a jamais, dans ce pays, existé de forêt de ce nom, mais bien une rivière qui le porte encore et s'appelle le Maine; toute la contrée qu'elle arrose étant, au temps d'Herbauges, couverte de forêts impénétrables et sans aucuns noms particuliers, on se contenta de les désigner par celui de la rivière qui les arrosait et on les appela *forêts* du *Men* ou *Maine*; et les Herbiers ou Herbauges se trouvent précisément au bord du ruisseau du *Men*, et devaient être dans les l'endroit plus sauvage de ces forêts.

Ainsi tout s'explique. En plaçant Herbauges aux Herbiers, et laissant le Bléson à sa place, au lieu de le confondre avec la Boulogne, l'obscurité qui voilait l'emplacement d'Herbadilla se dissipe, et l'inconcevable expédition de Bougon, si souvent révoquée en doute par son invraisemblance, lorsqu'on mettait Herbauges à Grand-Lieu, n'est qu'un fait historique fort simple, et qui cadre parfaitement avec les anciennes chroniques et la topographie du pays.

Une dernière réflexion nous reste à faire; il peut paraître étonnant qu'on ait ainsi confondu les deux localités d'Herbauges et de Grand-Lieu, voici ce qu'il nous semble être arrivé à cet égard :

Il est impossible de douter qu'il n'y ait eu deux engloutissements à peu près vers la même époque, l'un occasioné par submersion dans le lac de Grand-Lieu, l'autre par tremblement de terre aux Herbiers. Les chroniques ou légendes de l'époque s'étant perdues lors des invasions des Normands, il ne sera plus resté qu'un souvenir confus de ces deux événements ; les historiens auront confondu *Herbauges* et *Arbatilicum*, et des deux faits n'en auront fait qu'un. Ensuite le lac de Grand-Lieu prêtant davantage à l'imagination pour y établir une nouvelle Sodôme, les moines, peu scrupuleux amis de la vérité, surtout quand, grâce à l'ignorance et à la superstition qu'ils entretenaient parmi le peuple, ils étaient certains d'être cru sur parole, ont calqué l'histoire de Saint-Martin sur celle de Sodôme, et l'ont écrite et débitée ; quelques fragments des maisons inondées ayant ensuite reparu sur l'eau, et de graves historiens ayant admis les contes des moines, l'absurde miracle du Saint-Martin s'est accrédité, et voilà toute l'origine de cette tradition fabuleuse.

Au reste, si l'on nous demande quelle était la ville engloutie dans ce lac, nous répondrons qu'il est incertain qu'il y ait eu dans cet endroit, autre chose que quelques maisons ou village ; que cependant on parle de plusieurs villes qui devaient être situées dans les environs, dont on ne retrouve aucune trace. On cite entr'autres celles de *Becciacum* et de *Salerbie*, une autre appelée *Scobrit*, et enfin celle de Ratiaste. Ces deux dernières existaient encore sous le règne de Louis-le-Débonnaire, et paraissent avoir été détruites par les Normands ; mais *Becciacum* a totalement disparu, et pourrait bien être celle qui fut submergée à Grand-Lieu. Quoi qu'il en soit cette contrée étant étrangère à la partie du Poitou que nous avons explorée nous laissons cette question à décider à ceux qui s'occuperont de cette localité ; notre but était seulement de prouver le véritable emplament d'Herbauges, et nous croyons y avoir réussi.

Quant à la grande prospérité de cette ville, à sa magnificence et à l'étendue de son commerce, ceci nous paraît avoir été porté beaucoup trop loin par les moines et Légendaires de Saint-Martin qui pensaient rehausser le mérite de leur saint en proportion du nombre de personnes qu'il avait fait engloutir. Herbauges devait être à cette époque plus florissante qu'aujourd'hui à cause de sa position et du voisinage du *Sicor-Portus* ou *Portus-Pictonum* sur *la côte du Poitou* dont elle était voisine, et auquel on embarquait toutes les riches productions du Bocage ; mais la pompeuse description que les historiens nous ont laissée de la magnificence de cette cité, ne nous en paraît pas moins exagérée.

(*I*). Les deux extrémités de cette malheureuse ville subsistaient encore, il y rentre, &c., &c....

L'engloutissement d'un quartier d'Herbauges opéré à la voix et à l'ordre d'un missionnaire pouvait trouver quelque créance au cinquième siècle, mais une pareille assertion serait aujourd'hui d'un ridicule amer. Dom Lobineau qui, comme moine et bénédictin n'est pas suspect d'incrédulité, a été le premier à démontrer la fausseté de ce prétendu miracle, et à attribuer cet évènement àdes causes toutes naturelles.

La ville de Pleurs, située dans une vallée, au pied du mont Conto dans la Walteline, et plusieurs autres villes ont disparu comme Herbauges sans qu'on en ait été chercher la cause dans la malédiction d'un Saint-Martin. Nous ne pouvons donc attribuer l'engloutissement dont il s'agit qu'à des excavations souterraines, évènements assez ordinaires dans les terreins qui ont jadis été bouleversés par des volcans. Renvoyons donc la vieille fable de Saint-Martin maudissant Herbauges, aux modernes jongleurs de Migné, et cherchons ailleurs la cause de cette effrayante catastrophe.

L'emplacement du quartier englouti, appelé aujourd'hui *Prairie du Landreau*, est un vaste marécage où l'on ne trouve qu'une terre molle, noirâtre et composée de

T

sédiments de rouches et de roseaux ; les deux rochers qui s'étendent sur les deux côtés de cet ancien lac paraissent avoir été autrefois unis ensemble et n'avoir été séparés que par une forte commotion du globe qui en aurait détaché la partie intermédiaire ; l'un et l'autre sont d'une même composition granitique et dans une position telle, qu'on ne peut douter que la longue chaîne ou couche calcaire dont ils font partie n'ait été, en cet endroit, rompue et engloutie par affaissement.

Certains de cette vérité incontestable, nous avons essayé de rechercher quelle avait été l'espèce d'éruption volcanique dont cet endroit avait été le théâtre. Quelques fragments de scories, de tourmaline et de pierres ponces trouvées sur les coteaux environnants nous avaient d'abord fait présumer que cette catastrophe n'avait d'autres causes qu'une de ces éruptions volcaniques qui paraissent avoir été communes dans cette contrée ; mais en remontant ensuite à l'origine des volcans eux-mêmes nous avons pensé que vu le manque de matières sulfureuses, qu'attendu qu'on ne retrouve aux environs aucuns fragments de lave, il faut nécessairement qu'il ait existé dans ce même lieu un dépôt de houille, que cette matière inflammable s'étant embrasée par le contact de l'eau aura dû, par son éruption momentanée et sa combustion intérieure, former des vides souterrains qui à la longue se seront remplis d'eau. Le roc sous lequel ces gouffres s'étaient creusés ne portant plus sur aucune base et se trouvant surchargés par les maisons d'Herbauges, se sera rompu tout d'un coup et affaissé dans les crevasses profondes occasionées par la combustion de la houille. Ce n'est au reste qu'une probabilité, et cependant nous avons été confirmé dans cette pensée en retrouvant de trois côtés de cet emplacement, à près d'un quart de lieue, des filons de terre houilleuse qui bien que se dirigeant l'un au midi, l'autre au nord, et le troisième à l'ouest, n'en partent pas moins de l'emplacement d'Herbauges comme d'un centre commun.

Quant aux fouilles que l'on pourrait faire en cet endroit, l'abondance de l'eau les rend impossibles ; les tombeaux romains et les deux seules maisons découvertes jusqu'à ce jour se trouvaient situés sur le bord de la prairie, encore a-t-il fallu les abandonner ; on a cependant, en curant le ruisseau qui traverse cette prairie, trouvé plusieurs tuiles romaines, et autres indices d'une grande catastrophe.

Au reste, nous laissons à nos savants minéralogistes et antiquaires le soin de prononcer sur la cause de l'engloutissement d'Herbauges ; tout ce que nous pouvons affirmer de plus certain à cet égard, c'est que le miracle de Saint-Martin, non moins contraire à la morale du christianisme qu'au bon sens, n'est qu'une fable ridicule et grossière à laquelle on ne doit donner aucune attention.

(J). Adieu jusqu'au revoir.

En donnant ici cette chanson et les deux suivantes notre but a été de faire connaître les divers patois en usage dans la Vendée. En les comparant ensemble, il sera facile de voir que, pour la pureté du langage, l'avantage reste tout entier au Bocage.

La chanson suivante a été composée par un Protestant des environs de Pouzauges, en revenant de Poitiers, et dans le patois du haut Poitou.

CHANSON POITEVINE.

1.

In jou m'en hobant de Neuville
Y m'en vengnis devers Poité
Gli disont que dan tieux curtaés,
Ol y a ine tant belle ville;
Y n'ai jà vu tielle ville maé,
Les misons m'en ont empêchaé.

2.

Y avisis in homm' de piarre
Tot au nitan d'in grand quieréa,
Gli disant qu'ol'tait notre Ra
Tieu qui fasait si baé la ghiarre *
Y gli otis baé mon chapéa,
Li ne m'aharsit trement jà.

3.

Y vis qu'ol y avait grand praessé
Dan ine église vour j'entris.
Gli se mirent baé neu où dix
A débagouliér la grand maesse,
Y eraiai, qu'o serait baé tot faet
D'au diable si tieu fisaet!

4.

In d'eux avait su ses oreilles
Comme ine espèce de soufláet.
O semblait à kiélais bonruiaits
Lé vour y bouta ons nos abeilles,
Deraquieus de gli se moquiant.
A tot moment glie le décoifions

---

* LOUIS XIV.

5.

Glie aviant pendus pre daux ficelles
Come daux réchaux qui fumiant.
Queu que dan in ptiot bot preniant,
Au fasait fumaé de pus belle
J glie aurl baé poquaé pre le naé
Si n'avait jà pris garde à saé.

6

Glie aviant, d'aux pés douchqu'à la taéte
Daux menteas d'or qui treluisiat.
Et les autres aviant entrement
In chaquin la péa d'ine baéte,
Ol y avoit in grand cabinaet
Qu'était tot plaé de fliageoltéet

7.

Glie fasiant tot plaié de mines
Torsiant la goul trépiant deux paés
Pre la cou in grand enregeaé,
Mordait ine grousse vremine
Daux maraos taondus com deux eus
Chantiant menn com daux cheveux.

8.

Gli bagliant à pleine taéte
Com daux chens qui se batiant.
Y créias, maé, qui se mordiant,
In d'ieux avouet ine baguette
Gl'eux fasait seign' qu'glie s'taisissiant
Mais glie an fasait, mieux glie braigliant.

La dernière est l'ouvrage d'un savant et estimable fonctionnaire des Sables d'Olonne, M. Palliau : c'est un monument d'autant plus précieux à conserver que déjà le langage sablais ou plutôt chaumois, car on ne le parle guère qu'à la Chaume, mélange de gaulois et de français, commence à n'être plus usité et que les savants de l'académie celtique pourront y retrouver l'origine et la racine de bien des mots aujourd'hui devenus inintelligibles.

CHANSON SABLAISE.

Pr'ann béas jour de l'Assôcian,
  Qui étas su le Minage,
l'aprecevis passaée Nichan;
  Jarni ! le béas visage !
Tot d'suit man tchur fut chataillou,
Pre tas, Nichan, qui odure doû mou!
  Pre tas, Nichan, qui odure !

Oû ser, lodgis béas ma couchaée,
  Et prôdre d'l'aéeve bénite,
I n' fésis que me treviraée
  Qmme s'iavas la va-vîte.
Hé ! mon diu dan, lô vaéndraée fou!
  Pre tas; Nichan, etc.

I poussas ma respiratian
  Qm'inn homme à l'agounie!
O tchou moumôt ma tôte Notau
  Crut qui rôdas la vie :
Ou fu! ou fu! leyous tretous!
  Pre tas, etc.

Mene ancle Roch qui était ô bas,
  Avecq ma su Mechéle,
Se l'virós fout dir tot ô péas;
  L'almiros d' la chôdéle :
A man let n' fésiros qu'ann sou.
  Prætas, etc.

  Eh! qu'as-tu dan, man ban Jacquet?
  Jésus! tchu cabriole!
I v'lis parlaée ; maée le loquet
  Me copit la parole :
Bonn' mére Sainte Anne, tchuaest jo
  béas mou!
  Pre tas,

O fout levaée ann bel ôtan
  A Sann Jós Digolaéesse.

Tchuaest ann sort de tchou ban hâpan
  Qui t'at baillé de la geáeesse ;
Ou baée tas vu tchuque loup garou.
  Pre tas, etc.

Nâni, nâni, tchuaest poit itchu
  Qui nôs saut laées pranncipes ;
Maée dôs man cor I sô ann fu
  Qui m'arrpdit laées tripes !
I saée tot come dôs l' four à chou.
  Pre tas, etc.

Ol'aest Nichan qui aest man tourmôt,
  Ol'aest lé qui m'avrâze.
Pr'amodnraés tchou mouvemôt,
  Fout quiòge dos la prepouase ;
Me bouliotaée su laées cailloux.
  Pre tas, etc.

Jésus ! tchu ragequann, man dademan!
  Dit ou ma su Mechéle,
Mére ! t'aras baée ann bel bel âcan
  Qui a l'air d'ine érandéle,
Avecq san grôt naée tabatqu !
  Pre tas, etc.

Precas n'pros-tu pas Catochan
  Pissque l' chaéeti te tôte ?
Vus-tu fini, man groûs diguan,
  Répandit ou ma tôte ;
La baée bésogn de tan bâillou !
  Pre tas, etc.

San grôt-grôt pére atait sourcaée,
  Le v'nait su ine aéecouéte,
San grôt ancle volit ôbrassaée
  Ma tôte Margochéte :
A n'arat j'maée man béas nevou.
  Pre tas, etc.

Râpiis, râpis, man povre gas,
  N'asseche poit tá carcaese.
Daée tot laées joys te r'mariras,
  Iaée Nichan dos ma grace,
Parsqu'al at d'la chair su laées ous.
  Pre tas, etc.

A tuhon bac mot I jaillissis
  Toche qu os man bout d'oraille,
Et pof l do la pllace I soûtis,
  Fras que l'atas la vaille.
Nous v'lat à nous sapaée tretous.
  Pre tas, etc.

I v'las m'êcouri chaée Nichan ;
  Maée ma sû, baée apprise,
Disit: pros doû mouaée tan caunçan,
  Car t'aée tot ô chemise :
T'arias buée l'air d'ann saguenitou.
  Pre tas, etc.

Baée mougré mas, I la craïs,
  I prenis ma tchulotte,
Maées bas roges, man capot gris,
  Man boutkhuret d' bergamotte.
I arrivis daée le pouaée dou jon.
  Pre tas, etc.

Tac, tac. Quiaest la ? Dame. olaest mas,
  Jacques le Roux pre la vie
Jésus ! dit-ële, taée baée gadas ;
  Mas, I saée alorie.
Avous dan vu tchou grô soton !
  Pre tas, etc.

Uvre dan, ma bonne uvre dan :
  N'esse poit pou d'la crédique :
I diraée qui vus dou saban,
  Pissque te vôs boutique.
Al ôtrabaillit san portou.
  Pre tas, etc.

O nann virmouaée I li cantis
  Ce qui vaée de ve dire.
Al uvrit pu grôt, et pi l'ôtris :

Tot d' suit san tchur soupire:
Dame ! I me pôdis à san con.
  Pre tas, etc.

Taée, qui disis, chère Nichan,
  I saée ann gas honaéete :
Maée te m' farfoille dôpis l'talan
  Tochequ'ôs man pot de taéete.
I t'aéeme mus qu'çoş bacailloux.
  Pre tas, etc.

I t'apportraée béas fait et ban,
  I'aée tochequ'à ma marane :
I'aée baée maées bigoches, maees
            pllans,
  Maées dux bois de cabane,
Man bareil et man d'avôtou.
  Pre tas, etc.

Hé baée, qu'a disit, grous chaéti,
  Pissqu'ol aéest dan dé maéeme,
Et qu'o te fait si grôt pllési
  O foût dan baée qui t'aéeme,
I'avas d'la chuse pre tas torjou.
  Pre tas, etc.

I mô r'tourais chaée maées paros,
  Portaée tchèle novèle :
Los furôt tretons baée cantos,
  Tochequ'à ma sû Mechèle,
Quoiqu'o sesto ann luma Baguenous
  Pre tas, etc.

O ! tôt qui posse qu'apras demouaée,
  Nichan sera ma femme,
I ne fé pus que vircouétaée,
  O me chatoille l'âme,
I sae tot qu' ann chat ô ravou.
  Pre tas, etc.

Maées béas mandes qui m'otôdez,
  Pour pouas qu'ça vous convieue,
A ma noce, I v'zô pri, venes,
  Ve baccazrez la platòne,
Et pis vz'êrez degnaée chaes vous.
  Pre tas, etc.

(*K.*) Luçon fondé en expiation d'un grand crime, &c.

Voici ce que nous lisons à cet égard dans les Annales d'Aquitaine, (*imprimées à Poitiers, par Mounin, libraire, en* 1644.)

« Luçon fut fondé par Lucius fils de Constantin et de la belle et savante Hélène, fille de Cloël, roi d'Angleterre et son héritière, épouse de Constantin. Lucius ayant tué son frère fut condamné au sacerdoce par son père et mis sur un vaisseau avec prêtres et personnes dévotes ; il aborda en Poitou, fonda Luçon et y donna son nom. Hélène eut un autre fils nommé Constantin le Grand. »

Fondation de St.-Michel-en-l'Erm, près Luçon.

« Hélène revenant de la Terre-Sainte, et allant combattre Baniba, Roi d'Espagne, vint à Luçon voir son fils Lucius ; ensuite elle s'embarqua pour aller à quelque distance de là, à un endroit appelé *l'Ermitage*, où elle fit faire un autel et une petite chapelle ; puis elle alla combattre Baniba, qu'elle vainquit à Ax en Gascogne. Elle avait laissé à St.-Michel son chapelain Paulinus, évêque de Césarée, pour garder les reliques de la vraie croix qu'elle y avait apportées avec d'autres reliques.

Paulinus y vécut long-temps; mais étant près de mourir, il les rassembla et les enfouit dans une casse, sous terre, à la droite du maître autel. Elles furent retrouvées miraculeusement en 1828. Guillaume étant comte de Poitou et duc d'Aquitaine, St.-Michel s'appelait alors l'Ermitage ; et de là vient son nom de St.-Michel en l'Erm. Ce monastère ayant été ruiné par les Danois, fut réédifié par Ebles, évêque de Limoges, frère de ce Guillaume, dit *tête d'étoupes*. Ebles y fut enterré. »

Plusieurs auteurs rejettent tout ce récit de l'historien des comtes de Poitou, et font dériver le nom de Luçon d'un ancien bois consacré aux divinités payennes, *Lucus*. Cette opinion nous paraît assez vraisemblable ; cependant il y avait souvent des bois consacrés, qui n'avaient aux environs ni temple, ni prêtres préposés à leur garde ; comment un bois aurait-il pu donner son nom à une ville? En supposant qu'il y eût dans l'emplacement de cette petite ville, quelque monument religieux, autour duquel se serait à la longue formé un village, un bourg, etc, il devrait en rester quelques vestiges ; la tradition en aurait conservé quelque vague souvenir ; et les moines historiens du temps, qui écrivaient moins par amour de la science, que pour relever la gloire de leurs couvents ou de leur saints patrons, n'auraient pas manqué de faire sonner bien haut cette conquête du christianisme sur le polythéisme. D'un autre côté, le fait de la fondation de Luçon, par Lucius, est consigné dans plusieurs historiens du temps : Lebeau, historien du Bas-Empire, tome 1ᵉʳ, révoque en doute le voyage de Ste.-Hélène en Aquitaine, et cite cependant plusieurs écrivains contemporains qui en font mention. Nous pensons que la fondation de Luçon par Lucius, assassin de son frère, est pour le moins aussi bien prouvée que l'origine qu'on lui cherche dans l'existence antérieure d'un bois sacré sur le même lieu. Quant au voyage de St.-Hélène, à Luçon, aux morceaux de la vraie croix, à Paulinus, Evêque de Césarée, au prétendu miracle qui fit retrouver ces reliques, tout cela est à la fois trop absurde et trop mal prouvé pour qu'il soit permis d'y donner la moindre croyance. Il faut rejeter tous ces faits avec les mensonges dont les chroniqueurs de cette époque ont enflé leurs merveilleux récits.

―――

(L) **Nous y avons reconnu les traces d'une ancienne voie romaine.**

Voir à cet égard ce que nous en avons déjà rapporté à la note B. page 8.

―――

(O) **Mélusine.**

Peut-être ne sera-t-on pas fâché de connaître un peu mieux cette femme célèbre dont les poètes et les romanciers du moyen âge ont fait une fée semblable aux Armide et aux Alcine. Voici ce qu'en dit Labaie dans son ouvrage sur l'Origine des Poitevins.

« Marie, sœur de Guillaume, comte de Poitou, fut mariée à Raymond du Croisic ; laquelle eut Melle et Lusignan en partage, par raison de quoi elle fut appelée *Mellusine*. Son mari était communément appelé comte Raymondin ; ils faisaient leur continuelle demeure à Lusignan. Ce sont ces personnages ici qui tous ont fait parler d'eux, tant par fables que par histoires. Raymondin demeurait auparavant au Croisic, en un château appelé le Succinio. Il se disait comte de Fourek qui était l'Isle Ferme, appelé aujourd'hui l'Isle de Rhuis, qu'ils firent tout entièrement fermer de murailles, et joignant le château du Succinio, firent bâtir un monastère en l'honneur de la Trinité, auquel ils sont ensevelis. Leur temps fut rude et ignorant ; et dans une grande étendue de pays il ne se trouvait qu'une ou deux personnes qui sussent lire et écrire. Cette Mélusine était très-belle femme, très-honnête, civile et docte ; de sorte qu'elle paraissait comme un oracle des Dieux : ce qui faisait croire qu'elle employait quelque diablerie. Elle prenait plaisir à se faire voir, ce dont Raymondin qui n'était plus habile homme qu'un autre conçut jalousie, et se persuada l'avoir vue avec des serpents. Il se pourrait être qu'elle eût été instruite à la magie par quelque Rabbin juif, science qui était alors de mode, entre les filles de bonne maison, lesquelles à cette cause furent appelées Fées. Elle fit de grandissimes bâtiments, elle eut plusieurs enfants qu'elle instruisit si bien chacun selon ses goûts, son inclination, qu'il semblait qu'ils fussent des dieux. L'aîné étant allé en Palestine, passa par l'isle de Chypre: la reine y était mal obéie, il la délivra et l'épousa. Le second passa en Asie, et devint roi d'Arménie. Ce fut leur postérité qui régna à Jérusalem ; leur ligne royale dura plus de deux cents ans. Son troisième fils épousa l'héritière de Luxembourg ; ses descendants ont été rois de Bohême, et Empereurs. Le quatrième épousa l'héritière de la Marche ; comme il était noir, on le nomma *le Brun*. Le cinquième fut seigneur de Lusignan, et surnommé *à la Grand-dent*. Le sixième fut sire de Parthenay. Le septième fut religieux à Maillezais. Le huitième fut par sa mère nommé *Horrible*, parce qu'il n'avait qu'un œil au mitant du front, et fut en bas âge éteint par sa mère et enterré au Moutier-Neuf, dans le petit cloître, avec les comtes de Poitou et les seigneurs de Thouars et de Sanzay. De la maison de Parthenay est issue la maison de Soubise, dont l'héritière est à présent promise en mariage avec René, vicomte de Rohan. »

(*Lahaie, Origine des Poitevins.*)

Mezeray rapporte avec la meilleure foi du monde, que Mélusine apparaissait sur les créneaux du château de Lusignan, toutes les fois que l'un de ses descendants; ou quelque roi de France, ou autres grands personnages étaient près de mourir; qu'elle poussait des cris lamentables, en robe blanche, la gorge presque sans voile et la tête ceinte d'une auréole d'étoile resplendissante ; que notamment, quand on renversa son château, elle apparut dans cet état, poussant chaque nuit des cris déchirants, et qu'après la destruction du château on ne la revit plus. (1)

On dit qu'elle se changeait en serpent une fois la semaine, et défendait à son mari de pénétrer dans son appartement pendant ce temps. On ajoute : qu'une fois Raymondin, entraîné soit par la jalousie, soit par la curiosité, ayant osé entrer un de ces jours-là, dans son appartement, elle l'abandonna et ne reparut plus. Quoi qu'il en soit d'un pareil conte, il n'en est pas moins vrai qu'elle s'est retrouvée depuis, car elle fut enterrée au Succinio, à côté de son mari. On l'y avait transportée du château de Lusignan qu'elle avait fait bâtir et qu'elle se plaisait à habiter.

Voilà la description que nous donne de ce château l'historien de Thou, au livre 59, tome 7 de ses Mémoires.

« Lusignan qui a donné son nom à cette maison illustre d'où sont sortis tant de monarques et tant de princes que l'univers chrétien révéra, et qui possédaient encore il n'y a pas long-temps, les royaumes de Jérusalem et de

---

(1) Il est aisé de reconnaître en Mélusine, le modèle sur lequel ont été copiés le roman et l'opéra de la Dame Blanche.

Chypre, était situé sur une haute colline, d'une étendue assez considérable : la place était divisée en haute et basse ville; sur le sommet de la colline était bâtie la citadelle, séparée de la ville par une grande esplanade qu'il fallait traverser pour aller au château. Elle était défendue par une espèce de bastion dit communément la *Porte-Geoffroy*, bâti entre le midi et l'occident, fortifié de deux grandes tours et d'un fossé large et profond. On entrait au château par un pont levis, et on trouvait à gauche dans une grande place, la tour de l'horloge ou le beffroi, qui était fort haute et très-forte. De la porte Geoffroy on avait tiré un double mur de communication à la *tour de Mélusine* bâtie hors du corps de la place. C'était au fond de cette tour que se voyait la *fameuse fontaine de Mélusine*, dont nos poètes racontent tant de fables. Tout proche était une porte secrète qui conduisait à la rivière de Vonne, qui coule au pied de la place; de là, on passait au ravin de la Vacherie par un chemin pratiqué dans la contrescarpe. Il y avait encore une troisième porte appelée la *porte de l'Echelle*.

» Le château avait eu autrefois plusieurs édifices très-magnifiques; dans la suite ils avaient été négligés, et tombaient alors en ruine : on y admirait encore surtout les restes d'un portique superbe dont la vue s'étendait vers le nord, sur un verger spacieux et de vastes prairies toujours vertes; de la porte de la ville, en tournant à droite vers ce verger, on rencontrait un ouvrage qui n'était que de terre, nommé *le fort des Dames*, et l'entrée du château était défendue par une tour fort haute appelée *la tour Poitevine*; la basse ville était ce qu'il y avait de plus agréable, elle servait comme de faux-bourg à la haute.

» Le château de Lusignan fut assiégé et pris par les catholiques, en 1514; les protestants qui le défendaient perdirent à ce siége 200 hommes de troupes réglées, et vingt-cinq gentilhommes; les catholiques y eurent 800 hommes de tués. Ensuite, à la sollicitation de la province, le Roi ordonna que ce château, le plus fameux et le mieux bâti du royaume, fût rasé. Meris de Barbezière, sieur de Chémeraut, fut chargé de cette commission, et il s'en acquitta en peu de temps, à l'aide des paysans des environs qui accouraient en foule pour travailler à sa démolition. On ne fit pas même grâce à cette fameuse *tour de Mélusine* que nos auteurs ont rendue si célèbre par les fables qu'ils en ont racontées. Néanmoins, bien des gens étaient d'avis qu'on l'épargnât comme un monument antique, digne de la postérité. »

(*Mémoire du président de Thou.*)

(*P*) Quand on les conduirait dans une autre forteresse.

Monsieur Lemot dans sa notice historique sur Clisson, ne cite point les Essards au nombre des châteaux dans lesquels on transporta le jeune Duc Jean V et son frère Richard; il dit seulement : « De Clisson on les mena à Palluau ; de là on les fit venir à Chantoceaux ; et, pour faire perdre leurs traces, ils furent encore transférés dans les châteaux de Noailly, de Thors, de St.-Jean d'Angéli, du Coudray, de Salbart et de Bressuire, d'où on les ramena enfin au château de Clisson, dans le donjon duquel ils furent étroitement renfermés. » Cependant Bouchet (Annales d'Aquitaine) les fait renfermer pendant quelque jours aux Essards; et la tradition rapporte qu'ils venaient du château de Vendrennes où ils avaient également été conduits et détenus. Vendrennes n'est qu'à deux lieues environ des Essards; et nous pensons que ces deux malheureux princes y sont effectivement passés, quand on les mena de Chantoceaux en Saintonge, ou même à Palluau.

―――――

(*Q*) Il faudrait placer cette forteresse primitive au temps de Jules-César, et nul vestige ne vient confirmer cette conjecture.

Il en était ainsi quand nous écrivions cette lettre ; mais depuis, l'on a découvert en coupant dans le roc, pour aplanir le chemin creux, ou plutot le ravin qui descend à Ecquebouille ; des souterrains abandonnés depuis bien des siècles et qui paraissent remonter à une haute antiquité. Ils sont dans la direction de la Ferrière ; une assez grande quantité d'éboulements les rend, dit-on, impraticables, et ont contraint de les abandonner. On a cependant trouvé aux environs des flèches antiques et des fers de lances. N'ayant pu réussir à nous en procurer, il nous est impossible de fixer au juste à quel temps et à quel peuple ces armes ont appartenu.

Au reste, pour compléter l'histoire de Bourbon-Vendée, dont nous n'avons rapporté qu'une partie, nous croyons devoir citer ici une lettre adressée à M. de Lasserrie, par un savant des environs qui n'est désigné que sous les abréviatives Mr. Pre*** de Mail*** :

MONSIEUR,

« Je vous dirai que le premier seigneur de la Roche-sur-Yon qui me soit connu, est Ingelènes, qui, en 994, obtint de Guillaume III, comte de Poitou, le corps de Saint-Lienne, abbé du monastère de Saint-Hilaire-le-Grand, de Poitiers. Cette seigneurie passa dans la famille des Mauléon, au commencement du troisième siècle, par le mariage de Béatrix, dame de Machecoult, Luçon et de la Roche-sur-Yon, avec Guillaume de Mauléon, qui fondirent l'abbaye des Fontenelles dans la forêt de la Roche-sur-Yon, en 1210.

» Après la mort de son mari, qui fut inhumé dans cette abbaye, la dame Béatrix épousa en secondes noces Aymeri, vicomte de Thouars, duquel elle eut Jeanne de Thouars. Cette union ne fut pas longue : Béatrix, dame de la Roche-sur-Yon, ainsi que sa fille, moururent, et leurs corps reposent auprès de celui de leur mari et de leur père. La Roche-sur-Yon dans la suite fut engagée à Louis de Beauveau, sénéchal d'Anjou, pour onze mille écus.

» Cette terre entra dans la famille des Bourbons en 1454, par le mariage d'Isabelle de Beauveau, dame de Champigny de la Roche-sur-Yon, avec Jean de Bourbon, comte de Vendôme, seigneur d'Epernon. Cette Isabelle fut la dixième aïeule de Louis XVI, qui ferme la dynastie des Bourbons.

» Voilà, monsieur, un aperçu sur les premiers maîtres de la Roche-sur-Yon. Dans une autre lettre, je me ferai un plaisir de vous informer de quelle manière cette principauté est passée dans les maisons Montpensier, d'Orléans, Conti, et vous ferai connaître, autant que possible, la chronologie des illustres princes de la Roche-sur-Yon. Il faut exhumer cette ville du tombeau où elle est ensevelie, afin de mettre ses nouveaux habitants à même de ne pas vivre comme des étrangers dans leur propre pays. Cicéron a dit : « Que l'histoire était le témoin des temps, la lumière de la vérité, la vie de la mémoire et la messagère de l'antiquité. »

Nous regrettons vivement de ne point avoir la seconde lettre annoncée par M. Pre*** de Mail***, car nous pensons comme lui, « qu'il faut exhumer cette ville du tombeau où elle est ensevelie, afin de mettre ses nouveaux habitants à même de ne pas vivre comme des étrangers dans leur propre pays.

(*R*) Nos ancêtres connus sous le nom d'Agésinates Cambolectri, alliés de la nation des Pictes, etc.

Voir à cet égard la note (C) page 12.

(*S*) Ils fondèrent les villes de Mauges, Tiffauges, Herbauges et Pouzauges, etc.

Il est hors de doute que les Scythes ou Goths Teyphaliens, n'aient fondé dans le pays que la seule ville de Tiffauges ; mais il est certain aussi, qu'ils s'emparèrent de tout le pays qu'occupaient ces diverses villes ; cette dénomination en *auges* est d'autant plus remarquable, que tous les historiens qui ont parlé de cette contrée affectent de citer presque toujours ces quatre villes à la fois et dans le même ordre, quand ils veulent désigner la Teyphalie. D'un côté, le peu de résistance que les Teyphales éprouvèrent en venant s'y établir entre les garnisons Romaines au nord, et les Agésinates à l'ouest ; d'un autre côté, la ligne géographique qu'occupent ces villes à la suite les unes des autres, tout nous fait croire que cette longue et large bande de territoire n'était qu'une ancienne *marche* qui couvrait les Pictes et les Agésinates du côté des Andegaves ou Angevins, et qu'elle n'était encore qu'à peine peuplée, lors de l'invasion des Teyphales. Nous pensons même que ce fut vers cette époque qu'Herbadilla déchue depuis son horrible catastrophe, perdit son nom primitif d'Herbadilla, pour prendre comme les autres bourgs ou villes de la république Teyphalienne, la terminaison en *auges*. Au reste, ce n'est ici qu'une simple conjecture.

(*T*) Il ne leur manque que de l'instruction et une patrie.

Les Colliberts étant peu connus, même dans le département de la Vendée, nous ne pouvons mieux les faire connaître qu'en citant encore ici notre savant auteur de l'Ancien et Nouveau Poitou, M. Dufour.

« Il existe, dit-il, dans cette même partie du territoire, connue sous le nom de *Marais*, une certaine classe d'individus, très-peu nombreuse, appelée *Collibert*, *Cagot*, etc., dont le domicile habituel, ainsi que celui de toute leur famille, est dans des bateaux. D'où provient cette population exiguë, presque sauvage ? Elle descend évidemment de ces anciens et mêmes *Colliberts*, assez nombreux autrefois dans le Bas-Poitou. Il en est fréquemment fait mention dans les anciennes chartes ; et dans les onzième et douzième siècles, on gratifiait les abbayes et autres établissements religieux de ces *Colliberts*, et même de leur famille. Ils n'étaient chargés que du soin de la pêche, et de fournir le poisson nécessaire pour la table des monastères auxquels ils appartenaient. Mais quelle fut la souche primitive de ces *Colliberts*, trop peu connus, dont on sait cependant que la condition politique était intermédiaire entre celles de l'homme libre et de l'homme de *Poote?* Les enfants d'un *Collibert*, ou d'une *Colliberta*, n'étaient pas la propriété de leur *Patron*, comme ceux des *serfs* qui appartenaient de droit à leur maître : c'est ce qui les faisait distinguer sous le nom de *homines conditionales*. Un *Collibert* avait la liberté d'aller s'établir dans un autre fief que celui où il était né. Le seigneur de son nouveau domicile ne pouvait disposer de sa personne, comme étant devenue sa propriété par l'effet de la résidence ; il lui fallait au préalable obtenir le consentement du seigneur primitif de ce *main-mortable*. Celui-ci ne pouvait au surplus se marier sans la permission de son seigneur, qui choisissait quelquefois ses *Prévôts* dans cette classe. Pierre de Maillezais qui passa une partie de sa vie dans le voisinage des *Colliberts* du Bas-Poitou, qui survécurent à la destruction de leur peuplade, nous apprend qu'ils cherchaient également leur nourriture dans les produits de la pêche, à laquelle ils se livraient sur la rivière de la Sèvre-Niortaise à l'extrémité de l'isle de Maillezais, où ils avaient élevé quelques huttes grossières. Les uns prétendent, continue Pierre de Maillezais, que leur nom dérive de la coutume qu'avaient ces pêcheurs de rendre un culte à la pluie; d'autres, de ce que, lors des débordements de la Sèvre, ils abandonnaient leurs cabanes, et allaient se livrer dans différents lieux, souvent assez éloignés, à l'exercice de la pêche. Que ce soit là, ou non, la véritable origine du nom de *Collibert*, on s'accordait à les peindre comme des gens très-irascibles, presqu'implacables, méchants, cruels, incrédules, indociles; et à qui tout sentiment d'humanité était en quelque sorte étranger. Les Normands, dans leurs fréquentes incursions vers l'embouchure de la Sèvre-Niortaise, dépouillaient et mettaient à mort tous les *colliberts* qu'ils rencontraient, et l'on rapporte qu'ils en exterminèrent un grand nombre. Le portrait que fait de ces pêcheurs habituels, Pierre de Maillezais, convient fort bien à une ancienne peuplade barbare, et est encore applicable à leurs descendants actuels. Il faut seulement rejeter l'opinion particulière des contemporains de l'auteur cité, qui croyaient que les *colliberts* rendaient un culte à la pluie. Ceux existants de nos jours sont chrétiens-catholiques, mais d'une ignorance crasse. J'ignore sur quels documents se sont appuyés certains auteurs modernes, pour prononcer que nos *colliberts* étaient des espèces de *crétins*. C'est, à parler franchement, porter un jugement sans connaissance de cause. On peut être sale, dégoûtant, même dans ses vêtements; paraître idiot, hébété dans toutes ses actions; avoir le regard effaré, sans être un *crétin*. J'ai eu occasion d'en voir quelques-uns : je suis intimement persuadé que *leur maladie* principale tient essentiellement et particulièrement au défaut d'éducation, à leur genre de vie, et à la privation de communications avec les autres hommes, dont ils restent constamment séquestrés. Rendez ces malheureux à la société ; faites leur en apprécier les avantages, et vous aurez bientôt perfectionné leur *moral*, et changé leur *physique.* »

» Je demeure encore convaincu que, d'après la situation des parages où ils se tiennent, et qui sont encore les mêmes que ceux fréquentés par leurs pères, dans le onzième siècle, sauf les changements survenus dans quelques localités, par suite du retrait des eaux de l'Océan, nos *colliberts* actuels ne sont autres que les malheureux descendants des *Agesinates cambolectri*, dont la postérité aura continué d'habiter cette portion du territoire possédée par leurs aïeux, dont ils ont également conservé les mœurs et les habitudes.

» Sous le rapport du moral, on pourrait également

faire entrevoir d'autres nuances très-prononcées dans le caractère, etc., des diverses populations dont nous venons de parler. » (*Dufour, ancien et nouveau Poitou.*)

Cette savante notice suffit pour faire connaître nos Huttiers ou Colliberts. M. Dufour, au talent duquel nous nous plaisons à rendre hommage, a si bien traité cette matière, que nous nous interdisons toute réflexion à cet égard, d'autant que nous sommes parfaitement de son avis.

FIN DES NOTES DU Ier VOLUME.

NOTES
JUSTIFICATIVES
DU
DEUXIÈME VOLUME.

NOTES JUSTIFICATIVES

DU DEUXIÈME VOLUME.

(*U*) Il ne reste plus rien aujourd'hui de cette abondance de grains.

L'histoire nous apprend qu'au temps du Bas-Empire, les Empereurs tiraient du Poitou une partie des grains nécessaires à la subsistance de leurs troupes ; mais ce ne peut être le Bocage, qui n'était pas encore cultivé, à cette époque, qu'ont désigné les historiens en citant le Poitou (*Haute Aquitaine.*) D'ailleurs les innombrables sillons que l'on découvre sous les landes, non-seulement des Lucs, mais encore de toute la Vendée, ne peuvent remonter à une époque aussi reculée. Il serait absurde de croire qu'ils n'auraient pas disparu pendant les quatorze à quinze cents ans qui se sont écoulés depuis. Nous pensons donc que nos landes étaient cultivées avant les guerres de religion dont le Bocage fut le foyer le plus ardent. Après ces guerres sanglantes, le manque de bras dut nécessairement contraindre à laisser en friche une grande étendue de terrain, et la bruyère s'en emparant insensiblement, aura fini par la couvrir entièrement.

Telle est l'origine que nous croyons devoir assigner à presque toutes nos landes. Elles couvrent une terre fertile : les sillons qui s'y rencontrent, prouvent que ces plaines ont été cultivées, et les nombreux défrichements qui s'y font journellement, ont presque partout les meilleurs résultats. En général le Bocage, bien qu'il soit le pays le plus fertile de France, n'en est pas moins loin encore de produire tout ce qu'on pourrait en attendre. Si toutes les landes étaient rendues à l'agriculture, les richesses du sol seraient doublées en peu d'années.

(*V*) **Dans ces temps si peu connus et pourtant presqu'aussi policés qu'aujourd'hui.**

Au milieu du Bocage les anciens Agésinates, les Lemovices Armoricani et les Pictes restaient encore étrangers à la civilisation ; mais dans les villes populeuses où le commerce conduisait sans cesse les marchands de la Gaule-Narbonnaise, les arts et la civilisation avaient, dès le quatrième siècle, fait de grands progrès. Il est curieux de retrouver dès cette époque une foule d'institutions modernes et d'usages absolument semblables à ceux d'aujourd'hui. Ecoutons ce que rapporte Marchangy à ce sujet.

« Les Francs, dit-il, et surtout les Gaulois étaient très-curieux ; ils arrêtaient les passants et s'attroupaient autour des voyageurs et des marchands ambulants, pour s'informer des mœurs de leurs pays, et pour en apprendre toute espèce de nouvelles. Ils étaient très-crédules, parce qu'ils n'avaient aucune idée du mensonge. »

« Notre commerce eut d'abord peu d'étendue, et se réduisait aux choses strictement nécessaires à la vie. Les Belges et les Nerviens défendaient même aux marchands de Tyr, de Carthage et d'Italie, d'apporter chez eux tout ce qui pouvait ajouter au luxe et à la sensualité. »

« Les habitants des Armoriques ne trafiquaient qu'avec leurs voisins : l'étain des mines de Cornouailles, des chiens de chasse et de combat, des peaux dont ils faisaient leurs voiles, tels étaient les objets mercantiles qu'ils allaient acheter dans les isles Cassitérides, et ils y portaient en échange des salaisons préparées sur les bords de la Seine, des toiles dont le tissu était tellement serré et compacte, que, selon Pline, il résistait à l'arme blanche ; de la verrerie et les vases de terre où les femmes des bords de l'Isis et du Cherwel conservaient leur laitage et leur miel...

» Les Aquitains, dont les fleuves charriaient de l'or en abondance, et qui savaient, avec un art inimitable, façonner et polir les métaux, avaient avec les publicains de Rome, un commerce plus important et plus lucratif. »

« Lorsque les Phocéens se furent établis sur nos côtes méridionales, le commerce fit de rapides progrès; l'Orient eut de fréquents rapports avec Marseille qui, après la ruine de Carthage et de Corinthe, hérita du négoce de ces villes fortunées. Les marchés de Narbonne, d'Arles et de Bordeaux, étalaient une magnificence qui faisait l'admiration des Gaulois. »

. . . .

« Les Gaulois inventèrent les roues de la charrue et le crible par qui le grain est épuré. Ils propagèrent la culture du lin ; apprirent à le filer, à l'ourdir, et composèrent avec leur belle laine, dont Horace vante la finesse, ces robes artisiennes, que le luxe faisait rechercher à Rome, comme de nos jours on recherche les plus beaux tissus de l'Inde.

» Ils savaient, en répandant une poussière brûlante et féconde sur la tige de leurs arbres et sur les pampres de leurs vignes, hâter la maturité de leurs fruits et leur donner plus de saveur. Ils savaient par cent moyens ingénieux, augmenter le nombre de leurs troupeaux, et rendre leurs produits avantageux.

« L'excessive propreté qui les distinguait, leur fit composer le savon que nos jeunes lavandières firent les premières, dans le courant des ruisseaux, écumer sur leurs voiles éblouissants de blancheur. »

. . . .

« On avait pour tout jardin quelques arpents où la

culture peu recherchée mêlait aux légumes nourriciers les roses, les romarins, les lis et les pavots, que les rois semaient eux-mêmes. Un groupe de pommiers dont le fer n'émondait point les rameaux, quelques cerisiers de Lusitanie, le néflier l'arbre le plus ancien des Gaules ; un berceau de vignes et de figuiers, une source qui jaillissait entre des pierres grisâtres où le lierre tressait ses branches, et qui murmurait cachée entre les herbes fleuries, tels étaient les ornements de ces royales solitudes. On y semait aussi beaucoup de tournesols, pour indiquer les divisions de la journée ; car alors il n'y avait qu'une seule horloge en France, celle que le roi Théodoric fit faire au célèbre Boëce pour Gondebaud de Bourgogne. Les cours de ces habitations étaient peuplées de volatiles ; l'esclave battait le beurre, assis sur le seuil du réduit des monarques qui domptaient l'Italie, l'Aragon, la Castille et la Germanie. Les registres où les fermiers rendaient compte des troupeaux, des œufs et des fruits, se voyaient confondus avec les chartes, les capitulaires et les ordonnances qui faisaient le destin des peuples. Les corbeilles de jonc pleines de provisions choisies étaient suspendues aux murailles près des trophées, dépouilles sanglantes des Saxons, des Huns et des Lombards. Près la principale habitation, et à moitié cachés par les arbres de la cour, on voyait les bâtiments destinés à élever les volailles et à serrer les grains et les légumes : ceux qui en avaient l'intendance s'appelaient *bor-*

diers, et chacun d'eux avait pour ses gages la jouissance de quelques *charruées* ou *bovées* de terre. Frédégonde, qui comme on l'a vu, était la terreur des Rois voisins, disait à Chilpéric : *Je me suis aperçu qu'on a volé plusieurs jambons dans nos celliers.* »

. . . .

« Entre les services on introduisait les baladins, les jongleurs, les pantomimes, les plaisantins ; on dressait des décorations, et on représentait des jeux scéniques ; puis on se répandait en foule dans les cours et dans les jardins, où d'autres spectacles étaient préparés ; on allait ensuite à la chasse de l'urus ou du sanglier. »

. . . .

« Si l'on voulait parler des modes, des plaisirs des usages d'une dame gauloise au quatrième siècle, on reconnaîtrait avec surprise la plupart des goûts, des fantaisies et des usages actuels. »

« On verrait cette Gauloise de Narbonne, de Nîmes et de Lyon, ou de toute autre grande ville des colonies romaines, passer en se levant dans son cabinet de toilette, et recevoir successivement des mains de ses femmes de chambre le lait d'ânesse, le bulletin de la ville, les petites affiches de la province, des pastilles de myrrhe propres à purifier l'haleine, le mastic de l'isle de Chio dont la vertu raffermit les gencives, les pâtes qui les colorent, les poudres de pierre-ponce, qui raniment l'émail des dents. »

L'une de ses esclaves lui fait la lecture des romans nouveaux, des nuits anacréontiques et des fables milésiennes, tandis que l'autre lui prépare le fard, les mouches, le noir pour les sourcils, les dents postiches que des fils d'or doivent attacher; les essences, les cosmétiques, les pâtes, renfermées dans des boîtes et des flacons aussi nombreux que ceux d'une pharmacie; une troisième lui présente le miroir d'argent ou d'acier poli; une autre fait chauffer dans un réchaud d'argent le fer industrieux, et après avoir formé les boucles élégantes, elle remplit sa bouche d'un parfum liquide qu'elle souffle en une petite pluie sur la chevelure artistement arrangée en forme de casque. Cette chevelure élevée est ornée de perles, de rubis ou de couronnes de fleurs liées avec des bandelettes et des rubans de diverses couleurs.

Tant qu'elle demeurait seule au logis, elle avait le visage couvert d'une espèce de pâte rafraîchissante, appliquée comme un masque, qu'elle ne quittait qu'à l'instant où elle voulait faire admirer la finesse de sa peau et l'éclat de son teint.

Si avant sa toilette elle prenait un bain, c'était souvent dans une baignoire mobile et suspendue, dans laquelle elle se faisait mollement bercer, afin de goûter à la fois les plaisirs du bain et ceux de l'escarpolette.

Cependant les esclaves reçoivent de leur maîtresse les noms et les signalements de ceux qui doivent être

V

introduits. Peu de créanciers, peu de jolies femmes pénètrent dans ce sanctuaire ouvert aux devins, aux porteuses de lettres, à la libraire et à la fleuriste égyptienne. Celle-ci, suivie de deux canéphores ou porteuses de corbeilles, étale les fleurs naturelles et factices, parmi lesquelles elle a su cacher adroitement, ou le billet galant, ou la couronne allégorique dont se sert, pour expliquer sa feinte tendresse, l'amant qui spécule sur le crédit ou la fortune de la matrône. Cette dernière profite de l'occasion des adroites fleuristes pour renvoyer à celui dont elle accepte l'hommage, la couronne fanée qu'elle a portée la veille, ou des pommes qui gardent l'empreinte d'une dent lascive; car ces dons étaient une preuve du retour dont on payait une déclaration amoureuse.

La noble Gallo-romaine, avide de connaître ce qui lui arrivera d'heureux ou de malheureux dans la journée, cherche dans tous les objets qui l'entourent, les présages qui lui indiquent les croyances prophétiques; elle fait claquer dans ses mains des feuilles de rose, de pavot ou d'anémone; elle presse entre ses doigts des pepins de pomme qu'elle fait sauter en l'air; si la feuille éclate avec bruit, si le pepin atteint les poutres odorantes que colorent les rayons du matin, c'est un signe de joie et de plaisir qu'on accueille avec espérance. Mais s'il arrive que quelque partie du corps ait tressailli involontairement, si le pouce de la main gauche s'est engourdi, on pâlit de crainte, on redoute un évènement fâcheux.

Cependant, de jeunes pages vêtus de lin blanc et plissé, apportent sur un plateau de citronnier d'Afrique le déjeûner composé de figues placées sur des feuilles de vigne, et du vin de Bordeaux ou de Salerne versé dans un vase de murrhinite. On y a joint des gâteaux de Sésame et des foies d'oie pour la petite chienne maltaise. La maîtresse du logis, avant son repas, se lave les mains avec du lait, et les essuie dans la chevelure blonde, fine et bouclée, de deux jeunes pages.

Pendant le déjeûner, on annonce le philosophe de la maison, dont la barbe, le manteau et la contenance stoïque contrastent avec la coquetterie de la matrône qui s'informe à la fois des livres nouveaux, des intrigues du Proconsul, des anecdotes scandaleuses et des modes qu'on a remarquées à la dernière entrée triomphale et aux représentations du cirque; puis elle congédie le triste successeur des Zénon et des Aristote, prétextant le besoin d'aller à la revue des chevaliers ou des recrues gauloises. En effet elle achève sa parure, chausse des brodequins de pourpre, et reçoit des mains de ses femmes les écrins d'où sortent des pendants d'oreilles, des colliers et des bracelets de diamants, des fils de perles, de bijoux dont on conservait la généalogie, des camées représentant la figure d'un lion, ou de la bonne Déesse Isis, des talismans qu'un prêtre de Sérapis a naguère consacrés sous une certaine constellation.

Tout est prêt, et la noble Gauloise donne par un claquement de doigts le signal du départ. La draperie de son appartement s'entr'ouvre, elle voit sous le vestibule sa litière embellie de dorures et garnie de coussins élastiques. Huit porteurs Cappadociens lèvent ce trône élégant sur leurs robustes épaules, et crient *gare!* d'une voix enrouée. Des esclaves portent à ses côtés l'éventail orné de plumes de flamingo et l'ombrelle montée sur un bambou des Indes. Deux coureurs nègres précèdent le cortége, et des Liburniens le suivent.

Dans le trajet, cette Dame oisive et superbe tient machinalement deux boules d'ambre et de cristal de roche, destinées à rafraîchir ses mains durant les promenades de l'été, tandis que son singe gambade près d'elle, ou que son serpent familier se glisse autour de son cou et de ses bras. Elle s'arrête sur la place publique à la vue des jeunes enfants qui s'y tiennent ordinairement pour tirer les sorts. Elle plonge sa main dans l'urne agitée, et les lettres qu'elle en tire au hasard composent une réponse captieuse à sa crédule demande. En rentrant le soir dans sa demeure, elle marque ce jour avec le noir charbon s'il a été malheureux, avec de la craie s'il a été heureux.

(*Marchangy*, *Gaule Poëtique*.)

(*X*) Engloutissant sous ses ruines poudreuses les derniers Ligueurs, &c.

Nous avons été induit en erreur à l'égard de l'écroulement de la vieille tour de Pirmil. Nous nous empressons de rectifier ici cette inexactitude historique.

Ce n'est point le jour de la bataille de Pirmil que cette antique édifice s'est écroulé, ni même à cette époque, mais bien en 1616. Quelques historiens prétendent qu'elle fut démolie et laissée dans l'état actuel; d'autres veulent qu'elle se soit écroulée d'elle-même, soit par un vice de construction, soit par toute autre cause qui n'est pas connue.

(*Y*) M. M**** nous y reçut avec la plus aimable cordialité.

En visitant Saint-Georges-de-Montaigu, notre unique but était d'y chercher les vestiges de l'ancienne voie Romaine, ou plutôt Gallo-Romaine, qui devait y passer autrefois; mais les localités ont été tellement changées depuis les premiers temps de la monarchie française, qu'il nous eût été presqu'impossible de réussir sans l'assistance de notre estimable compatriote,

M. Montaut. Ce fut ce savant modeste qui nous confirma la vérité de l'existence d'une ancienne *Mansio-Romaine*, en ce lieu ; ce fut lui qui nous donna des renseignements précis sur l'emplacement qu'occupait la *voie* ou *chemin pavé*, (*via régia, quam stratam sive calciatam dicunt*. Charte du 16 mars 819, octroyée par Louis-le-Débonnaire.), et ce fut également lui qui nous indiqua l'endroit où Bougon, duc d'Aquitaine, avait été inhumé après sa défaite au passage du Bléson.

Nous commençâmes d'abord par reconnaître l'ancien *pomérium*, c'est-à-dire l'ancienne *enceinte* de la ville : il nous fut aisé d'en suivre les traces ; elles se trouvent encore sur les deux collines latérales, et bien que devenues presqu'invisibles sous les ronces et les lierres qui les couvrent, elles n'en servent pas moins aujourd'hui de murs de clôture à divers champs labourés. Nous suivîmes ensuite l'ancien chemin qui a été remplacé par la grande route actuelle : nous le trouvâmes cultivé, couvert de moissons et d'arbres fruitiers, et conservant cependant encore une partie de sa forme primitive. Il descendait de Saint-Georges en longeant les murs des jardins du prieuré, et venait en droite ligne aboutir au pont actuel ; sa largeur primitive était méconnaissable, vu la quantité de terre rapportée sur la partie nord ; nous pensâmes néanmoins que jamais cette voie n'avait été d'une largeur suffisante pour mériter la dénomination de *voie royale* que lui donne la charte de Louis-le-Débonnaire. M. Montaut qui l'avait vu dépaver et livrer à la culture, nous assura avoir parfaitement reconnu le genre de pavage usité sous les Empereurs romains, et que c'était bien une voie dite *strata* ou *calciata*. Il devait également y avoir un pont primitif à la jonction des deux ruisseaux, comme il y en existe encore un aujourd'hui; mais la voie au lieu de monter la colline opposée devait tourner au tour de cette même colline, en suivant le cours de la rivière jusqu'au pied du château de Montaigu, qui ne devait être autre chose que la citadelle de Durinum, Montaigu n'existant point encore à cette époque. De l'autre côté de Saint-Georges, la voie devait suivre pendant près d'une demi-lieue la même direction que la grande route actuelle. Nous avons remarqué que cette dernière sort de Saint-Georges précisément par le même endroit où se trouvait une des principales portes de la ville; nous y avons reconnu la base d'une des anciennes tourelles qui défendaient cette porte; on avait construit un calvaire sur cet antique fragment de maçonnerie, mais il est aujourd'hui abandonné, et comme la vieille masure qu'il recouvre, il n'est plus lui-même qu'une ruine.

M. Montaut nous mena ensuite aux ruines du Prieuré dont il est propriétaire depuis trente ans. C'est à ses soins que l'on doit la conservation de ces restes d'une haute antiquité. L'intérieur de l'église est dévasté, et l'extérieur ressemble à une forteresse; ce qui prouve que dans le principe les couvents étaient fortifiés et servaient d'asiles contre les seigneurs féodeaux toujours guerroyant entr'eux. Devant cette église s'étend aujourd'hui un vaste emplacement d'où l'on tire à l'aide de la poudre d'énormes blocs d'une maçonnerie très-ancienne : ce sont les fondements des bâtiments du Prieuré. Des édifices occupaient tout cet emplacement dont M. Montaut a fait un don à la commune ; on le destine aujourd'hui à faire un champ de foire. Ce vaste Prieuré devait, avec ses jardins, couvrir l'espace qui s'étend depuis les ruines jusqu'au confluent des deux ruisseaux ; la maison de M. Montaut se trouve bâtie sur le milieu même de l'étendue de ces ruines, et seule elle a remplacé les cloîtres immenses qu'on y voyait autrefois.

Dans les fouilles que les déblayements ont occasionées, on a retrouvé plusieurs indices certains de l'existence en ce lieu d'une ancienne *mansio*, et même de la splendeur passée de Durinum. Parmi un grand nombre de débris de vases romains d'un travail remarquable il s'en est trouvé plusieurs encore entiers ; l'un a été emporté chez un docteur-médecin des environs (M. Damour, à la Richerie) où on l'y voit, dit-on, encore ; on a trouvé quelques médailles qui ont été dispersées, des débris d'armes romaines qui ont eu le même sort ; des tombeaux antiques qui ont été brisés, des lacrymatoires, ou petites fioles alongées servant à contenir les larmes des amis des défunts ; des petits pots ou urnes pleins de charbons, symbole de l'immortalité, et enfin une multitude prodigieuse de petits poids en plomb que l'on présume avoir servi aux tisserands qui fabriquaient ici, tantôt ces tissus serrés et épais que le glaive ne pouvait couper, tantôt ces toiles de lin si fines et si transparentes que les pères de l'Eglise reprochaient aux dames romaines de s'en servir, non pour voiler leurs charmes, mais bien pour exciter à la volupté. M. Montaut a fait transporter et vendre à Nantes plusieurs charretées de ces poids ; ils y ont été fondus. Enfin, en démolissant un fragment de maçonnerie tellement défiguré qu'il n'était plus guère possible de reconnaître à quel usage il avait été destiné, et situé au pied de l'angle nord-ouest de sa maison, M. Montaut découvrit il y a quelques années le tombeau de Bougon, duc d'Aquitaine. Les pierres en avaient été assemblées à la hâte et jetées presque pêle-mêle avec le ciment ; le squelette du héros avait près de sept pieds de long ; celui de son cheval se trouvait étendu à côté du squelette de son maître, et les éperons restés aux pieds du guerrier se trouvaient tellement rongés de rouille, qu'en y touchant ils tombaient en morceaux. Il y avait avant la dernière guerre plusieurs inscriptions funèbres tant en cet endroit que dans l'église ; elles étaient sur des pierres de granite ; on les avait enlevées de leurs places et réunies toutes ensemble ; les républicains les firent briser, les fragments en furent dispersés et ont été depuis employés à diverses constructions ; seulement M. Montaut se rappelle parfaitement avoir vu sur l'un de ces fragments une partie du nom de *Bogopus*; mais les caractères en étaient tellement effacés par l'usure et les siècles qu'on ne pouvait distinguer que les quatre lettres O G O P.

Telles ont été les précieux résultats du petit nombre de fouilles qui ont eu lieu à Saint-Georges. M. Montaut se préparait à continuer ses recherches, nous avions même dans cette intention pris jour ensemble pour nous aider mutuellement de nos observations, et tout semblait nous promettre de nouvelles découvertes. Au jour dit, nous nous transportâmes à Saint-Georges, mais en arrivant nous ne trouvâmes plus qu'un cercueil, et une famille désolée: notre estimable et savant compatriote n'était plus, on portait sa dépouille mortelle au champ du repos; il a laissé de nombreux manuscrits dans lesquels sont consignées toutes les observations qu'il a été à même de faire pendant les trente années qu'il a vécu à Saint-Georges; on nous fait espérer que ces manuscrits vont bientôt être imprimés; nous n'aurons donc pas tout perdu.

(*Z*) D'où l'on a fait le nom de *Tèbre* et enfin celui de *Sèvre*.

Nous avons ici suivi une tradition locale qui ne nous semble mériter aucune confiance ; aussi nous faisons-nous un devoir d'en prévenir nos lecteurs. Voir au reste à cet égard la note G, page 20.

(*AA*) Et pour la première fois l'Aigle Romaine est contrainte de fuir devant cette Vendée des premiers âges.

Depuis le commencement du monde jusqu'en 1795, la Vendée proprement dite, autrement le Bocage, n'avait jamais été asservie. Il a fallu une de ces luttes qui font trembler les nations effrayées, pour forcer ce pays célèbre à renoncer à ses franchises et à sa liberté. On peut dire qu'en 1793 la guerre y avait fini faute de combattants : encore, sous l'empire, la Vendée rongeait-elle son frein en silence, et couvait-elle sourdement un espoir de réveil qui devait faire trembler le Despotisme tout couvert qu'il était des lauriers de la Victoire.

M. de La Serrie qui écrivait l'histoire comme il gravait ses petites images, c'est-à-dire en amateur, prétend, on ne sait pourquoi, que *César a parcouru toute notre Vendée*. Nous en sommes fâché pour M. de La Serrie ; mais, s'il se fût donné la peine d'étudier l'histoire, il aurait vu que jamais César n'a *parcouru notre Vendée*.

Il est question dans les Commentaires de César de trois époques différentes auxquelles ce conquérant eut par lui-même, ou par ses lieutenants, occasion de venir combattre les *Aquitains*. La première fois nous trouvons, liv. III, § XX, qu'il envoya Crassus avec 12 légions et une nombreuse cavalerie étouffer la révolte des Aquitains; mais il y est dit positivement que ce fut dans les Cévènes, et surtout dans le pays des *Sociates* que ces évènements eurent lieu. Il n'est donc ici nullement question du Bocage. La seconde fois, c'est à l'occasion de la guerre des Vénètes (peuple de Vannes). Le jeune Crassus hivernait avec la septième légion *dans cette partie de l'Anjou qui est la plus voisine de la mer. Crassus adolescens cum legione VII proximus mare Oceanum Andibus hiemabat* (Livre III § VII). Quelle est cette partie de l'Anjou qui se trouve la plus voisine de la mer? ce ne pourrait-être que Tiffauges, Clisson, ou Ségor (Mortagne); mais ces stations ne faisaient pas partie de l'Anjou, il faut donc chercher ailleurs un ancien camp Romain; or, il n'est pas difficile de le trouver: nous avons Théowald, aujourd'hui Doué, qui se trouve effectivement situé en Anjou et dans cette partie qui est la plus proche de la mer; les constructions romaines que l'on y voit encore, prouvent jusqu'à l'évidence que c'était là le camp dont il est question.

César après avoir envoyé Crassus dans l'Occitanie, part de Théowald, et se dirige vers Nantes avec ses troupes. *Ipse eò pedestribus copiis contendit.* En suivant la ligne de Doué à Nantes, César dut passer par Tiffauges et Clisson ; c'est de cette marche dont il est question dans l'inscription que M. Lemot a fait graver sur la colonne milliaire à Clisson ; mais dans tout cela rien ne nous apprend que César ait dompté les farouches Agésinates. La troisième fois, qu'il est question de combattre l'Aquitaine, c'est au livre VIII *de Bello Gallico*, § XLVI. Il y est dit : « César n'ayant jamais par lui-même visité l'Aquitaine, mais en ayant seulement soumis une partie par le moyen de Crassus, son lieutenant, résolut d'aller avec onze légions passer le reste de l'été dans cette contrée. » César était alors au siége de Cahors : il n'eut que quelques journées de marche à faire pour se rendre à Lectoure, Bordeaux, etc. Il y reçut les envoyés de toutes les nations de l'Aquitaine, et se rendit à Narbonne. Il est encore aisé de voir ici que cette visite du conquérant romain eut lieu dans la partie méridionale de l'Aquitaine, et qu'il n'est aucunement fait mention du Bocage. Si donc nous avons représenté Crassus essayant de dompter les Agésinates, ce n'a été que pour nous conformer aux opinions reçues, et donner à nos lecteurs une idée de la manière de combattre de nos devanciers. On trouve ce genre de guerre en usage, dès le temps de César, chez plusieurs peuplades de la Gaule et notamment chez les Ménappiens, peuple de la Flandre.

Nous pensons que le Bocage de la Vendée dut, au temps de César, être de peu d'importance, et que c'est le motif qui le fit négliger. Ce ne dut être que sous l'empereur Auguste que cette Vendée primitive fixa l'attention des Romains. Dans ses forêts impénétrables s'étaient réfugiés tous les opiniâtres défenseurs de l'antique liberté; les rois Pictes y continuaient la guerre contre les Romains. Favorisés par la nature du pays ils devaient balancer dès-lors la fortune de Rome; à peine Auguste est-il monté sur le trône, que déjà le Bocage laisse échapper un cri de liberté; Agrippa est obligé d'y courir, et lorsque de retour à Rome il se croit vainqueur, voilà que de nouveau la guerre rugit dans le Bocage, et Messala revient à la tête des troupes romaines. Il est obligé de cerner toute la contrée par une ligne de forteresses et d'en laisser les habitants en repos, libres, mais surveillés de près. Il est donc hors de doute que le Bocage n'a jamais entièrement été soumis par les Romains.

(*BB*) Et le chantre de la douce Elégie retourne avec lui fouler les gazons de Lucrétile et de Tibur.

Tibulle à Tiffauges n'est point un jeu de l'imagination : il est certain que le quartier-général des Romains était à Tiffauges, Messala n'a donc pu manquer d'y venir; Tibulle était avec lui, et la VIII° élégie du premier livre le prouve jusqu'à l'évidence. Ecoutons les vers de l'amant de Délie.

> Non sine me est tibi partus honos ; Tarbella Pyrene
>   Testis, et Oceani littora Santonici.
> Testis Arar, Rhodanusque celer, magnusque Garumna.
>   Carnuti et flavi cærula lympha Liger.

En vain voudrait-on soutenir que ce que dit ici Tibulle n'est qu'une fiction poétique, une manière de parler en usage pour s'exprimer avec enthousiasme et rapidité. Si le poète eût dit simplement avec un accent inspiré.

> J'ai vu de sa valeur l'impétueux élan
>   Dompter les murs de Tarbe et l'antique Océan,
> Et les flots de l'Arare, et le Rhône rapide,
> Et la vaste Garonne, et la Loire limpide.

Cette assertion eût été vraie ; mais c'est le traducteur seul qui fait ainsi parler Tibulle. Il ne dit pas : je vois, avez-vous vu ?... voyez... Il dit formellement : « *non sine me est tibi partus honos*, cette gloire, ces honneurs, tu ne les a pas acquis sans moi; j'y étais, j'ai aidé à les acquérir, j'en atteste les murs de Tarbes, les rivages de l'océan de Saintonge ; j'en atteste l'Arare et le Rhône rapide, l'immense Garonne et cette Loire aux flots d'azur, etc. » Cette preuve du passage de Tibulle dans nos contrées laisse peu de doute à cet égard.

(*CC*) Alternative continuelle de revers et de succès.

Voir la note AA, page 83.

(*DD*) Etend en souriant son aile glorieuse sur les rives enchantées de la Sèvre et du Liger.

La coopération des Teyphales à la victoire de Vouillé résulte du traité même de l'an 497, par lequel les Teyphales abandonnent définitivement le service de Rome. Il était de la politique d'Alaric d'éloigner ces dangereux voisins; il n'ignorait pas leurs liaisons avec les Francs, et la conduite de Clovis à son égard était loin de le rassurer. Clovis au contraire avait le plus grand intérêt à ménager les Teyphaliens, car placés dans les états même de son ennemi et pouvant inquiéter sans cesse la marche d'Alaric, ces fiers républicains devaient lui être du plus grand secours; aussi s'empressa-t-il de traiter avec eux, et après la victoire il ne prit de roi que le nom, et leur laissa leurs mœurs, leurs usages, leur indépendance, en un mot, toute la liberté dont ils jouissaient précédemment. C'est après la bataille de Vouillé qu'il faut placer l'incorporation à la France du Bocage de la Vendée, car jusque là les Teyphaliens n'avaient été que les alliés des Francs. Cette réunion fut volontaire et non la suite d'une conquête.

(*EE*) Et l'incendie vint changer en ruine ces terribles remparts.

Nous sommes forcé de passer sous silence plusieurs faits relatifs à Tiffauges, dix volumes ne suffiraient pas pour recueillir toute l'histoire de cette contrée ; néanmoins nous ne pouvons résister au désir de mettre sous les yeux de nos lecteurs, un fragment de l'histoire de Bretagne, par M. de Roujoux, relatif au fameux Barbe-Bleue, c'est-à-dire Gilles-de-Retz, dont Tiffauges a caché les crimes dans ses noirs souterrains.

Voici ce qu'il en dit :

« Dieu n'ayant pas écouté les vœux impies du Maréchal, ce guerrier résolut d'obtenir par d'autres voies la puissance et les trésors qu'il ambitionnait. Il avait entendu dire qu'il existait sur la terre des hommes qui, par un grand sacrifice et le ressort d'une ferme volonté, s'étaient élancés hors des bornes du monde connu, avaient déchiré le voile qui sépare les êtres finis des formes incorporelles, et que les génies réprouvés, assujettis au pouvoir de leurs paroles, accouraient soumis et rampants à l'expression, même indécise, de leur désir : à l'instant des émissaires parcoururent l'Allemagne et l'Italie, pénétrèrent dans les solitudes, s'engagèrent dans les forêts profondes, et sondèrent les cavernes où la renommée plaçait les serviteurs abhorrés du Prince des ténèbres. Des malfaiteurs, des fourbes, des impies ne tardèrent pas à former la cour de Gilles-de-Retz. Il eut des apparitions ; des voix horribles se firent entendre, des conseils atroces s'échappèrent du sein de la terre pour l'entraîner à commettre des crimes impossibles à redire ; et les souterrains du château de Tiffauges retentirent du cri de ses victimes.

Les ressources les plus odieuses de l'imagination dépravée des alchimistes furent mises en œuvre pour obtenir la transmutation des métaux, l'art de faire de l'or, en cette pierre philosophale qui procure à la fois la richesse et l'immortalité. Les fourneaux mystérieux étaient allumés nuit et jour ; et les véritables trésors qui s'en échappaient, produit de la vente des terres du Maréchal, ne rassasiaient pas encore la cupidité des imposteurs dont il était entouré. Enfin, ils lui présentèrent un savant Indien, qui, suivant eux, venait de parcourir toute la terre, et pour lequel la Nature n'avait pu conserver de secrets........

Une figure imposante et sévère, des yeux ardents, une barbe singulièrement remarquable par sa blancheur, distinguaient l'homme de l'Orient. Ses manières simples, mais élégantes, annonçaient qu'il avait toujours vécu parmi les grands de la terre, et leurs noms se rencontraient souvent dans ses discours. Rien au monde ne lui semblait étranger. Il gardait souvent le silence ; mais quand il était forcé de prendre la parole, il racontait des évènements extraordinaires , ou merveilleux ou terribles, toujours arrivés en sa présence. Il s'empara de toutes les facultés de Gilles-de-Retz, qui mit à sa disposition et son pouvoir et ses richesses.

Ce fut alors que les cachots de Tiffauges retentirent de hurlements et furent arrosés de larmes. Il était question d'évoquer le souverain des Anges tombés, le contempteur de Dieu, le diable, Satan lui-même ; et la cuirasse qui seule pouvait garantir l'imprudent évocateur des premiers effets de sa colère, devait être cimentée de sang humain. Il fallait que le maréchal lui-même enfonçât le poignard dans le sein de ses victimes et comptât les mouvements convulsifs que les approches de la mort excitaient dans les muscles de ces innocentes créatures....

. . . .

A peu de distance du château de Tiffauges s'élevait une forêt aussi ancienne que le monde. Au centre même de la forêt, une petite source s'écoulant d'un rocher formait un bassin et se perdait dans la terre. Ce lieu sauvage n'était fréquenté ni des bûcherons, ni des bergers, on en faisait des récits effrayants ; des fantômes s'y montraient en poussant des cris lugubres ; les habitants du voisinage, en qui la misère, étouffant la crainte, laissait assez d'audace pour y conduire les troupeaux à la pâture, disparaissaient l'un après l'autre, et l'on savait que leurs corps étaient inhumés autour de la fontaine, sous des tertres surmontés d'une croix de bois. Ce fut là que l'Indien se proposa de dompter les esprits rebelles et d'assujettir le plus puissant de tous aux ordres du Maréchal.

Il s'y rendit vers le milieu de la nuit, armé de toutes pièces, protégé par la cuirasse qu'il avait fabriquée dans le souterrain, et muni de la cédule de Gilles-de-Retz qui seul le suivit. Il creusa d'abord une fosse autour de laquelle il traça différents cercles. Il les entremêla de figures étranges, et dans ces figures il déposa des objets bizarres et de hideux débris. Il dressa une sorte d'autel avec la terre tirée de la fosse et quelques pierres plates qu'il avait mises soigneusement à part, et plaça sur cet autel des ossements dérobés sous l'une des croix dont chacune attestait le meurtre. Un nouveau crime alors fut commis, le sang d'un enfant coula dans la fosse ; le Maréchal y trempa ses mains, et aux cris de l'innocente victime répondirent ceux d'une orfraie que l'inconnu, depuis quelques jours, avait mise en liberté dans la forêt. Jusqu'à ce moment, le théâtre de cet impie sacrifice n'avait reçu de lumière que celle de quelques rayons de la lune égarés à travers le feuillage, et du feu sombre qui brillait au front de l'Indien ; mais comme il achevait de prononcer des paroles barbares et sacriléges, une épaisse fumée se manifesta sur l'autel, et fut suivie d'un éclat bleuâtre que l'œil avait peine à soutenir. Le magicien frappa fortement sur un bouclier retentissant, un bruit épouvantable remplit la forêt, et un être dont la forme horrible demeura long-temps empreinte dans l'imagination du Maréchal, et qui lui rappela celle d'un énorme léopard, s'avança lentement, en poussant des rugissements articulés que l'Indien expliqua d'une voix basse et troublée au malheureux Baron. « C'est Satan, lui-même, dit-il : Il accepte votre hommage...... Ah! par l'enfer, j'ai manqué une chose importante dans mes conjurations !........ Il ne saurait vous parler....... Que ne me suis-je avisé de cette cérémonie !..... — Laquelle, interrompit le Maréchal, ne peut-on recommencer ? — Paix, au nom du diable! dit l'Indien ; et il se mit encore à écouter. — A Florence..... oui! dans ce caveau si profond....... Vous faut-il aussi la mort de.... — Juste ciel ! s'écria le Maréchal, que Dieu vous confonde! N'ai-je donc pas tout promis ?..... » Mais comme il prononçait le nom sacré du père des miséricordes, la vision s'évanouit, les échos retentirent de cris douloureux, et l'obscurité remplaça la brillante lumière qui éclairait la scène.

« Je vous avais recommandé le silence, » reprit l'évocateur d'une voix grave, après un instant accordé à la faiblesse humaine. » Le nom qui vous est échappé vous prive à jamais des droits que vous alliez acquérir sur l'esprit. Mais il vient de m'en dire assez pour vous rendre possesseur de tous les trésors enfouis au sein de la terre. Le talisman qui doit nous en ouvrir les portes est au fond d'une urne, dans un tombeau, près de Florence, et voici, ajouta-t-il en se baissant et ramassant une plaque d'or que le baron n'avait pas aperçue, voici le signe qui m'introduira dans les lieux les plus cachés. J'y découvrirai de grands mystères, et leur connaissance vous appartient comme à moi. Mais hâtons-nous, le temps presse ! »

Le Maréchal revint à son château, remit à l'Indien des sommes considérables, le vit partir, et, le cœur plein de rage d'avoir perdu par sa faute les avantages immenses qui lui étaient promis, attendit avec anxiété l'expiration de l'année que le fourbe avait marquée à son retour, en continuant à se plonger dans les débauches les plus inouïes.

Mais le ciel parut las de tant d'horreurs : les environs de Tiffauges s'étaient changés en une vaste solitude, et le cri public s'éleva comme un furieux orage contre le baron de Retz. Privé de vassaux, il avait été forcé d'envoyer ravir au loin ses dernières victimes ; et l'on se rappelait que cinq ou six enfants de Nantes avaient disparu après avoir été caressés par des affidés du Maréchal. Ses plus proches parents, au désespoir de sa prodigalité, mécontents des résultats d'une demande en interdiction qui n'avait amené que la confirmation des ventes faites par lui à de grands seigneurs, à des évêques et même au duc de Bretagne, firent retentir de leurs plaintes les tribunaux criminels et les cours ecclésiastiques. Ce furent celles-ci qui se chargèrent de venger Dieu et les hommes. On obtint sans peine le consentement de Jean V.

Il était difficile de s'en emparer dans son château, mais on lui dressa une embuscade : il y tomba, et fut à son tour plongé dans les cachots.

Les recherches que l'on fit à Tiffauges, amenèrent d'effrayantes découvertes. On y trouva, dit-on, les cadavres ou les ossements à demi-brûlés de plus de cent enfants. Quelques malheureuses filles furent rendues à la liberté ; la tombe garda le silence sur le reste . . .

. . . .

Sur ces entrefaites on arrêta l'Indien prétendu, conseiller ou exécuteur de tant d'atrocités. Ce n'était qu'un Florentin, nommé Prélati ; mis à la torture, il avoua tout ce que l'on voulut. Gilles-de-Retz continuait à garder un silence obstiné ; mais quand il vit à son tour l'appareil des supplices, il fit en versant des larmes, le récit de sa vie criminelle, et dévoila des horreurs qui portèrent l'effroi dans l'âme de ses juges. » Vous vouliez voir le diable et en obtenir des richesses, lui dit le Président ; mais quels sont les motifs qui peuvent vous avoir porté à faire mourir tant d'innocents et à brûler ensuite leurs corps ? = Vraiment, répondit le Maréchal, il n'y a d'autres causes, et je n'avais d'autre intention que ce que je vous en ai déjà dit. Qu'importe qu'on les ait brûlés ? Je vous ai raconté de plus grandes choses que n'est celle-ci, et assez pour faire mourir dix mille hommes ! ».

. . . .

Après la confrontation entre le Maréchal et Prélati, qui amena de nouvelles révélations, on procéda publiquement au prononcé du jugement. Gilles-de-Retz confessa, d'une voix tantôt ferme, tantôt altérée par les larmes qu'il versait abondamment, que la curiosité pour les choses cachées l'avait entraîné à se laisser approcher par des méchants hommes venus de loin ; qu'avec eux il s'était abandonné à toutes sortes de vices et immondices, passant d'un vice à un autre, tellement qu'il avait méconnu Dieu, et qu'il ne lui était resté aucune conscience pour quelque crime ou abomination que ce fût ; que se regardant, à cause de sa grandeur, comme assuré de l'impunité, il avait envoyé chercher bien loin des gens du même esprit ; qu'il payait chèrement et dont il faisait ses intimes serviteurs; que s'aveuglant de plus en plus et voulant atteindre un point de perfectionnement magique qui le fuyait toujours, il avait à la fin donné un si grand scandale, que par la permission de Dieu et pour le salut de son âme, la justice humaine et divine, s'en étaient émues; qu'il avait confessé beaucoup de crimes, mais qu'il en avait commis une infinité d'autres plus énormes encore. L'auditoire semblait fort attendri, la pitié se montrait sur tous les visages, les femmes versaient des pleurs, et il reprit en disant: « Qu'une mauvaise éducation était le principe de tous ses désordres ; que l'oisiveté l'avait perdu, et qu'il engageait les assistants, s'ils avaient des enfants, à les tenir continuellement occupés, à leur refuser des mets trop délicats et à les nourrir de bons principes. » On n'entendit plus dans la salle que des sanglots.

Dès que le silence fut rétabli, l'Evêque de Nantes prononça le jugement. . . . .

Le sire de l'Hôpital le condamna sur le champ à être conduit, enchaîné, dans la prairie de Bièce, attaché à un poteau sur un bûcher et brûlé vif.

Suivant l'usage du temps, les pères et mères de famille qui avaient entendu les dernières paroles de Gilles-de-Retz jeûnèrent trois jours, pour lui mériter la miséricorde divine, et infligèrent à leurs enfants la peine du fouet, afin qu'ils gardassent dans leur mémoire le souvenir du châtiment terrible qui allait frapper un criminel.

Le coupable Maréchal fut conduit au supplice, précédé des processions générales des ordres monastiques, des congrégations séculières et du clergé de Nantes. Une foule immense était aussi accourue des diverses parties de la Bretagne, du Poitou, du Maine et de l'Anjou. Toutes les cloches sonnèrent le glas de la mort, et le plus habile confesseur préparait le Baron au dernier passage, tandis que dans les églises on récitait des prières, afin de lui obtenir la patience et l'esprit de contrition. Il montrait peu de courage, et semblait redouter les douleurs qu'il aurait à souffrir; mais ses parents avaient obtenu qu'on l'étranglât, et il rendait le dernier soupir, lorsque les flammes du bûcher commencèrent à s'élever. Quelques femmes pieuses reçurent son corps que le feu n'avait presque pas touché, et le duc de Bretagne permit qu'on l'inhumât en terre sainte. Ses obsèques se firent au couvent des Carmes avec une grande magnificence, et on éleva une croix de pierre à l'endroit où il avait subi sa sentence. Ainsi périt le petit-fils du célèbre comte Brémor de Laval......

(*FF*) Ces feuilles légères qu'Annonay,
Antières et Angoulême, etc.

L'établissement d'Antières dans la Vendée et sur la rive gauche de la Sèvre, est dirigé par M. Blanchard : il est situé dans l'un des sites les plus romantiques qu'il soit possible de rencontrer en France. Le papier d'Antières ne le cède en rien aux plus beaux papiers des Vosges, et se vend partout sous ce nom. Il existe encore une autre papeterie non loin du Musée-Cacault, à Clisson : elle est tenue par M. Daguenet, et l'on y fait aussi de fort beau papier.

(*GG*) Et la Nymphe de la Sèvre qui sourit
de pitié, n'en applaudit pas moins à la
ruse de l'Imprimeur.

Il ne faut pas croire que le papier sur lequel est imprimé cette première édition de la Vendée Poétique, soit le plus beau de la papeterie de MM. Girard père et fils, à Tiffauges. Il s'y en fabrique journellement qui rivalise avec tout ce que les plus célèbres usines de France ont produit de mieux jusqu'à ce jour. Il est à désirer que les administrateurs de la Vendée protègent et favorisent ces beaux établissements; c'est en les visitant quelquefois et en les encourageant sans cesse qu'on porte les honorables industriels à se surpasser eux-mêmes et à atteindre la perfection de leur art.

(*HH*) Dont les ruines dépendent encore aujourd'hui du Coubouros.

Les ruines du château de Tiffauges appartiennent à M. le marquis de la Bretesche. En véritable ami des arts, il les conserve intactes pour les peintres et les antiquaires auxquels elles sont ouvertes. M. de la Bretesche s'est occupé à recueillir autant que possible l'histoire de cette forteresse; pourquoi faut-il que des circonstances particulières nous aient privé de la communication de cet intéressant recueil! On regrette en sortant des ruines de Tiffauges de ne pas voir déblayer l'intérieur des constructions de la première enceinte; les fouilles y produiraient sans doute des documents historiques intéressants.

C'est à M. le Marquis de la Bretesche que nous devons l'érection du cype funèbre de Torfou; ce monument a été élevé à ses frais; c'est faire un noble usage de sa fortune que d'en consacrer une partie aux beaux arts et à de grands souvenirs.

(*II*) Paix à leurs mânes, et honte éternelle à leurs bourreaux!

En rapportant ce fait, M. de Walsh ajoute que l'un des assassins revint il y a quelque temps demander l'hospitalité au château de Clisson; qu'ayant été mis à coucher dans cette même cour, il fut saisi d'une telle épouvante, que la fièvre s'empara de tous ses membres et qu'il s'enfuit en se croyant poursuivi par les ombres de ces malheureuses victimes. Nous n'avions d'abord ajouté aucune importance à ce récit, les *Lettres Vendéennes* de cet auteur étant écrites avec une telle dose d'esprit de parti et de coterie, que l'on ne sait, en lisant cet ouvrage, ce qu'on y doit croire ou rejeter; mais nous étant nous-même informé de ce fait, il nous a été confirmé par le gardien des ruines; ainsi il est très-vrai que la justice divine n'a pas laissé ce crime tout-à-fait impuni.

(KK) Quand sa tête reposera sur la mousse desséchée.

Ce n'est point ici une phrase romantique ; beaucoup de personnes font encore aujourd'hui des matelas avec des mousses qu'elles font sécher au soleil. Cette manière de former un lit n'est même pas à dédaigner ; la mousse est si commune qu'elle ne coûte rien ; on peut la renouveler chaque année, et les familles pauvres s'y trouvent tout aussi bien couchées, que le riche et l'opulent sur ses duvets voluptueux.

(LL) Le gibier qui pendant la guerre s'était multiplié d'une manière étonnante.

Quelques années après la guerre, il n'était pas rare de voir des personnes prendre quinze et vingt lièvres dans leur matinée. Nous avons vu des chasseurs revenir portant à deux sur leurs épaules une longue perche où ils avaient suspendu une telle quantité de gibier, qu'il leur était impossible de le porter autrement.

(*MM*) Genre de chasse qu'on appelle la *Pipée.*

La pipée est une chasse très-connue dans les provinces de l'ouest, et presqu'inconnue ailleurs. Elle a lieu dans l'automne. Vers les cinq heures du soir on se rend dans un épais bois-taillis voisin de quelque étang ou ruisseau ; on dépouille de jeunes arbres de leurs branches, de manière à ouvrir quatre allées aboutissant chacune à un centre commun, où l'on construit une hutte de feuillage destinée à recevoir et cacher les chasseurs. On courbe en arceaux les jeunes arbres dépouillés de leurs branches, et par le moyen de légères entailles on les hérisse de gluaux. Tout se fait dans le plus grand silence. A l'heure où le soleil couchant jette ses derniers rayons, où les merles, les geais, et autres oiseaux se retirent dans les bois, les chasseurs se réfugient dans la hutte ou cabane. L'un d'eux, adroit pipeur, prend une feuille de lierre et imite le cri de détresse qu'ont coutume de pousser les merles quand ils sont en danger. Trompés par cette imitation, une foule d'oiseaux accourent et se précipitant sur les arbrisseaux d'alentour tombent embarrassés dans les gluaux. Dès qu'un d'entre-eux est fait prisonnier, on le fait crier lui-même en lui cassant les pattes et les ailes, les autres accourent à son aide, et sont pris de la même manière. Cette chasse se prolonge jusqu'à ce que les ombres de la nuit couvrent la terre, et l'on se retire emportant souvent de trente à quarante pièces de gibier. Les Dames se mêlent souvent aux chasseurs, et leur présence est une providence pour les volatiles dont elles ne souffrent pas que l'on casse les pattes et les ailes, afin de leur arracher le cri plaintif de la douleur.

(*NN*) Des sentiers à peine tracés sous des forêts de genêts épais.

Ordinairement quand on parle de genêts, on entend une plante haute de deux ou trois pieds au plus ; cela peut être vrai dans les contrées où la nature n'a qu'une force de végétation ordinaire; mais dans la Vendée, les genêts montent jusqu'à la hauteur de dix à douze pieds. On en trouve des champs entiers, et les chemins de traverse sont tracés sous leurs rameaux épais. La Vendée ne doit point oublier ces sentiers ténébreux, car pendant la guerre, ils ont servi d'asile à un grand nombre de familles. On acculait une charrette; sur son timon levé en l'air on étendait de grands draps, et là, comme sous une tente, les femmes et les enfants demeuraient des mois entiers. L'ennemi rôdait autour du champ, on entendait sa marche, ses jurements, mais on gardait un profond silence ; l'ennemi s'éloignait, le péril passait avec lui et on était sauvé, grâces aux genêts protecteurs.

(*OO*) Charles, me dit-elle, quelle rencontre ! ô Dieu ! quel funeste présage !

La croyance des présages qui nous vient des anciens Romains (les Auspices) ne s'est point encore déracinée dans les provinces de l'ouest ; elle existe surtout chez les femmes, et nous pourrions même dire comme La Fontaine, que *nous connaissons beaucoup d'hommes qui sont femmes sur ce point*. L'un des présages les plus funestes c'est de rencontrer un cercueil après une promenade amoureuse; cette rencontre suffit pour séparer deux Amants, car il annonce bien certainement qu'ils ne seront jamais unis. Espérons qu'à mesure que l'instruction se répandra dans nos campagnes, ces absurdes croyances disparaîtront.

(**PP**) **Souvent un de ces enfants accourait vers nous, pour nous informer du nombre et de la force de nos ennemis.**

Un de ces enfants donna un jour, en pareille circonstance, la preuve d'une singulière présence d'esprit. Nous avons été témoin de ce fait.

Avant d'entrer dans les sentiers tortueux et profonds qui du grand chemin menaient à la forêt, plusieurs gendarmes envoyés à la poursuite des réfractaires s'étaient arrêtés dans un cabaret voisin. C'était l'été; le maréchal-des-logis épuisé par la chaleur avait déposé sur la table son chapeau et son sabre. Plusieurs enfants jouaient dans la chambre : un d'eux âgé d'environ dix à douze ans, à l'œil espiègle et malin, s'approche du maréchal-des-logis et lui demande à s'enrôler comme gendarme; cette demande ayant excité la gaîté, l'enfant s'enhardit, met sur sa tête le chapeau du maréchal-des-logis, passe son grand sabre à son côté, et puis marche fièrement autour de la table. Cette plaisanterie continuant à divertir les cavaliers, notre gendarme de nouvelle espèce s'adresse à l'un de ses petits compagnons et lui signifie qu'il l'arrête et va le conduire en prison. L'enfant se sauve en riant vers la porte, sort de la maison, et du milieu de la route défie son camarade de l'attraper; celui-ci court pour le saisir, mais à peine a-t-il franchi le seuil de la porte, que tournant à gauche il s'élance à travers les champs, jette en courant le chapeau et le sabre du maréchal-des-logis dans une touffe d'ajoncs, arrive tout essoufflé au quartier de la forêt où se tenaient ses bons amis les réfractaires et les prévient du danger qui les menace. Qu'on se figure le désappointement du pauvre maréchal-des-logis en se voyant ainsi joué par un enfant. Ce ne fut que long-temps après qu'on lui rendit son sabre et son chapeau; ils étaient restés intacts à l'endroit où le petit espiègle les avait jetés.

(QQ) Le modeste Obélisque qui orne le Pont-Cacault.

Nous lisons dans la notice historique sur Clisson, attribuée à M. Lemot, le passage suivant :

« L'établissement du Musée n'est pas le seul service
» qu'ils (MM. Cacault) rendirent à leur pays, et le pont
» du Palet rappellera toujours leurs bienfaits. Ce bourg
» situé à peu de distance de Clisson, sur la route de
» Nantes, était traversé par un torrent qui dans la sai-
» son des pluies et des orages interceptait pendant
» plusieurs jours toutes les communications avec cette
» ville et rendait ce passage dangereux et impraticable.

» M. Cacault obtint du gouvernement la construction
» d'un pont et l'élévation de la route dans cette
» partie; mais il n'eut pas le bonheur de voir achever
» son ouvrage. Cette entreprise due à son active solli-
» citude ne fut entièrement terminée qu'après sa mort ;
» et le département en reconnaissance de cet important
» service fit ériger sur ce pont, connu actuellement sous
» la dénomination de *Pont-Cacault*, un obélisque sur
» lequel on a gravé une inscription honorable pour sa
» mémoire. »

En terminant ces notes, nous devons rendre ici à notre grand génie littéraire, M. le vicomte de Châteaubriant, un double emprunt ou plutôt une double réminiscence qui nous est échappée dans le cours de cet ouvrage. Nous avons dit, tome II, page 96 : « et quand assis près l'un de l'autre, nous prolongerons à la pâle clarté de la lune nos douces rêveries, nous croirons voir le Génie des souvenirs descendre du milieu de ces ruines et venir tout pensif s'asseoir à nos côtés.

M. de Châteaubriant avait dit avant nous dans son charmant épisode de René :

« Et souvent aux rayons de cet astre qui alimente les rêveries, j'ai cru voir le génie des souvenirs assis pensivement à mes côtés. »

Nous avons écrit tome II, page 195 :

« Ces despotes modernes ont eu le sort de tous ceux qui foulent aux pieds les lois des empires..... ils ont été frappés de la foudre et ont disparu comme Romulus au milieu d'une tempête. »

Voici la même pensée que M. de Châteaubriant avait consignée long-temps avant nous, dans sa magnifique Description des Tombeaux de St.-Denis :

« L'un s'est précipité au fond de la voûte en laissant son ancêtre sur le seuil; l'autre ainsi qu'Œdipe a disparu dans une tempête. »

C'est dans un même esprit de franchise et d'équité que nous rectifierons également une erreur qui nous est échappée dans les notes justificatives du premier volume, page 19 :

Nous avons attribué à l'administration, la réédification de l'église du petit bourg des Herbiers; c'est bien elle qui l'a autorisée, mais ce sont les habitants eux-mêmes qui ont cotisé à cet effet. Nous avions reçu des renseignements inexacts.

FIN DES NOTES JUSTIFICATIVES DU DEUXIÈME ET DERNIER VOLUME.

TABLEAU CHRONOLOGIQUE

DES

PRINCIPAUX ÉVÈNEMENTS

QUI ONT EU LIEU

DANS LE BOCAGE DE LA VENDÉE

DEPUIS JULES-CÉSAR JUSQU'EN 1791.

TABLEAU CHRONOLOGIQUE

DES

PRINCIPAUX ÉVÈNEMENTS

QUI ONT EU LIEU

DANS LE BOCAGE DE LA VENDÉE,

DEPUIS JULES-CÉSAR JUSQU'EN 1791.

Avant Jules-César,
150 ans avant J.-C.

La Vendée est habitée par une peuplade Gauloise, d'origine Keltique ou Celtique, appelée *Agésinates Cambolectri*. Ces premiers habitants connus sont à demi-sauvages, le chef-lieu de leur cité est au bourg d'*Age-*

nais, aujourd'hui Aizenais. Ils sont alliés des Pictes leur voisins. *Pictonibus juncti.*

Pendant la conquête de Jules-César,
50 ans avant J.-C.

César envoie Crassus, son lieutenant, soumettre l'Aquitaine. Il part lui-même du camp de Théowald, passe sur la rive gauche de la Sèvre, et marche sur Nantes. Fondation d'Herbauges.

Sous l'empereur Auguste,
L'an de Rome 716 et 726.

Première révolte d'Aquitaine étouffée par Agrippa. Seconde révolte d'Aquitaine. Messala soumet tout le pays jusqu'à la Loire; il en triomphe à Rome. Fondation de Chanteauceaux, 47 ans avant J.-C.

ERE CHRÉTIENNE.

Ier Siècle.

Paix profonde. Rien de bien positif. La voie Romaine de la Sèvre dut sans doute être ouverte vers cette époque, pour faire communiquer les diverses stations que l'on établissait ou venait d'établir de deux lieues en deux lieues, au bord de la Sèvre, afin de contenir les farouches Agésinates.

Fondation, vers cette époque, de Mallièvre, de Ségora, St.-Michel-Mont-Mercure, d'un camp Romain à l'endroit appelé depuis Tiffauges, de Clychia ou Clisson, de Cugand, la Bruffière, St.-Etienne-des-Bois, Bois-de-Céné, etc.

IIme Siècle.

Epoque de la grande prospérité d'Herbauges (les Herbiers) et de Durinum (St.-Georges-de-Montaigu). Le quartier-général des Romains est dans le Castrum de Tiffauges. Un receveur des impôts se tient à Chanteauceaux. L'empereur Adrien vient à Tiffauges.

IIIme et IVme Siècles.

Fondation de Luçon et de St.-Michel-en-l'Erm. Invasion des barbares. Pharamond fonde le royaume de France.

Vme Siècle.

Ataulphe, Roi des Visigoths, se fait céder l'Aquitaine par Honorius. Les Scythes Theyphaliens sont au service de l'empire à Poitiers. Franchises et établissements fixes accordés aux légions Romaines près des rives de la Sèvre. Conan premier Roi Breton.

L'empereur Népos confirme à Euric, roi des Visigoths, la cession de toute l'Aquitaine. Les Scythes Teyphaliens se retirent au quartier-général des forteresses de la Sèvre ; ils fondent Tiffauges. Union des Romains de la Sèvre et d'une partie des anciens habitants du Bocage avec les Teyphales. Les derniers Rois des Pictes, réfugiés aussi dans le Bocage, se défendent contre les Romains et les Visigoths. Tout le pays nommé alors Marches Franches, ou pays libre, prend le nom de Teyphalie. Les Teyphaliens traitent avec

Clovis, Roi des Francs. Bataille de Vouillé. Mort d'Alaric, dernier Roi des Visigoths. Réunion de la Teyphalie au royaume de France.

VIme Siècle.

St.-Martin-de-Vertou à Durinum. Fondation des deux couvents dans cette ville. Catastrophe de la ville d'Herbauges, les Teyphaliens embrassent la religion chrétienne. Décadence de Durinum et d'Herbauges. Ceux des anciens Agésinates qui refusent d'embrasser le christianisme sont repoussés sur la côte du Bocage ; ils prennent le nom de Colliberts.

VIIme et VIIIme Siècles.

L'histoire, sous les Rois Fainéants successeurs de Clovis, reste muette ; il est probable que ce fut à la faveur de cette longue paix que s'opéra la fusion des divers peuples qui, depuis la chute de l'empire romain, étaient venus s'établir dans le Bocage.

IX.ᵐᵉ Siècle.

Charlémagne après avoir vaincu et tué Gaifre, autrement appelé Vaifre, Duc d'Aquitaine, réunit le Poitou au domaine de la couronne. Il prend le titre de Duc d'Aquitaine. Il vient quelquefois à Théowald, château royal (aujourd'hui Doué), entre Chollet et Saumur.

Invasions des Normands. Les Danois remontent la Loire, la Sèvre Nantaise et la Sèvre Niortaise. Massacre des Colliberts dans la Sèvre Niortaise. Pillage et incendie des villes de Nantes, Clisson, Tiffauges et Herbauges. Alain-Barbe-Torte écrase les Normands. Reconstructions des monastères de Luçon, St. Michel-en-l'Erm, et fondation de celui de Ste-Gemme par St.-Philbert. Expédition de Bougon, Duc d'Aquitaine. Herbauges pillé de nouveau. Défaite et mort de Bougon.

X.ᵐᵉ Siècle.

C'est à cette époque qu'il faut reporter l'établissement des fiefs : c'est l'âge de la féodalité. Guerres intestines entre chaque Seigneur. C'est le temps des frères Guillery (1), brigands fameux qui habitaient près les Essards; de Renaud du Puy-Dufou; du fameux comte Ory, etc...

---

(1) Ce sont ces confrères Guillery, si connus par la chanson : Tôt tôt Carabo, compère Guillery, que l'on fit à l'occasion du supplice de l'un d'eux.

XIme Siècle.

Fondation de Maulevrier. Fondation de l'abbaye de Maillezais. Commencement des croisades. Une foule de seigneurs part pour la Palestine. Origine de la chevallerie.

XIIme Siècle.

Mariage d'Eléonore, avec Henri II, Plantagenet, Roi d'Angleterre. Le Bocage passe aux Anglais. Fondation de l'abbaye de la Grainetière. Fondation du Bois-Groland. Règne de Richard-Cœur-de-Lion fils d'Eléonore.

XIIIme Siècle.

Meurtre du jeune Arthur, Duc de Bretagne, vengé par Philippe-Auguste, qui ravage toute la Teyphalie et prend Clisson. Règne de Jean-sans-Terre. C'est le beau temps de la chevallerie. Fondation de l'abbaye des Fontenelles. Olivier Ier rebâtit le château de Clisson. Séjour de Louis IX dit St.-Louis, à Clisson. Henri III Roi d'Angleterre renonce à ses droits sur le Poitou, et le Bocage retourne à la France. Institution du jubilé.

XIVme Siècle.

Philippe-le-Long établit un impôt sur le sel. La Teyphalie refuse de payer cet impôt; guerre dans le Bocage à ce sujet. Philippe de Valois termine cette longue guerre en défendant aux receveurs de la gabelle de passer la Sèvre, et sanctionne ainsi les franchises et la liberté de la Teyphalie appelée alors Marches-Communes de Bretagne et de Poitou. Les Anglais en Poitou, commandés par le Prince Noir. Bataille de Poitiers. Le Bocage redevient possession anglaise. Règne d'Edouard III. Le Prince Noir gouverne l'Aquitaine, il frappe un impôt sur cette principauté; refus de payer; Charles V, dit le Sage, cite ce jeune Prince à la cour des Pairs; il refuse de comparaître, et sa principauté est confisquée. La guerre recommence. Le connétable de Clisson assiège et prend la Roche-sur-Yon; les Anglais sont chassés du Bocage.

XVme Siècle.

Charles VII, roi de France, partout vainqueur des Anglais, parcourt le Bocage, et achève d'en chasser quelques Anglais qui y tenaient encore plusieurs châteaux; il assiége Parthenay, et en fait démolir les fortifications. Fin de la domination anglaise dans le Bocage.

Louis XI passe à Tiffauges et à Clisson. Enlèvement de Jean V, Duc de Bretagne, par les Seigneurs de Penthièvres; sa détention à Vendrennes, aux Essards, Palluau et Clisson. Louis XII, qui n'est encore que Duc d'Orléans, est à Clisson; il aime Anne de Bretagne, mais Charles VIII, Roi de France menace Clisson; il épouse Anne de Bretagne. Louis XII, devenu Roi de France, épouse à son tour Anne de Bretagne, veuve de Charles VIII. Ils viennent à Clisson.

XVIme Siècle.

Une grande partie du Bocage embrasse la religion réformée. Maulevrier érigé en comté. François Ier au Puy-du-Fou. Le Bocage prend les armes à l'occasion de l'impôt du sel. Guerre sanglante à ce sujet. Henri II supprime cet impôt pour le Bocage qui dépose les armes. Guerre de religion. D'Andelot et Coligny en Poitou. Le Prince de Condé le traverse. Siége de St.-Michel-en-l'Erm par les protestants; destruction des fortifications de cette place. Prise de Beauvoir par les catholiques. Lanoue à Velluire et aux Sables. Campagne d'Henry IV dans le Bocage; il visite le Parc-Soubise, prend Fontenay, Montaigu, échoue devant Clisson. Bataille de Pirmil à Nantes. Henry chasse les Ligueurs de tout le Bocage. Trahison de Champigny; Tiffauges livré à Mercœur. Henry IV reconnu Roi. Pacification

*XVII*ᵐᵉ *Siècle.*

La guerre recommence dans le Bocage. Parthenay-de-Soubise commande les Protestants. Prise et pillage des Sables; une foule de villes prises et reprises. Siége de La Rochelle. Nouvelle pacification. Richelieu achève de faire détruire les châteaux forts que la guerre n'avait pas encore tout-à-fait démantelés.

*XVIII*ᵐᵉ *Siècle.*

Paix profonde sous les règnes de Louis XIV, Louis XV et Louis XVI. Jusqu'à la guerre de 1791.

FIN DU TABLEAU CHRONOLOGIQUE.

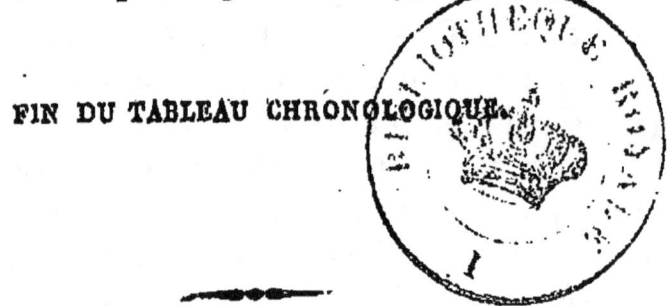

ERRATA.

TOME PREMIER.

Introduction, page 12, ligne 19, *comme le moins vicieux*, lisez *comme des moins vicieux*.

Page 34, ligne 3, *ferait une des plus*, lisez, *serait une des plus*.

Page 63, ligne 19, *à travers des fougères*, lisez, *entre des fougères*.

Page 151, ligne 19, *dont l'architecture..... les colonnes.... les terrasses surprend*, lisez, *surprennent*

Page 160, ligne 11, *apportés*, lisez, *apportées*.

Page 183, ligne 17, *ad parvas montes*, lisez, *ad parvos montes*.

Page 239, ligne 2, *ferri gëra*, lisez *ferri area*.

Page 256, (in fine) *et entourée de quatre lignes*, lisez *est entourée de quatre lignes*.

Page 296, ligne 1, *soldé son débiteur*, lisez *soldé son créancier*.

Page 304, ligne 14, *disparution*, lisez *disparition*.

Page 316 ligne 17 et 18, *ne vous rappelez-vous plus de cet étranger*, lisez *ne vous rappelez-vous plus cet étranger*.

TOME DEUXIEME.

Page 32, ligne 18, *vers l'an 600*, lisez, *vers l'an 660.*

Page 57, ligne 16, *vers le XVIe siècle*, lisez, *vers le XIVe siècle.*

Page 73, ligne 8, *il obient de l'Empereur*, lisez, *il obtient de l'Empereur.*

Page 112, ligne 18, *dans ses flancs qui s'entr'ouvrent*, lisez, *de ses flancs qui s'entr'ouvrent.*

Page 116, ligne 6, *la décorât*, lisez, *a décorée.*

Page 139, ligne 15, *d'Amathonte et d'Italie*, lisez *et d'Idalie.*

Page 139, ligne 23, *embellies*, lisez, *embellis.*

Page 157, ligne 17, *ruines du Jourdain*, lisez *rives du Jourdain.*

Page 193, ligne 10, *brodée de dentelle*, lisez *bordée de dentelle.*

NOTES JUSTIFICATIVES.

Pages 5, ligne 22, *une colonie de Goths-Olonniens vinrent dans ces parages*, lisez, *vint dans ces parages.*

Page 41, ligne 7, *c'est-à-dire au Ve siècle*, lisez, *au VIIe siècle.*

Page 41 (*bis*), ligne 6, *au Ve siècle*, lisez, *au VIe siècle.*

Page 44, ligne 16, *si tieu fisaët*, lisez, *si tieu finissaët*.

Page 49, ligne 4, *elles furent retrouvées miraculeusement en 1828*, lisez, *en 828.*

Page 54, ligne 24, *portique superbe dont la vue*, lisez, *d'où la vue.*

TABLE DES MATIÈRES.

PREMIER VOLUME.

INTRODUCTION................................ p.
LETTRE Ire. Mortagne............................ 1
LETTRE II. Route de Mortagne aux Herbiers ; le mont des Allouettes 21
LETTRE III. Les Herbiers, mœurs, costumes, et histoire du lieu 33
LETTRE IV. Route des Herbiers à Saint-Laurent ; l'Ermitage 59
LETTRE V. Description de Saint-Laurent ; Filles de la Sagesse 71
LETTRE VI. Histoire des Filles de la Sagesse 81
LETTRE VII. Une nuit dans le Bocage. Mallièvre 99
LETTRE VIII. La noce Vendéenne.................... 115
LETTRE IX. Histoire de Mallièvre.................. 133
LETTRE X. Le Puy-du-Fou........................... 141
LETTRE XI. Saint-Michel-Mont-Mercure. Temple de ce Dieu ; le cimetière Vendéen 157
LETTRE XII. Pouzauges. Ruines. Le bois de la Folie. 175
LETTRE XIII. L'abbaye de la Grainetière........... 187

Lettre XIV. Le Parc-Soubise, historique de ce château. 203
Lettre XV. Les Quatre-Chemins. Les Essards.. 221
Lettre XVI. La Ferrière. Mines de fer. 237
Lettre XVIII. Bourbon-Vendée, l'ancienne Roche-sur-Yon 243
Lettre XVIII. L'abbaye des Fontenelles. 263
Lettre XIX. Episode des Petits Colliberts 273

DEUXIÈME VOLUME.

Lettre XX. Les Lucs; description des landes de la Vendée 1
Lettre XXI. La forêt de Grâla. Le refuge, la Dame Noire; la chasse aux vipères 11
Lettre XXII. Saint-Georges de Montaigu, autrefois Durinum. 25
Lettre XXIII. Tiffauges, autrefois Teyphale. 51
Lettre XXIV. Tiffauges (*suite.*) 65
Lettre XXV. Tiffauges (*suite*).. 83
Lettre XXVI. Vallée de Tiffauges; le Coubouros. 93
Lettre XXVII. Torfou; cippe funèbre 107
Lettre XXVII (*bis*). Clisson; la Villa-Valentin; le temple de la Sibylle; le château; la garenne. 118
Lettre XXVIII. Clisson, histoire de cette ville 153
Lettre XXIX. Episode du Réfractaire. 181

Lettre XXX. A M. d'Ayannes. Le Palet; maison d'Abailard. Arrivée d'Angéline à Clisson; la Villa-Lemot.. 237
Eiplogue... 252
Notes justificatives du premier volume (*In fine*)..... 3
Notes justificatives du deuxième volume (*In fine*).... 57
Tableau chronologique des principaux évènements qui ont eu lieu dans le Bocage de la Vendée. 113
Errata.. 123

FIN DE LA TABLE.

www.ingramcontent.com/pod-product-compliance
Lightning Source LLC
Chambersburg PA
CBHW071705300426
44115CB00010B/1319